성년후견실무

김성우 저

박영사

머리말

　성년후견제도가 시행된 지 5년이 되어 간다. 성년후견제도는 금치산·한정치산제도와는 달리 정신적 제약으로 도움이 필요한 사람의 자기결정권과 복리를 보호하는 데 중점을 두고 있다. 새롭게 도입된 성년후견제도만큼 주목을 받지는 못하였지만, 같은 시기에 개정된 미성년후견제도 역시 미성년자를 실질적으로 보호할 수 있는 새로운 장치들을 마련하였다.

　피후견인의 인권과 복리를 보호하는 선진적인 제도가 도입되기는 하였지만, 필자가 처음 후견사건재판을 시작한 2015년 초까지만 해도 추상적인 법률규정과 기본적인 이론서만 있었을 뿐, 후견재판 절차나 후견제도 운용에 대한 구체적인 매뉴얼이나 실무서는 찾아보기 힘들었다. 이후 후견사건이 늘어나고 경험이 쌓여감에 따라 후견실무도 점차 정착되어 가고 있기는 하지만, 아직도 후견사건 실무 전반에 대하여 구체적으로 소개하고 있는 문헌은 거의 없는 상황이다.

　필자는 후견재판을 담당하는 동안 법원 안팎의 많은 분들로부터 후견사건 실무에 대한 소개와 정보제공을 요청받았다. 또한 후견사건 재판을 비롯하여 후견제도와 관련된 여러 업무를 처리해가면서, 과연 법원의 실무가 올바른 방향으로 가고 있는 것인지, 피후견인의 보호와 후견제도의 발전을 위하여 개선되어야 할 점은 없는지에 관하여 꾸준히 고민하여 왔다. 결국 필자는 현재까지의 법원 실무를 알리고 이에 대하여 보다 객관적인 시각에서 점검과 가르침을 받는 것이 후견제도의 올바른 발전을 위하여 반드시 필요하다는 생각에 이르렀다. 그것이 필자가 후견제도에 대한 얕은 식견과 부족한 연구에도 불구하고 용기를 내어 이 책을 집필하기 시작한 계기이고, 중도에 포기하고자 하는 마음을 수없이 돌이킨 이유였다.

　이 책은 후견제도에 대한 실무를 소개하는 책이다. 따라서 학설이나 이론은 실무를 이해하고 근거를 제시하는 데 필요한 한도에서만 다루었다. 이론이나 학설에 대한 깊이 있는 논의는 인용된 이론서나 논문을 참조하길 권한다.

　필자가 판사이다보니 전체적인 책의 흐름이 법원의 관점에서 바라본 법원의 실무에 대한 해설서처럼 된 감이 없지는 않지만, 가능하면 다양한 시각과 의견을 반영하여 후견사건의 단계별로 각각의 담당자에게 필요한 사무와 역할을 빠짐없이 기술하려고 노력하였다. 견해가 나뉘거나 논란이 있는 부분에 대해서는, 피후견인의 의사존중과 복리보호, 성년후견제도의 이념 실현과 피후견인의 실질적인 보호라는 가치를 조화롭게 이룰 수 있는 균형잡힌 실무방향을 제시하고자 하였다.

　우리나라의 후견에 관한 법률과 실무는 UN장애인권리협약이나 선진 국가들의 후견제도에 비하면 여러 면에서 부족한 것이 사실이다. 모 대기업의 창립자가 후견재판을 받게 되면서 잠깐 언론의 주목을 받았을 뿐, 후견제도에 대한 국민들의 관심이나 이해도 역시 높지 않은 편이다. 이러한 상황에서 이 책이 지금까지의 후견실무를 소개함으로써, 이어질 많은 연구와 논의에 작은 질문을 던지고 기초적인 자료를 제공하는 역할을 할 수 있다면 그것으로 족하다.

　아울러 현재 후견제도에서 가장 중요하고 시급한 영역으로서 아무리 강조되어도 지나치지 않는 공공후견 확충과 미성년후견제도에 대한 의견을 개진할 기회를 가지게 된 것에 감사한다. 조금만 더 욕심을 내자면, 이 책을 계기로 법원의 실무를 포함한 성년후견제도 전반에 대한 연구가 더욱 활성화되고 법률과 제도의 개선이 이루어짐으로써, 정신적 제약으로 어려움을 겪고 있는 성년자와 친권을 행사할 사람이 없어 도움이 필요한 미성년자, 그리고 그들의 보호자들이 더 자유롭고 행복한 삶을 살게 되길 기대해 본다.

　아직까지 가야 할 길이 멀지만 후견제도가 이 정도까지 정착되고 발전되어 온 것은, 후견제도의 도입과 발전을 선도적으로 이끌어가고 있는 학자들, 장애인의 인권 보호와 신장을 위하여 소금의 역할을 다하고 있는 사회단체들, 많은 어려움 가운데에서도 묵묵히 현장에서 피후견인을 위해 애쓰고 있는 후견인들, 적정한 후견재판을 위해 노력하고 있는 전문가후견인, 전문후견감독위원, 후견

상담위원, 후견사건 담당 판사와 조사관, 후견감독관 등 실무가들, 후견제도의
안정적인 정착과 발전을 위해 지원을 아끼지 않는 지방자치단체, 보건복지부,
법무부, 금융기관의 관계자들 모두의 노력이 있었기 때문이다. 이 책이 그 모든
분들의 노고와 헌신에 조금이라도 누가 되지 않기를 바라고, 아울러 이 기회에
존경과 감사의 마음을 올려 드린다.

　특별히 이 책의 출간을 위해 힘써주신 박영사 조성호 이사님과 김선민 편
집부장님, 책의 내용과 서술방향에 대하여 유익한 의견을 주신 김수정 부장판
사님과 이진영 판사님, 최현정 변호사님과 전현덕 조사관님, 하늘나라에서 법조
후배를 흐뭇하게 바라보고 계실 아버지와 지금도 필자를 위해 새벽기도를 쉬지
않으시는 어머니, 항상 격려와 응원을 보내주는 사랑하는 아내와 두 아들 한민,
한준에게 감사의 말씀을 전한다.

2018년 봄

양재동에서 필자 씀

차   례

1장   후견제도 개관

2장 후견개시사건 실무

3장 후견인의 후견사무 실무

4장   후견감독사건 실무

5장   임의후견사건 실무

6장　미성년후견사건 실무

1장   후견제도 개관

I. 후견제도의 의의

1. 후견제도의 종류와 목적

후견(後見)제도는 미성년자나 정신적인 장애가 있는 사람과 같이 스스로 의사를 결정하거나 실현하는데 어려움을 겪는 사람을 보호하고 지원하는 제도를 말한다. 우리 민법은 미성년자를 위한 후견제도와 성년자를 위한 후견제도를 두고 있는데, 두 제도 모두 후견인이 피후견인의 신상을 보호하고 재산을 관리하는 사무를 대행하거나 지원함으로써 피후견인을 보호하는 것을 목적으로 한다.

미성년자를 위한 후견은 미성년자에게 친권자가 없거나 친권자가 있더라도 그 친권 행사가 제한되는 경우 개시되는데, 미성년자를 성년이 될 때까지 보호하고 건강하게 양육함을 목적으로 한다. 성년자를 위한 후견은 정신적 제약으로 인하여 사무를 처리할 능력이 결여되거나 부족한 성년자에 대하여 개시되는데, 필요한 영역의 의사결정을 대행 또는 지원하는 것을 목적으로 한다.

2. 성년후견제도의 도입

개정 전 민법[1])에서의 금치산·한정치산제도는 정신적 제약을 가진 사람의

---

1) 이 책에서 개정 민법이라 함은 특별한 표시가 없는 한 2011. 3. 7. 법률 제10429호로 개정되고 2013. 7. 1.부터 시행된 것으로서 성년후견제도가 처음 도입된 민법을 말한다. 또한 "성년후견"이라는 용어는 성년자를 위한 후견제도를 통칭하는 "광의의 성년후견"(미성년후견과 구별되는 개념으로서 한정후견이나 특정후견은 물론 임의후견까지 포함하고, 주로 제도로서의 성년후견을 말할 때 사용된다)과 성년자를 위한 후견제도 중 정신적 제약으로 인하여 사무를 처리할 능력이 지속적으로 결여된 사람을 대상으로 개시되는 "협의의 성년후견"(한정후견이나 특정후견과 구별되는 개념으로서, 주로 구체적인 후견의 유형으로서의 성년후견을 말할 때 사용된다)의 의미로 사용되고 있다.

개인적인 능력의 차이를 고려하지 않고 일률적으로 행위능력을 박탈하거나 제한하였다. 또한 치료나 주거 안정, 복지서비스 제공과 같은 신상에 관한 문제보다는 재산의 관리에 더 관심을 두었다. 후견인은 피후견인의 의사와 복리, 후견인의 의지와 능력, 친소관계 등을 고려함 없이 법률의 규정2)에 따라 일률적으로 결정되었는데, 그와 같이 정해진 법정후견인에게 피후견인을 헌신적으로 돌볼 것을 기대할 수 없었다. 즉 피후견인의 의사 실현을 돕고 그의 인권과 복리를 보호하기 위하여 제도가 존재하는 것이 아니고, 피후견인이 속한 일가(一家)의 가산을 보전하거나 거래의 안전을 보장하는 데 주된 목적이 있었다. 이와 같이 비판을 받던 행위무능력자제도의 폐단을 줄이고 정신적 제약을 가진 사람들이 존엄한 인격체로서 살아갈 수 있도록 하기 위하여 2013. 7. 1.부터 성년후견제도가 도입되었다.3)

오늘날 한국 사회는 출산율 저하와 평균수명의 증가에 따른 급속한 고령화4)로 인하여 치매 등 인지능력에 문제를 가지고 있는 노인이 늘어나고 있고, 사회제도와 가치관의 변화에 따라 대가족제도나 전통적인 지역적·혈연적 공동체는 이미 대부분 사라지거나 예전과 같은 기능을 담당하지 못하게 되었다. 뿐만 아니라 뇌출혈, 정신질환 등의 질병이나 사고로 인하여 정신적인 어려움을 겪고 있는 장애인이 지속적으로 증가하고 있고, 발달장애인과 같은 지적장애인도 우리 사회의 일원으로서 똑같은 권리를 누리면서 더불어 살아가야 한다는 의식의 변화와 사회적인 요구가 커지고 있다. 한편 헌법은 노인의 복지향상을 위한 정책을 실시할 의무와 신체장애자 및 질병·노령 기타의 사유로 생활능력이 없는 국민에 대한 국가의 의무를 규정하고 있다(헌법 제34조 제3항, 제4항 참

---

2) 개정 전 민법은 금치산·한정치산 선고가 있으면, 기혼자의 경우에는 배우자가, 미혼자의 경우에는 선고받은 자의 직계혈족, 3촌 이내의 방계혈족 중 최근친 연장자 순서로 법정후견인이 되고, 이러한 사람이 없는 경우에만 법원이 후견인을 선임하도록 규정하고 있었다(개정 전 민법 제933조 내지 제935조 참조).

3) 금치산(禁治産)이나 한정치산(限定治産)은 단어 자체로도 일률적인 행위무능력을 의미하고, 부정적인 낙인효과를 가져와 이용률이 더욱 낮았다. 개정 민법에 의하면 획일적인 행위무능력자제도는 존재하지 않게 되었다. 후술하는 바와 같이 피한정후견인은 물론 피성년후견인이라고 할지라도 법률의 규정이나 법원의 심판에 의하여 일정한 범위 내에서는 독립적으로 유효한 법률행위를 할 수 있으므로 "제한능력자"라고 부르는 것이 타당하고, 민법도 이러한 용어를 사용하고 있다(민법 제15조 내지 제17조, 제140조 내지 제141조 등 참조).

4) 65세 이상 인구의 전체 인구에서 차지하는 비율이 2017년에는 13.8%, 2026년에는 21.1%, 2037년에는 30.5%, 2058년에는 40.2%가 될 것으로 예측된다[통계청(2016), 장래인구추계(2015~2065년)].

1장 후견제도 개관 3

조). 이러한 상황에서, 성년후견제도는 노인과 장애인의 행복추구권과 인간다운 생활을 할 권리를 보장하고 복지를 증진하는 국가적 과제의 중요한 축을 담당하게 되었다.

개정 민법은 성년자를 위한 후견제도로서, 후견인과 후견개시의 시기, 후견인에게 위탁할 사무의 범위 등을, 후견을 받을 사람의 의사에 따라 계약으로 정하는 임의후견제도와 가정법원이 재판을 통하여 정하는 법정후견제도를 마련하였다. 법정후견제도는 정신적 제약으로 인하여 사무를 처리할 능력이 지속적으로 결여된 사람을 대상으로 하는 성년후견, 그 능력이 부족한 사람을 대상으로 하는 한정후견, 일시적이거나 특정한 사무에 관하여 후원이 필요한 사람을 대상으로 하는 특정후견으로 나누어진다. 후견을 받을 사람의 상태, 의사, 필요에 따라 다양한 후견제도를 이용할 수 있게 하고, 피후견인에 따라 제한이 되는 능력이나 동의 유보 사항, 대리권의 범위를 개별적, 탄력적으로 정할 수 있도록 함으로써, 후견을 받을 사람의 인권과 자기결정권을 보호하고, 후견을 받을 사람이 필요 이상으로 행위능력을 제한받지 않도록 하였다.

II. 성년후견제도의 이념과 비판

1. 성년후견제도의 이념

성년후견제도는 기존의 행위무능력자제도와 달리 피후견인의 잔존능력의 활용과 자기결정권의 존중, 정상화의 원칙 등을 기본 이념으로 하고, 필요성과 보충성의 원칙을 핵심으로 한다. 이러한 이념은 성년후견제도를 일찍 도입하여 발전시켜온 독일이나 미국 등 여러 국가의 개혁 방향이기도 하고, 우리나라가 2008년에 가입한 UN장애인권리협약(UN Convention on the Rights of Persons with Disabilities) 제12조가 정하는 "장애인의 법적 능력(legal capacity) 향유에 있어서의 차별 금지"와도 그 목적과 취지가 맞닿아 있다.

한 개인이 인간으로서 존엄과 가치를 지킬 수 있는 절대적인 전제조건은 자신의 삶을 자신의 뜻대로 형성하고 실현해 나갈 수 있어야 한다는 것이다. 그것은 법률관계나 가족관계의 형성, 신상에 관한 결정 등 모든 생활관계에 있어서, 잔존능력의 활용에 기초한 자기결정이 철저히 보장되고 존중되어야 한다는

의미이다.5)

　　또한 후견제도는 피후견인의 필요(needs)에 의하여 필요최소한의 영역에서 사용되어야 하고, 후견 없이도 충분한 보호를 받을 수 있다면 후견은 개시되어서는 안 된다(필요성의 원칙). 후견을 받을 사람의 의사와 자기결정이 우선적으로 존중되어야 하므로, 법정후견보다 임의후견이, 피후견인의 의사결정대행(substituted decision-making)보다는 의사결정지원(supported decision-making)이 우선적으로 활용되어야 한다(보충성의 원칙). 그리고 정신적 장애가 있는 사람이라고 하더라도 자신이 속한 사회의 다른 구성원들과 대등하고 조화롭게 살 수 있도록 도와야 하고 격려하거나 배제하여서는 안 된다[정상화(normalization)의 원칙].

　　이러한 성년후견제도의 이념은 후견의 개시부터 종료까지 모든 시점에 있어서, 제도의 운용이나 재판 등 모든 영역에 있어서 항상 존중되어야 한다. 즉 후견제도를 이용하고자 하는 수요자가 후견의 개시 여부와 유형을 선택할 때, 법원이 후견개시 재판과 후견감독사무를 수행할 때는 물론, 후견인이나 후견감독인이 후견사무나 후견감독사무를 담당할 때, 정부나 지방자치단체 등 관련 기관이 후견 관련 정책이나 사업을 입안하고 시행할 때에도 위와 같은 성년후견제도의 이념이 가장 근본적이고 중요한 목표와 기준이 되어야 한다.

2. 현행 성년후견제도에 대한 비판

　　성년후견제도의 이념, 그 중에서도 특히 자기결정권 존중과 필요성 원칙의 기준에서 보면, 현행 민법이 정하는 성년후견제도는 여전히 행위능력제한과 의사결정대행을 중심으로 하는 낡은 패러다임(paradigm)에 입각하고 있어서, 의사결정지원이라는 새로운 패러다임을 충분히 반영하지 못하고 있다는 비판이 있다. 이러한 견해에서는 자기결정의 핵심 요소 또는 가치가 객관적이고 이성적인 합리성이 아니라 각 개인의 가치관이나 세계관, 바람, 욕구, 감정, 선호와 같은 대체 불가능한 자기 고유의 주관적 요소나 사정에 있다고 본다.6)

　　그런데 정신적으로 판단 및 결정 능력이 부족한 사람의 자기결정을 존중하기 위하여 의사결정의 영역을 넓히기만 하고 그에 따른 법적인 보호를 게을리

---

5) 박인환, "의사결정지원을 위한 성년후견제도의 평가와 모색", 비교사법 제22권 2호(2015), 742면.
6) 박인환(주5), 732-734, 742-744면. 이러한 입장에서는, 일반인의 입장에서 보면 비합리적이고 어리석게 보이는 결정도 자기결정이라는 면에서 존중받아야 하고, 그로 인하여 자신의 재산이나 신상에 위험이 발생하더라도 감수해야 한다는 결론에 이르게 된다.

하게 되면 오히려 그 사람을 실질적으로 보호할 수 없게 될 가능성이 있고, 그로 인한 손해를 결국 국가나 사회가 부담해야 하는 문제가 있다. 특히 정신적인 어려움을 겪고 있는 고령자나 장애인의 비이성적인 결정을 자기결정이라는 미명 하에 악용하려는 시도가 끊이지 않는 현실에서, 자신의 행위에 대하여 취소권 등을 행사하지 못함으로써 입게 되는 피해를 감당할 사회적, 국가적 시스템이 부족하다면, 의사결정 장애인은 돌이킬 수 없는 위험에 노출될 수 있다.

이와 같이 자기결정과 자기위태화 사이의 긴장·갈등은 이념적으로 불가피한 측면이 있다.[7] 따라서 성년후견제도의 이념이나 목적에 충실하면서도 피후견인의 실질적인 보호에 부족함이 없도록 하는 합리적인 제도의 운용이 필요하다. 피후견인이 말기 치매 상태에 있거나 지속적인 식물인간 상태에 있는 등 의사능력을 완전히 상실하거나 잔존능력이 거의 남아 있지 않은 상태에서 돌볼 사람도 마땅하지 않은 경우라면 의사결정지원이나 보충성이 고려될 여지는 적다. 문제는 발달장애인이나 초기 치매 환자, 정신질환자 등과 같이 자기결정능력이 다소 부족하기는 하지만 자립생활과 사회참여가 가능한 경우이다. 이러한 경우에는 후견개시 여부나 후견유형의 선택, 동의 유보나 대리권의 범위 결정 등 후견적 개입에 있어서 보다 제한적이고 신중한 접근이 필요하다. 피후견인 본인의 의사와 잔존능력의 정도, 사회복귀의 가능성, 피후견인을 둘러싼 가족적·사회적 유대관계와 보호망의 구비 정도, 후견인의 권한남용 가능성, 의사결정지원의 제공 가능성과 비용 등 구체적 사정에 따라 후견적 개입 여부와 정도가 개별적으로 정하여지는 것이 바람직하다.

또한 성년후견제도가 의사결정지원제도[8]로서 제대로 역할하기 위해서는

---

7) 서울대학교 산학협력단(이동진·김수정), 임의후견제도 발전방안에 관한 연구, 법원행정처(2017), 179면.

8) 의사결정지원은 ① 의사결정 지원자가 의사결정에 필요한 정보를 수집, 분석, 평가하고 이를 의사결정 장애인에게 설명하고 조언함으로써 의사결정 장애인 스스로 자신의 이익과 선호에 따라 결정하는 방식(협의의 supported decision-making), ② 의사결정 장애인이 위와 같은 조력을 받아도 스스로 결정할 수 없는 경우에는 의사결정지원자가 의사결정 장애인의 의사결정 과정에 적극적으로 개입하되 의사결정의 주도권(initiative)을 공유하면서 공동으로 의사결정을 하는 방식(shared decision-making), ③ 위와 같은 모든 노력에도 불구하고 의사결정 장애인이 자신의 의사를 형성할 수 없는 경우, 지원자가 장애인의 의사결정을 대행하는 방식[다만, 대리인이나 대행권자가 객관적, 독자적으로 판단하는 것이 아니라 장애인의 권리, 의사, 선호에 대한 최선의 해석(best interpretation)을 거친 후에 행하여진다는 점에서 전통적인 대리나 대행(substitute deci-sion-making)과는 다르다]의 단계로 수행될 수 있다고 한다[박인환, "한국의 의사결정능력 장애인 권익보호의 새로운 흐름(대체의사결정에서 의사결정지원으로의 모색)", 정신장애의 사회통

이에 대한 법적인 근거나 제도적, 재정적인 뒷받침이 전제되어야 한다. 그런데 현행 성년후견제도는 전통적인 행위능력 제한, 동의권 유보와 취소권 등을 상정하고 있고, 아직까지는 피후견인의 의사결정을 지원하기 위하여 충분한 시간과 노력을 들일 수 있는 능력 있는 후견인과 그러한 후견인을 발굴하고 교육할 수 있는 시스템 및 그 비용을 부담할 재원이 충분히 준비되어 있다고 보기 어렵다. 따라서 이러한 역할을 담당하기 위해서도 공공후견제도가 조속히 확충되어야 한다.

Ⅲ. 후견제도의 전망과 과제

1. 성년후견제도의 발전 방향

가. 성년후견제도의 이념에 충실한 운용

개정 민법은 성년후견제도의 이념을 충분히 담아내도록 설계되어 있지 않아서, 실제로 제도를 운용하는데 있어서도 적지 않은 어려움이 있는 것이 사실이다. 그럼에도 불구하고, 후견을 받을 사람은 물론 후견인이나 후견제도에 관여하고 있는 모든 주체가 구체적인 사무집행이나 결정, 정책이나 제도, 법령을 입안함에 있어 성년후견제도의 이념을 충실히 따라야 한다는 점에는 이론이 있을 수 없다.

성년후견제도의 이념에 충실한 운용을 위해서는 무엇보다 임의후견의 활성화가 시급하다. 임의후견은 후견 영역에 있어서 본인의 의사 존중과 자기결정의 이념에 가장 부합하는 제도이고, 현대의 복지이념에도 부합되는 선진적 후견제도로 평가받고 있다. 그러나 일반 국민들의 인식과 정보 부족, 복잡한 절차와 높은 비용, 빈번한 악용 사례 등이 원인이 되어 그 활용이 미미한 상황이다. 임의후견의 활성화를 위해서는 새로운 업무영역에 대한 인식 전환, 임의후견계약의 표준모델 개발, 임의후견계약의 유효성 확보 방안 등에 관한 보다 깊은 연구와 적극적인 홍보가 필요하다.

합을 위한 국제포럼 자료집(2017), 68-71면].

나. 성년후견제도의 홍보와 인식 변화

정신적 제약이 있는 고령자나 장애인이라도 가족이나 친지 등에 의하여 충분한 돌봄을 받을 수 있다면 후견제도는 필요하지 않을 수 있다. 그러나 그러한 여건이 마련되어 있지 않음에도 불구하고 인식이나 홍보가 부족하여 후견제도의 도움을 받지 못하는 경우가 적지 않은 것이 현실이다.

성년후견제도는 종래의 금치산·한정치산 제도와 같이 장애인을 행위무능력자로 낙인하여 사회에서 배제시키고자 하는 제도가 아니라, 피후견인의 인권과 복리를 보호하고 사회의 구성원으로 함께 살아갈 수 있도록 지원하는 제도라는 인식을 국민들이 가질 수 있도록 적극적으로 홍보하여야 한다.

임의후견과 같이 노후 또는 불의의 사고나 질병 때문에 자기결정을 할 수 없을 때를 대비할 유용한 제도가 있음을 알리고, 국민들이 이러한 제도를 이용하는데 대한 두려움이나 이용을 권하는데 대한 거부감이 없도록 사회적 공감대를 형성하여야 한다.

다. 후견 관련 단체들 사이의 소통과 협력

성년후견제도는 국가의 장애인 및 노인복지 정책과 밀접한 관계가 있고, 입법, 행정, 사법부의 여러 기관과 각종 사회단체가 관여하고 있다. 따라서 후견과 관련된 법령이나 정책의 입안, 제도와 시스템의 구축과 시행에는, 법원, 보건복지부, 지방자치단체, 법무부, 학계와 장애인단체, 변호사, 법무사, 공인회계사, 사회복지사 등 전문가 단체들 사이의 소통과 협력이 반드시 필요하다. 특히 저소득층 장애인이나 노인을 위한 공공후견의 확충이나 적정한 후견감독을 위한 유기적인 협력시스템의 구축은 여러 후견 주체의 지혜와 노력을 모아 조속히 해결되어야 할 문제이다.

또한 후견제도를 활성화하고 여러 후견 단체들 사이의 소통과 이해 증진을 돕기 위한 상설적인 협의체의 마련이 필요하다. 협의체는 후견제도의 장단기 발전계획 수립과 법령 및 제도 입안, 후견제도의 적정한 시행을 위한 기관 사이의 협력방안 마련, 공동연구 또는 학술대회나 간담회 개최와 같은 역할을 담당할 수 있을 것이다.

2. 후견인의 역량 강화와 피후견인 보호 시스템 확립

가. 후견인의 역량 강화

적정한 후견인의 선임은 피후견인의 복리 및 보호와 지결된다. 피후견인의 의사를 이해하고 피후견인의 복리를 보호할 가장 적합한 후견인이 선임되어야 함은 물론이고, 선임된 후견인이 적정하게 사무를 처리할 수 있어야 한다.

후견인의 역량을 강화하기 위해서는 선임비율이 높은 친족후견인에게 동기를 부여하고 능력을 향상하기 위한 체계적이고 전문화된 교육 시스템이 필요하다. 또한 친족 중에서 마땅한 후보자가 없거나 다툼이 있는 경우 등에 선임되는 전문가후견인의 확보와 선임 방안을 연구하고, 그 저변 확대와 역량 강화를 위한 정책을 개발하여야 한다. 법인후견인도 그 특성에 맞는 업무 매뉴얼과 시스템을 개발함으로써 사무영역을 확대하고 전문성을 확보하는 것이 필요하다. 아울러 후견인의 보수에 대한 체계적인 연구가 진행되어야 한다.

나. 피후견인 보호 시스템 확립

피후견인의 보호를 위해서는 후견개시 단계에서 후견인의 권한범위를 적절히 조절해줄 필요가 있고, 후견인의 권한행사에 후견감독인이나 법원이 적시(適時)에 개입할 수 있어야 하며, 후견감독을 통해 피후견인의 재산과 신상이 잘 보호되고 있는지를 지속적으로 관리하는 시스템이 필요하다.

가정법원은 최종적인 후견감독기관으로서 지속적이고 체계적인 후견감독 업무를 담당할 시스템을 갖추어야 하고, 후견인에 대한 감독과 견제에서 한걸음 더 나아가 피후견인과 후견인의 심리적·정서적 어려움을 덜어주는 것과 같은 실질적인 보호와 지원 방안을 마련해 나가는 것 또한 필요하다.

한편 지속적인 후견감독사건의 증가로 인하여 법원의 부담이 증가할 것에 대해서도 미리 준비할 필요가 있다. 감독사무 담당자를 늘리고 전문성을 제고하여야 함은 물론이나, 절차선별이나 후견감독인 활용, 지방자치단체 또는 후견법인이나 각 직역단체 등에게 1차적인 감독기능을 분산하는 방안 등에 관하여도 연구할 필요가 있다.

3. 공공후견제도의 확충

가. 공공후견제도의 의의

전통사회에서는 정신적으로 어려움을 겪고 있는 구성원이 있다고 하더라도, 대가족이나 지역적·혈연적 공동체가 그를 지원하고 보호하는 역할을 담당하였다. 그러나 오늘날에는 결혼과 출산율의 감소, 핵가족화의 진행, 사회의식의 변화로 돌보아줄 마땅한 가족이나 친족이 없는 경우가 많다. 그런데 그러한 사람에게 제3자 후견인을 선임할 재산도 없는 경우에는 후견서비스를 제공할 수 없는 문제가 생기게 된다. 이를 해결하기 위해서는 국가가 사회적 안전망으로서의 후견기능을 담당하여야 하고 사회보장급부의 일환으로 후견인에 대한 보수지급이 이루어져야 하는데, 이러한 일련의 절차에서 운영되는 후견을 공공후견이라고 한다.

정신적인 장애가 있는 사람을 포함한 사회적인 약자를 돌보는 것은 국가와 사회의 의무이므로(헌법 제34조 제4항 참조), 공공후견제도는 성년후견제도의 정착과 발전에 있어서 가장 중요하고 시급한 분야 중 하나이다.

나. 공공후견제도의 확대 필요성

현재 시행되고 있는 보건복지부의 발달장애인을 위한 공공후견 지원사업은, 지방자치단체가 저소득층 발달장애인에 대하여 후견개시청구를 하고 심판청구비용과 후견인의 활동비용을 지원하는 것을 주된 내용으로 하고 있다. 그러나 발달장애인을 위한 공공후견 지원사업은 원칙적으로 대상이 성인 발달장애인(지적·자폐성 장애인) 또는 장애인복지법상 등록장애인에 한정되어 있고, 후견 유형으로 특정후견을 원칙으로 제시하고 있어, 후견이 필요한 모든 국민에 대한 공공후견제도로서는 미흡하다. 따라서 공공후견 지원사업의 대상이 더욱 확대되고, 후견의 유형도 모든 유형으로 확장될 필요가 있다.

한국 사회가 급속도로 노령화되고 있는 가운데, 노령인구 중에서도 사회적, 경제적으로 가장 취약한 집단은 혼자 사는 노인들이다.[9] 특히 이러한 노인들은 많은 경우 치매나 만성적인 질환으로 기본적인 일상생활을 영위하기도 쉽지 않

---

9) 65세 이상 인구 중 혼자 거주하는 인구의 비율인 독거노인비율은 매년 증가하고 있는데, 2016년의 독거노인비율은 19.1%이다(통계청, 2017년 발표 인구총조사).

다. 이러한 상황에서 치매관리법이 개정(2017. 9. 19. 법률 제14896호로 개정, 2018. 9. 20. 시행)[10])되어 일정한 범위 내의 치매환자에게 공공후견서비스가 제공될 수 있게 된 것은 매우 다행스러운 일이다.

　　하지만 발달장애나 치매뿐만 아니라 뇌병변이나 정신질환 등으로 정신적 어려움을 겪고 있는 저소득층 장애인도 보호가 필요한 것은 마찬가지이다. 따라서 공공후견이 조속히 모든 정신장애 영역으로 확대되어야 할 것이다.

다. 공공후견제도의 체계적 관리

　　공공후견제도는 법령과 제도, 예산과 조직의 뒷받침이 있어야 한다. 즉 공공후견사업이 원활하게 진행되기 위해서는, 제도나 사업을 기획하고 조직하며 재원을 조달하는 역할, 집행하고 관리하는 역할, 후견인을 발굴하고 양성하는 역할, 후견 재판과 감독을 하는 역할, 후견인을 지도하고 지원하는 역할, 후견제도를 홍보하고 교육하는 역할을 담당할 기관과 인력이 필요하다. 현재 발달장애인과 관련된 공공후견사업은 보건복지부에서 기획과 재원 조달을 담당하고, 지방자치단체의 복지담당공무원이 구체적인 집행과 관리를, 각 장애인단체에서 후견인 발굴과 양성을, 가정법원에서 후견심판과 감독 기능을 담당하고 있다.

　　그러나 공공후견제도가 안정적으로 정착하고 발전해 나가기 위해서는, 정

---

10) 제12조의3(성년후견제 이용지원) ① 지방자치단체의 장은 치매환자가 다음 각 호의 어느 하나에 해당하여 후견인을 선임할 필요가 있음에도 불구하고 자력으로 후견인을 선임하기 어렵다고 판단되는 경우에는 그를 위하여 「민법」에 따라 가정법원에 성년후견개시, 한정후견개시 또는 특정후견의 심판을 청구할 수 있다.
　　1. 일상생활에서 의사를 결정할 능력이 충분하지 아니하거나 매우 부족하여 의사결정의 대리 또는 지원이 필요하다고 볼 만한 상당한 이유가 있는 경우
　　2. 치매환자의 권리를 적절하게 대변하여 줄 가족이 없는 경우
　　3. 별도의 조치가 없으면 권리침해의 위험이 상당한 경우
　② 지방자치단체의 장이 제1항에 따라 성년후견개시, 한정후견개시 또는 특정후견의 심판을 청구할 때에는 대통령령으로 정하는 요건을 갖춘 사람 또는 법인을 후견인 후보자로 하여 그 사람 또는 법인을 후견인으로 선임하여 줄 것을 함께 청구하여야 한다.
　③ 지방자치단체의 장은 치매환자의 치료·보호 및 관리와 관련된 기관·법인·단체의 장에게 제2항에 따른 후견인 후보자를 추천하여 줄 것을 의뢰할 수 있다.
　④ 국가와 지방자치단체는 제1항 및 제2항에 따라 선임된 후견인의 후견사무의 수행에 필요한 비용의 일부를 예산의 범위에서 보건복지부령으로 정하는 바에 따라 지원할 수 있다.
　⑤ 제1항부터 제4항까지의 규정에 따른 후견제 이용지원의 요건, 후견인 후보자의 자격 및 추천 절차, 후견인 후견사무에 필요한 비용 지원 등에 필요한 사항은 보건복지부령으로 정한다.

신적 장애가 있는 모든 저소득층 국민에 대한 공공후견을 통일적이고 체계적으로 관리하고 지원할 수 있는 법규와 행정시스템이 필요하다. 또한 이를 시행할 전문적인 조직의 구축, 업무담당자의 역량 강화, 공공후견인 발굴·교육·관리 시스템 마련, 일반 국민에 대한 홍보와 교육 강화, 각 주체들의 역할 분담과 유기적인 협조 체계 구축 등이 이루어져야 한다.

2장 후견개시사건 실무

I. 후견심판 청구

1. 청구 전 고려사항

가. 임의후견 우선 고려

개정 민법은 후견을 받을 사람 스스로 사무를 처리할 능력이 결여되거나 부족하게 될 상황에 대비하여 자신의 사무를 대신해 줄 사람과 그 사람이 처리할 사무의 범위를 미리 정해두는 임의후견(후견계약)제도를 도입하였다. 임의후견제도는 고령자의 노후설계수단 또는 불의의 사고나 질병으로 정신적 장애를 입을 때를 대비하여 가족이나 주위 사람에게 미리 남겨 두는 사전지시서로서 유용한 역할을 할 수 있다.

임의후견개시의 근거가 되는 후견계약은 공정증서로 작성하여 등기해 두어야 하고 가정법원의 임의후견감독인 선임심판이 확정되어야 그 효력을 발생하는 등 절차가 다소 복잡하고 일정한 비용이 든다. 또한 유언장을 작성하는 것처럼 자신의 미래에 대하여 미리 준비하여 두는 사회적 문화나 환경이 조성되어 있지 않고, 홍보나 인식의 부족 등으로 인하여 임의후견제도의 이용은 저조한 편이다.

그러나 임의후견은 후견을 받을 사람이 자신의 필요에 따라 자신이 원하는 사람을 후견인으로 정할 수 있다는 점에서 법정후견과는 비교할 수 없는 장점이 있다. 또한 유효한 후견계약이 존재하고 등기되어 있으면 원칙적으로 성년후견, 한정후견, 특정후견과 같은 법정후견이 개시되지 못하므로(임의후견 우선의 원칙), 후견이 필요하거나 필요할 것으로 예상된다면 법정후견에 앞서 임의후견을 이용하는 것을 먼저 고려할 필요가 있다. 다만 임의후견제도를 이용하려면 후견을 받을 사람에게 후견계약을 체결할 능력[11]이 있어야 하고, 임의후견제도가 사건본인의 의사를 가장하거나 법정후견을 회피할 목적으로 악용되어서도 안 된다.

나. 후견재판의 준비
(1) 법정후견이 개시되어야 할 경우

후견을 받을 사람에게 후견계약을 체결하고자 하는 의사가 없거나 이미 능력을 상실한 경우에는 법정후견이 검토될 수 있다. 물론 사건본인이 정신적 장애로 인하여 사무를 처리할 능력이 없거나 부족하다고 하여 반드시 후견이 개시되어야 하는 것은 아니다. 후견인 없이도 스스로 처리할 수 있는 사무 영역이 존재하고 그로써 본인의 생활을 영위하는데 큰 문제가 없거나, 친족 등에 의하여 충분한 보호를 받을 수 있다면 후견제도를 이용할 필요가 없다.

그러나 정신적 장애가 있는 사람을 돌봐 줄 친족이 없거나 친족들 사이에 그 재산관리나 신상보호에 대하여 다툼이 있는 경우, 주변인이 어느 정도의 도움은 줄 수 있지만 피후견인의 복리를 최적화하기 위해서는 후견인의 체계적이고 적절한 지원과 보호가 필요한 경우, 저소득층 무연고자와 같이 국가나 사회의 보호의무가 후견을 통해서 실현되어야 할 경우에는 후견개시가 반드시 필요하다.

많은 국민들이 후견제도를 처음으로 접하거나 고려하게 되는 계기는, 대부분 종래 친족에 의하여 관행적으로 처리할 수 있었던 금융, 등기, 보험, 연금, 사회보장수급, 공법상 신청행위 등의 사무가, 성년후견제도의 시행 후부터는 후견인에 의하지 않으면 불가능하게 되었기 때문이다. 예컨대, 갑작스런 교통사고나 심장마비, 뇌출혈로 인하여 의식불명상태에 빠진 상황에서 급박한 수술에 동의를 하여야 하거나 보험금을 수령하여야 할 경우, 치매와 같이 정신적 장애 상태가 오랫동안 계속되고 있어서 부동산 등의 재산을 처분하여 치료비와 생활비를 마련하여야 할 경우, 발달장애를 가진 자녀가 성년이 됨으로써 종래 부모가 친권자로서 대신해 오던 사무를 할 수 없게 된 경우, 자폐를 가진 자녀의 부모가 연로해지거나 사망할 때를 대비하여 그 역할을 대신해 줄 사람을 미리 정

---

11) 후견계약 체결에 필요한 사건본인의 의사능력과 행위능력에 대해서는 후술하는 5장 Ⅱ-2-가
    -(1) 참조.

해 두거나 안정적인 보호와 혜택이 주어질 수 있는 금융·신탁제도를 이용하고 싶은 경우, 정신질환을 앓고 있는 장애인이 치료 등의 목적으로 장기간 정신병원에 입원하는데 동의하여야 할 경우, 정신적 장애를 가진 사람의 부모가 사망하여 상속 문제를 처리하여야 할 경우 등이다.

(2) 후견 유형과 후견인의 선택

후견재판을 청구할 때에는 우선 후견의 유형과 후견인 후보자를 제대로 선택하는 것이 중요하다. 물론 가정법원이 후견개시 여부, 후견의 유형이나 후견인의 선임, 후견의 범위 등을 정할 때 청구에 기속되는 것은 아니지만, 사건본인이나 친족의 의사를 존중하고 우선적으로 고려하기 때문이다.

사건본인, 친족과 청구인 등 주변인 모두가 후견에 관하여 결정하여야 할 여러 가지 사항에 대해서 일치된 의견을 표시하고 있다면, 그 의견이 사건본인의 복리를 해칠 것이 명백하다는 것과 같은 특별한 사정이 없는 한 청구한 대로 인용될 가능성이 높다. 따라서 후견개시청구를 하기 전에 사건본인과 가족들은 후견재판의 청구 여부, 후견 유형과 범위, 후견인 후보자 등에 관하여 충분히 고민하고 의논한 후 일치된 의견을 제시하는 것이 바람직하다.

후견 유형과 범위를 정할 때에는 사건본인의 명시적이거나 추정적인 의사가 가장 중요한 기준이 되어야 함은 물론이거니와 사건본인의 정신상태나 재산 상황에 비추어 사건본인의 복리와 보호를 위하여 필요한 후견서비스가 빠짐없이 제공될 수 있도록 하여야 한다. 후견인 후보자와 관련하여, 배우자나 연장자이기 때문에 당연히 후견인이 되어야 한다는 생각은 바람직하지 않고, 사건본인을 가장 가까이에서 헌신적으로 보호하고 재산을 투명하게 관리할 수 있는 사람을 선택하여야 한다. 따라서 사건본인과 혈연적 또는 정서적으로 가깝다고 하더라도, 지나치게 연로하거나 연소한 경우, 신체적·정신적 건강이 좋지 아니한 경우, 신용에 문제가 있거나 범죄의 습성이 있는 경우와 같이 사건본인에게 실질적인 도움을 주기 어렵거나 민법이 정하는 결격사유[12]에 해당하여 법원이 선임하지 않을 것으로 예상되는 사람은 후견인 후보자에서 제외하는 것이 좋다.

후견인 후보자가 반드시 한 명이어야 하는 것은 아니다. 발달장애인 등 지적장애인에 대하여 부모가 함께 후견인이 되거나 사건본인의 어머니와 형제가

---

12) 후견인의 결격사유에 대해서는 2장 Ⅱ-3-가 및 2장 Ⅲ-2-라 부분 참조.

함께 후견인이 되는 경우 등 여러 명이 함께 후견사무를 수행하는 것도 가능하다. 한편 여러 사람이 후견인이 되는 경우, 그 후견사무를 각자 단독으로 행사할 수 있도록 할 것인지, 공동으로 행사하도록 할 것인지에 대해서도 의견을 제시할 수 있다.

　　사건본인의 재산관리나 신상보호를 둘러싸고 가족 사이에 다툼이 있어서 후견인에 대한 견제가 필요하다고 생각되면, 가족 중 여러 사람이 공동으로 후견사무를 처리하도록 정할 것을 청구하는 것도 가능하고, 법원에서 공정하고 객관적인 전문가후견인을 선정해 줄 것을 요청하여도 된다.

(3) 청구서 작성과 필요서류의 준비

　　후견 유형과 범위, 후견인 후보자 등이 정하여졌으면, 청구서를 작성하고 심판에 필요한 서류를 준비하여야 한다. 청구서 양식은 대한민국 법원 홈페이지에서 내려 받을 수 있고, 그에 필요한 첨부서류도 각 청구서 양식에 기재되어 있거나 내려 받을 수 있다. 첨부서류 중 가장 중요한 것은 ① 후견개시 여부와 관련하여서는 사건본인의 정신상태를 판단할 진단서이고, ② 후견인 결정과 관련하여서는 사건본인의 추정 선순위 상속인들의 동의서이다. 구체적인 내용은 각 후견 유형별 청구서 부분에서 기술한다.

다. 후견사건의 일반적인 진행 과정

　　후견심판청구서가 가정법원에 접수되면,[13] 청구서 검토와 보정명령, 정신감정, 가사조사, 심문 등의 절차를 거쳐 심판이 이루어진다. 정신감정과 가사조사는 필요한 경우에만 실시되고, 심문은 사건본인이나 관계인의 의사를 확인하기 위하여 기일을 열어 실시되는 것이 보통이다. 심판이 확정되면 법원의 직권 촉탁에 의하여 후견등기부에 기재되는데, 후견인은 이후 후견등기사항증명서를 발급받아 소지하면서 후견사무를 처리할 수 있다. 후견사건의 접수부터 심판까지 소요되는 기간은 청구서가 잘 작성되고 필요서류가 빠짐없이 구비되었는지, 정신감정과 가사조사가 필요한지, 사건본인 및 가족 사이에 후견개시 여부와

---

13) 후견사건의 관할은 후술하는 바와 같이 피후견인의 주소지 소재 가정법원의 관할이다. 그리고 모든 후견사건은 전자사건으로 진행되고 있으므로, 전자적 방법으로 청구서나 문건을 접수할 수 있다(종이로 된 서류는 법원에서 전자화하여 처리하고 있다).

후견인 선정에 관하여 다툼이 있는지 여부에 따라서 달라진다.[14]

후견개시심판이 확정되어 후견인이나 가족 등 관계인이 목적한 사무를 처리할 수 있게 되었다고 하더라도 그것만으로 후견이 끝나는 것이 아니라는 점을 주의하여야 한다. 보통 친족후견인은 자신이 후견재판을 통하여 달성하려고 하였던 목적, 예컨대 예금 인출이나 보험금 또는 연금 수령, 인감증명서 발급, 부동산 매각 등의 목적을 달성하고 나면 더 이상 후견사무를 수행하거나 법원의 감독을 받지 않으려고 하는 경향이 있다.[15] 그러나 후견인은 후견종료심판[16]이 있기 전까지는 후견사무를 계속하여야 하고 자신의 판단만으로 후견사무를 중단하여서는 안 된다. 후견인의 적정한 후견사무 수행에 관한 후견감독인과 가정법원의 감독과 개입도 계속된다.

2. 사건본인(후견의 대상자)[17]

가. 민법의 규정

① 성년후견은 질병, 장애, 노령, 그 밖의 사유로 인한 "정신적 제약"으로 "사무를 처리할 능력"이 "지속적으로 결여"된 사람(민법 제9조 제1항), ② 한정후견은 위와 같은 능력이 "부족"한 사람(민법 제12조 제1항), ③ 특정후견은 위와 같은 정신적 제약으로 "일시적 후원 또는 특정한 사무"에 관한 "후원이 필요"한 사람(민법 제14조의2 제1항)을 대상으로 한다.

따라서 공통된 요건은 "정신적 제약"이고, 성년후견과 한정후견은 "일반적인 사무처리능력"의 "지속적 결여" 또는 "부족"이, 특정후견은 "일시적인 특정

---

14) 서울가정법원에서 2013. 7. 31.부터 2016. 5. 31.까지 사이에 기각, 각하, 취하된 사건을 제외하고 후견인(후견감독인)이 선임된 1,000여건의 사건에 관하여 필자가 조사한 통계에 의하면, 접수부터 심판까지 3개월 미만이 소요된 경우가 32.3%, 3개월 이상 6개월 미만인 경우가 39.4%로서, 6개월 내에 심판이 이루진 경우가 71.7%에 이른다. 다툼이 있는지에 따라 나누어 보면, 다툼이 없는 경우는 6개월 내에 심판되는 경우가 75.8%로 비율이 더 늘어나고, 다툼이 있는 경우에는 6개월 이상 1년 미만의 기간 사이에 심판이 된 경우가 가장 많았다[김성우, "성년후견제도의 현황과 과제", 가족법연구 제30권 제3호(2016), 426-427면 참조].

15) 물론 사건본인의 지적능력이 다소 떨어지지만 스스로 일상생활을 해 나가는데 있어서 별다른 문제가 없는 경우 등 특정후견이 개시된 경우라면 광범위하고 지속적인 후견이나 감독은 필요하지 않을 수 있다.

16) 사건본인의 후견종료에 대한 의사가 명확하고 후견인의 정신상태가 호전되었으며 후견이 종료되더라도 후견인의 보호와 복리에 문제가 없는 경우에 이루어지는 것이 보통이다.

17) 이 책에서 혼동의 여지가 있거나 법문에서 정하고 있는 등 특별한 사정이 없는 한, 후견을 받을 사람, 즉 후견재판의 대상자를 '사건본인'이라고 하고, 후견심판이 이루어진 후부터는 '피후견인'이라고 표시한다.

사무에 대한 후원의 필요"가 요건이다.

나. 정신적 제약

(1) 정신직 제약의 의미

민법은 정신적 제약의 원인으로 질병, 장애, 노령을 예로 들고 있는데, 그와 같은 원인으로 인하여 의사결정능력이나 판단능력이 일반인에 비하여 떨어져 있는 상태를 정신적 제약 상태에 있다고 본다.

신체적 장애가 있어서 사무처리 능력이 결여되거나 부족한 경우에도 후견이 개시되어야 할 것인지에 대하여는 견해가 나뉘고 있으나,[18] 실무에서는 정신능력이 온전한 신체장애인의 경우에는 임의대리 등의 방법으로 사무를 처리할 수 있으므로 자기결정권을 보장하기 위해서 후견을 개시하지 않는다. 다만 신체적 장애로 인하여 정신적 제약까지 생겼다면 당연히 후견개시의 대상이 된다.

(2) 정신적 제약의 원인

실무에서 나타난 주된 정신적 제약의 원인은 뇌병변, 치매, 발달장애, 정신장애 등이다.[19] 뇌병변에는 외상성 뇌손상, 뇌경색, 뇌출혈, 뇌성마비, 뇌종양 등이, 치매에는 알츠하이머 치매, 혈관성 치매, 알코올중독성 치매가, 발달장애는 정신지체, 지적장애,[20] 자폐성장애[21]가, 정신장애에는 조현병, 정신분열병이 포함되고, 그 밖에 파킨슨병이나 히스테리성 인격장애, 연극성 인격장애 등 기

---

18) 신체적 장애만으로는 이에 해당하지 않는다는 것이 다수설이다[김주수·김상용, 친족·상속법(제14판), 법문사(2017), 516면; 윤진수(편집대표), 주해친족법(제2권), 박영사(2015), 1184면; 백태승, 민법총칙(제7판), 집현재(2016), 155면; 김준호, 민법강의(제22판), 법문사(2016), 제93면; 구상엽, 장애인을 위한 성년후견제도, 경인문화사(2015), 73−74면. 반대의 견해로는 박인환, "새로운 성년후견제 도입을 위한 민법개정안의 검토", 가족법연구 제24권 제1호(2010), 제43면].

19) 김성우(주14), 413−414면 참조. 정신적 제약의 원인을 이와 같이 유형화한 것은 후견개시나 후견감독 등에 있어서 각 원인별로 차별화된 원리와 방법으로 접근하여야 할 필요가 있기 때문이다. 감정서, 진단서, 소견서, 후견조사보고서 등을 기초로 파악하였고, 수개의 병이 복합적으로 발병한 경우에는 감정서에 대표 병명으로 기재되어 있거나 다른 병들의 원인이 된 주된 병명을 기준으로 하였다.

20) 지적장애는 보통 경도 지적장애(지능지수 50−69, 정신연령 9−12세, 전체 지적장애의 약 75%), 중증도 지적장애(지능지수 35−49, 정신연령 6−9세, 전체의 약 20%), 고도 지적장애(지능지수 20−34, 정신연령 3−6세, 전체의 약 3−4%), 초고도 지적장애(지능지수 20 미만, 정신연령 3세 미만, 전체의 약 1−2%)로 분류할 수 있다고 한다.

21) 자폐성장애는 언어발달 지연과 의사소통능력 저하, 사회적 상호작용의 저하, 과다 행동이나 상동 행동(常同 行動, stereotyped behavior) 등의 행동장애 증상을 보인다고 한다.

타 인지장애나 인격장애 등이 있다. 연령별 정신적 제약 원인의 분포를 살펴보면 40세 미만에서는 발달장애가, 40세 이상 70세 미만에서는 뇌병변이, 70세 이상에서는 치매가 가장 높은 빈도를 보이는 것으로 조사되었다.

(3) 정신적 제약의 정도
(가) 성년후견의 경우

성년후견개시 요건으로서의 정신적 제약은 이로 인하여 사무를 처리할 능력이 지속적으로 결여될 정도에 이르러야 한다. 정신적 제약이 구체적으로 어느 정도에 이르러야 하는지 일률적으로 정할 수는 없지만, 교통사고로 인한 뇌출혈로 의식불명 상태에 있는 경우, 중증치매 상태로서 시간적·공간적 지남력이나 장·단기 기억력, 수리력과 언어능력이 모두 손상된 경우, 조현병으로 인한 망상과 환각으로 현실의 삶과 행동에 대한 올바른 인식과 판단을 할 수 없는 경우 등이 그에 해당될 것이다.

(나) 한정후견의 경우

한정후견의 경우에는 성년후견을 개시할 정도에는 이르지 않은, 즉 성년후견보다 경미한 정도의 정신적 제약으로 족하다. 민법 개정으로 종래 한정치산 선고의 요건이었던 "낭비자"는 한정후견의 대상에서 제외되었지만, 낭비의 원인이 정신적 제약에 기인한 것이라면 한정후견의 대상이 될 수 있다.[22] 하지만 실무에서는 정신적 제약 요건이 충족되지 못하였음에도 불구하고, 단지 가족이 낭비벽이 있다는 이유로 재산의 처분을 제한하려고 하거나 기왕의 처분행위를 취소하기 위한 목적으로 한정후견을 청구하는 경우가 종종 있다.

(다) 특정후견의 경우

특정후견의 경우에는 그 정신적 제약의 정도를 일률적으로 정하기 어렵다. 법문으로만 보면 특정후견의 대상을 경미한 정신적 제약을 가진 사람으로 한정하기는 곤란하다. 그러나 중한 정신적 제약을 가진 사람을 대상으로 특정후견을 허용하면 성년후견이나 한정후견을 회피하는 방법으로 사용될 수 있고, 사건본인의 보호 및 가정법원의 감독에 문제가 생길 여지가 많다. 또한 특정후견인은 후술하는 바와 같이 신상에 대한 결정대행권이 없고,[23] 피특정후견인의

---

[22] 김주수·김상용(주18), 530면; 법원행정처, 성년후견제도 해설, 법원행정처(2013), 90면 참조.
[23] 특정후견에는 신상결정대행권한에 관한 민법 제938조와 그 권한 행사에 대한 법원의 통제를 규

재산처분행위 등을 취소할 수 없어, 중한 정신적 제약을 가진 피특정후견인의 경우에는 그 보호에 공백이 생길 우려가 있다. 따라서 특정후견은 다소 경미한 제약을 가진 사람을 대상으로 하는 것이 바람직하다.[24] 중한 정신적 제약을 가진 사람에게 일시적이고 긴급한 후원이 필요하다면 성년후견이나 한정후견 청구와 함께 사전처분을 신청함으로써 해결될 수 있을 것이다.[25]

(4) 정신적 제약의 판단 방법

피후견인에게 정신적 제약이 있는지 여부에 대한 판단은 규범적 판단이지만, 반드시 의학적·과학적 근거가 있어야 한다. 가사소송법은 성년후견개시심판을 할 때 원칙적으로 피성년후견인이 될 사람의 정신상태에 대하여 의사에게 감정을 시키도록 규정하고 있고(가사소송법 제45조의2 제1항 본문), 가사소송규칙은 성년후견종료심판을 할 때에도 감정을 실시할 수 있도록 규정하고 있다(가사소송규칙 제38조).[26]

한정후견의 경우에도 정신적 제약을 판단하는 방법은 성년후견의 경우와 같지만(가사소송법 제45조의2 제1항, 가사소송규칙 제38조 참조), 특정후견의 경우에는 그 절차의 임시성이나 특정성을 고려하여 의사나 그 밖에 전문지식이 있는 사람의 의견을 들으면 되는 것으로 완화하고 있다. 이 경우 가정법원은 그 의견을 말로 진술하게 하거나 진단서 또는 이에 준하는 서면으로 제출하게 할 수 있다(가사소송법 제45조의2 제2항 참조).

정한 제947조의2를 준용하지 않고 있다.

24) 같은 취지로 성년후견제도 해설(주22), 123 – 124면. 이에 대하여 특정후견은 성년후견이나 한정후견과 같은 지속적·포괄적 후견의 개시를 최대한 억지하고, 일회적·특정적 구제수단이 필요한 경우에 사용하기 위하여 도입된 것으로서, 각 제도 사이에 명확한 경계 획정은 필요성과 보충성이라는 성년후견제도의 이념과 맞지 않으므로, 일견 성년후견이나 한정후견에 해당하는 정신적 제약이 있다고 하더라도 특정후견을 개시할 수 있다는 견해가 있다[김형석, "성년후견·한정후견의 개시심판과 특정후견의 심판", 법학 제55권 제1호(2014), 466면; 제철웅 "요보호성인의 인권 존중의 관점에서 본 새로운 성년후견제도", 민사법학 제56호(2011), 298 – 299면].

25) 관련하여 법원이 청구취지와 다른 유형의 후견개시심판을 할 수 있는지에 관하여는 2장 – Ⅲ – 1 – 나 부분 참조.

26) 감정의 실시 여부, 절차와 방법에 대해서는 2장 Ⅱ – 4 부분 참조.

다. 사무처리능력의 결여 또는 부족

(1) 사무처리능력

(가) 일반적인 판단 기준

사무처리능력의 유무는 사건본인의 구체적이고 개별적인 상황, 즉 사회적 지위, 살아온 배경, 생활의 모습, 직업의 종류와 담당 업무 등에 따라 통상적으로 처리하는 사무를 기준으로 판단하여야 한다. 그러므로 본인이 일상적으로 처리하는 사무가 아닌 특별한 사무, 예컨대 평범한 사무직 회사원이 민사소송이나 선물거래에 관한 사무를 처리할 능력이 없다는 이유로 후견을 개시할 수 없다.

(나) 회사경영능력

사건본인이 회사의 대표 등의 자격으로 회사를 경영하는 경우, 회사경영능력을 사무처리능력 유무를 판단하는 기준으로 보아야 할 것인지 문제된다.[27]

회사경영이 사건본인의 일상적인 사무에 해당되고 이후에도 계속 회사를 경영할 것으로 예상된다면 원칙적으로 회사경영능력이 사무처리능력의 유무를 판단하는 기준이 된다고 보아야 할 것이다. 하지만 일상적인 생활에서의 사무를 처리할 능력은 있으나 회사경영에 관한 사무를 수행할 능력이 없는 경우라면, 사건본인의 정신적 제약 상태가 정상인 경우와의 한계선상에 있을 가능성이 높다. 따라서 회사경영능력이 떨어진다는 이유로 사무처리능력이 없다고 일률적으로 단정할 것은 아니고, 사건본인의 후견개시에 대한 의사, 회사경영에의 참여 정도, 회사의 규모와 경영의 난이도, 회사경영권에 대한 다툼이 있는지 여부는 물론 후견개시청구의 목적이나 친족의 의견 등을 종합적으로 고려하여야 할 것이다.[28]

---

27) 실무에서는 사건본인에 대한 후견개시청구가 실질적으로는 사건본인이 대표로 있는 회사의 경영권에 대한 다툼인 경우가 종종 있다. 사건본인이 형식적으로는 그 회사의 대표가 아니더라도 회사경영을 좌우할 수 있을 정도의 대주주나 실질적인 소유자인 경우도 마찬가지이다. 이러한 사건본인에 대하여, 일상생활을 하는 데에는 별다른 문제가 없지만 회사경영과 같은 고도의 업무를 수행하는 데에는 어려움을 겪을 수 있다는 취지의 감정서가 제출되면 더욱 판단이 어려워진다. 참고로 상법은 상장회사의 사외이사에 대하여 금치산자, 한정치산자를 결격사유로 정하고 있다(상법 제542조의8 제2항 제1호).

28) 국내 중견 기업체의 대표였다가 2선으로 물러난 사건본인에게 경도의 인지장애가 있으나(감정서 기재만으로는 회사경영능력이 상실되었는지 명백하지 않다), 스스로 의사결정과 일상적인 생활을 하는데 아무런 문제가 없고, 특히 후견개시에 대하여 반대의 의사를 명백히 하였으며, 청구의 주된 목적이 피후견인의 보호라기보다는 친족들 사이의 회사경영권 다툼이라는 점 등을 종합하여 성년후견개시청구를 기각한 하급심 심판례가 있다(서울가정법원 2015. 9. 2.자 2014느단5237 심

(다) 신상에 관한 사무

사무처리능력을 판단할 때 고려되는 사무에는 재산관리에 관한 사무뿐만 아니라 신상결정에 관한 사무도 포함되며, 법률행위, 준법률행위, 사실행위가 모두 포함된다.[29)]

(2) 지속적 결여와 부족

"지속적"이라는 말은 일반적으로 그러한 상태에 있다는 것이다. 일시적으로 사무처리를 할 능력이 있는 상태로 돌아갈 수 있어도 대부분의 시간은 판단능력이 없는 상태에 있으면 지속적으로 결여되어 있다고 할 수 있다. 성년후견개시의 요건인 "결여"는 그러한 능력이 없는 상태를 말하고, 한정후견개시의 요건인 "부족"과 대비되는 개념이다.

한정후견의 경우, 법문으로는 성년후견과 달리 그 제약 상태가 지속적일 것을 요건으로 하고 있지는 않지만, 한정후견이 개시되면 반드시 한정후견인을 선임해야 하고 한정후견종료심판이 있기 전까지 한정후견이 계속되는 것을 전제로 하기 때문에 성년후견과 마찬가지로 정신적 제약의 지속성이 요구된다고 보아야 한다.[30)] 그러나 한정후견에 있어서의 판단능력 부족상태는 위에서 본 바와 같이 일회적이거나 일시적인 경우가 아니어야 한다는 뜻이므로 단속적(斷續的)이라 할지라도 사무처리를 적절히 할 수 없는 상태가 어느 정도 계속된다면 한정후견이 개시될 수 있다.

라. 미성년자

정신적 제약으로 사무를 처리할 능력이 지속적으로 결여되거나 부족한 미성년자에 대하여 성년후견[31)]개시가 가능한지 여부에 대하여 견해의 대립이 있다.[32)] 실무에서는 미성년자에 대하여 성년후견개시청구가 있으면, 친권 또는 미

판 참조).

29) 김형석(주24), 446면.

30) 성년후견제도 해설(주22), 90면.

31) 여기서의 성년후견은 미성년후견에 반대되는 광의의 개념으로서 협의의 성년후견과 한정후견, 특정후견이 모두 포함된다.

32) 성년후견개시의 필요가 있는데 미성년자라는 이유로 청구를 제한할 명문의 근거가 없다거나, 미성년자에 대해서 성년후견을 개시하여 더 강력하게 행위능력을 제한하여야 할 필요가 있다는 이유 등으로 이를 긍정하는 견해가 있다. 반면 성년후견이 친권 또는 미성년후견과 병존할 수 없다거나, 미성년자에게 신상감호 권한이 없는 후견을 개시하면 미성년자의 보호와 복리에 문제가 생길

성년후견으로는 미성년자에 대한 보호가 미흡하여 성년후견이 즉시 개시되어야 한다는 등의 특별한 사정이 없는 한, 원칙적으로 성년이 임박하여 보호의 공백을 막기 위한 경우에 한하여 심리를 진행하되, 심판은 미성년자가 성년에 이른 후에 하는 것이 일반적이다.

마. 다른 유형의 피후견인

피한정후견인이나 피특정후견인의 정신상태가 악화된 경우에는 성년후견을 개시할 수 있고, 피성년후견인이나 피특정후견인에 대하여 정신상태의 호전 또는 악화에 따라 한정후견을 개시할 수 있다. 이 경우 가정법원은 종전의 후견에 대한 종료 심판을 하여야 한다(민법 제14조의3 참조).

그러나 피성년후견인이나 피한정후견인에 대하여 특정후견심판을 할 수는 없다.[33] 후견계약이 체결되어 있는 피임의후견인에 대하여는 후견인의 권한이 계약에 의하여 정하여져 있으므로 추가로 보호와 후원이 필요한 경우 특정후견심판이 가능하다고 할 것이다.[34]

3. 청구권자

가. 민법의 규정

법정후견은 청구권자의 심판청구에 의해서 개시될 수 있고, 법원이 직권으로 절차를 개시할 수는 없다.[35] 성년후견, 한정후견과 특정후견 모두 사건본인,

---

수 있고, 미성년후견의 경우에는 후견종료에 관한 민법 제14조의3에 상응하는 규정이 없다는 이유 등으로 반대하는 견해가 있다.

33) 지속적·포괄적 보호를 제공받고 있는 사람은 특정후견제도에 따른 별도의 후원이 필요하지 않기 때문이다[같은 취지로 윤진수·현소혜, 2013년 개정 민법 해설, 법무부(2013), 48면]. 반대하는 견해로는 제철웅(주24), 318−319면; 구상엽(주18), 143−144면 참조.

34) 윤진수·현소혜(주33), 49면. 한편 후견계약이 등기되어 있는 피임의후견인에 대하여 성년후견 또는 한정후견개시심판이 있는 경우에는 후견계약이 종료되지만, 특정후견심판이 있는 경우에는 후견계약이 종료되지 않는다(민법 제959조의20 제1항 후문 참조).

35) 가사비송사건에서의 처분권주의와 관련하여 후견사건의 취하에 관하여 본다. 후견개시청구의 취하에는 특별한 제한이 없고, 취하를 할 수 있는 시기에도 제한이 없기 때문에 후견사건이 확정되기 전에는 상고심 계속 중이라고 하더라도 청구를 취하할 수 있다. 그런데 청구인이 후견개시청구를 취하하는 것을 제한 없이 허용하는 것이 오히려 사건본인의 인권 보장이나 권익 보호에 불합리한 결과를 가져올 여지가 있으므로, 일정한 범위 내에서 제한이 필요하다. 후견개시가 반드시 필요한 상황임에도 불구하고 사건본인의 의사나 복리에는 무관심하면서 청구인 자신이나 추천한 사람이 후견인으로 선임되지 않은 것에 대한 반발인 경우, 사건본인의 재산에 대한 자의적 사용과 횡령사실이 발각될 것이 두려워 법원의 감독이나 개입을 회피하려고 하는 경우, 정신병원

배우자, 4촌 이내의 친족, 미성년후견인, 미성년후견감독인, 검사 또는 지방자치
단체의 장이 청구할 수 있고, 그 밖에 성년후견은 한정후견(감독)인과 특정후견
(감독)인이, 한정후견은 성년후견(감독)인과 특정후견(감독)인이 청구권자가 된다
(민법 제9조 제1항, 제12조 제1항, 제14조의2 제1항).

나. 본인

민법은 사건본인 스스로 후견개시심판을 청구할 수 있음을 규정하고 있다.
성년후견의 경우에는 사건본인이 청구할 가능성이 그리 크지 않겠지만, 정신적
제약이 있더라도 의사무능력에 이르지 않거나 청구 당시 의사능력이 일시적으
로 회복된 예외적인 경우에는 청구가 가능하다고 할 것이다.[36)]

다만 이러한 청구는 사건본인의 진정한 의사나 복리와는 무관하게 사건본
인의 친족이나 사건본인을 둘러싼 이해관계인에 의하여 악용될 여지가 있으므
로, 이에 대한 가정법원의 심리는 보다 신중하게 이루어지고 있다.

다. 배우자

법률상의 배우자를 뜻하고 사실상의 배우자는 포함되지 않는다. 사실혼 배
우자에게까지 청구권을 줄 경우, 청구 남용의 우려가 있을 뿐 아니라 혼인관계
의 실질이 있는지 여부에 대한 심리로 인하여 후견에 대한 심리가 늦어지고 소
홀해 질 가능성이 있기 때문이다. 청구권자에 대한 해석을 좁게 하더라도 공익
의 대표자로서 지방자치단체의 장 또는 검사에 의한 청구로 보완이 가능하기
때문이기도 하다.

실무에서는 종종 법률상 배우자라고 하더라도 이미 혼인생활이 파탄된 상
황에서 사건본인의 복리가 아닌 이혼이나 재산분할 등의 목적을 우회적으로 달

등 시설에 수용되어 있는 사건본인 모르게 후견재판을 진행하려다가 발각된 경우, 신속히 후견이
개시되지 않으면 사건본인의 신상과 재산에 심각한 위험이 발생할 우려가 있는 경우 등에는 취
하를 제한하여야 한다. 이렇게 함으로써 후견청구에 검사나 지방자치단체의 장의 역할이 미미한
현실에서 처분권주의의 단점을 보완하고, 가정법원이 공익적인 입장에서 사건본인의 보호와 복리
를 위하여 개입할 수 있는 여지를 남겨둘 수 있다. 일본 가사사건절차법(제121조)에도 일정한 경
우 신청의 취하를 제한하는 규정이 있고, 법무부가 2017. 3. 22. 입법예고하고 2018. 3. 2. 국회에
제출한 가사소송법 전부 개정안 제62조에도 후견개시청구사건의 취하에는 가정법원의 허가를 얻
도록 규정되어 있다.

36) 같은 취지에서 미성년자나 피한정후견인, 피특정후견인도 의사능력이 있는 한 법정대리인이나 후
   견인을 통하지 않고 직접 성년후견개시를 청구할 수 있다.

성하기 위하여 후견재판을 청구하는 경우가 있고, 사건본인의 간병인이나 가정부가 사건본인의 의사와는 무관하게 혼인신고를 한 후 청구를 하는 경우도 있다. 이러한 경우 가정법원은 사건본인의 자녀나 부모형제 등 친족에게 직권으로 후견개시에 대한 의견을 조회하는 방법으로 절차가 계속되고 있다는 사실을 알리고 참가 및 의견진술 기회를 줌으로써 청구권이 남용되지 않도록 하고 있다.

라. 4촌 이내의 친족

민법 제777조가 정하는 친족[37) 중 4촌 이내의 혈족과 인척이 청구권자가 된다.

마. 미성년후견인, 미성년후견감독인, 성년후견인, 성년후견감독인, 한정후견인, 한정후견감독인, 특정후견인, 특정후견감독인

미성년자에 대하여는 보호의 공백이 없도록 하기 위하여 미성년후견인이 후견개시청구를 할 수 있고, 후견인과 후견감독인에 대하여는 정신적 제약의 정도가 심해지거나 호전되어 다른 후견을 개시할 필요가 있는 경우에 후견인 또는 후견감독인이 청구할 수 있다.[38)

바. 검사와 지방자치단체의 장[39)

공익의 대표자로서 검사와 무연고자로서 정신적 제약이 있는 사람에 대한 보호 등을 위하여 지방자치단체의 장이 청구할 수 있다.[40)

---

37) 민법 제777조가 정하는 친족의 범위는 8촌 이내의 혈족, 4촌 이내의 인척, 배우자이다. 인척(姻戚)은 혈족의 배우자(형의 아내, 여동생의 남편, 이모의 남편 등), 배우자의 혈족(아내의 부모나 형제자매 등), 배우자의 혈족의 배우자(남편의 여동생의 남편 등)를 말한다(민법 제769조 참조).
38) 특정후견의 경우 특정후견인이나 특정후견감독인이 행사할 수 있는 권한과 사무가 특정되어 있는데, 특정후견심판에 성년후견이나 한정후견 개시청구에 대한 권한이 정해져 있지 않은 경우에도 청구가 가능한지 문제된다. 민법이 특정후견인이나 특정후견감독인을 성년후견개시청구권자로 정하고 있을 뿐 아니라, 피특정후견인을 두텁게 보호하기 위하여 청구할 수 있다는 견해가 있다. 그러나 민법이 청구권자로 특정후견인 등을 정하여 두었다고 하더라도 심판에서 구체적인 권한으로 정하였을 때에 한하여 가능한데, 일시적이고 특정한 사무를 위해서만 권한을 주는 특정후견제도의 본질상 특정후견인이나 특정후견감독인에 의한 성년후견개시청구는 허용되어서는 안된다는 견해가 타당하다.
39) 검사나 지방자치단체의 장이 심판을 청구하는 경우에는 국가가 당사자인 경우가 아니므로, 인지 첩부·첨부 및 공탁 제공에 관한 특례법 제2조가 적용되지 아니한다. 따라서 이 경우에도 인지를 첩부하여야 하지만, 실무에서는 감정 등 후속 절차비용에 대해서는 직권으로 절차구조를 하고 있다.
40) 개정 민법에서 가정법원이 직권으로 후견개시를 할 수 있도록 정하지 않은 것은 공익적 지위에

4. 관할

가. 사물관할과 토지관할

(1) 가정법원 단독판사의 전속관할

후견에 관한 사건은 가사비송사건 중 라류(類) 사건으로 가정법원의 전속관할이고(가사소송법 제2조 제1항 제2호 가목), 피후견인(피후견인이 될 사람 포함)의 주소지 가정법원이 관할하며(가사소송법 제44조 제1호의2), 단독판사가 담당한다(법원조직법 제40조 제1항 제1호, 민사 및 가사소송의 사물관할에 관한 규칙 제3조 참조).

(2) 이송과 관할의 항정

후견개시청구사건도 일반 가사비송사건과 같이, 토지관할 위반에 따른 직권 이송, 현저한 손해 또는 지연을 피하기 위한 직권 또는 신청에 의한 이송이 가능하다(가사소송법 제35조 제2항, 제13조 제3, 4항).

다만 가사소송법 개정(2017. 10. 31. 법률 제14961호, 2018. 5. 1. 시행)으로, 성년후견·한정후견개시심판, 특정후견심판이 확정된 이후의 후견에 관한 사건(후술하는 기본후견감독사건이나 후견감독부수사건 등)은 피후견인의 주소지가 변경되더라도 후견개시 등의 심판을 한 가정법원(항고법원이 후견개시 등의 심판을 한 경우에는 그 제1심 법원인 가정법원)이 관할하게 되었다(가사소송법 제44조 제1항 제1의2호). 후견개시 후에도 후견감독이 오랫동안 계속되므로 관할이 항정되도록 함으로써, 가정법원에게는 일관되고 지속적인 감독이 가능하도록 하고 후견인에게는 후견감독기관인 가정법원에 관하여 착오를 일으키지 않게 한 것이다.

그러나 가정법원은 피후견인의 이익을 위하여 필요한 경우에는 직권 또는 후견인, 후견감독인, 피후견인, 피후견인의 배우자·4촌 이내의 친족, 검사, 지방자치단체의 장의 신청에 따른 결정으로 개시심판 확정된 이후의 후견에 관한

있는 검사와 지방자치단체 장이 보다 적극적인 역할을 담당할 것을 예상한 것도 하나의 원인이 되었다. 그러나 실무에서는 검사가 성년후견을 청구하는 경우가 지극히 적은데, 후견사무를 전담하는 인력과 조직을 마련하고 구체적인 매뉴얼을 만들어서 보다 적극적으로 후견개시청구를 하여야 할 것이다. 지방자치단체 장의 경우에도, 관내에 무연고자로서 후견이 개시되어야 할 주민이 많음에도 불구하고, 공공후견 차원에서 청구하는 발달장애인에 대한 특정후견을 제외하고는, 다른 정신적 제약을 원인으로 한 특정후견이 아닌 유형의 후견개시청구는 거의 없다. 개정 치매관리법 시행으로 역할이 증가될 것으로 예상되기는 하지만, 공익성, 접근성, 전문성의 측면에서 탁월한 지위와 역량을 가지고 있는 지방자치단체에서 보다 적극적인 청구가 있어야 할 것이다.

사건의 관할 가정법원을 피후견인의 주소지의 가정법원으로 변경할 수 있다(가사소송법 제44조 제2항).[41] 관할이 항정됨으로써 피후견인의 이익을 해할 우려가 있거나 법원의 적정한 감독이 어려울 경우에는 직권 또는 청구에 의하여 관할을 변경할 수 있도록 한 것이다.

나. 국제후견법

(1) 국제재판관할과 준거법

(가) 현행 국제사법

후견의 준거법은 미성년후견과 마찬가지로 피후견인의 본국법이다(국제사법 제48조 제1항). 후견의 준거법이 규율하는 사항은 후견에 관한 모든 문제, 즉 후견의 종류, 후견의 개시와 그 원인, 피후견인과 후견인 사이의 권리의무관계, 후견인 선임과 직무, 후견의 내용 등이다.[42]

예외적으로 대한민국에 상거소 또는 거소가 있는 외국인에 대한 후견 중, ① 그의 본국법에 의하면 후견개시의 원인이 있더라도 그 후견사무를 행할 자가 없거나 후견사무를 행할 자가 있더라도 후견사무를 행할 수 없는 경우, ② 대한민국에서 한정후견개시, 성년후견개시, 특정후견개시 및 임의후견감독인선임의 심판을 한 경우, ③ 그 밖에 피후견인을 보호하여야 할 긴급한 필요가 있는 경우 중 어느 하나에 해당하는 경우에는 대한민국 법에 의한다(국제사법 제48조 제2항).[43] 후견제도의 특수성을 감안하여, 피후견인의 보호와 후견개시심판 국가에서의 후견사무와 감독사무의 원활한 처리를 목적으로 한 규정이라고 할

---

41) 변경신청을 기각하는 결정에 대하여는 신청인이, 변경결정에 대하여는 후견인, 후견감독인, 피후견인이 즉시항고를 할 수 있다. 변경결정의 즉시항고의 경우에는 집행정지의 효력이 있다(같은 조 제3항).

42) 윤진수(편집대표)(주18), 1773－1774면. 한편 우리 국제사법도 독일민법과 같이 후견의 개시·종료와 후견의 내용(효력, 집행)을 구분하여, 후자에 대해서는 준거법을 후견심판을 하는 법정지법으로 규정하는 것이 후견제도의 특수성이나 피후견인의 보호에 더 적합하다는 견해도 있다.

43) 위 국제사법 규정이 국제재판관할까지 규정한 것인지에 관하여는 학설이 나뉘지만, 다수설은 국제재판관할을 함께 규정한 것이라고 한다. 한편 국제사법 제48조 제1항이 후견 개시나 심판 등 후견에 관한 모든 사항을 포함하고 있고, 같은 조 제2항이 국제재판관할까지 규정하고 있는 것으로 보는 것이 다수설이라면, 금치산·한정치산 제도에 관한 규정을 그대로 용어만 바꾼 국제사법 제14조를 따로 두는 것은 불필요하므로 삭제하고 후견에 관한 국제재판관할과 준거법을 체계적이고 통일적으로 규정하는 것이 바람직하다는 견해가 있었다. 후술하는 바와 같이 법무부가 입법예고한 국제사법 개정안에 의하면 후견에 관한 국제재판관할과 준거법을 별개의 조문으로 규정하고 있다.

것이다.

(나) 국제사법 개정안

법무부가 2018년 입법예고한 국제사법 전부개정법률안은 국제후견사건
에 관하어 국제재판관할(제62조)과 준거법(제73조)에 관한 두 개의 조문을 두고
있다.[44]

1) 국제재판관할

피후견인의 보호와 감독법원의 신속한 개입이 필요한 일정한 후견사건에
대해서 대한민국에 국제재판관할을 인정하되, 성년후견과 미성년후견으로 나누
어 각각의 특성에 따라 규정한다. 성년후견사건은 ① 피후견인의 상거소가 대
한민국에 있는 경우, ② 피후견인이 대한민국 국민인 경우, ③ 피후견인의 재산
이 대한민국에 있고 피후견인을 보호할 필요성이 있는 경우에, 미성년후견사건
은 ① 미성년인 자녀의 상거소가 대한민국에 있는 경우, ② 그 자녀의 재산이
대한민국에 있고 그 자녀를 보호할 필요성이 있는 경우에, 각각 대한민국 법원
에 국제재판관할이 있다.

2) 준거법

개정안은 후견사건의 국제재판관할에 관하여 위와 같이 특별규정을 신설함
으로써, 준거법에 대해서는 현행 국제사법 제48조의 내용을 일부 수정하고 있
다. 후견사건의 준거법은 원칙적으로 피후견인의 본국법에 의하되, 대한민국 법

---

44) 제62조(후견사건의 특별관할) ① 성년후견에 관한 사건에 대하여는 다음 각 호의 어느 하나에 해
   당하는 경우 법원에 국제재판관할이 있다.
   　1. 피후견인(피후견인으로 될 자를 포함한다. 이하 같다)의 상거소가 대한민국에 있는 경우
   　2. 피후견인이 대한민국 국민인 경우
   　3. 피후견인의 재산이 대한민국에 있고 피후견인을 보호하여야 할 필요가 있는 경우
   ② 미성년인 자녀의 후견에 관한 사건에 대하여는 제60조[(친자간의 법률관계 등에 관한 사건의
   특별관할) 미성년인 자녀 등에 대한 친권, 양육권 및 면접교섭권에 관한 사건에 대하여는 자녀의
   상거소가 대한민국에 있는 경우 법원에 국제재판관할이 있다. 다만 대한민국에 상거소가 있던 자
   녀가 불법적으로 외국으로 이동하거나 탈취를 당한 날부터 1년이 경과하여 새로운 환경에 적응
   한 경우에는 그러하지 아니하다－필자註]가 규정하는 경우 및 그 자녀의 재산이 대한민국에 있
   고 그 자녀를 보호하여야 할 필요가 있는 경우 법원에 국제재판관할이 있다.
   제76조(후견) ① 후견은 피후견인의 본국법에 따른다.
   ② 제62조에 따라 법원이 성년 또는 미성년 자녀인 외국인의 후견사건에 관한 심판을 하는 경우
   다음 각호 중 어느 하나에 해당하는 때에는 전항에도 불구하고 대한민국 법에 따른다.
   　1. 그의 본국법에 의하면 후견개시의 원인이 있더라도 그 후견사무를 행할 사람이 없거나 후견
   　　 사무를 행할 사람이 있더라도 후견사무를 행할 수 없는 경우
   　2. 대한민국에서 후견개시의 심판(임의후견감독인선임 심판을 포함한다)을 하였거나 하는 경우
   　3. 피후견인의 재산이 대한민국에 있고 피후견인을 보호하여야 할 필요가 있는 경우

원이 위 국제재판관할규정에 따라 외국인의 후견사건에 관하여 심판을 하는 경우 ① 그의 본국법에 의하면 후견개시의 원인이 있더라도 그 후견사무를 행할 사람이 없거나 후견사무를 행할 사람이 있더라도 후견사무를 행할 수 없는 경우, ② 대한민국에서 후견개시의 심판(임의후견감독인선임 심판을 포함한다)을 하였거나 하는 경우, ③ 피후견인의 재산이 대한민국에 있고 피후견인을 보호하여야 할 필요가 있는 경우에는 대한민국 법이 준거법이 된다.

(2) 외국 후견재판의 승인
(가) 외국에서의 후견재판이 승인의 대상인지 여부

비송사건도 민사소송법 제217조를 유추적용하여 외국재판에 대한 승인이 가능하다고 보는 것이 다수설이므로, ① 국제재판관할이 인정되고, ② 적법한 방식에 의한 송달이 이루어졌으며, ③ 판결의 효력을 인정하는 것이 대한민국의 공서양속에 반하지 않고, ④ 상호보증이 있는 경우,[45] 외국법원의 후견에 관한 확정판결의 승인이 가능하고, 이를 인정한 하급심 판례[46]가 있다.

(나) 외국재판에 의한 후견인의 권한이 한국 내의 재산이나 후견사무에도 미치는지 여부

외국에서의 후견재판에 대한 승인이 가능하다고 보는 이상 외국재판에 의하여 선임된 후견인의 권한은 한국 내 재산 및 후견사무에도 미친다고 보는 입장이 다수설이고, 이를 인정하는 하급심 판결이 있다.

그러나 그러한 경우에 그 후견인이 외국에서의 후견인선임심판만으로 혹은 그에 더하여 한국의 승인심판이 있더라도, 한국에서의 후견등기 없이 실제로 부동산등기나 예금인출 등의 권한을 행사하기는 사실상 어려울 것이다. 적절한 공시방법이 없어 국제사법 제15조에 해당하지 아니하는 한 국내의 거래안전이 위태롭게 될 여지도 있다.

(다) 외국에서의 심판을 후견등기에 관한 법률에 따라 등기할 수 있는지 여부

외국에서의 심판을 우리 후견등기에 관한 법률에 따라 등기할 수 있는지에 관하여, 현재 등기 실무는 이를 허용하고 있지 않은 것으로 보인다.[47] 따라서

---

45) 상호보증 요건이 필요한지에 대해서는 학설이 나뉜다.
46) 미국 후견재판(서울고등법원 2013. 5. 30. 선고 2011나60096호 판결, 상고 없이 확정되었다), 일본 후견재판[서울고등법원 2012. 11. 16. 선고 2010나21209(본소), 51224호(반소) 판결, 대법원에서 일부 파기환송되었으나 관련 논점은 상고심에서 다루어지지 않았다].
47) 후견등기에 관한 법률은 후견등기 대상 재판의 준거법이 민법인 경우만을 규정하고 있으므로 재

외국법원에서 받은 후견재판으로 우리나라에서 후견등기를 신청하는 것은 불가
능하고, 후견등기와 실질적인 후견인의 권한행사를 위해서는 별도로 우리 민법
에 따라 가정법원에서 후견재판을 받도록 하는 것이 현재 실무례이다.[48]

(라) 국가간 후견재판의 상충 문제

외국법원에서 받은 후견재판이 승인된다고 하더라도 피후견인 보호의 필요
성 등이 있는 경우[49]에는 한국 법원에서 한국법에 따라 별도의 후견재판을 할
수 있다. 이 때 본국법 또는 상거소지법에 따른 후견재판은 각각 다른 법원의
후견재판에 영향을 미치지는 않는다고 해야 한다. 각 국가의 법원에서 한 후견
재판은 종료재판이 이루어지지 않는 한 유효하고, 그 국가에서의 법률관계에
우선하여 적용된다고 보아야 할 것이다. 각 후견재판과 후견인 권한의 상충 문
제는 다른 국가 법원에서의 후견종료재판 또는 후견인 및 대리권 변경재판 등
을 통하여 해결될 수 있을 것이다.

5. 후견개시심판청구서[50] 작성

가. 당사자의 표시

청구인의 성명, 전화번호와 주민등록번호, 사건본인과의 관계, 대리인이 있
는 경우 대리인 표시, 사건본인의 성명과 주민등록번호, 성별, 주소, 등록기준지
를 기재한다.

여러 개의 가사비송사건의 청구가 가사소송법 제14조 제1항의 요건을 갖춘

판의 준거법이 외국법인 경우에는 후견등기에 관한 법률의 적용대상에서 제외되고, 등기 대상 재
판의 준거법이 민법인 경우에도 후견등기에 관한 법률 제1조의 요건은 충족할 수 있지만, 성년후
견개시심판은 가사소송법 제9조, 가사소송규칙 제5조의2에 따라 촉탁에 의한 등기만이 허용되고
있으므로, 우리나라 법원에 의하여 촉탁되지 아니하고 후견인 등이 외국법원에서 받은 후견심판
등을 제출하여 후견등기를 신청하더라도 후견등기에 관한 법률 제22조 제4호에 따라 각하된다는
논거를 들고 있다.

48) 후견등기에 관한 법률이나 관련 예규 등을 개정하여 일정한 요건 하에 외국에서의 후견심판을 우
리 법률에 따라 등기할 수 있도록 하여야 할 것이고, 적어도 법원의 승인 또는 집행 판결이 있는
경우에는 후견등기를 허용하여야 할 것이다.

49) 국제사법 제48조 제2항 제1호, 제3호의 경우 등이 포함될 것이다.

50) 후견개시심판청구서 양식 및 작성례는 참고자료 1(성년후견), 6(한정후견), 8, 9(특정후견)와 같
다. 심판청구서는 가정법원 종합민원실이나 후견센터 등에 비치되어 있기도 하지만, 법원홈페이
지를 통해서 작성 제출할 수 있다. 대한민국법원(www.scourt.go.kr) 홈페이지/대국민서비스/양식
모음/가사 경로를 통해 필요한 재판의 종류를 검색란에 입력한 후 필요한 양식을 내려 받을 수
있다. 심판청구서 등은 프린터로 출력하여 직접 법원에 방문 또는 우편으로 제출하거나, 전자소
송 이용자로 등록하면 전자소송 홈페이지에서 작성하여 파일 등을 첨부하여 제출할 수 있다.

경우에는 1개의 심판청구로 제기할 수 있으므로(가사소송규칙 제20조의2), 부부 모두에 대하여 후견개시가 필요한 경우 등 여러 명의 사건본인에 대한 심판청구를 하나로 병합하여 청구하는 것이 가능하다.[51]

나. 청구취지

청구취지에는 후견개시 및 후견인 선임을 구하는 취지가 표시되어야 한다.[52] 사건본인에 대하여 개시심판을 구하는 후견의 종류를 밝혀야 하고, 후견이 개시되는 경우 선임되기를 희망하는 후견인 후보자를 적시한다.[53] 후견인 후보자로는 청구인 스스로를 기재하는 경우가 가장 많고, 친족이나 제3자 또는 법원이 선임하는 전문가후견인(법인 포함)을 선임할 것을 구하기도 한다.

(성년후견의 경우)
1. 사건본인에 대하여 성년후견을 개시한다.
2. 사건본인의 성년후견인으로 청구인을 선임한다.

(한정후견의 경우)
1. 사건본인에 대하여 한정후견을 개시한다.
2. 사건본인의 한정후견인으로 김○○(주민등록번호, 주소)을 선임한다.

(특정후견의 경우)
1. 사건본인에 대하여 특정후견을 한다.[54]
2. 사건본인의 특정후견인으로 사회복지사 조◇◇(주민등록번호, 주소)을 선임한다.

---

51) 1인의 사건본인에 대해서는 성년후견을 다른 1인에 대해서는 한정후견을 청구하는 것 등도 가능하다. 처음부터 여러 개의 가사비송청구를 병합청구하는 경우에는 하나의 사건번호가 부여되고, 각 수수료는 합산한다(가사소송수수료규칙 제5조 제2항).
52) 가정법원에 비치되어 있거나 대법원 홈페이지에 등록되어 있는 심판청구서에는 이러한 내용이 기본 문구로 활자화되어 있다.
53) 청구취지에 후견인 후보자 선임에 관한 내용을 기재하는 것이 일반적이기는 하지만, 가정법원은 후견개시를 하는 경우 후견인을 직권으로 선임하므로[민법 제936조 제1항, 제959조의3 제1항, 제959조의9 제1항(특정후견의 경우는 특정후견인을 반드시 선임하여야 하는 것도 아니다)], 후견인 선임에 관한 사항을 반드시 기재할 필요는 없다. 후보자 부분을 공란으로 두거나 가정법원에서 적당한 사람을 선임해 줄 것을 구하여도 된다.
54) 종료에 대하여 정함이 없이 개시만을 선언하는 성년후견이나 한정후견과 달리, 특정후견의 경우에는 심판에 개시와 종료가 함께 정해지기 때문에, "사건본인에 대하여 특정후견을 개시한다."고 하지 않고, "사건본인에 대하여 특정후견을 한다."라는 주문을 낸다[이현곤, 성년후견제도의 이해와 활용, 법률신문사(2015), 106면 참조]. 따라서 청구취지도 이에 따른다.

다. 청구원인

청구원인에는 일반적으로 ① 당사자들의 관계, ② 사건본인의 상태, ③ 후견개시의 필요성에 대한 내용, ④ 성년후견인 후보자에 대한 사항 등을 기재한다.

(1) 당사자들의 관계에는 청구인과 사건본인의 관계, 사건본인의 가족관계, 사건본인과 후견인 후보자와의 관계 등을 기재한다.

(2) 사건본인의 상태는 정신적 제약의 종류, 발병시기와 정도, 치료경과와 전망, 거소와 개호 상황 등을 기재한다.

(3) 후견이 개시되어야 할 필요성과 청구 목적에 대해서는 사건본인이 현재 정신적 제약으로 인하여 사무처리를 할 능력이 없거나 부족한 상태라는 점, 그 결과 사건본인에 대한 재산관리와 신상보호를 위하여 후견인의 도움이 필요하다는 점, 후견인이 선임되면 사건본인의 치료비와 요양비 등 개호비용 마련, 은행 또는 보험 업무 처리, 부동산 관리 등의 후견사무가 필요하다는 점 등을 밝힌다. 사건본인을 둘러싼 친족 사이의 다툼이 있는 경우 그 내용과 함께 사건본인에 대하여 후견인과 법원의 보호가 필요하다는 취지를 기재한다.

(4) 성년후견인 후보자의 인적 사항(성명, 주소, 주민등록번호, 직업), 사건본인과의 관계, 후견인으로 선임되어야 할 필요성, 후견과 관련된 전문적인 자격이나 능력 등에 대하여 기재한다.

라. 첨부서류

후견개시심판청구서에 첨부하여야 할 서류는 ① 사전현황설명서, ② 재산목록, ③ 취소권·동의권·대리권 등 권한범위에 대한 의견서, ④ 사건본인의 진단서와 진료기록, ⑤ 사건본인의 추정 선순위 상속인의 동의서, ⑥ 후견인 후보자에 관한 자료 등이다.

(1) 사전현황설명서[55]

사전현황설명서에는 사건본인의 현재 심신상태와 감호상황, 사건본인의 주거, 사건본인의 법정 출석 가부, 사건본인의 재산상황, 후견심판 청구의 동기나 목적, 청구에 대한 사건본인의 추정 선순위 상속인들의 의견 등을 기재한다. 심리의 기초가 되고 심리의 방향을 정하는 중요한 자료가 되므로, 청구서 기재 청

---

55) 작성례는 참고자료 2와 같다.

구원인과 중복되는 내용이 있다고 하더라도 반드시 작성하여 제출하여야 한다.

(2) 재산목록56)과 소명자료

사전현황설명서에 재산상황을 기재하는 부분이 있지만, 일반적으로는 가정법원에서 제공하는 양식에 따라 재산목록을 작성하여 제출한다. 후견심판이 확정되기 전 심리과정에서 작성되는 것이기 때문에57) 청구인으로서는 자료수집에 한계가 있을 수밖에 없고, 따라서 자세하고 정확하게 작성하지 못할 수 있다. 그러나 심판 확정 후 제출하여야 하는 재산목록과 매년 제출하는 후견사무보고서의 기초가 될 뿐 아니라, 가정법원에서는 청구인에 대한 신뢰도를 가늠하는 자료로 삼고 있으므로, 가능한 자세하고 성실하게 작성하여 제출하여야 한다. 아울러 부동산등기부등본이나 통장 사본 등 재산목록에 기재한 재산을 소명할 자료를 첨부한다.

(3) 후견인의 권한범위58)

후견인의 권한범위는 피후견인의 잔존능력과 후견의 필요성을 판단하는 중요한 자료가 된다. 가정법원의 신청서 양식에 기입하는 방법으로 작성하여 심판청구서에 첨부하면 된다. 주된 내용은, 취소할 수 없는 피성년후견인의 법률행위의 범위와 성년후견인의 법정대리권의 범위(성년후견의 경우), 피한정후견인이 한정후견인의 동의를 받아야 하는 행위의 범위와 한정후견인의 대리권의 범위(한정후견의 경우), 특정후견의 기간과 피특정후견인의 후원을 위한 사무의 범위, 특정후견인의 대리권의 범위(특정후견의 경우), 피후견인의 신상에 관하여 결정할 수 있는 권한의 범위(성년후견과 한정후견의 경우), 권한분장에 관한 사항(후견인을 2명 이상 선임 청구하는 경우)이고, 구체적인 작성방법은 후술하는 후견인의 권한범위, 심판문에 관한 부분을 참고하면 된다.

---

56) 작성례는 참고자료 3과 같다.
57) 후견심판이 확정된 후 성년후견인이 제출하는 재산목록(민법 제941조 참조)과 구별된다. 후견심판이 확정된 후에 작성·제출하는 재산목록은 상속인(후견인) 금융거래조회 서비스 등 금융재산에 대한 조회결과, 부동산등기부등본과 토지·건축물대장, 국토정보시스템의 개인별 토지소유현황조회, 예금잔고증명서, 보험증권 사본, 보험금지급내역서, 자동차등록증 사본 등의 객관적인 소명자료를 첨부하여 정확하고도 자세하게 작성하여야 한다.
58) 작성례는 참고자료 4(성년후견), 7(한정후견), 8, 9(특정후견)와 같다.

(4) 사건본인의 진단서와 진료기록

사건본인의 현재 정신적 제약 상태를 나타내는 진단서(소견서)와 진료기록 (입·퇴원 확인서 포함, 심판청구서 제출일로부터 1개월 이내)을 제출하여야 하고, 감정절차가 생략될 수 있으려면 '사건본인이 진단서에 기재된 질병 등으로 인한 정신적 제약으로 사무를 처리할 능력이 없거나 부족하고, 그러한 상태가 고착되어 회복의 가능성이 없거나 낮다'는 취지가 기재되어야 한다.[59]

(5) 사건본인의 추정 선순위 상속인의 동의서

청구서에는 사건본인의 추정 선순위 상속인의 동의서를 첨부하여야 하는데, 그 이유는 사건본인의 일부 친족에 의한 후견심판의 남용을 막고 이해관계인의 절차참여를 보장하기 위함이다.[60] 동의서를 제출하지 못하는 경우에는 전술한 사전현황설명서에 그 취지를 기재한다. 이 경우 가정법원은 그 친족에 대하여 의견조회를 하는데, 이를 위하여 동의서를 받지 못한 친족의 주민등록초본을 제출하거나 발급받기 어려운 경우 그 제출을 명하는 보정명령을 발령해 줄 것을 구하면 된다.[61]

(6) 가족관계서류

(가) 사건본인: 기본증명서, 가족관계증명서, 주민등록초(등)본

(나) 청구인: 가족관계증명서, 주민등록초(등)본

(다) 후견인 후보자: 가족관계증명서, 주민등록초(등)본

(라) 이해관계인(친족 포함): 가족관계증명서, 주민등록초(등)본

(마) 가족관계서류는 말소나 폐쇄사항을 포함한 전부 증명서를 제출하여야 하고, 사건본인과의 관계 등이 위 서류로 증명되지 않는 경우에는 공통 직계존속의 제적등본이나 가족관계증명서 등을 추가로 제출한다.

---

59) 자세한 내용은 후술하는 2장 Ⅱ-4-가 부분 참조.
60) 특정후견의 경우에는 원칙적으로 그 서류의 제출이 요구되지 않는데, 그 이유는 공공후견을 위하여 지방자치단체의 장이 청구하는 경우가 많고, 청구 단계에서 사건본인과 후견인 후보자, 친족에 대한 자세한 정보 및 의견이 담긴 사회조사보고서가 작성, 제출되기 때문이다. 그러므로 특정후견이라고 할지라도 사건본인은 물론 그 친족 사이에 심판청구와 관련된 다툼이 예상되는 경우에는 동의서 제출이 요청되기도 한다.
61) 자세한 내용은 후술하는 추정 선순위 상속인의 동의 여부 2장 Ⅱ-3-나 부분 참조.

(7) 사건본인과 후견등기사항전부증명서(말소 및 폐쇄사항 포함) 또는 후견등기사
　항부존재증명서(전부)

사건본인과 후견인 후보자에 대하여 발급·제출하여야 하고, 가정법원 후견
등기 담당부서에 직접 방문하거나 우편으로 발급받을 수 있다. 사건본인에 대
해서는 현재 효력이 있는 다른 후견이 있는지 여부를, 후견인 후보자에 대해서
는 후견인 결격사유가 있는지 여부를 판단하는 자료로 쓰인다.

(8) 범죄경력·수사경력 회보서와 신용조회서

후견인 후보자에 대한 후견인 결격사유 판단자료로 제출하는데, 법원에서
직권으로 조회[62]하여 회신을 받고 있으므로, 발급받지 못하는 경우[63] 그 사유
등을 소명하면 된다.

(9) 후견인 결격사유에 대한 진술

민법 제937조가 정하는 후견인 결격사유 중에서 다른 소명자료로 소명하지
못한 부분에 대한 진술로서 후견인 후보자의 신용 상황, 수형 여부, 사건본인과
사이에서의 소송 여부 등에 관하여 가정법원에서 제공하는 양식의 확인서[64]에
표시하여 제출하면 된다.

II. 심리

1. 심리의 기본 원칙

후견사건도 라류 가사비송사건의 하나이므로, 가정법원은 비송사건의 심리

---

62) 참고자료 10 참조.
63) 후견인 후보자가 범죄·수사경력조회 회보서의 발급 과정에서 "법원 제출용" 또는 "후견인 선임
　용"임을 밝히면, 일부 경찰서 발급 담당자는 형의 실효 등에 관한 법률의 규정을 들어 거부하는
　경우가 있는데, 이는 위 법률 제6조 제1항 제1호의 자의적 해석에 기한 것이기는 하지만, 근본적
　인 해결을 위해서는 해석이나 의문의 여지가 없도록 법률에 명문으로 규정하는 것이 바람직할
　것이다. 참고로 법무부가 2018년 국회에 제출한 가사소송법 개정안에 의하면 후견사건을 비롯한
　가사비송사건에 대하여 "가정법원은 상대방이 없는 가사비송사건의 심리를 위하여 국가경찰관서
　의 장에게 당사자와 관계인의 범죄경력 조회를 요청할 수 있고, 그 요청을 받은 국가경찰관서의
　장은 지체 없이 그 결과를 회보하여야 한다."고 규정(개정안 제80조 제2항)하고 있다.
64) 작성례는 참고자료 5와 같다.

원칙에 따라 심리한다. 라류 비송사건은 사건본인은 있지만 상대방이 존재하지 아니하고, 사건 관계인을 심문하지 않고 심판할 수 있다. 조정전치주의가 적용되지 않고, 가정법원은 당사자의 청구취지에 구애받음 없이 재량으로 후견적인 처분을 할 수 있다.

2. 심리의 일반적 절차

3. 청구서 검토와 보정명령

가정법원은 사건이 접수되고 배당이 되면, 청구서에서 ① 인지 및 송달료, ② 관할, ③ 기본서류(사전현황설명서, 재산목록, 취소권·동의권·대리권 등 권한범위, 사건본인의 진단서와 진료기록, 사건본인과 청구인의 가족관계증명서류, 후견등기사항전부증명서 또는 후견등기사항부존재증명서, 후견인 후보자의 범죄경력·수사경력 회보서와 신용조회서 등), ④ 후견인 후보자의 결격사유, ⑤ 추정 선순위 상속인의 동의 여부 등을 검토하여 보정명령65)을 발령한다.

가. 후견인 후보자의 결격사유 확인
(1) 민법의 규정

민법 제937조는 ① 미성년자(1호), ② 피성년후견인, 피한정후견인, 피특정후견인, 피임의후견인(2호), ③ 회생절차개시결정 또는 파산선고를 받은 자(3호),66) ④ 자격정지 이상의 형의 선고를 받고 그 형기(刑期) 중에 있는 사람(4호), ⑤ 법원에서 해임된 법정대리인(5호),67) ⑥ 법원에서 해임된 성년후견인,

---

65) 참고자료 11 참조. 실무에서 빈번하게 발령되고 있는 보정명령을 모아 둔 것이다. 보정명령의 내용을 보면 청구할 때 누락하기 쉬운 서류가 무엇인지, 가정법원이 심리 과정에서 필수적으로 검토하거나 중점을 두고 있는 사항이 무엇인지 알 수 있다.

66) 제3호, 제6호, 제8호는 법인 후견인에게도 해당된다고 할 것이고, 일정한 경우에는 그 대표자가 결격에 해당하면 법인도 결격이 된다고 할 것이다.

67) 여기에서의 법정대리인은 해임된 미성년후견인, 친권상실 선고를 받은 부 또는 모(민법 제924조), 대리

한정후견인, 특정후견인, 임의후견인과 그 감독인(6호),[68] ⑦ 행방이 불분명한 사람(7호), ⑧ 피후견인을 상대로 소송을 하였거나 하고 있는 사람(8호),[69] ⑨ 제8호에서 정한 사람의 배우자와 직계혈족(피후견인의 직계비속 제외, 9호)[70]은 후견인이 될 수 없다고 규정하고 있다.

(2) 결격사유에 대한 심리

결격사유에 대한 심리를 위하여, 가정법원에서는 전술한 바와 같이 후견인이 되려는 자로부터 결격사유의 부존재에 관한 확인서(3호, 4호, 8호, 9호)와 범죄경력조회(4호), 후견등기사항부존재증명서(2호)를 제출받고 있고, 직권으로 전국은행연합회(참조: 신용정보관리팀장) 및 경찰청에 대하여 후견인 후보자의 신용거래불량 등재 여부 조회(3호) 및 범죄경력조회(4호)를 하고 있다.[71]

나. 추정 선순위 상속인의 동의 여부 확인

(1) 목적과 필요성

가정법원이 후견사건에서 추정 선순위 상속인을 포함하여 사건본인의 친족이나 이해관계인의 의견을 듣는 것은, 사건본인의 복리와 보호를 위해 가장 적정한 후견 형태와 후견인을 정하기 위한 자료를 얻기 위해서이다. 또한 후견재

권·재산관리권 상실의 선고를 받은 친권자(제925조), 해임된 유언집행자(제1106조) 등이 해당될 것이다.

68) 민법에 후견(감독)인의 '해임'에 관한 규정은 임의후견인(제959조의17 제2항)밖에 없고, 나머지는 모두 '변경'에 대해서만 규정하고 있다. 이것이 입법상의 누락인지 여부는 별론으로 하고, 피후견인의 보호를 위하여 후견인이 변경된 경우에는 그 변경 사유를 검토하여 후견(감독)인의 임무수행에 부정행위가 있는 것과 같이 실질적인 해임에 해당되면 이 조문에 의하여 결격사유에 해당된다고 할 것이다[같은 취지로 윤진수(편집대표)(주18), 1220면 참조].

69) 재산 및 신분에 관한 소송, 본안 및 보전, 집행 소송 등이 모두 포함된다. 다만 형식적으로 소송에서 반대 당사자의 관계에 있다는 이유만으로 결격이 되는 것은 아니고, 실질적으로 이해관계가 대립하는 경우에만 결격이 된다고 해석하여야 한다[같은 취지로 윤진수(편집대표)(주18), 1221면; 김주수·김상용(주18), 496면].

70) 2016. 12. 20. 법률 제14409호 개정(공포일부터 시행)되기 전의 민법 제937조 제8호에서는 "피후견인을 상대로 소송을 하였거나 하고 있는 자 또는 그 배우자와 직계혈족"을 후견인의 결격사유로 규정하고 있었다. 그런데 위 규정에 의할 경우 피후견인의 배우자가 피후견인을 상대로 이혼청구 소송을 하였거나 하고 있으면, 그 사정만으로 피후견인의 직계비속은 후견인이 될 수 없게 되는 등 구체적 타당성이 없는 경우가 생기게 되었다. 그러한 이유로 제8호를 현행과 같이 개정하면서 제9호를 신설한 것이다.

71) 결격사유가 있는 사람을 후견인으로 선임한 경우의 효력에 대해서는 2장 Ⅲ-2-라-(2) 부분 참조.

판이 진행되고 있다는 것을 사건본인의 친족 등 이해관계인에게 알림으로써, 사건본인의 의사나 추정적 의사에 대한 의견진술 기회를 보장하고, 후견에 대한 의견이 일치하는지, 일치하지 않는다면 그 내용과 이유에 대해서 조사하여야 하기 때문이다.

후견사건에서의 다툼은 사건본인의 자녀들 사이에서 가장 많고, 사건본인의 자녀와 사건본인의 배우자 사이의 다툼이 다음으로 많은 비중을 차지하는 것으로 조사되었다.[72] 다툼의 내용은 주로 사건본인의 재산에 관한 것이다. 표면적으로는 사건본인의 치료방법이나 거소결정과 같은 신상보호 사항에 관하여 의견대립이 있는 것처럼 보여도 배후에는 재산에 대한 다툼이 있는 경우도 적지 않다.

(2) 심리 방법
(가) 추정 선순위 상속인 파악

가정법원에서는 먼저 사건본인의 가족관계증명서를 통하여 추정 선순위 상속인을 파악하고, 그들이 후견개시와 후견인선임에 동의하고 있는지 여부를 확인한다. 추정 선순위 상속인이 고령이거나 미성년자인 경우, 질병 등으로 의견을 표시하기 어려운 경우, 유일한 추정 선순위 상속인에게 후견인 결격사유가 존재하는 경우 등에는, 사건본인 부모의 제적등본 또는 가족관계증명서, 주민등록등본을 제출받아 사건본인의 부모나 형제자매, 4촌 이내의 친족, 생활을 함께하고 있는 친족의 의사를 확인하고 있다.[73]

(나) 동의서 제출과 의견 조회

가정법원은 추정 상속인의 의사 확인을 위하여 청구인에게 인감이 날인되고 인감증명서가 첨부된 동의서 또는 의견서의 제출을 요청하고 있다. 청구인이 추정 상속인과 사이에 다툼이 있어서 동의서를 받을 수 없다고 하면, 가정법원은 청구인에게 추정 상속인의 주민등록등본을 제출하거나 송달이 가능한 주소를 밝힐 것을 명한 후 직접 추정 상속인에게 의견조회를 한다.[74] 추정 상속인이 질병 중이거나 해외에 거주하는 중이어서 의사표시가 불가능하다고 하면, 가정법원은 청구인에게 그 추정 상속인이 질병 중이어서 의사표시를 할 수 없

---

72) 김성우(주14), 417－420면 참조.
73) 참고자료 12 참조.
74) 참고자료 11 보정명령 4항 참조.

다는 점에 관한 진단서 또는 해외공관에서 영사가 인증한 확인서를 제출할 것을 명하기도 한다.

(다) 다툼 유무와 가사조사

가정법원은 심리과정에서 당사자들이 극렬히 다투고 있는 경우는 물론, 표면적으로는 다툼이 없는 것으로 보이는 경우라도 추정 선순위 상속인을 비롯한 친족에 대한 의견조회를 생략하지 않는 것이 보통이다. 청구서에 이미 친족 사이의 다툼이 예상되어 동의서 제출이 불가능함을 밝힌 경우이거나, 의견을 반드시 확인하여야 할 추정 상속인에게 송달이 되지 않는 경우에는 가사조사가 이루어지기도 한다. 가정법원의 가사조사관은 가사조사 과정에서 각각의 견해를 확인하고, 의견 조율과 화해를 이끌어 내기도 하며, 조사를 통해서 후견인 선택과 후견감독의 방향 설정에 필요한 자료를 획득한다.

4. 정신감정

가. 실시여부

(1) 성년후견과 한정후견의 경우

(가) 원칙적 실시

가정법원은 성년후견 또는 한정후견 개시의 심판을 할 경우에는 피성년후견인 또는 피한정후견인이 될 사람의 정신상태에 관하여 의사에게 감정을 시켜야 한다(가사소송법 제45조의2 제1항 본문). 후견 관련 정신감정을 할 수 있는 의사의 범위에 대해서는 여러 의견이 있지만, 사건본인의 정신상태를 의학적으로 판단하는 데 필요한 전문지식을 갖춘 의사이어야 함에는 이론이 있을 수 없다. 후견 사건에는 일반적으로 정신건강의학과 또는 신경정신과 전문의가 발급하는 진단서가 많이 제출되고 있기는 하지만, 반드시 그 분야의 전문의로 감정 주체가 한정되는 것은 아니다. 감정인은 의사 자격을 갖춘 자 중에서 감정의 전문성과 공정성, 비용과 소요 기간 등 제반 사정을 종합하여 지정된다.

(나) 예외적 생략

가정법원은 피성년후견인 또는 피한정후견인이 될 사람의 정신상태를 판단할 만한 다른 충분한 자료가 있는 때에는 감정을 생략할 수 있다(가사소송법 제45조의2 제1항 단서 참조). 가정법원은 감정절차를 생략하기 위한 조건으로서 사건본인의 정신상태를 판단할 다른 자료가 충분한지에 대해서는 신중하게 판단하고 있다. 따라서 사건본인을 둘러싼 주변인 사이에 이해관계의 대립이 있는 경우, 병원 진료기록이 없거나 지나치게 오래된 경우, 제출된 진단서만으로는 정신상태에 대한 판단이 애매한 경우에는 일반적으로 감정이 생략되지 않는다.

예외적으로 감정이 생략되는 경우는, 공신력 있는 의료기관에서 작성한 진단서에, 이른바 "식물인간 상태"(vegetative state, 의식이 없어 의사소통이 전혀 되지 않고 사지가 강직되어 스스로 신체를 움직일 수 없는 상태)에 있다거나, "사건본인의 증상이 고정되어 사건본인의 인지결핍 상태 또는 정신적 제약 상태에서 회복될 가능성이 거의 없다."는 취지의 내용이 기재되어 있는 경우 등이다. 장애인복지법상의 지적장애 또는 정신장애 판정이 있다고 하더라도, 그것만으로 감정이 생략된다고 볼 수는 없지만, 장애상태가 오래되어 고착상태에 있거나 장애판정을 받은 지 얼마 지나지 않은 경우 등에는 요건이 완화되기도 한다.

(다) 다툼이 있는 경우의 감정

사건본인을 둘러싼 친족 등 이해관계인 사이에 다툼이 있는 경우에는, 사건본인의 정신적 제약 여부에 관하여도 다툼이 있을 가능성이 높기 때문에,[75] 진단서만으로 사건본인의 정신상태를 비교적 명확히 판단할 수 있는 경우라고 하더라도 감정절차가 생략되지 않는 것이 일반적이다.

다툼이 있는 사건의 감정에 있어서 가장 중요한 부분은 사건본인이 감정절차에 참여하는 것인데, 이에는 사건본인은 물론 사건본인을 보호하고 있는 친족 등 이해관계인의 자발적이고 적극적인 협조가 필요하다. 후견개시 여부에 대한 판단이 외견상 명확하지 않은 상태에서, 사건본인 또는 사건본인의 신병을 확보하고 있는 친족 쪽에서 후견개시에 반대하면서 감정절차에도 협조하지 않으면, 가정법원은 사건본인을 직접 심문하여 그의 진정한 의사와 대략적인 정신상태를 파악하고, 사건본인에게 감정의 필요성과 절차를 설명하는 것이 보통이다.

한편 사건본인과 친족 등이 어렵게 감정실시 자체에는 동의한다고 하더라도, 감정과정에서 다툼이 커지기도 하고, 감정의에게 부당한 압력을 행사하거나 감정의를 형사고발하는 등 감정결과를 왜곡시키려는 시도가 종종 행하여지고

---

75) 사건본인의 신병을 확보하고 있는 친족 쪽에서는 정신적 제약이 없다고 주장하는 경우가 많다. 그래야만 그 무렵까지 사건본인 이름으로 한 재산처분(주로 그 친족에 대한 증여)의 유효를 주장할 수 있기 때문이다.

있다. 이러한 경우 가정법원은 임시후견인을 선임하고 감정과 가사조사를 병행
하여 감정과정에 임시후견인과 가사조사관을 참여하게 하거나, 법관과 조사관
이 함께 사건본인이 입원한 병원을 방문하여 현장검증을 실시함으로써, 객관성
과 공정성 시비를 미연에 방지하고 감정절차를 투명하게 관리할 수 있다. 당사
자 사이에 감정병원과 감정방법을 두고 극심하게 다투는 경우에는, 사건본인과
친족 등 이해관계인의 의견을 최대한 고려하여야 할 것이지만, 결국은 재판부
에서 객관성과 공정성을 담보할 수 있는 적정한 병원과 감정방법을 결정할 수
밖에 없는데, 이에 대비하여 가정법원은 미리 일정 규모 이상의 병원 몇 군데
와 업무협약을 맺어 둠으로써 감정기관 선택이나 감정절차 진행에 도움을 받
고 있다.

(2) 특정후견의 경우

가정법원은 특정후견의 심판을 할 경우에는 의사나 전문지식이 있는 사람
의 의견을 듣도록 하고, 그 의견은 진단서 또는 이에 준하는 서면이나 말로 진
술하게 할 수 있도록 하고 있다(가사소송법 제45조의2 제2항 참조). 성년후견이나
한정후견과는 달리, 특정후견은 피후견인의 행위능력에 아무런 영향이 없을 뿐
아니라, 임시적이고 제한적인 영역에서 후원이 이루어지기 때문에, 비용경감이
나 제도이용의 활성화를 위하여 피후견인의 정신상태에 대한 심리요건을 완화
하고 있는 것이다.

실무에서는 진단서나 진료기록, 장애증명서 등이 제출되면 충분한 것으로
보고 있다. 하지만 특정후견의 경우에도 간혹 친족 사이에 다툼이 있거나, 특정
후견제도를 남용하여 친족 등 이해관계인이 이득을 취하려고 하는 정황이 있으
면, 예외적으로 감정이 실시되기도 한다.

나. 감정의 방법

실무에서 주로 채택되고 있는 감정의 방법은, 제출된 진료기록을 송부하여
이를 근거로 감정을 실시하는 '진료기록 감정'과 사건본인의 신체를 직접 감정
하는 '신체감정'이 있고, 신체감정을 하는 방법으로는 감정병원에 외래로 방문
하여 감정을 실시하고 방문당일 퇴원하는 '외래감정'[76]과 사건본인의 입원을 요

---

76) 사건본인이 여러 이유를 대면서 병원에 출석하기 어렵다는 의사를 표시하거나 병원에서의 검사

하는 '입원감정'77)이 있다.

　　민사 또는 형사사건에서의 원칙적인 감정방법은 사건본인의 신체를 직접 감정하는 것이다. 후견사건에서 감정을 주로 담당하고 있는 정신건강의학과, 신경정신과, 신경과, 신경외과 등의 의료진 역시 사건본인의 정확한 정신상태에 대한 파악을 위해서는 신체감정 또는 입원감정이 필요하다고 하는 것이 일반적이다. 그럼에도 불구하고 실무에서 진료기록 감정의 방법이 주로 이용되고 있는 것은, 후견이 필요한 것이 명백한 중증으로서 친족 사이에 이해관계의 대립이 없는 경우가 압도적으로 많고, 저렴한 비용으로 신속하게 감정이 이루어져야 할 현실적 필요성이 있기 때문이다.78)

다. 감정절차

(1) 감정촉탁

　　가정법원은 청구인으로부터 감정료가 예납되고 감정에 필요한 진료기록이나 진단서 등의 자료가 제출되면, 감정병원에 감정을 촉탁한다. 가정법원은 미리 성년후견 감정에 관한 업무협약을 체결하여 둔 병원이 있으므로, 특별한 사정이 없으면 협약병원79)에 감정을 촉탁한다.80) 감정촉탁서81)에는 표준화된 감정서 양식이 첨부되고, 당사자 사이에 다툼이 있는지 여부, 청구의 목적 등에 관하여 간단하게 표시됨으로써 감정의에게 미리 분쟁이 있을 수 있다는 등의

　　에 심한 거부감을 보이는 등의 경우에는, 업무협약병원의 의사로 하여금 사건본인의 거소나 요양원 등으로 직접 방문하게 하여 감정하는 '출장감정'을 실시하기도 한다.

77) 보통 입원기간은 10일에서 14일 정도이나, 감정사항이 많거나 장기간의 관찰이 필요한 경우에는 20일을 초과하는 경우도 있다.

78) 비용과 신속성이라는 무시하지 못할 장점이 있음을 감안하더라도, 진료기록 감정이 감정의 원칙적 방법이 되는 것이 적절한지에 관하여는 의료전문가와 함께 보다 철저한 검증과 연구가 필요하다.

79) 서울가정법원은 국립정신건강센터(舊 국립서울병원) 및 서울아산병원과 성년후견 감정에서의 정신감정 양식의 정형화, 감정기준과 감정에 필요한 검사항목 표준화, 관련된 정보의 교류에 상호 협력하기로 하는 내용의 업무협약을 체결하였고, 전국의 가정법원도 각각의 지역 병원과 업무협약을 체결하여 두고 있는 경우가 많다.

80) 청구인이나 사건본인이 감정받기 희망하는 병원이 대학병원, 종합병원, 그에 준하는 전문 정신병원 등으로 병원의 신뢰성에 별다른 문제가 없다면 그 병원에 감정촉탁을 하면 되지만, 특별히 희망하는 병원이 없는 경우, 청구인 등이 감정받기 희망하는 병원의 규모가 지나치게 작거나 후견에 대한 이해 부족 등으로 공정성이나 신뢰성이 문제될 우려가 있는 경우에는 희망하는 병원에 감정을 촉탁하지 않는다.

81) 참고자료 13 참조.

정보가 전달되도록 하고 있다. 감정촉탁 단계에서는 감정방법을 미리 정하지 않고 감정의가 진료기록 등 제반사정을 감안하여 감정방법을 결정하도록 하는 것이 일반적이지만, 당사자 사이에 다툼이 있는 경우 등에는 신체감정 특히 입원감정이 필요하다는 취지가 감정촉탁서에 표시되기도 한다.

(2) 감정비용과 감정기간

사건본인의 정신상태에 대한 정확한 판단을 위해서는 감정이 폭넓게 실시되는 것이 바람직하다. 하지만 사건본인이나 청구인은 보다 신속하고 저렴하게 후견재판이 이루어지기를 기대하는 것이 보통이다. 따라서 감정에 소요되는 비용과 시간을 줄이는 것 역시 적정한 후견재판을 위한 중요한 요소 중 하나이다. 가정법원은 특정 병원과 업무협약을 체결하고 꾸준히 소통함으로써 형사나 민사 절차에서의 감정에 비하여 감정 비용과 기간을 상당히 줄이고 있다.[82]

(3) 절차구조

가사비송사건의 절차에 소요되는 비용을 지출할 자금능력이 없거나 그 비용을 지출하면 생활에 현저한 지장이 있는 사람에 대하여 그 사람의 신청 또는 직권으로 절차구조를 할 수 있는데(가사소송법 제37조의2), 가정법원은 부당한 목적의 청구가 아니고 자력이 없다는 등의 절차구조 요건을 갖추면 감정비용 등 후견사건에서 소요되는 비용에 대하여 폭넓게 절차구조를 하고 있다.

라. 감정결과 회신

감정병원은 감정이 완료되면 감정서를 작성하여 가정법원에 회신한다. 감정서[83]에는 사건의 표시, 감정대상(사건본인), 감정경과(감정기간, 감정장소, 감정방

---

82) 서울가정법원에서는 업무협약체결 병원인 국립정신건강센터나 서울아산병원에 감정촉탁을 하는 경우, 2018년을 기준으로 보통 진료기록감정은 감정비용 38만 원[행정비용 3만 원 별도, 2017. 6. 30.까지는 33만 원이었으나 2017. 5. 1.부터 시행된 감정인등 선정과 감정료 산정기준 등에 관한 예규(재일 2008-1) 제39조에서 정한 감정료가 인상됨으로써 2017. 7. 1.부터 후견관련 감정료도 인상되었다], 외래감정은 기본감정료(감정서 작성비용 포함) 38만 원에 실비로 심리검사에 대한 추가비용(중증인 경우 10만 원, 기본심리검사를 하는 경우 25만 원~40만 원)이 소요되는 등 비교적 저렴하게 유지되고 있다. 입원감정 비용은 일반 병원에서 700만 원 내지 800만 원 정도 소요되는 데 비하여 협약병원에서는 300만 원(최대금액) 정도이다. 촉탁사건의 90% 이상이 촉탁 후 3개월 내에 회신되고 있어서, 감정에 소요되는 기간도 다른 절차에서의 감정에 비하여 상당히 단축되고 있는 편이다.

법), 감정경위(치매, 중증 정신질환, 발달장애, 기타 질환 등), 현증상과 병력, 기왕증, 신체상태에 대한 평가,[84] 일상생활 능력에 대한 평가, 정신적 상태에 대한 평가, 각종 검사 결과, 진단명, 종합설명, 감정결과, 회복가능성 등의 내용이 기재된다.

정신적 기능과 증상에 대한 평가에는, 지남력,[85] 기억력,[86] 언어 및 의사소통 능력, 계산능력, 이해 및 판단력, 정신증상(망상이나 와해된 사고 등 사고장애, 환각 등 지각장애, 조증, 우울증 등 기분증상, 행동증상) 등의 항목이 있고, 각종 검사도구[87]를 사용하여 인지기능과 자기관리 능력, 치매, 발달장애 지수를 평가한다.

---

83) 참고자료 14 참조. 현재 가정법원과 업무협약을 체결한 병원이 표준양식으로 사용하는 감정서는 사건본인의 잔존능력을 개별적으로 파악하고 사건본인에게 후견이 필요한 범위를 구체적으로 정하는 기초자료(성년후견인의 법정대리권의 범위와 취소할 수 없는 행위의 범위, 피한정후견인이 한정후견인의 동의를 받아야 하는 행위의 범위, 한정후견인의 대리권의 범위 등을 결정하기 위한 객관적인 자료)로 삼기에 미흡한 것이 사실이다. 사건본인의 잔존능력과 사회적 필요를 적정하게 반영할 수 있도록 감정방법과 감정서 양식을 개선하여, 사건본인에게 가장 적합한 후견유형을 선택하고 대리권범위 등을 구체적이고 탄력적으로 정할 수 있도록 할 필요가 있다.

84) 이학적 검사(Physical Examination), 임상 검사(Laboratory Examination), 영상의학 검사(X-ray, CT, MRI) 등의 방법이 사용된다.

85) '지남력(指南力)'이란 시간, 장소, 사람 등에 대하여 현재 자신이 처해 있는 상황을 올바르게 인식하는 능력을 말한다.

86) 기억은 단기기억(short-term memory)과 장기기억(long-term memory)으로 나뉘고, 등록(registration), 저장(storage), 회상(recall)이라는 3가지 과정을 거치는 것으로 설명된다. '치매(癡呆, dementia)'란 정상적으로 성숙한 뇌가 후천적인 외상이나 질병 등의 원인에 의하여 전반적인 지능, 학습, 언어 등의 인지(cognition)기능과 행동, 정신 기능의 감퇴를 초래하는 질환을 말한다. 치매의 원인으로는 '알츠하이머병'과 '혈관성 치매'가 대표적이고, 85-90%의 경우 비가역적으로 진행되어 회복이 어렵다고 한다.

87) 예컨대, 치매 평가에는 MMSE(Mini-Mental State Examination, 간이 정신상태 평가), K-MMSE (한국형 간이 정신상태 평가), GDS(Global Deterioration Scale, 전반적 퇴화 척도), CDR (Clinical Dementia Rating, 치매 임상평가 척도), ADL(Activities of Daily Living, 일상생활 수행능력 검사), IADL(Instrumental Activities of Daily Living, 수단적 일상생활 수행능력 검사) 등의 심리검사 도구를 사용한다. 특히 MMSE나 K-MMSE가 치매진단척도로 가장 널리 쓰이고 있는데, K-MMSE는 시간지남력, 장소지남력 각 5점, 기억등록, 기억회상 각 3점, 주의집중과 계산능력 5점, 언어와 시공간 구성능력 9점 등 총점 30점으로 구성되고, 제대로 수행하면 1점, 수행하지 못하면 0점을 부여하여, 일반적으로 23점을 인지기능장애 평가기준점(점수가 낮을수록 심한 인지장애)으로 보고 있다. GDS는 환자로부터 정보를 얻어 인지기능 장애를 7단계로 평가하는 도구이고, CDR은 주변사람들에 의하여 얻어진 정보를 통하여 주로 기억력을 5단계로 평가하는 도구로서, 두 가지 다 점수가 높을수록 심한 인지장애 상태에 있는 것으로 평가된다. ADL은 목욕, 옷 입기, 화장실 이용, 이동능력, 소변 관리, 음식물 섭취 등 기본적인 활동을 스스로 또는 타인의 도움을 받아서 할 수 있는지, 도움을 받아도 할 수 없는지를 평가하고, IADL은 전화사용능력, 외출이나 여행능력, 시장을 볼 수 있는 능력, 식사준비능력, 약을 복용할 수 있는 능력, 금전관리능력 등 독립적인생활을 영위하는데 필요한 보다 복잡한 기능을 수행할 수 있는지에 대한 평가이다.

마. 감정결과에의 기속 여부

후견개시 여부와 개시될 후견의 종류를 판단함에 있어서 전문가의 의견이 기재된 감정결과가 충분히 고려되기는 하지만, 가정법원은 감정인의 감정결과에 반드시 구속되는 것은 아니고 그 밖에 가사조사결과, 심문 전체의 취지 등을 종합하여 법률적 관점에서 후견의 필요 유무와 그 범위를 판단한다.

바. 감정 회피의 문제

후견개시 등에 관하여 다툼이 있는 경우 사건본인의 신병을 확보하고 있는 친족 쪽에서, 사건본인의 정신상태에 문제가 없으므로 감정도 받을 필요가 없다고 주장하는 경우가 있음은 앞서 본 바와 같다.

후견심판에서 사건본인의 의사가 가장 존중되고 우선적으로 고려되어야 하기는 하지만, 감정을 받지 않겠다고 하는 사건본인의 의사가 왜곡되어 있거나 친족에 의하여 학습되어 그 진정성과 지속성이 의심되는 경우도 적지 않다. 이러한 경우 가정법원은 심문기일에 사건본인과 친족을 소환하여 감정을 받도록 권고하는 방법, 담당 법관과 감정의가 함께 사건본인의 거소에 방문하여 현장검증 및 출장감정을 실시하는 방법, 가사조사관이 출장조사를 통하여 사건본인의 진정한 의사가 무엇인지, 사건본인의 복리가 침해되고 있는 것은 아닌지 등에 관하여 조사하는 방법 등으로 심리하고 있다.

그러나 진단서 등 사건본인의 정신상태에 문제가 있다는 점을 의심할만한 상당한 증거가 있음에도 불구하고 사건본인 쪽에서 끝까지 감정에 응하지 않을 경우에는 문제가 있다. 정신적 제약을 인정할 자료가 없음을 이유로 기각할 수도 있지만,[88] 그러한 경우 사건본인의 정신상태에 대한 정확한 진단과 즉각적인 치료 또는 개입이 이루어지지 않아 사건본인의 신상과 재산에 돌이킬 수 없는 위험이 생길 우려가 있다. 그런데 현재로서는 사건본인의 정신상태를 판단할 만한 다른 충분한 자료(가사소송법 제45조의2 제1항 단서)를 확보하는 것 외에 다른 방법은 없다.[89]

---

88) 가정법원이 그와 같이 사건처리를 계속한다면, 다툼이 있는 경우 모든 사건본인 또는 당사자가 후견사건 심리, 특히 감정절차에 협조하지 않을 것이다. 이와 같은 결과는 사건본인의 보호와 복리라는 측면에서 바람직하지 않다. 따라서 가정법원은 진단서나 진료기록, 가사조사결과 등 사건본인의 정신적 제약 상태를 판단할 다른 자료가 있으면 감정 없이 후견개시청구를 인용하고, 항고심에서 정확한 정신상태에 대한 감정이 이루어지도록 함이 바람직할 것이다.

89) 이에 대하여 사건본인이 정신적 제약 상태에 있음이 의심된다는 점, 사건본인의 의사를 확인할

5. 가사조사

가. 후견개시사건에의 가사조사

후견개시사건 심리에 있어서 가사조사는 사건본인의 정신적 제약 상태를 비롯한 후견개시 여부에 관한 정보와 후견인 후보사를 비롯한 친족 등 이해관계인에 관한 정보를 수집하고, 후견감독에 대비하여 후견인 후보자를 교육하고 신뢰를 형성하는 기능을 한다.[90]

나. 가사조사가 실시되는 경우

사건본인을 둘러싼 친족 등 이해관계인 사이에 다툼이 현실화되어 있는 경우, 표면적으로는 다툼이 없는 것으로 보이지만 후견개시 이후에는 다툼이 발생할 가능성이 높아 보이는 경우, 후견청구의 실질적인 동기가 된 근본적인 갈등의 원인이나 문제점을 파악하여야 할 경우, 심리과정에서 사건본인의 신상보호에 심각한 문제가 있는 것으로 드러나 출장조사가 필요한 경우, 사건본인의 정신적 제약 여부를 판단할 진단서나 진료기록이 없고 감정을 할 수도 없는 경우, 사건본인이 정신병원 등에 수용되어 있어 그의 의사와 상태를 출장조사를 통하여 확인하여야 하는 경우, 후견인 후보자에 대한 심층 조사가 필요한 경우, 후견개시심판청구 전에 친족 등에 의한 사건본인 재산의 일탈이 발견된 경우, 청구인이나 후견인 후보자가 유일한 가족이거나 먼 친척 또는 이해관계인인 경우, 후견인 후보자가 지나치게 연로하거나 연소한 경우 등에는 보통 가사조사가 실시된다.[91]

수 없거나 표현된 의사가 왜곡되어 있다는 점, 사건본인의 신상보호와 재산관리에 심각함 위험이 있다는 점, 즉시 감정을 실시하여 사건본인의 보호에 나서지 않을 경우 위와 같은 위험이 현실화될 개연성이 높다는 점이 소명됨에도 불구하고 사건본인이 감정에 응하지 아니하는 예외적인 경우에는, 사건본인에게 정신상태에 관한 감정을 명할 수 있도록 하고, 이에 응하지 않으면 사건본인에게 정신적 제약이 있는 것으로 인정하는 제도를 도입하여야 한다는 견해가 있다. 독일에서도 일정한 요건이 존재하면 감정 거부의 경우에 감정이 강제적인 방식으로 수행될 법적인 가능성이 있다고 한다[Anette Loer, "Rolle der Betreuungsgericht und betreuuungsgerightlichen Praxis", 한·독 성년후견 전문가대회 자료집(2017), 120면].

90) 일본의 성년후견센터에서는 신청 당일 사정청취제도를 실시하고 있고, 사정청취와 절차선별 결과 특별한 문제가 없으면 신청 당일에 심판이 이루어지는 경우도 있다고 한다. 현재 우리나라는 법원의 인적·물적 사정으로 인하여 신청 당일 조사가 이루어지지 못하고 있지만, 서울가정법원에 설치된 후견센터에서는 즉일조사 또는 개시심판 직후 조기조사 등을 계획하고 있다. 이러한 즉일조사 또는 조기조사는 감독단계에서 사안의 중대성과 위험도 등에 따라 감독사건을 분류하여 감독 빈도와 강도를 차별하는 감독사건 등급화(분류화) 작업을 위한 필수적인 전제조건이 된다.

91) 후견개시사건의 약 20-30% 정도에서 가사조사가 실시되고 있고, 다툼이 있는 경우에는 대부분

다. 조사 사항과 방법

사건본인의 정신적 제약 여부와 정도,[92] 사건본인의 생활내력, 현재 생활상태 및 감호상황, 사건본인의 재산내역과 관리상황, 사건본인에게 필요한 후견의 범위, 후견인 후보자의 적합성, 후견개시 여부 및 후견인 선정에 대한 추정선순위 상속인을 비롯한 친족의 의견, 후견인 후보자의 향후 후견계획, 기타 조사관이 필요하다고 판단하는 사항 등을 조사한다.

사건본인의 심신상태나 감호상태, 사건본인의 후견에 대한 의사에 관한 조사는 대부분 가사조사관이 직접 사건본인의 병원 등 거소에 출장하여 이루어지고 있다. 그 밖에 친족 등 관계자에 대한 조사는 법원에의 소환 또는 유선 등으로 이루어진다.

라. 가사조사보고서

가사조사보고서[93]에는 일반적으로 사건명, 청구인과 사건본인, 관계인의 인적사항과 주소, 조사 경과, 청구인의 주장(청구취지와 원인 및 계기)과 소명자료, 사건본인의 생활내역, 심신상태와 감호상태(사진 포함), 재산상황, 사건본인의 후견에 대한 의사, 친족의 후견개시 및 후견인 선임에 대한 의견, 후견인 후보자의 적정성(생활내력, 심신상태 및 범죄경력, 결격사유 유무, 재산상황, 후견에 대한 계획 및 태도), 조사관 의견[94] 등의 내용이 포함된다.

6. 심문

가. 사건본인의 의사 확인

가정법원은 성년후견 또는 한정후견 개시의 심판을 할 때 사건본인의 의사를 고려하여야 하고(민법 제9조 제2항, 제12조 제2항), 특정후견은 본인의 의사에

가사조사가 이루어지는 것으로 조사되었다[김성우(주14), 423－424면 참조].

92) 일반적으로 사건본인의 심신상태와 정신감정이 필요한 상황인지 여부 및 병원에서의 감정이 가능한지 여부 등에 관한 조사가 이루어진다. 감정이 이루어지기 어렵다는 등의 예외적인 경우에는 심리검사에 관한 자격을 가진 조사관이 심리검사를 시행하기도 한다.

93) 후견개시사건의 전형적인 가사조사보고서로는 참고자료 15－1(다툼이 없는 경우), 15－2(다툼이 있는 경우) 참조.

94) 조사관 의견은 조사보고서 본문과 분리되어 별개의 파일로 기록에 현출되는데, 피후견인의 보호와 복리, 후견사건 심리의 특수성, 불필요한 논쟁의 방지, 보고의 대상은 재판부라는 점 등을 근거로 열람·복사가 원칙적으로 제한되고 있는 것이 현재 가정법원의 실무이다.

반하여 할 수 없으며(민법 제14조의2 제2항),95) 절차적으로도 피후견인이 될 사람
의 진술을 들어야 하므로(가사소송법 제45조의3 제1항 본문 제1호, 제2항 본문), 심문
기일을 열어 사건본인을 심문하는 것이 일반적이다. 다만 사건본인이 될 사람
이 의식불명 그 밖의 사유로 자신의 의사를 표명할 수 없거나 출석을 거부하는
등 심문할 수 없는 특별한 사정이 있는 때에는 그러하지 아니하다(가사소송법 제
45조의3 제1항 단서, 제2항 단서).96)

    가정법원은 사건본인에 대한 심문을 통하여 후견개시 여부나 후견인 선정
에 대한 사건본인의 의사를 확인하고, 사건본인의 구체적인 정신상태를 파악함
으로써 필요한 후견의 종류와 후견인의 대리권, 신상결정대행권 등 권한의 범
위를 결정할 기초자료를 획득한다.

나. 심문기일 지정과 당사자 출석

    가정법원은 모든 후견개시청구사건에 대하여 원칙적으로 심문기일을 지정
하고 청구인과 사건본인, 이해관계인97)을 소환하여 의견을 청취하는 것이 일반
적이다.98)

    후견사건에서 사건본인에 대한 소환장은 보통의 소환장과 다른 양식이 사
용되기는 하지만,99) 사건본인의 소환이 생략되지는 않는다. 소환장을 받은 청구
인이나 사건본인 또는 친족은 사건본인이 의식불명 또는 사지마비 상태에 있다
거나 그러한 상태에 이르지 않더라도 이동 또는 법정출석에 현저한 어려움이
있다는 점, 가사조사관의 출장조사를 통하여 충분히 의견을 밝혔으므로 추가로
의견을 제시할 것이 없다는 점 등을 소명하면 법정에 출석하지 않아도 된다.100)

---

95) 적극적으로 특정후견심판에 동의하여야 할 것까지 요구되는 것은 아니지만, 특정후견은 특정한
    사무에 대한 후원을 목적으로 하기 때문에 본인의 의사를 보다 존중하여 한다는 점에서 성년후
    견이나 한정후견과 다르게 규정하고 있다.
96) 가정법원은 사건본인의 심문을 위하여 검증이 필요한 경우 민사소송법 제365조 및 제366조 제1
    항, 제3항이 정한 검증절차에 따라 검증을 실시할 수 있다(가사소송법 제45조의3 제3항).
97) 사건본인의 추정 선순위 상속인 등 친족에 대한 의견조회에 대한 회신이 있는 경우, 가사조사
    과정에서 관계인으로 조사를 마친 경우 등에는 위 사람들에 대해서도 심문기일 소환을 한다.
98) 공공후견사업의 일환으로 지방자치단체의 장 등이 청구한 특정후견 사건에서, 사건본인의 명확
    한 의사를 확인할 수 있는 자료, 후견인 후보자에 대한 자료, 친족 등 이해관계인의 의사를 확
    인할 수 있는 자료 등을 포함한 자세한 사회조사보고서가 제출되어 있는 경우에는 예외적으로
    심문을 생략하기도 한다.
99) 참고자료 16 참조.
100) 전문가후견인 후보자는 유선통화나 의견조회를 통하여 의견을 밝히면 되고, 가정법원의 소환이

하지만 친족 등 이해관계인이 사건본인을 심문기일에 출석하지 못하게 하면서 감정절차에도 협조하지 않는 경우, 가정법원은 전술한 바와 같이 가사조사관으로 하여금 출장조사를 명하거나 임시후견인을 선임하는 등 사건본인의 권익 보호를 위하여 보다 적극적인 조치를 취하게 된다.

다. 심문의 내용
(1) 당사자 사이에 다툼이 없는 경우

대부분의 후견사건은 사건본인과 가족들이 여러 면에서 안타까운 상황에 처해 있기 때문에, 가정법원의 심문은 청구인과 사건본인을 비롯한 관계인의 아픔과 어려움에 공감하는 것으로 시작하여, 사건본인에게 적합한 후견 유형의 선택과 후견인의 권한범위 결정 및 적정한 후견인의 선정에 집중되는 것이 일반적이다.

가정법원은 청구인 또는 사건본인에 대한 심문을 통하여 사건본인의 현재 정신상태와 치료 및 감호 상황, 사건본인의 소재지와 동거인, 치료비 또는 요양비 액수와 조달방법, 사건본인의 재산상황과 관리현황, 청구의 직접적인 계기 또는 목적, 후견인 후보자나 친족에 대한 사건본인의 의견 등의 정보를 수집한다. 수집된 정보는 심문조서에 기록되어, 향후 후견감독의 방향을 설정하고 감독사건에서의 비교검토 자료로 사용된다.

후견사건 담당 법관은 심문과정에서 후견인 후보자에게 사건본인과의 관계, 후견인 후보자로 추천된 계기나 이유, 후견 계획 등에 관하여 질문하고, 후견인으로 가져야 할 자세, 재산목록이나 후견보고서의 작성·제출의무, 친족후견인 교육을 반드시 이수하여야 한다는 점, 권한초과행위 등 별도의 법원허가가 필요한 행위가 있다는 점, 연락처나 주소가 변경되면 반드시 법원에 신고하여야 한다는 점 등을 설명한다.

(2) 당사자 사이에 다툼이 있는 경우

사건본인이나 사건본인을 보호하고 있는 친족 등이 사건본인의 정신상태가 온전함을 주장하면서 후견개시에 반대하고 있는 경우에는 사건본인에 대한 심문이 필수적임은 전술한 바와 같다. 후견사건 담당 법관은 사건본인이 출석하

있는 등의 특별한 사정이 없는 한 심문기일에는 출석하지 않아도 된다.

면 먼저 사건본인에게 구체적인 정신상태를 파악할 수 있는 질문101)을 하고, 이후 후견개시 여부와 후견인 선임에 대한 의견을 듣는 것이 일반적이다.

감정절차 진행 여부에 대해서 이견이 있는 경우 사건본인 등이 감정절차에 동의하는 것이 중요함은 앞서 본 바와 같지만, 감정절차에 동의한다고 하더라도 감정병원과 감정방법의 결정, 관계인의 감정절차에의 참여 여부,102) 친족의 면회 시간과 횟수 등에 관하여 심문과정을 통하여 세세하게 정하여지는 경우도 있다.

또한 가정법원은 사건본인의 추정 선순위 상속인을 비롯하여 의견을 조회한 친족이나 가사조사의 대상이 된 이해관계인 모두를 소환하여, 후견개시 여부 및 후견인 선임에 대한 의견을 듣는다. 당사자 사이에 후견개시 여부에 대해서는 다툼이 없고 후견인 선정에 대해서만 다툼이 있는 경우103)에는, 감정서 또는 정신적 상태를 판단할 자료가 충분히 제출되었음을 전제로, 후견인 선정에 심리가 집중된다. 가정법원은 당사자들의 희망과는 달리 제3의 전문가 등이 후견인으로 선임되는 경우가 대부분이라는 점을 알리고, 당사자들이 후견인 선임에 대하여 일치된 의견을 이끌어 낼 수 있도록 설득하기도 한다.

Ⅲ. 심판

1. 후견개시

가. 후견개시와 후견 유형의 결정

가정법원은 심리결과 사건본인이 정신적 제약 상태에 있고, 이로 인하여 사무를 처리할 능력이 지속적으로 결여(성년후견)되거나 부족(한정후견)한 상태 또는 특정한 사무에 관한 일시적 후원이 필요(특정후견)한 상태라는 것이 인정되면, 후견개시심판을 한다. 그러나 사건본인이 정신적 제약 상태에 있고 사무처

---

101) 법관은 K-MMSE 등의 심리검사도구에서 주로 사용되는 것으로서, 시간지남력, 장소지남력, 기억등록, 기억회상, 주의집중과 계산능력, 언어와 시공간 구성능력 등을 판단할 수 있는 간단한 질문을 미리 준비해서 심문에 임하고 있다.

102) 특히 사건본인에 대한 감정결과에 영향을 줄 우려가 있는 친족이 자신도 감정절차에 함께 참여 하겠다고 주장하는 경우가 적지 않다. 그러나 감정의 공정성과 객관성을 확보하기 위해서, 사건 본인과 다른 친족 모두의 동의가 있다는 등의 특별한 사정이 없는 한, 친족이나 이해관계인의 감정절차 참여는 엄격히 금지되는 것이 바람직하다.

103) 서로 자신이 후견인이 되겠다고 주장하는 경우가 대부분이기는 하지만, 때로는 아무도 후견인, 특히 신상보호사무에 관한 후견인이 되지 않겠다고 하는 안타까운 경우도 있다.

리 능력에 문제가 있다고 하더라도 친족 등에 의하여 충분히 보호받고 사무처리 등에 적절한 도움이 제공되고 있다면 반드시 후견이 개시되어야 하는 것은 아니다. 따라서 후견개시 여부는 사건본인의 의사와 정신적 제약 정도, 사건본인에 대한 보호와 지원의 필요성, 후견이 필요한 사무의 종류와 내용 등을 종합적으로 고려하여 결정되어야 한다.

어떠한 유형의 후견을 개시할 것인가를 결정할 때 가장 중요하게 고려하여야 할 요소는 사건본인의 의사와 자기결정권의 보장이다. 따라서 사건본인의 의사에 따라 자기결정권이 최대한으로 보장되고 사건본인의 행위능력은 최소한으로 제한되는 후견 유형이 우선적으로 고려되어야 한다. 다만 사건본인의 의사 또는 추정적 의사를 확인할 수 없거나 사건본인의 의사가 왜곡 또는 영향력 있는 사람에 의하여 학습된 것으로 볼 여지가 있고, 사건본인에게 자기결정권을 제한 없이 보장하면 사건본인의 보호에 심각한 공백이나 위험을 초래할 것이 명백한 경우에는, 사건본인의 행위에 대하여 동의권을 유보하거나 취소권을 행사할 수 있는 유형의 후견이 선택될 필요가 있다. 즉 후견심판에 있어서는 사건본인의 자기결정권의 보장과 실질적인 권익 보호라는 두 가지 목적이 조화롭게 달성될 수 있어야 한다.

나. 청구취지와 후견 유형

법원이 청구취지변경신청 없이 청구취지와 다른 유형의 후견을 개시할 수 있는지 문제된다.

성년후견과 한정후견은 정신적 제약의 정도의 차이에 지나지 않고, 비송사건의 특성상 절차의 개시나 종료가 아닌 심판의 내용에 대해서는 처분권주의가 적용될 여지가 없다는 점을 근거로 제한 없이 이를 긍정하는 견해도 있다.

그렇지만 후견개시 여부에 대한 결정과 후견 유형의 선택에 있어서 가장 존중되어야 할 것은 사건본인의 의사이고, 사건본인의 잔존능력의 활용이라는 측면에서도 필요최소한의 범위에서 후견이 개시되어야 하며, 한정후견과 특정후견 심판의 경우에는 제한되는 행위 또는 후원하여야 할 사무를 구체적으로 정하여야 하는 실제적인 필요가 있으므로, 원칙적으로 당사자가 청구하는 유형의 후견심판만이 가능하다고 할 것이다.[104) 가정법원은 심리결과 청구한 후견 유형의 요건이

---

104) 이는 성년후견개시청구에 대하여 한정후견개시나 특정후견심판을 하는 경우나 그 반대의 경우

충족되지 않거나 법원이 후견적 입장에서 다른 유형의 후견을 개시함이 상당하다고 판단하는 경우에는 청구취지변경을 권고하고 그 신청을 기다려 심판함이 상당하다. 다만 사건본인의 복리와 보호를 위해서 후견개시가 반드시 필요함에도 불구하고, 청구인이 요건이 충족되지 않는 유형의 후견만을 고집하면서 법원의 청구취지변경권고에도 응하지 아니하는 예외적인 경우에는, 법원이 후견적 입장에서 청구취지변경 없이 다른 유형의 후견을 개시할 수 있다고 할 것이다.105)

2. 후견인 선임

가. 직권선임

가정법원은 성년후견 또는 한정후견 개시심판을 하는 경우 그 심판을 받은 사람의 후견인을 반드시 두어야 하는데(민법 제929조, 제959조의2), 선임청구가 없더라도 직권으로 후견인을 선임하여야 한다(민법 제936조 제1항, 제959조의3 제1항).106) 한편 특정후견심판의 경우에는 반드시 후견인을 두어야 하는 것은 아니지만(민법 제959조의9 제1항 참조), 피특정후견인의 복리와 후원을 위하여 모든 특정후견심판사건에서 특정후견인이 선임되는 것이 실무이다.

가정법원은 후견인이 사망, 결격, 그 밖의 사유로 없게 된 경우에도 직권으로 또는 피후견인, 친족, 이해관계인, 검사, 지방자치단체의 자의 청구에 의하여 후견인을 선임한다(민법 제936조 제2항, 제959조의3 제2항, 제959조의9 제2항). 후견감독인은 후견인이 없는 경우 지체 없이 가정법원에 후견인의 선임을 청구하여야 한다(민법 제940조의6 제1항, 제959조의5 제2항, 제959조의10 제2항).

등 청구취지와 다른 유형의 후견심판을 하는 모든 경우에 해당된다.

105) 그러한 경우라고 하더라도, 특정후견심판 청구에 대하여 성년후견이나 한정후견개시심판을 하는 것은 허용되지 않는다. 특정후견은 성년후견과 한정후견 사이의 관계처럼 피후견인의 정신적 제약의 정도라는 양적인 차이만 있는 것이 아니라 제도의 목적이나 구조와 같은 질적인 차이가 있기 때문이다. 청구취지대로의 특정후견심판이 사건본인의 복리나 보호에 위험을 발생시킬 것이 명백하다면 청구를 기각하는 것이 바람직할 것이다.

106) 가정법원이 직권으로 후견인을 선임하도록 한 것은, 개정 전 민법의 금치산·한정치산 제도에서의 법정후견인이 피후견인과 후견인의 의사, 친소관계, 보호 의지나 능력과는 무관하게 형식적인 촌수와 연령에 따라 결정됨으로써 피후견인에 대한 보호나 후원이 제대로 이루어지지 않았다는 점에 대한 반성적 고려로서, 법정후견인 제도의 폐해와 후견 공백을 막고 적정하게 선임된 후견인으로 하여금 피후견인에 대한 실질적인 후견이 가능하게 한 것이라는 점에 의의가 있다 [성년후견제도 해설(주22), 41-42면].

나. 선임 기준과 방법

청구인은 후견개시심판청구서에 후견인 후보자를 기재하는 방법으로, 친족 등 이해관계인은 의견서 제출 또는 심문절차에서 의견을 진술하는 방법으로 후보자를 추천할 수 있다. 가정법원은 피후견인의 건강, 생활관계, 재산상황, 후견인이 될 사람의 직업과 경험, 피후견인과의 이해관계의 유무(법인이 후견인이 될 때에는 사업의 종류와 내용, 법인이나 그 대표자와 피후견인 사이의 이해관계의 유무를 말한다) 등을 고려하여(민법 제936조 제4항, 제959조의3 제2항, 제959조의9 제2항) 후견인을 선정한다.

후견인 선임에 있어서 가장 중요한 기준은 피후견인의 의사이다. 그런데 실제로 피후견인의 의사가 무엇인지 알아내는 것이 쉬운 것만은 아니다. 피후견인이 의식불명 등의 이유로 의사표시를 할 수 없는 경우에는 피후견인의 추정적 의사 또는 정신적 제약 상태에 이르기 전에 표시한 의사를 모두 고려하되, 피후견인이 작성해 둔 문서나 영상, 사건본인 친족의 진술 등 가능한 많은 자료와 그에 대한 이해관계인의 의견을 모두 종합하여야 한다. 피후견인이 법정에 출석하여 의사를 표시할 수 있는 경우라고 하더라도, 그러한 피후견인의 의사가 왜곡되어 있거나 지속적이지 않은 경우가 있고, 친족 등 영향력 있는 사람에 의하여 학습되어 있는 경우도 적지 않다. 따라서 후견인 선임에 있어서 피후견인이나 친족, 이해관계인의 의사나 의견이 충분히 고려되어야 함은 물론이지만, 선택된 후견 유형과 피후견인의 구체적인 정신상태 및 감호상황, 재산상황과 경제형편 등 제반사정에 대한 충분한 심리를 거쳐 피후견인의 보호와 복리에 가장 적합한 후견인이 선임되는 것 역시 중요하다.[107]

다. 후견인의 유형

(1) 후견인 분류

후견인으로는 친족, 전문가후견인,[108][109] 시민(공공)후견인[110]이 선임되고

---

107) 김성우, "한국 후견제도의 운영과 가정법원의 역할", 법조 제722호(2017), 134-135면.

108) "전문가후견인" 또는 "전문직후견인"은 법률에서 정한 용어는 아니지만[단 후견사건의 처리에 관한 예규(재특 2014-1) 제6조 제1항에는 "전문가후견인"이라는 표현을 사용하고 있다], 친족후견인이 아닌 변호사, 법무사, 사회복지사, 세무사 및 그들을 구성원으로 하는 단체(법인)로서 후견인이 된 사람 또는 후견인 후보자를 뜻하는 용어로 사용되는 것이 일반적이다.

109) 가정법원이 전문가후견인을 선임하는 일반적인 절차는 다음과 같다. 먼저 각급 전문가 단체(변호사, 법무사, 공인회계사, 세무사, 사회복지사 등)에 추천을 의뢰하거나 일반 공고를 통하여 전

있다. 친족후견은 대체로 피후견인과 친밀감 및 심리적 유대감이 높고 피후견인의 필요(needs)를 잘 알고 있으며 신상보호사무를 수행하는 데에는 적합하지만, 후견인으로서의 지위나 의무를 망각하거나 혼동하기 쉽고 횡령이나 학대와 같은 비행이 나타나는 경우도 적지 않다는 단점이 있다. 전문가후견인은 친족 사이의 다툼에 휘말리지 않고 객관적이고 공정하게 사무를 처리할 수 있으며 전문성을 가지고 있다는 장점이 있는 반면, 보수로 인한 비용이 발생하고 피후견인과의 긴밀한 신뢰구축이나 원활한 소통이 어려우며 피후견인의 현실적이고 실질적인 욕구를 잘 알지 못할 우려가 있다는 단점이 있다. 시민(공공)후견인은 보통 자발적인 봉사를 목적으로 하고 있고 후견 사각지대에 있는 저소득층 무연고자에게 무보수 또는 소액의 보수만으로 후견사무를 수행하고 있어서 사무 수행의 진정성을 확보할 수 있는 장점이 있는 반면, 많은 경우 전문가가 아니고 참가 동기도 제각각이어서 전문적이고 균질적인 후견서비스를 제공하기 어렵다는 단점이 있다. 우리나라에서는 아직 피후견인의 친족이 후견인으로 선임되는 비율이 압도적으로 높지만, 앞으로는 전문가후견인의 저변 확대와 역량 강화, 공공후견 사업의 확대 등에 따라 그 비율은 변화할 가능성이 높다.

후견인이 될 사람의 직업과 경험은, 관련 자격증의 유무나 학위만으로 판단하여서는 안 되고, 후견인 양성교육 이수 여부, 양성교육의 내용, 후견업무의 경험과 기간 등도 함께 고려되어야 한다. 이러한 사항은 전문가후견인 후보자의 선발은 물론 구체적 사건에 있어서의 후견인 선정에 있어서도 중요한 요소가 된다.

문가후견인 후보자 모집 신청을 받은 후, 1차 서류심사[신청서, 이력서, 자기소개서 또는 활동계획서, 추천서(기관 추천의 경우), 후견사무담당자 명단(법인의 경우), 후견인결격사유를 판단하기 위한 범죄경력조회회보서와 신용회보서 등]와 2차 면접을 거쳐 후보자를 선발한다. 선발된 후보자는 전문가후견인 후보자 명부에 등재되고, 개별 사건에서는 위 명부에 등재된 후보자 중에서 후견인이 선임된다.

110) 친족이나 전문가후견인은 후견인의 피후견인에 대한 관계에 따른 분류인 반면, 시민(공공)후견인은 후견비용 부담을 기준으로 한 분류일 뿐 아니라, 시민(공공) 후견인 중에는 친족도 있고, 변호사, 사회복지사 등의 전문가후견인도 있으며, 특별한 전문 자격이 없는 제3자로서 후견인 교육만을 이수한 사람도 있으므로, 시민(공공)후견인을 친족후견인과 전문가후견인과 동일한 기준으로 분류하는 것이 적절한지는 의문이지만, 국내외 학계나 실무에서 일반적으로 이러한 분류를 사용하고 있으므로 이 책에서도 그에 따른다.

(2) 유형별 선임 기준

대부분의 후견사건에서는 피후견인의 신상보호와 재산관리에 대하여 피후견인과 친족 등 이해관계인 사이에 이견이 없기 때문에, 피후견인의 상태와 처지를 가장 잘 파악하고 헌신적으로 돌볼 것으로 예상되는 친족이 후견인으로 선임되는 것이 일반적이다.

피후견인의 재산을 둘러싸고 친족 등 이해관계인 사이에 다툼이 있는 경우에는 그 다툼의 당사자들은 후견인 후보에서 배제되고, 전문성과 공정성을 가지고 객관적인 입장에서 피후견인의 재산관리 업무를 수행할 수 있는 변호사나 법무사 등의 전문가가 후견인으로 선임된다. 피후견인을 돌볼 가까운 친족이 없거나 피후견인에 대한 학대가 의심되는 경우, 피후견인의 신상 문제에 대하여 친족 사이에 의견이 대립되는 경우에는 사회복지사 등의 전문가가 후견인으로 선임되는 것이 일반적인 실무 경향이다.[111] 이미 후견감독인이 선임된 상태에서 후견인을 재선임하거나 추가할 때에는 후견감독인과 다른 직역의 전문가가 후견인으로 선임되는 것이 적절하다.

후견사무를 담당할 마땅한 친족이 없는 저소득층에 대하여 사회보장급부의 일환으로 선임되는 후견인을 공공(시민)후견인이라고 한다. 2014년부터 보건복지부에서 시작한 공공후견 지원사업, 2015년 시행된 발달장애인 권리보장 및 지원에 관한 법률과 2018. 9. 20. 시행되는 개정 치매관리법에 따라 지방자치단체의 장 등의 후견개시청구로 선임되는 경우가 대부분이다.

라. 후견인의 결격사유

(1) 결격사유에 대한 심리

법률에 규정된 후견인의 결격사유에 대한 자세한 내용은 전술한 바와 같다.[112]

한편 결격사유로 법정되어 있는 것은 아니지만, 피후견인이 수용되어 있거

---

111) 서울가정법원에서 2013. 7. 1.부터 2016. 5. 31.까지 사이에 선임된 후견인(미성년후견인 제외) 중 피후견인의 친족이 후견인으로 선임된 비율은 87.3%(친족과 전문가가 공동으로 선임된 경우 2.7% 포함)로 친족이 후견인으로 선임되는 비율이 압도적으로 높았다. 친족 중에는 사건본인의 자녀가 후견인으로 선임되는 빈도가 가장 높고, 그 다음이 사건본인의 배우자, 부모, 형제자매 등의 순이었다. 전문가후견인의 직업은 변호사가 가장 많았고, 다음이 법무사, 사회복지사 등의 순서였다[김성우(주14), 428-430면 참조)].

112) 2장 Ⅱ-3-가 부분을 참조하면 된다.

나 거주하는 시설의 장을 후견인으로 선임하는 것은 보다 신중할 필요가 있다. 시설의 장이 수용 중인 피후견인의 복리를 해할 경우 이를 알아내거나 알아내더라도 적시에 견제하거나 개입하는 데 어려움이 있기 때문이다. 가정법원은 시설에 있는 피후견인에 대하여 해당 시설의 장을 후견인으로 선임하여 달라는 청구가 있으면, 가사조사관이 현장과 감독관청을 조사하고 직접 피후견인의 의사를 확인하고 있다. 이러한 경우 가정법원은 보통 친족이나 공공후견인을 후견인으로 선임하는데, 적당한 후보자가 없어 할 수 없이 시설의 장을 선임하더라도 대리권에 적절한 제한을 두고 관할 지방자치단체를 후견감독인으로 선임하여 후견인을 감독·견제하도록 하는 것이 일반적이다.

(2) 결격사유 있는 후견인 선임의 효력

결격사유가 있는 사람을 후견인으로 지정한 유언이나 선임한 법원의 심판이 무효가 되는지 문제된다. 결격사유가 없는 사람이 후견인으로 지정 또는 선임된 후에 결격사유가 발생하면, 결격사유의 발생과 함께 별도의 심판 없이 당연히 후견인의 지위를 잃는지에 대해서도 같은 문제가 있다.

긍정하는 견해가 다수[113]이다. 그러나 예컨대 회생절차개시나 파산선고를 받은 것과 같은 일정한 결격사유에 있어서는, 결격사유가 있다는 사유만으로 일률적으로 후보자에서 배제되는 것으로 볼 것은 아니고, 결격사유가 후견사무의 수행에 지장을 주거나 피후견인의 복리 보호를 저해하지 않는다면, 결격사유가 있는 사람도 후견인으로 선임될 수 있다고 보아야 한다.[114]

같은 취지에서 후견인으로 선임된 사람에게 후발적으로 결격사유가 발생하거나 심판 후 결격사유 있음이 밝혀진 경우에도, 그것만으로 후견인 선임이 무효가 되거나 후견인으로서의 자격을 잃는 것은 아니고, 이를 이유로 한 후견인변경 등의 심판이 있어야만 후견인으로서의 자격과 권한을 잃게 된다고 보

---

113) 윤진수(편집대표)(주18), 1222면; 김주수·김상용(주18), 494－495면 등 참조.
114) 특히 미성년후견에 있어서는 적합한 후견인을 찾기 어려운 경우가 많은데, 미성년후견인 선임이 필요하게 된 이유, 미성년 자녀의 나이, 재산상태, 선임 가능한 후견인 후보자, 그 후보자와 미성년 자녀와의 관계 등 여러 사정을 종합하여, 미성년후견인의 임무수행에 필수불가결한 사항이거나 후견인 후보자에게 존재하는 결격사유로 인하여 미성년자녀의 복리에 저해될 경우에만 미성년후견인 후보자에서 배제될 수 있다는 이유로, 결격사유에 해당하는 사람을 미성년후견인으로 선임한 사례(서울고등법원 2017. 6. 30.자 2015브358 결정 참조)가 있고, 실무도 대체로 이에 따르고 있다.

아야 한다. 그렇게 하지 않으면 피후견인의 보호에 공백이 발생할 우려가 높고, 공시되지 않은 후견인의 결격사유 때문에 거래의 안전이 위협받을 수 있기 때문이다.

마. 복수의 후견인과 사무분장

(1) 복수의 후견인

후견인은 피후견인의 신상과 재산에 관한 모든 사정을 고려하여 여러 명이 선임될 수 있다(민법 제930조 제2항, 제959조의3 제2항, 제959조의9 제2항). 후견개시 심판 때부터 여러 명의 후견인이 선임될 수도 있고, 이미 후견인이 선임된 경우라도 가정법원의 직권이나 청구권자의 청구에 의하여 후견인이 추가로 선임될 수 있다(민법 제936조 제3항, 제959조의3 제2항, 제959조의9 제2항).

실무에서는 아래에서 보는 바와 같이 성년에 도달한 발달장애인의 부모가 공동친권의 연장으로 공동으로 후견인이 되고자 하는 경우, 친족 사이에 다툼이 있어 재산관리사무와 신상보호사무를 각각 다른 후견인에게 담당하도록 하는 경우에 복수의 후견인이 선임되고 있다.

(2) 복수 후견인의 사무분장

(가) 사무분장의 방법

여러 명의 후견인이 선임되는 경우 권한행사 방법에 대해서는 특별한 규정이 없으므로, 원칙적으로 각 후견인은 민법 제119조에 규정된 각자대리의 원칙에 따라 각자 독립하여 권한을 행사할 수 있다. 그러나 여러 명의 후견인 사이에 사무분장이 정해져 있지 않으면 의견대립으로 업무수행이 원활하게 이루어지지 않을 가능성이 있다. 따라서 가정법원은 후견인이 여러 명인 경우 직권으로 여러 명의 후견인이 공동으로 또는 사무를 분장하여 그 권한을 행사하도록 정할 수 있고,[115] 직권으로 위의 결정을 변경하거나 취소할 수 있다[민법 제949조의2 제1항, 제2항, 제959조의6, 제959조의12, 가사소송법 제2조 제1항 제2호 가목 21)의3].

복수 후견인의 사무분장 방법과 그에 관한 실무례는 다음의 표와 같다.

---

[115] 후견인들 사이의 권한분장에 관한 사항은 심판문의 주문과 별지에 중복하여 기재되는 것이 실무이다.

사무분장 방법	실 무 례
신상사무와 재산사무 모두 공동으로	친족 사이에 다소간의 다툼이 있거나 불신이 있는 경우 등 – 단독으로 권한 행사를 할 수 없도록 함으로써 서로를 견제
신상사무와 재산사무 모두 각자	성년에 노달힌 발달장애인의 부모의 경우 등 – 후견사무수행의 편의를 위하여 각자 독립하여 모든 사무를 할 수 있도록 함
신상사무는 공동으로 재산사무는 한쪽 후견인이 단독으로	고령의 친족후견인에게 신상사무에 대한 지원과 견제가 필요한 경우 등 – 친족이 재산사무와 신상사무를 모두 담당하되 신상사무를 보조할 사회복지사를 추가로 선임
신상사무는 한쪽 후견인이 단독으로 재산사무는 공동으로	친족 사이에 재산사무에 한하여 견제가 필요하다고 생각하는 경우 등 – 신상사무는 피후견인과 함께 생활하는 한쪽 후견인 단독으로 수행이 가능하지만, 재산사무는 후견인들 모두의 동의가 있어야 처리 가능
신상사무와 재산사무를 각각 다른 후견인에게 맡기되, 각 후견인은 자신의 사무를 단독으로	친족 사이에 다툼이 있는 경우 등 – 신상사무는 현재 사건본인을 돌보고 있는 친족이 담당하고, 재산사무는 제3자인 전문가후견인이 담당하게 하되, 각 후견인은 각자의 영역에서만 단독으로 사무수행 가능

(나) 후견인의 의사표시를 갈음하는 재판

다툼이 있는 경우로서 재산관리 또는 신상보호에 관한 권한을 후견인들이 공동으로 행사하도록 한 경우, 사건본인의 이익이 침해될 우려가 있음에도 불구하고 권한행사에 다른 후견인의 협력이 되지 않는 경우가 종종 발생하고 있는데,[116] 이러한 경우 가정법원은 피후견인, 후견인, 후견감독인 또는 이해관계인의 청구에 의하여 그 후견인의 의사표시를 갈음하는 재판을 할 수 있다[민법 제949조의2 제3항, 제959조의6, 제959조의12, 가사소송법 제2조 제1항 제2호 가목 21)의3].[117]

이와 같은 의사표시를 갈음하는 심판청구가 있으면, 가정법원은 피후견인의 보호와 후견사무의 수행이 적정하게 이루어지고 있는지 여부에 관하여 즉시

---

116) 따라서 당사자 사이에 다툼이 있어 전문가후견인을 선임하는 경우에는 친족과 전문가후견인이 공동으로 권한을 행사하는 것으로 정하기보다 각각 자신의 사무에 대해서 단독으로 권한을 행사하도록 정하는 것이 최근의 일반적인 추세이다.

117) 그러한 경우 심판의 주문은 "사건본인(피후견인)의 후견인 김△△의 의사표시를 갈음하여, 청구인이 사건본인(피후견인)을 대리하여 별지 목록 기재 행위를 함에 동의한다."와 같이 될 것이다.

후견감독조사를 실시한다. 심리를 통하여 후견인의 업무 수행이 적절하지 않은 것으로 밝혀지면, 그 후견인의 권한 범위를 변경하거나, 직권으로 복수 후견인 사이의 권한행사 방법을 변경·취소할 수 있으며, 나아가 직권 또는 청구에 의하여 그 후견인을 변경하기도 한다.

바. 법인후견인

(1) 법률의 규정

민법은 법인도 후견인이 될 수 있음을 명시하고 있다(민법 제930조 제3항, 제959조의3 제2항, 제959조의9 제2항).[118]

(2) 법인후견인의 장단점

법인후견인은, 구성원의 분업화, 전문화, 체계화된 후견활동이 필요한 경우, 후견인의 건강악화나 사망과 같은 주관적인 사정이나 담당자의 교체와 무관하게 공백 없는 후견이 필요한 경우, 발달장애인에 대한 후견과 같이 장기간에 걸쳐 일관성 있는 후견서비스의 제공이 필요한 경우, 후견사무에 대한 법인의 일차적, 자율적 감독이 필요한 경우, 피후견인의 재산이 많고 전국 여러 곳에 흩어져 있는 경우, 피후견인이 대규모 회사를 경영하고 있는 경우, 피후견인의 친족 사이에 다툼이 심한 경우 등에서 장점을 가지고 있다.

반면, 자연인후견인에 비하여 사건본인과의 신뢰관계 형성에 어려움을 겪을 수 있고, 중요한 의사결정에 신속하고 유연하게 대응하지 못할 가능성이 있으며, 사무담당자의 교체가 잦으면 피후견인에게 지속적이고 일정한 후견서비스를 제공하지 못할 위험이 있다는 단점이 있다.[119]

(3) 법인후견인의 선임 기준과 절차

(가) 법인후견인의 형태와 종류

민법에는 제936조 제4항(제959조의3 제2항, 제959조의9 제2항)[120]을 제외하고

---

118) 법인이 후견인으로 선임될 수 있음을 규정하는 특별법으로는 발달장애인 권리보장 및 지원에 관한 법률 제9조 제2항과 같은 법 시행령 제3조가 있다. 이 책에서의 논의는 주로 가정법원에 의하여 전문가후견인으로 선임되는 법인후견인을 대상으로 한다. 후견제도의 운영 주체로서 "후견법인"의 도입을 주장하는 견해도 있다[제철웅 외 3인, "후견법인의 역할과 기능에 관한 입법적 제안", 가족법연구 제30권 제1호(2016), 200-213면 참조].

119) 김성우(주107), 137면.

120) 민법 제936조 제4항은 후견인선임 기준에 관하여, 법인이 후견인이 될 때에는 사업의 종류와 내

는 법인후견인의 요건이나 기준에 관하여 달리 규정이 없다. 따라서 공익법인뿐 아니라 영리법인도 후견인이 되는데 법률상 제약이 없다. 실무에서도 법인의 형태나 종류에 구애받지 않고, 사단법인, 법무법인이나 회계법인, 세무법인 등이 법인후견인으로 선임되고 있다.[121]

(나) 이해관계의 유무

민법 제936조 제4항이 정하는 이해관계의 유무는 피후견인과 법인의 구성원인 모든 자연인과의 이해관계를 의미하는 것이 아니고 법인이나 그 대표자와의 이해관계만을 의미한다.

후견업무의 공정성과 객관성을 담보하기 위해서는 '이해관계'라는 개념을 보다 넓게 해석하되, 법무법인이 설립한 공익법인이 후견인이 되는 경우에는 모(母) 법인과 피후견인과의 관계, 법무법인의 기존고객과의 이익충돌(conflict of interest) 여부, 법인의 규모, 이해관계의 성격, 후견사무의 종류와 성질 등을 고려하여 개별적으로 판단하여야 할 것이다.

(다) 법인후견인 선임의 보충성 문제

후견인은 피후견인의 신상보호 등과 관련하여 신뢰 형성과 인격적인 접촉이 중요하므로 법인후견인은 적절한 자연인후견인을 찾을 수 없는 경우에만 보충적으로 선임해야 한다는 견해도 있으나, 독일[122]과 달리 우리 민법에는 그에 관한 명문의 규정이 없을 뿐 아니라, 구체적인 후견업무는 어차피 법인의 업무 담당자가 수행하게 되므로 그러한 제한은 없다고 봄이 타당하다. 따라서 자연인으로서 마땅한 후견인 후보자가 있다고 하더라도 앞서 본 법인후견인의 장점이 발휘될 수 있다면 법인을 후견인으로 선임할 수 있다고 할 것이고, 가정법원의 실무도 그러하다.

(라) 법인후견인 선임 절차

법인후견인 후보자 선정 절차는 전술한 전문가후견인 후보자 선정 절차와

용, 법인이나 그 대표자와 피후견인 사이의 이해관계의 유무를 고려하여야 한다고 정한다.

121) 다만 적어도 후견서비스의 제공이 그 법인의 "주된" 업무 영역이어야 하고, 그러한 내용이 법인의 정관에 정하여져 있어야 할 것이다. 후견 관련 사건의 수임이나 법인의 홍보, 국책사업의 수탁이나 예산 지원만을 목적으로 후견인이 되려고 하는 법인은 피후견인의 복리와 보호에 관한 사무를 수행하는 데에는 상대적으로 관심이 부족할 것이기 때문이다[김성우, "법인후견의 현황과 과제", 제5회 온율 성년후견세미나 자료집(2017), 62-64면].

122) 독일민법은 자연인을 법인에 우선하여 후견인으로 선임하도록 규정하고 있다(독일민법 제1900조, 제1908조의b 제5항 참조).

대체로 같으나, 다만 법인 소속 후견사무 담당자의 명단과 각 담당자에 대한 인적사항 등의 자료가 추가로 필요하다.[123] 가정법원은 특별한 사정이 없는 한 법인후견인 후보자 명부에 등재된 법인 중에서 선임하되, 사건의 난이도, 피후견인의 의사, 후보자가 담당하고 있는 후견사무의 수, 구성원의 직업과 경험, 후보자와 피후견인의 주소지 또는 사무실 소재지, 피후견인의 재산, 보수지급 가능 여부, 전문가후견인 등의 직무와 책임에 관하여 법원이 실시하는 교육의 이수 여부, 법인의 규모와 사무담당자의 수 등을 종합하여 적정한 법인을 후견인으로 선정하고 있다.[124]

3. 후견감독인

가. 임의적 선임

후견이 개시되더라도 후견감독인의 선임이 필수적인 것은 아니다.[125] 가정법원은 필요하다고 인정되면 직권 또는 청구권자의 청구에 의하여 후견감독인을 선임할 수 있다(민법 제940조의4 제1항, 제959조의5 제1항, 제959조의10 제1항). 이미 선임되어 있던 성년후견감독인과 한정후견감독인이 사망, 결격, 그 밖의 사유로 없게 된 경우[126]의 재선임에 대해, 민법은 법문상 "선임한다"는 표현을 사용하고 있으나(민법 제940조의4 제2항, 제959조의5 제2항), 후견인과 달리 후견감독인은 임의기관이므로 피후견인의 복리나 보호를 위하여 재선임의 필요성이 있는 경우에만 선임한다고 봄이 상당하다.[127]

실무에서 후견감독인이 선임되는 것은, 후견인을 친족이 아닌 전문가로 할 필요까지는 없지만 후견인에 대한 견제는 필요한 경우, 후견인이 후견사무에 대한 이해나 전문성이 부족한 경우, 피후견인에게 부동산 등 관리할 재산이 많

---

123) 법인후견인은 후견인 후보자로 등재될 때에는 물론 구체적인 사건에서 후견인으로 선임될 때 법인구성원 중 후견사무 담당자의 명단과 인적사항 등을 가정법원에 제출하여야 한다. 한편 가정법원은 이익충돌이 우려되면 법인후견인 선임을 위하여 후보자에게 의견조회를 할 때 피후견인과 그 친족에 대한 최소한의 인적 사항을 알림으로써 후보자로 하여금 이익충돌 여부를 확인하도록 한다.
124) 김성우(주121), 57면 참조.
125) 이는 미성년후견의 경우도 같지만(민법 제940조의3 제1항 참조), 임의후견의 경우에는 임의후견 감독인의 선임이 후견계약의 효력발생 요건이므로(민법 제959조의14 제3항 참조) 필수적이라고 할 수 있다.
126) 특정후견감독인이 사망, 결격 등의 사유로 없게 된 경우에 대해서는 준용규정이 없다.
127) 윤진수(편집대표)(주18), 1250면.

고 변동이 잦아 그에 관한 후견감독인의 전체적인 관리(민법 제950조 참조)가 필요한 경우, 피후견인의 친족 사이에 다툼이 있기는 하지만 경제적인 이유 등으로 그 친족 중 1인을 후견인으로 선임할 수밖에 없는 경우, 피후견인의 재산을 후견인에게 증여하거나 후견인이 피후견인의 상속재산분할협의를 대리하는 등 후견인과 피후견인 사이에 이해상반행위를 할 것이 예상되는 경우, 법원의 정기후견감독만으로는 피후견인에 대한 지속적인 보호와 즉각적인 개입을 충족하지 못할 것으로 예상되는 등의 경우 등이다.

이와 같이 후견감독인은 법원의 후견감독에 비하여 지속적이고 적시(適時)에 감독이 이루질 수 있다는 장점이 있기는 하지만, 대부분 친족이 아닌 전문가가 선임되고 있어서 보수로 인한 비용이 발생한다는 것이 제한 요인이다.[128]

나. 선임 기준

후견감독인의 선임 기준(민법 제936조 제4항)과 결격사유(민법 제937조), 복수 및 법인 후견감독인의 선임(민법 제930조 제2항, 제3항), 추가 선임(민법 제936조 제3항), 사임과 변경(민법 제939조, 제940조)에 관하여는 후견인 선임에 관한 규정이 그대로 적용된다(민법 제940조의7, 제959조의5 제2항, 제959조의10 제2항). 다만 후견인의 가족[129]은 후견감독인이 될 수 없다(민법 제940조의5, 제959조의5 제2항, 제959조의10 제2항).

실무에서는 대체로 전문가후견인 후보자 명부에 등재된 사람 중에서 후견감독인이 선임되고,[130] 지방자치단체의 장이 공공후견사업을 통하여 특정후견심판을 청구하는 경우에는 그 지방자치단체가 후견감독인으로 선임되고 있다.

---

128) 전문가후견감독인은 업무의 난이도나 강도가 대체로 전문가후견인에 비하여 높지 않으므로, 보수도 상대적으로 낮게 정해지는 것이 일반적이다. 한편 부산가정법원 등 일부 가정법원에서는 대부분의 후견사건에서 후견감독인을 선임하되, 1명의 후견감독인에게 여러 후견사건을 담당하게 하고 보수는 담당하는 수개의 후견사건에 대하여 일괄적으로 책정함으로써 보수 지급의 부담과 법원의 후견감독사무의 부담을 경감하려고 하는 시도를 하고 있다.

129) 민법 제779조에 따른 후견인의 가족이라 함은 후견인의 배우자, 직계혈족, 형제자매 및 후견인과 생계를 같이 하는 직계혈족의 배우자, 배우자의 직계혈족 및 형제자매를 말한다. 사실혼 배우자는 이에 해당되지 않지만, 후견사무의 공정한 수행을 기대할 수 없을 경우에는 후견감독인으로 선임하여서는 안 된다[김주수·김상용, 주석 민법 친족(4)(제5판), 한국사법행정학회(2016), 126면].

130) 드물기는 하지만, 후견인의 가족이 아닌 피후견인의 친족 중에서 전문성과 객관성을 가지고 후견감독사무를 수행할 수 있는 사람이 있는 경우 피후견인의 친족이 후견감독인으로 선임되기도 한다.

4. 심판문

가. 성년후견

(1) 주문

(가) 성년후견개시심판 주문 기재사항

① 성년후견개시 선언(민법 제9조 제1항)

② 성년후견인 선임(민법 제929조, 제936조 제1항)

③ 취소할 수 없는 사건본인의 법률행위의 범위 결정(민법 제10조 제2항)

④ 성년후견인의 법정대리권의 범위 결정(민법 제938조 제1항, 제2항)

⑤ 성년후견인이 피성년후견인의 신상에 관하여 결정할 수 있는 권한의 범위 결정(민법 제938조 제3항)

⑥ 사건본인의 재산에 관한 목록 작성 및 제출의무(민법 제941조 제1항)

⑦ 후견사무보고서 작성 및 제출의무(민법 제954조, 가사소송규칙 제38조의2)

⑧ 성년후견감독인 선임(민법 제940조의4)

⑨ 후견감독사무보고서 작성 및 제출의무

(나) 작성례

1) 기본형

1. 사건본인에 대하여 성년후견을 개시한다.
2. 사건본인의 성년후견인으로 청구인을 선임한다.
3. 가. 사건본인의 법률행위는 성년후견인이 취소할 수 있다. 취소할 수 없는 사건본인의 법률행위의 범위는 별지 기재와 같다.
   나. 성년후견인은 사건본인의 법정대리인이 된다. 성년후견인의 법정대리권의 범위는 별지 기재와 같다.
   다. 성년후견인이 사건본인의 신상에 관하여 결정할 수 있는 권한의 범위는 별지 기재와 같다.
4. 성년후견인은 이 심판 확정일로부터 2개월 이내에 사건본인의 재산목록[기준일: 이 심판 확정일, 안심상속(후견인) 원스톱 서비스 조회 또는 상속인(후견인) 금융거래조회서비스 조회 결과를 첨부할 것]을 작성하여 이 법원에 제출하여야 한다.
5. 성년후견인은 이 심판 확정일로부터 1년이 경과한 날을 시작으로 매년 후견사무보고서(기준일: 매년 이 심판 확정일과 같은 월, 일)를 작성하여 이 법원에 제출하여야 한다.

2) 재산목록과 후견사무보고서의 제출일과 기준일을 특정일로 기재하는 경우

재산목록 작성 및 제출일을 심판 확정일로부터 2개월 이내로 표시하는 것이 기본적인 유형이지만 이는 주로 당사자 사이에 다툼이 있어 항고가 예상되는 경우에 사용되고, 친족후견인이 선임되고 당사자 사이에 다툼도 없는 경우에는 심판 확정이 예상되는 날로부터 2개월이 경과한 특정일을 제출기한으로 적시하는 것이 일반적이다. 전문적인 법률지식이 없는 친족후견인으로서는 심판 확정일을 알거나 기간을 계산하는데 어려움이 있기 때문이다. 같은 이유에서 재산목록 작성 기준일[131]이나 후견사무보고서 제출일 및 기준일에 대해서도 특정일을 적시하는 것이 일반적이다.

> 4. 성년후견인은 2018. 12. 31.까지 사건본인의 재산목록[기준일: 2018. 9. 30., 안심상속(후견인) 원스톱 서비스 조회 또는 상속인(후견인) 금융거래조회서비스 조회 결과를 첨부할 것]을 작성하여 이 법원에 제출하여야 한다.
> 5. 성년후견인은 2019. 10. 31.부터 후견종료시까지 매년 10. 31. 후견사무보고서(기준일: 매년 9. 30.)를 작성하여 이 법원에 제출하여야 한다.

3) 후견사무보고서 제출의무를 강화하거나 완화하는 경우

피성년후견인의 신상에 대하여 신속한 파악이 필요한 경우에는 재산목록을 제출할 때 피성년후견인의 신상에 관한 보고서 제출의무를 부과하기도 한다. 사안에 따라서는 매년 후견사무보고서를 제출하도록 할 필요가 없는 경우도 있는데,[132] 이러한 경우에는 2년 내지 3년 주기로 후견사무보고서 제출의무를 부과하기도 한다.

> 4. 성년후견인은 2018. 12. 31.까지 사건본인의 재산목록[기준일: 2018. 9. 30., 안심상속 원스톱 서비스 조회 또는 상속인(후견인) 금융거래조회서비스 조회 결과를 첨부할 것] 및 이 심판 확정일 이후 사건본인의 신상에 관한 보고서[후견사무

---

131) 심판 후 재산목록 작성 및 제출 전에 청구인이나 친족, 후견인 등이 피후견인의 재산에 변경을 가할 우려가 있으므로, 보통 심판일 또는 그 전의 특정일을 재산목록 작성 기준일로 기재하고 있다.

132) 주로 발달장애인의 부모가 후견인인 경우, 피후견인에게 별다른 재산이 없고 후견인 또는 친족에 의하여 적절한 보살핌을 받고 있는 경우, 피후견인이 장기간 동안 요양시설 등에서 생활하여 왔고 후견 재판이나 감독 과정에서 피후견인의 의사가 확인된 경우 등이다.

보고서 중 신상보호 부분을 활용하되 사진 10매 이상을 첨부할 것]를 작성하여 이 법원에 제출하여야 한다.

5. 성년후견인은 2019. 10. 31.을 시작으로 매 3년마다 후견사무보고서(제출일: 10. 31., 기준일: 9. 30.)를 작성하여 이 법원에 제출하여야 한다.

4) 수인의 성년후견인이 선임되는 경우

수인의 성년후견인이 선임되는 경우 중 대표적인 사례는 재산에 대한 사무는 전문가후견인이, 신상에 대한 사무는 친족 중 한 명이 담당하도록 정해진 것이다. 그러한 경우에는 각각의 성년후견인이 담당할 사무에 관하여 달리 정해지는 것이 일반적이다.

1. 사건본인에 대하여 성년후견을 개시한다.
2. 사건본인의 성년후견인으로 박◇◇(주민등록번호: , 주소:)와 변호사 강○○(주민등록번호: , 사무소 소재지:)을 선임한다.
3. 가. 사건본인의 법률행위는 성년후견인 강○○이 취소할 수 있다. 취소할 수 없는 사건본인의 법률행위의 범위는 별지 기재와 같다.
   나. 성년후견인 강○○은 사건본인의 법정대리인이 된다. 성년후견인 강○○의 법정대리권의 범위는 별지 기재와 같다.
   다. 성년후견인 박◇◇가 사건본인의 신상에 관하여 결정할 수 있는 권한의 범위는 별지 기재와 같다.
   라. 성년후견인들 사이의 권한분장에 관한 사항은 별지와 같다.
4. 성년후견인 강○○은 이 심판 확정일로부터 2개월 이내에 이 심판 확정일을 기준으로 하는 사건본인의 재산목록[안심상속(후견인) 원스톱 서비스 조회 또는 상속인(후견인) 금융거래조회서비스 조회 결과를 첨부할 것]을 작성하여 이 법원에 제출하여야 한다.
5. 성년후견인들은 이 심판 확정일로부터 1년이 경과한 날을 시작으로 매년 후견사무보고서(기준일: 매년 이 심판 확정일과 같은 월, 일)를 작성하여 이 법원에 제출하여야 한다.

5) 성년후견감독인이 선임되는 경우

성년후견감독인이 선임되는 경우에는 성년후견감독인의 재산상황 조사권(민법 제953조), 재산목록 작성 참여권(민법 제941조 제2항), 후견사무와 관련한 성년후견인에 대한 일반적 지시권한(민법 제940조의6 제1항), 민법상 명문의 규정은 없으나 법원에의 후견감독사무보고서 작성 및 제출의무 등의 내용이 포함된다.

1. 사건본인에 대하여 성년후견을 개시한다.
2. 사건본인의 성년후견인으로 송○○(주민등록번호: , 주소:)을 선임한다.
3. 가. 사건본인의 법률행위는 성년후견인이 취소할 수 있다. 취소할 수 없는 사건본인의 법률행위의 범위는 별지 기재와 같다.
   나. 성년후견인은 사건본인의 법정대리인이 된다. 성년후견인의 법정대리권의 범위는 별지 기재와 같다.
   다. 성년후견인이 사건본인의 신상에 관하여 결정할 수 있는 권한의 범위는 별지 기재와 같다.
4. 사건본인의 성년후견감독인으로 사단법인 ◇◇◇(법인등록번호: , 사무소 소재지: , 대표자:)을 선임한다.
5. 성년후견인은 이 심판 확정일로부터 2개월 이내에 이 심판 확정일을 기준으로 하는 사건본인의 재산목록[안심상속(후견인) 원스톱 서비스 조회 또는 상속인(후견인) 금융거래조회서비스 조회 결과를 첨부할 것] 및 이 심판 확정일 이후 사건본인의 신상에 관한 보고서[후견사무보고서 중 신상보호 부분을 활용하되 사진 10매 이상을 첨부할 것]를 작성하여 성년후견감독인에게 제출하여야 한다.
6. 성년후견감독인은 성년후견인으로부터 제5항 기재 재산목록과 신상에 관한 보고서를 제출받은 때로부터 1개월 내에 위 재산목록 및 신상에 관한 보고서에 의견서를 첨부하여 이 법원에 제출하여야 한다.
7. 성년후견인은 이 심판 확정일로부터 1년이 경과한 날을 기준으로 하여 매년 후견사무보고서(기준일: 매년 이 심판 확정일과 같은 월, 일)를 작성하여 성년후견감독인에게 제출하여야 한다.
8. 성년후견감독인은 매년 성년후견인으로부터 후견사무보고서를 제출받은 때로부터 1개월 내에 후견감독사무보고서를 작성하여 위 후견사무보고서와 함께 이 법원에 제출하여야 한다.

6) 성년후견인에게 후견인 교육이수 의무를 부과하는 경우

성년후견개시 재판을 담당하는 법관은 심문기일에 출석한 청구인 또는 후견인 후보자에게 친족후견인 교육에 대하여 안내하고 교육이수를 권고하는 것이 일반적이지만, 추천된 후견인 후보자가 아닌 사람을 성년후견인으로 선임하

거나, 후견인 후보자가 심문기일에 출석하지 않는 경우에는 후견인 교육에 관한 조항을 부가하기도 한다.

> 6. 성년후견인은 2018. 12. 31.까지 ○○가정법원에서 실시하는 친족후견인 교육을 받고 교육참가확인서를 이 법원에 제출하여야 한다.
> 6. 성년후견인은 2018. 12. 31.까지 성년후견인교육을 이수한 후 교육이수확인서를 이 법원에 제출하여야 한다.

7) 성년후견인의 보수에 관하여 규정을 두는 경우

성년후견인의 보수는 원칙적으로 후견인의 청구에 의하여 피성년후견인의 재산에서 지출되는데(민법 제955조), 후술하는 바와 같이 매년 보수심판을 하는 번거로움을 덜고 일시에 다액의 보수를 지급하는데 대한 피성년후견인이나 친족의 심리적 저항과 반발을 줄이기 위하여, 월 지급액으로 정하기도 한다.

> 9. 성년후견인에게 사건본인의 성년후견사무에 대한 보수로 이 심판 확정일부터 임무종료일까지 사건본인의 재산에서 매월 000원(부가가치세 포함)을 수여한다. 위 보수는 성년후견사무의 내용에 따라 증액 또는 감액될 수 있다.
> 9. 성년후견인은 후견사무보고서를 이 법원에 제출할 때 성년후견인의 월별, 분기별, 또는 기간별 보수 수여를 청구할 수 있다.

(2) 이유

청구인과 사건본인, 관계인 사이에 다툼이 없는 경우에는 보통의 라류 가사비송사건의 심판례와 같이 간략하게 이유를 기재한다.

그러나 성년후견개시 여부 또는 성년후견인의 선정에 관하여 다툼이 있는 경우에는 당사자를 설득하고 상급심에 판단 자료를 제공하기 위하여 심판 이유를 기재하는 것이 일반적이다.

[이유기재례 1]
　　이 사건 기록과 심문결과를 종합하면, 사건본인이 현재 정신적 제약으로 인하여

사무를 처리할 능력이 지속적으로 결여된 사실을 인정할 수 있으므로, 사건본인에 대하여 성년후견을 개시한다.

사건본인의 심신상태와 감호상황을 고려하여 신상보호 사무를 위한 성년후견인으로는 사건본인의 아들 김○○를, 사건본인의 자녀 사이에 사건본인의 재산을 둘러싸고 갈등이 계속되고 있는 점 등을 고려하여 재산관리 사무를 위한 성년후견인으로는 전문성을 가지고 공정하고 객관적으로 후견사무를 처리할 수 있는 전문가 후견인 변호사 송△△을 각 선임한다.

따라서 주문과 같이 심판한다.

[이유기재례 2]
1. 후견개시 여부에 대한 판단
 가. 성년후견 개시
사건본인에 대한 심문결과, 사건본인에 대한 각 진단서 및 진료기록, 각 병원의 사실조회회보서, 가사조사관의 조사보고서에 심문 전체의 취지를 종합하면, ①...사실, ②...사실, ③...사실을 인정할 수 있다.

위 인정사실에 의하면, 사건본인이 질병, 노령 등의 정신적 제약으로 사무를 처리할 능력이 지속적으로 결여된 상태에 있음을 인정할 수 있으므로, 사건본인에 대하여 성년후견을 개시한다.
 나. 참가인의 주장에 대한 판단
  (1) 사건본인에 대한 신체감정절차 결여에 관한 주장
참가인은 신체감정결과 등 사건본인의 정신적 제약 여부를 판단할 수 있는 자료가 결여되어 있다고 주장하므로 살피건대, 앞서 든 자료들만으로도 사건본인의 현재 정신상태를 판단하기에 충분하므로 사건본인에 대한 신체감정이 반드시 필요하다고 할 수 없다(가사소송법 제45조의2 제1항 단서). 따라서 위 주장은 받아들이지 않는다.
  (2) 사건본인의 의사에 반한다는 주장
참가인은 사건본인의 후견개시에 대한 반대의사가 명확하므로 후견이 개시되어서는 안 된다고 주장한다.

가정법원은 후견개시 여부나 후견인 선정에 대한 판단에 있어서, 사건본인의 자기결정권을 보장하기 위하여 사건본인의 의사를 가장 우선적으로 고려하고 존중하여야 한다. 그러나 사건본인의 정신능력이나 의사표현력에 문제가 있거나, 사건본인의 의사가 사건본인을 둘러싼 친족 등 이해관계인의 영향이나 반복된 학습 등으로 왜곡되어 있다면, 법원은 사건본인의 복리를 위하여 후견적 입장에서 후견개시 여부를 판단하여야 한다.

이 사건으로 돌아와 보건대, ... 등에 의하여 인정되는 다음과 같은 사정, 즉 ... 점, ... 점 등에 비추어 보면, 사건본인의 복리를 위하여 사건본인에게 후견이 개시되어 후견인과 법원에 의한 적절한 지원과 보호를 받는 것이 상당하다고 할 것이므로, 위 주장 또한 받아들이지 않는다.

2. 성년후견인 선임에 대한 판단

사건본인의 자녀들 사이에 사건본인의 신상보호와 재산관리 등을 둘러싼 갈등이 계속되고 있어, 그 중 어느 한 쪽에게 후견업무를 맡긴다면 후견업무에 관한 분쟁이 계속될 가능성이 높으므로, 사건본인의 복리를 위하여 중립적이고 객관적인 입장에서 후견사무를 수행할 수 있는 전문가 후견법인인 사단법인 ◇◇◇을 성년후견인으로 선임한다.

3. 결론

따라서 주문과 같이 심판한다.

(3) 별지 후견목록

가정법원에서 사용하는 후견심판문 작성시스템은 후견목록을 심판 본문과 별개로 작성하게 되어 있고, 작성된 후견목록은 심판문과 후견등기부에 첨부된다. 후견목록에는 취소할 수 없는 피성년후견인의 행위, 성년후견인의 대리권, 신상결정대행권한의 범위 등이 기재된다. 후견목록은 피성년후견인의 능력과 성년후견인의 권한과 사무를 명확하게 하는 기능을 하고, 후견등기부를 통하여 그대로 공시됨으로써 일반 거래상대방의 신뢰의 기준이 되기도 하므로, 가능한 의문의 여지없이 명확하게 작성되어야 한다.[133]

(가) 기본형

성년후견인에게 폭넓은 권한이 부여되어도 권한 남용의 우려가 적거나 피성년후견인의 보호에 문제가 없을 것으로 예상되는 경우에는 보통 아래와 같이 후견목록이 작성된다. 다만 심판문의 후견목록에는 성년후견인의 권한 행사를

---

133) 그러나 피후견인의 모든 생활영역에 대하여 피후견인이 단독으로 할 수 있는 행위의 범위나 후견인의 직무와 권한을 의문의 여지없이 명확하게 규정하는 것은 기술적으로 불가능하다. 실무에서는 은행이나 등기소가 그 권한 범위에 관하여 후견인과 다른 해석(가정법원의 심판 내용이나 의도와도 다른 해석)을 함으로써, 후견인이 사무수행에 어려움을 겪는 경우가 종종 있다. 후술하는 바와 같이 후견목록을 대하는 거래상대방으로서는 후견목록의 내용을 보수적으로 해석하는 것이 당연하므로, 그러한 상황이 벌어지지 않도록 명확하게 규정할 필요가 있음은 물론이지만, 그럼에도 불구하고 그 해석에 관하여 이론이 있는 경우에는 결국 대리권 변경 심판이나 후견인의 후견임무 수행에 관하여 필요한 처분명령청구(자세한 내용은 4장 Ⅳ - 3 부분 참조)를 통하여 목적을 달성할 수밖에 없을 것이다.

제한하는 내용이 기재되어 있지 않다고 하더라도, 피성년후견인이 거주하는 건물 또는 대지에 대한 매도나 피성년후견인을 정신병원에 격리하는 등 민법 제947조의2 제2항 내지 제5항이 정하는 경우에는 법률의 규정에 의하여 성년후견인에게 법원의 허가를 받아야 하는 의무가 주어짐을 주의하여야 한다.

Ⅰ. 취소할 수 없는 피성년후견인의 법률행위의 범위
  취소권 제한 없음
Ⅱ. 성년후견인의 법정대리권의 범위
  법정대리권 제한 없음
Ⅲ. 성년후견인이 피성년후견인의 신상에 관하여 결정할 수 있는 권한의 범위
  아래 사항에 관하여 피성년후견인이 스스로 결정을 할 수 없는 경우 성년후견인이 결정권을 가짐
    1. 의료행위의 동의
    2. 거주·이전에 관한 결정
    3. 면접교섭에 관한 결정
    4. 우편·통신에 관한 결정
    5. 사회복지서비스 선택 또는 결정

  (나) 성년후견인의 권한에 제한을 두는 경우

Ⅱ. 성년후견인의 법정대리권의 범위
  법정대리권 제한 있음
  아래 사항은 성년후견인의 대리권 행사에 법원의 허가를 필요로 함
    가. 금전을 빌리는 행위
    나. 의무만을 부담하는 행위
    다. 부동산의 처분 또는 담보제공행위
    라. 상속의 단순승인, 포기 및 상속재산의 분할에 관한 협의
    마. 피성년후견인 명의의 △△은행 계좌(000-0000-00000)에서 매월 1일부터 말일까지 사이에 합계 500만 원을 초과하여 인출하는 경우134)

---

134) 피성년후견인 명의의 계좌에 대하여 인출제한을 하기 위해서는, 심리 과정에서 피성년후견인의 금융재산 현황을 파악한 후 성년후견인으로 하여금 입출금통장으로 사용할 하나의 금융계좌를 특정하도록 하여야 하고, 나머지 계좌에서는 그 특정계좌로만 이체가 가능하도록 하여야 한다. 또한 인출금액의 상한을 정하기 위해서는 치료비나 생활비 등 월 평균 지출액의 대강을 파악하여 두는 것이 필요하다.

　　바. 은행, 보험회사, 증권회사 등 일체의 금융기관에서 마항 기재 피성년후견인
　　　　명의의 △△은행 계좌(000-0000-00000)로 금원을 이체하는 경우를 제
　　　　외하고, 금원을 인출하거나 계좌이체(양도, 질권설정 등 포함)하는 경우

Ⅲ. 성년후견인이 피성년후견인의 신상에 관하여 결정할 수 있는 권한의 범위
　아래 사항에 관하여 피성년후견인이 스스로 결정을 할 수 없는 경우 성년후견인
　이 결정권을 가짐
　　1. 의료행위의 동의
　　2. 거주·이전에 관한 결정
　　3. 사회복지서비스 선택 또는 결정
　　4. 기타사항
　　　성년후견인이 피성년후견인을 치료 등의 목적으로 정신병원이나 그 밖의 다
　　　른 장소에 격리하려는 경우에는 가정법원의 허가를 받아야 한다(민법 제947
　　　조의2 제2항).[135)]

(다) 수인의 성년후견인에 대한 권한분장을 정하는 경우

Ⅳ. 권한분장에 관한 사항
　피성년후견인의 행위에 대한 취소권, 재산과 관련한 대리권은 성년후견인 김○○
　이, 피성년후견인의 신상에 관한 결정권한은 성년후견인 황◇◇이 각 행사한다.

(라) 성년후견감독인이 있는 경우

　성년후견감독인이 있는 경우 성년후견인의 일정한 권한 행사에는 성년후견
감독인의 동의가 있어야 하는데(민법 제950조 참조), 이에 대해서 후견목록에 기
재하기도 한다.

　Ⅱ. 성년후견인의 법정대리권의 범위
　법정대리권 제한 있음
　아래 사항은 성년후견인의 대리권 행사에 성년후견감독인의 동의를 필요로 함
　(민법 제950조 제1항)

---

135) 앞서 본 바와 같이 이러한 사항에 대해서는 후견목록에 정함이 없어도 민법 규정에 따라 당연히
　　가정법원의 허가를 받아야 되지만, 성년후견인의 주의를 환기하거나 친족후견인에 대한 안내와
　　교육 목적에서, 또한 거래상대방을 포함한 일반인에게 정보를 제공하는 목적에서 후견목록에
　　기재하기도 한다.

가. 영업에 관한 행위
나. 금전을 빌리는 행위
다. 의무만을 부담하는 행위
리. 부동산 또는 중요한 재산에 관한 권리의 득실변경을 목적으로 하는 행위
마. 상속의 승인, 한정승인 또는 포기 및 상속재산의 분할에 관한 협의

나. 한정후견

(1) 주문과 이유

(가) 주문 기재사항

① 한정후견개시 선언(민법 제12조 제1항)

② 한정후견인 선임(민법 제959조의2, 제959조의3 제1항)

③ 피한정후견인이 한정후견인의 동의를 받아야 하는 행위의 범위 결정(민법 제13조 제1항)

④ 한정후견인에 대한 대리권 수여 및 한정후견인의 대리권의 범위 결정 (민법 제959조의4 제1항, 제2항)

⑤ 한정후견인이 피한정후견인의 신상에 관하여 결정할 수 있는 권한의 범위 결정(민법 제959조의4 제2항, 제938조 제3항)

⑥ 피한정후견인의 재산에 관한 목록 작성 및 제출의무[136]

⑦ 후견사무보고서 작성 및 제출의무(민법 제954조, 제959조의6, 가사소송규칙 제38조의2)

⑧ 한정후견감독인 선임(민법 제959조의5)

⑨ 후견감독사무보고서 작성 및 제출의무

(나) 작성례

1) 주문 기본형

1. 사건본인에 대하여 한정후견을 개시한다.
2. 사건본인의 한정후견인으로 청구인을 선임한다.
3. 사건본인이 한정후견인의 동의를 받아야 하는 행위의 범위, 한정후견인의 대리권의 범위 및 한정후견인이 사건본인의 신상에 관하여 결정할 수 있는 권한의

---

[136] 한정후견의 경우에는 재산조사나 재산목록에 관한 의무를 정한 민법 제941조를 준용하고 있지는 않지만, 실무에서는 민법 제959조의6, 제954조, 가사소송규칙 제38조의2를 근거로 모든 한정후견개시심판에서 재산목록 작성 및 제출이 명하여지고 있다.

범위는 각 별지 기재와 같다.

4. 한정후견인은 이 심판 확정일로부터 2개월 이내에 사건본인의 재산목록 재산목록[기준일: 이 심판 확정일, 안심상속(후견인) 원스톱 서비스 조회 또는 상속인 (후견인) 금융거래조회서비스 조회 결과를 첨부할 것]을 작성하여 이 법원에 제출하여야 한다.

5. 한정후견인은 이 심판 확정일로부터 1년이 경과한 날을 시작으로 매년 후견사무 보고서(기준일: 매년 이 심판 확정일과 같은 월, 일)를 작성하여 이 법원에 제출하여야 한다.

2) 나머지 기재례

재산목록과 후견사무보고서의 제출일과 기준일을 특정일로 기재하는 경우, 후견사무보고서 제출의무를 강화하거나 완화하는 경우, 수인의 한정후견인이 선임되는 경우, 한정후견감독인이 선임되는 경우, 한정후견인에게 후견인 교육 이수 의무를 부과하는 경우, 한정후견인의 보수에 관하여 규정을 두는 경우, 한정후견심판의 이유 등의 각 기재례는 성년후견심판의 해당 부분과 같다.

(2) 별지 후견목록[137)

Ⅰ. 피한정후견인이 한정후견인의 동의를 받아야 하는 행위의 범위
피한정후견인이 아래 사항에 관한 행위를 함에 있어서는 한정후견인의 동의를 받아야 함. 다만 법원의 허가사항으로 정한 사항에 관하여는 한정후견인이 동의권을 행사함에 있어 사전에 법원의 허가를 받아야 함

1. 재산관리

가. 부동산의 관리·보존·처분

처분

구입

임대차계약의 체결·변경·종료

보증금의 수령 및 반환

전세권, 담보권 설정계약의 체결·변경

부동산의 신축·증축·수선에 관한 계약의 체결·종료

나. 예금 등의 관리

---

137) 피한정후견인의 일정한 행위에 동의권 유보를 하고, 한정후견인의 권한에 제한을 두며, 수인의 한정후견인을 선임하는 경우이다.

　　　　예금 계좌의 개설·변경·해약·입금·이체·인출
　　　　증권 계좌의 개설·변경·해약·입금·이체·인출
　다. 보험에 관한 사항
　　　　보험계약의 체결·변경·종료
　　　　보험금의 수령
　라. 정기적 수입 및 지출에 관한 관리
　　　　정기적 수입(임료, 연금, 사회보장급여 등)의 수령과 이에 관한 제반절차
　　　　정기적 지출(임료, 요금, 보험료, 대출원리금 등)과 이에 관한 제반절차
　　　　기존 채무의 변제 및 이에 관한 제반절차
　마. 상속의 승인, 한정승인 또는 포기 및 상속재산의 분할에 관한 협의
　바. 물품의 구입·판매, 서비스 이용계약의 체결·변경·종료
　사. 유체동산, 증서 및 중요문서 등의 보관 및 관리
　아. 근로계약에 관한 사항
　　　　근로계약의 체결·변경·종료
　　　　임금의 수령
　자. 금전, 유체동산 등의 차용·대여·증여
　차. 보증행위
2. 신상보호
　가. 개호 및 복지서비스의 이용
　　　　개호서비스 이용계약의 체결·변경·종료 및 비용의 지급
　　　　복지시설·요양시설 입소계약의 체결·변경·종료 및 비용의 지급
　나. 의료계약의 체결·변경·종료 및 비용의 지급
3. 기타
　가. 소송행위 등
　　　　위에서 정한 각 행위와 관련한 분쟁의 처리
　　　　소송행위 및 변호사 등에 대한 소송위임
　나. 취소권 행사 후 원상회복과 관련한 사항
4. 법원의 허가사항
　아래의 각 사항은 한정후견인의 동의권 행사에 법원의 허가를 필요로 함
　　　금전을 빌리는 행위
　　　의무만을 부담하는 행위
　　　부동산의 처분 또는 담보제공행위
　　　상속의 단순승인, 포기 및 상속재산의 분할에 관한 협의
　　　소송행위 및 이를 위한 변호사 선임행위

Ⅱ. 한정후견인의 대리권의 범위

한정후견인은 아래 사항에 관하여 대리권을 가짐. 다만 법원의 허가사항으로 정한 사항에 관하여는 한정후견인이 대리행위를 함에 있어 사전에 법원의 허가를 받아야 함

1. 재산관리

가. 부동산의 관리·보존·처분

　　처분

　　구입

　　임대차계약의 체결·변경·종료

　　보증금의 수령 및 반환

　　전세권, 담보권 설정계약의 체결·변경

　　부동산의 신축·증축·수선에 관한 계약의 체결·종료

나. 예금 등의 관리

　　예금 계좌의 개설·변경·해약·입금·이체·인출

　　증권 계좌의 개설·변경·해약·입금·이체·인출

다. 보험에 관한 사항

　　보험계약의 체결·변경·종료

라. 정기적 수입 및 지출에 관한 관리

　　정기적 수입(임료, 연금, 사회보장급여 등)의 수령과 이에 관한 제반절차

　　정기적 지출(임료, 요금, 보험료, 대출원리금 등)과 이에 관한 제반절차

　　기존 채무의 변제 및 이에 관한 제반절차

마. 상속의 승인, 한정승인 또는 포기 및 상속재산의 분할에 관한 협의

바. 물품의 구입·판매, 서비스 이용계약(휴대폰·신용카드 개설 등)의 체결·변경·종료

사. 유체동산, 증서 중요문서 등의 보관 및 관리

아. 공법상의 행위(세무신고 등)

자. 안심상속(후견인) 원스톱 서비스[상속인(후견인) 금융거래조회서비스 포함]를 통한 재산내역 등 정보 확인

2. 신상보호

가. 개호 및 복지서비스의 이용

　　개호서비스 이용계약의 체결·변경·종료 및 비용의 지급

　　복지시설·요양시설 입소계약의 체결·변경·종료 및 비용의 지급

나. 의료계약의 체결·변경·해제 및 비용의 지급

다. 공법상의 행위(주민등록, 공적의료보험, 국민기초생활수급의 신청 및 갱신 등)

3. 기타

가. 소송행위 등

위에서 정한 각 행위와 관련한 분쟁의 처리

소송행위 및 변호사 등에 대한 소송위임

나. 취소권 행사 후 원상회복과 관련한 사항

4. 법원의 허가사항

금전을 빌리는 행위

의무만을 부담하는 행위

부동산의 처분 또는 담보제공행위

상속의 단순승인, 포기 및 상속재산의 분할에 관한 협의

소송행위 및 이를 위한 변호사 선임행위

피한정후견인 명의의 △△은행 계좌(000-0000-00000)에서 매월 1일부터
말일까지 사이에 합계 300만 원을 초과하여 인출하는 경우

은행, 보험회사, 증권회사 등 일체의 금융기관에서 피한정후견인 명의의 △
△은행 계좌(000-0000-00000)로 금원을 이체하는 경우를 제외하고, 금원
을 인출하거나 계좌이체(양도, 질권설정 등 포함)하는 경우

Ⅲ. 한정후견인이 피한정후견인의 신상에 관하여 결정할 수 있는 권한의 범위

아래 사항에 관하여 피한정후견인이 스스로 결정을 할 수 없는 경우 한정후견인
이 결정권을 가짐

1. 의료행위의 동의

2. 거주·이전에 관한 결정

3. 사회복지서비스 선택 또는 결정

4. 기타사항

한정후견인이 피한정후견인을 치료 등의 목적으로 정신병원이나 그 밖
의 다른 장소에 격리하려는 경우에는 가정법원의 허가를 받아야 한다
(민법 제959조의6, 제947조의2 제2항).

Ⅳ. 권한분장에 관한 사항

피한정후견인의 법률행위에 대한 동의권 및 취소권, 재산과 관련한 대리권은 한
정후견인 문○○이, 피한정후견인의 신상에 관한 결정권한은 한정후견인 윤◇◇
이 각 행사한다.

다. 특정후견

(1) 주문

(가) 특정후견심판 주문 기재사항

① 특정후견 선언(민법 제14조의2 제1항)

② 특정후견인 선임(민법 제959조의9 제1항)

③ 특정후견의 기간, 특정후견 사무의 범위, 특정후견인의 대리권의 범위 결정(민법 제14조의2 제3항, 제959조의11 제1항, 제2항)

④ 특정후견감독인 선임(민법 제959조의10 제1항)

⑤ 특정후견사무부고서, 특정후견감독사무보고서의 작성과 제출의무

(나) 작성례[138]

1. 사건본인에 대하여 특정후견을 한다.
2. 사건본인의 특정후견인으로 사회복지사 백○○(주민등록번호: , 주소:)을 선임한다.
3. 특정후견에 관한 사항은 별지 기재와 같다.
4. 사건본인의 특정후견감독인으로 서울특별시 ◇◇구를 선임한다.
5. 특정후견인은 2019. 12. 31.을 시작으로 2021. 12. 31.까지[139] 매년 12. 31. 후견사무보고서[사건본인의 신상보호사무에 관하여 사진 10매 이상을 첨부할 것]를 작성하여 특정후견감독인에게 제출하여야 한다.
6. 특정후견감독인은 매년 특정후견인으로부터 후견사무보고서를 제출받은 때로부터 1개월 내에 후견감독사무보고서를 작성하여 위 후견사무보고서와 함께 이 법원에 제출하여야 한다.

(2) 별지 후견목록(특정후견에 관한 사항)

1. 특정후견의 기간
   3년[140]

2. 특정후견 사무
   의료서비스 이용 사무 후원

---

138) 대부분 특정후견감독인을 선임하고 있으므로, 이를 기본형으로 제시하였다.

139) 보통 특정후견감독보고서의 제출일은 특정후견심판확정일로부터 1년이 지난 날이 속한 달의 말일부터 특정후견기간이 만료하는 달의 말일까지로 정하고, 특정후견인의 특정후견사무보고서 제출일은 그보다 1개월 전에 특정후견감독인에게 제출되도록 정한다.

140) "2019. 7. 1.부터 2022. 6. 30.까지"와 같이 특정일을 적시한 기간을 기재하기도 한다.

사회복지급여 및 사회복지서비스 신청 및 이용 사무 후원

공법상의 신청행위에 관한 사무 후원

각종 교육 및 여가활동 이용에 관한 사무 후원

복지시설이용계약, 주택임대차계약 등 주거 마련과 관련된 사무 후원

금전 관리 등 일상생활에 관한 사무 후원

3. 특정후견인의 대리권의 범위[141]

은행업무[예금계좌의 개설 및 관리, 처분(해지 포함), 계좌이체, 인출, 입금, 변경, 해약, 현금·체크카드발급 및 정지와 해지, 적금 가입, 각종 변경업무, 적금 수령, 예금 관련 개인정보 조회 등에 대한 대리권 등)에 관한 일체의 대리권

금전관리(통장 관리, 현금·체크카드 발급 및 해지, 금융정보조회 등)에 관한 대리권

일상생활용품 및 서비스 구매에 관한 대리권

권리피해가 발생하였을 때 형사절차 진행(고소, 증거수집, 형사기록 열람·등사 신청, 형사합의, 변호사 수임계약의 체결·해지 등)에 관한 대리권 및 민사적 구제절차 진행(보전처분신청, 소제기·취하, 상소, 변호사 수임계약의 체결·해지, 재판상·재판외 화해 등)에 관한 대리권

의료서비스에 대한 동의, 종료결정, 신청 및 이용(체결·변경·종료·비용지급·개인 정보신청 등)에 관한 대리권

사회복지급여 및 사회복지서비스 이용(신청·수령·변경·해지)에 관한 대리권

각종 교육 및 여가활동 이용(신청·변경·해지 등)에 관한 대리권

공법상의 신청행위(주민등록등·초본 발급, 가족관계등록부상의 각종 서류 발급, 인감등록, 인감증명 관련 서류 발급, 개인정보조회의 신청 등)의 대리권

5. 심판의 고지와 통지

가. 심판의 고지

후견심판은 당사자와 절차에 참가한 이해관계인은 물론(가사소송규칙 제25조), 후견인(그 심판 및 법률에 의하여 임무가 개시되거나 종료될 자를 포함한다)과 후견감독인(그 심판 및 법률에 의하여 임무가 개시되거나 종료될 자를

---

141) 간혹 특정후견심판 청구를 하면서 신상에 대한 결정대행 사무나 대리권을 수여해 줄 것을 청구하는 경우가 있는데, 후술하는 바와 같이 특정후견인은 신상에 대한 결정대행권한을 행사할 수 없으므로 신상에 대한 대행권한을 부여하지 않아야 한다는 견해가 있고 가정법원의 일부 실무례도 이에 따르고 있다.

포함한다)에게 고지되어야 한다(가사소송규칙 제35조 제1항).

고지 대상으로서 "절차에 참가한 이해관계인"은 참가명령이나 참가허가결정에 의하여 참가인이 된 이해관계인(가사소송법 제37조, 가사소송규칙 제21조, 제22조)이라고 보아야 하지만, 실무에서는 항고권을 보장하기 위하여 심문기일에 출석한 친족 등 이해관계인 또는 후견심판에 대하여 의견을 제시하였거나 가사조사 대상이 된 이해관계인이 가사소송규칙 제36조 제1항이 정한 항고권자에 해당하는 경우에는 그들에게도 심판문을 송달해 주고 있다.

나. 심판의 통지

후견심판은 지체 없이 사건본인에게 통지되어야 한다(가사소송규칙 제35조 제2항). 사건본인을 심판 고지의 대상으로 하지 않고 통지의 대상으로 한 것은, 사건본인이 의사능력이 없는 경우 고지가 불가능하게 되어 심판 확정 및 후견개시가 지연되는 것을 방지하기 위함이다.[142]

6. 즉시항고

가. 항고권자

후견개시심판에 대하여는 각 개시심판의 청구권자가 즉시항고할 수 있다(가사소송규칙 제36조 제1항, 민법 제9조 제1항, 제12조 제1항, 제14조의2 제1항). 그리고 후견계약이 등기되어 있는 피임의후견인에 대하여 성년후견개시, 한정후견개시, 특정후견의 심판이 이루어진 경우에는 그 임의후견인, 임의후견감독인도 즉시항고를 할 수 있다(가사소송규칙 제36조 제1항, 민법 제959조의20 제1항). 한편 후견개시청구나 후견감독인선임 청구를 기각한 심판에 대하여는 청구인이 즉시항고할 수 있다(가사소송규칙 제27조).

나. 후견인 선임심판 등에 대한 독립 불복 가부

후견개시심판과 동시에 후견인 또는 후견감독인 선임심판이 있는 경우, 선임심판에 대해서만 독립하여 불복하는 것은 허용되지 않는다. 마찬가지로, 후견

---

142) 따라서 법원사무관 등은 기록상 나타난 사건본인의 주소지나 거소로 심판문을 송달하는 등의 방법으로 반드시 사건본인에게 통지하여야 하지만, 그 송달 여부와는 무관하게 고지 대상자에 대한 즉시항고기간이 만료되면 심판의 확정 입력을 하고 등기를 촉탁하는 등 후속절차를 진행함으로써 후견개시가 지체되지 않도록 주의하여야 한다.

인의 권한범위를 정한 심판(민법 제938조 제2항, 제3항, 제959조의4, 제959조의11)에 대해서만 독립하여 불복하는 것 또한 허용되지 않는다.[143] 일단 후견이 개시되면 후견사무에 공백이 발생하여서는 안 되기 때문에 후견인 등의 선임에 대한 불복은 변경심판에 의해서만 할 수 있도록 한 것이다. 다만 후견개시심판에 대하여 즉시항고를 하였다면 그와 함께 이루어진 후견인 또는 후견감독인 선임, 후견의 범위에 관한 심판 등이 모두 항고심의 판단범위에 포함된다.[144]

다. 항고기간

즉시항고는 항고를 할 수 있는 사람이 심판을 고지받는 경우에는 그 고지를 받은 날부터, 심판을 고지받지 아니하는 경우에는 청구인(청구인이 수인일 때에는 최후로 심판을 고지받은 청구인)이 심판을 고지받은 날부터 14일 이내에 하여야 한다(가사소송법 제43조 제5항, 가사소송규칙 제31조).

7. 후견등기

가. 법률의 규정

후견개시심판이 확정되면 가정법원은 가사소송규칙 제5조의2 제1항에 따라 지체 없이 후견등기사무를 처리하는 사람에게 후견등기부에 등기할 것을 촉탁하여야 한다(가사소송법 제9조). 그 등기절차와 후견등기부 기록사항, 등기사항증명서 등에 대해서는 후견등기에 관한 법률과 후견등기에 관한 규칙이 정하고 있다.[145]

---

143) 이 부분에 대한 불복을 위하여 후견개시나 후견인선임을 비롯한 심판 전부에 대하여 불복하게 하는 것이 오히려 더 후견사무의 공백을 초래하고 피후견인의 보호에 적합하지 않다는 이유 등으로 그 부분만의 불복을 허용하여야 한다고 하는 견해[김형석, "피후견인의 신상결정과 그 대행", 가족법연구 제28권 제2호(2014), 251-252면]도 있으나, 가사비송심판에 대해서는 대법원 규칙으로 따로 정하는 경우에 한하여 즉시항고를 할 수 있는데(가사소송법 제43조 제1항), 즉시항고를 할 수 있는 심판을 규정한 가사소송규칙 제36조에 그에 관한 규정이 없고, 항고권이 남용될 경우 피후견인의 보호에 공백이 생길 우려가 있을 뿐 아니라, 이 부분 심판은 가정법원이 후견적 지위에서 직권으로 하는 심판이므로 허용될 수 없다고 봄이 타당하다.

144) 성년후견제도 해설(주22), 22면.

145) 미성년후견은 가족관계의 등록 등에 관한 법률에 따라 가족관계등록부에 기재되고 공시된다는 점이 다르다.

나. 후견등기부기록 촉탁 대상 심판

가사소송규칙 제5조의2 제1항은 각 후견개시심판은 물론, 후견인과 후견감독인의 선임과 변경 심판, 후견인과 후견감독인의 사임에 대한 허가 심판, 피후견인의 법률행위에 대한 취소 또는 후견인의 동의를 받도록 한 범위의 결정과 변경 심판(성년후견과 한정후견에 한함), 피특정후견인의 후원을 위하여 필요한 처분명령의 심판, 후견인의 대리권 수여 또는 범위의 결정과 변경 심판, 후견인이 피후견인의 신상에 관하여 결정할 수 있는 권한의 범위 결정 또는 그 변경 심판(성년후견과 한정후견에 한함), 여러 명의 후견인과 후견감독인의 권한 행사에 관한 결정과 그 변경 또는 취소 심판 등에 대해서 후견등기부기록을 촉탁하도록 정하고 있다.

다. 후견등기사항

후견등기부에는 사건본인에 대한 사항[146]과 후견사항이 기재되는데, 후견사항으로는 후견개시 및 종료에 관한 사항, 후견인에 관한 사항, 후견감독인에 관한 사항이 기재된다.[147] 따라서 후견인은 심판이 확정되고 후견등기부 등재가 완료되면, 위 후견등기부를 발급받아 지참하고 다니면서 후견사무를 수행하면 된다.

---

146) 후견등기를 위해서는 사건본인과 후견인의 주민등록번호(외국인의 경우 이에 갈음하여 국적 및 외국인등록번호)를 기록하여야 하는데(후견등기에 관한 법률 제25조 제1항 제2호, 제3호 참조), 외국인등록번호가 없는 외국인은 물론 오랫동안 일본에 거주하여 주민등록번호가 없는 재일동포(국적은 대한민국)에 대한 등기촉탁이 각하되는 경우가 있다. 부동산등기법 제49조 제1항 제2호와 법인 및 재외국민의 부동산등기용등록번호 부여에 관한 규칙이 정하는 재외국민부동산등기용등록번호, 재외동포의 출입국과 법적 지위에 관한 법률이 정하는 국내거소신고번호, 재외공관에서 등록하는 재외국민번호, 여권번호 등 주민등록번호를 대체하여 사건본인이나 후견인을 특정할 수 있는 번호를 폭넓게 기재할 수 있도록 법령의 정비가 필요하다.

147) 후견등기부에 등기할 후견사항 중 후견인의 취소권과 대리권의 범위 등 권한에 관하여 정한 사항은 앞서 본 바와 같이 가정법원의 심판문 작성 과정에서 후견목록에 관한 이미지 파일로 저장되고, 위 이미지 파일이 그대로 기입된다. 따라서 후견담당 법관은 후견인 변경이나 대리권 변경 등의 심판을 할 경우는 물론 그 밖의 심판에서도 피후견인의 능력이나 후견인의 권한이 변경되는 경우 반드시 별도의 후견목록을 작성하여야 한다.

후견 등기사항증명서(말소 및 폐쇄사항 포함)

등기고유번호 000230 - 2018 - ******

【사건본인】		
(사건본인에 관한 사항)		
사항번호	구 분	내 용
1	후견등기기록작성	[성명] 정○○ [성별] 여 [출생연월일] 1936년 1월 1일 [주민등록번호] 360101 - 2******* [등록기준지] 서울특별시 도봉구 덕릉로0길, 111호 (창동) [등기] ◇◇가정법원 2018년 10월 20일 접수 제000호

등기일련번호 000230 - 2018 - ****** - 001

【성년후견사항】		
(후견개시 및 종료에 관한 사항)		
사항번호	등기목적	내 용
1	성년후견개시	[심판법원] ◇◇가정법원 [사건의표시] 2018느단0000 성년후견 개시 [재판확정일] 2018년 10월 18일 [등기] ◇◇가정법원 2018년 10월 20일 접수 제000호
(후견인에 관한 사항)		
사항번호	등기목적	내 용
1	성년후견인선임	[성명] 노□□ [주민등록번호] 510000 - 1000000 [주소] 서울특별시 노원구 월계로 000, 지층 1호 (월계동) [대리권등목록] 2018성년0000 [등기] ◇◇가정법원 2018년 10월 20일 접수 제000호

대리권등목록 2018성년0000

Ⅰ. 취소할 수 없는 피성년후견인의 법률행위의 범위
  취소권 제한 없음

Ⅱ. 성년후견인의 법정대리권의 범위
  법정대리권 제한 있음
    아래 사항은 성년후견인의 대리권 행사에 법원의 허가를 필요로 함
    1. 금전을 빌리는 행위
    2. 의무만을 부담하는 행위
    3. 부동산의 처분 또는 담보제공행위
    4. 상속의 단순승인, 포기 및 상속재산의 분할에 관한 협의
    5. 소송행위 및 이를 위한 변호사 선임행위

Ⅲ. 성년후견인이 피성년후견인의 신상에 관하여 결정할 수 있는 권한의 범위
  아래 사항에 관하여 피성년후견인이 스스로 결정을 할 수 없는 경우 성년후견인
  이 결정권을 가짐
    1. 의료행위의 동의
    2. 거주·이전에 관한 결정
    3. 면접교섭에 관한 결정
    4. 우편·통신에 관한 결정
    5. 사회복지서비스 선택 또는 결정

8. 후견개시심판의 효과

가. 피후견인의 능력

(1) 재산에 관한 행위능력

(가) 성년후견의 경우

피성년후견인은 후견개시심판에 의하여 행위능력에 제한을 받게 된다.[148]
즉 성년후견이 개시되면 피성년후견인은 원칙적으로 혼자서는 유효한 법률행위

---

148) 다만 이러한 행위능력의 제한은 성년후견제도의 기본이념인 필요성과 보충성의 원칙에 따라 필요최소한의 범위 내에서 이루어져야 한다. 동의권 유보사항과 후견인의 대리권의 범위에 대하여 개별적으로 정할 수 있는 한정후견과 달리, 피성년후견인의 행위에 대한 원칙적인 취소권과 성년후견인의 포괄적인 법정대리권이 인정되는 성년후견에 있어서는 그 여지가 많지는 않다. 성년후견의 경우에도 후술하는 바와 같이 가정법원은 취소할 수 없는 행위의 범위를 정함으로써 피후견인의 자기결정권 보장이 가능하지만, 실무에서 성년후견인의 취소권의 범위에 제한을 두는 경우는 거의 없다. 이는 피성년후견인의 능력을 제한하려고 하기 보다는 취소를 통하여 피성년후견인을 실질적으로 보호하기 위한 목적으로 이해되고 있다.

를 할 수 없고, 법정대리인인 성년후견인의 대리행위를 통하여 법률행위를 할 수 있을 뿐이다. 성년후견인은 피성년후견인이 행한 법률행위를 취소할 수 있는 것이 원칙이지만(민법 제10조 제1항),[149] 가정법원은 성년후견인이 취소할 수 없는 법률행위의 범위를 정할 수 있다(민법 제10조 제2항).

(나) 한정후견의 경우

피한정후견인은 후견개시심판이 있더라도 원칙적으로 행위능력을 제한받지 않는다. 한정후견인 혼자서 모든 재산상의 유효한 행위를 할 수 있으므로, 한정후견인이 이에 대하여 동의하거나 취소할 여지도 없다.

다만 가정법원은 피한정후견인이 한정후견인의 동의를 받아야 하는 행위의 범위를 정할 수 있고(민법 제13조 제1항), 그러한 행위에 동의가 없는 경우 한정후견인이 취소할 수 있다. 그 범위 내에서만 한정후견인의 행위능력은 제한된다.

(다) 특정후견의 경우

특정후견의 효과는 피특정후견인의 후원을 위한 처분의 내용에 의하여 정하여지지만(민법 제959조의8), 특정후견인이 선임되더라도 피특정후견인의 행위능력에는 아무런 영향이 없다. 이와 같은 특정후견의 특성 때문에 민법은 특정후견을 통한 법적 지원에 "후원"이라는 표현을 사용하고 있을 뿐 아니라(민법 제14조의2 제1항, 제959조의8 참조), 피특정후견인은 민법 제15조 이하에서 정하는 제한능력자에도 해당되지 않는다.[150]

특정후견인에게 후원을 위한 대리권이 수여되었다고 할지라도, 그와는 상관없이 피특정후견인은 독자적으로 완전히 유효한 법률행위를 할 수 있고, 나아가 특정후견인의 대리행위의 내용과 다른 법률행위도 할 수 있다. 이 경우 두 개의 법률행위는 모두 유효하고, 다만 피특정후견인과 특정후견인, 거래 상대방 사이의 법률관계는 일반적인 임의대리에서 본인과 대리인의 법률행위가 중첩되는 경우와 동일한 법리, 예컨대 민법 제186조에 따른 성립요건주의, 채권의 상대적 효력 등에 따라 해결된다.[151]

---

149) 그러나 일용품의 구입 등 일상생활에 필요하고 그 대가가 과도하지 아니한 법률행위에 대하여는 취소할 수 없으므로(민법 제10조 제4항), 이 범위 내에서 성년후견인은 행위능력을 가진다. 피한정후견인의 행위에 한정후견인의 동의권이 유보된 사항 중에서도 위 범위 내에서의 행위에 대하여는 취소할 수 없는 것은 성년후견의 경우와 같다(민법 제13조 제4항 단서).

150) 성년후견제도 해설(주22), 127면.

151) 윤진수·현소혜(주33), 51면; 김형석, "민법 개정안에 따른 성년후견법제", 가족법연구 제24권 제2호(2010), 122면 참조.

(2) 피후견인의 신상에 관한 결정능력과 신분행위능력

(가) 성년후견의 경우

피성년후견인은 자신의 신상에 관하여 그의 상태가 허락하는 범위 내에서 단독으로 결정할 수 있고(민법 제947조의2 제1항), 성년후견인은 가정법원으로부터 범위를 정하여 결정권을 부여받은 범위(민법 제938조 제3항) 내에서 신상결정대행권을 가질 뿐이다.

한편, 유언(민법 제1063조)이나 약혼(민법 제802조), 혼인(민법 제808조 제2항), 협의상 이혼(민법 제835조) 등 일부 가족법상의 행위는 일정한 요건 하에 단독으로 또는 성년후견인의 동의를 얻어 독자적으로 할 수 있다.

(나) 한정후견의 경우

피한정후견인도 원칙적으로 자신의 신상에 관하여는 단독으로 결정할 수 있으나, 성년후견의 경우와 같이 가정법원은 범위를 정하여 한정후견인에게 피한정후견인의 신상결정대행권을 부여할 수 있다(민법 제959조의4 제2항, 제938조 제3항). 그러나 성년후견의 경우와 달리, 피한정후견인의 신분행위는 한정후견인의 동의 없이 할 수 있다.

이와 관련하여 피한정후견인의 친족 등이 피한정후견인의 혼인, 입양이나 이혼과 같은 신분행위에 한정후견인의 동의를 받아야 하는 것으로 심판에 정하여 줄 것을 청구하는 경우가 종종 있다. 사건본인의 진정한 의사가 결여된 채 간병인이나 가정부, 혹은 전혀 알지 못하는 사람에 의하여 이루어지는 혼인신고나 추정 상속재산의 일탈을 초래할 이혼이나 입양을 막으려고 하는 것이다. 그러나 피한정후견인의 신분행위에 대해서 한정후견인의 동의권을 유보하는 것은 피한정후견인의 자기결정권을 침해하는 것이어서 허용되지 않는다고 할 것이다. 결국 피한정후견인의 신분행위에 대한 다툼은 혼인무효소송, 입양무효소송과 같은 방법으로 해결할 수밖에 없다.

(다) 특정후견의 경우

피특정후견인은 자신의 신상에 관하여 단독으로 결정한다. 특정후견인은 피특정후견인의 신상에 대한 결정대행권을 행사할 수 없다. 피특정후견인의 신분행위에 특정후견인의 동의가 필요하지 않음은 당연하다.

(3) 피후견인의 소송능력

(가) 성년후견의 경우

피성년후견인은 단독으로 유효한 법률행위를 할 수 없는 것이 원칙이므로, 소송행위 역시 법정대리인에 의해서만 할 수 있는 것이 원칙이다(민사소송법 제55조 제1항).

그런데 예외적으로 피성년후견인의 행위 중에서 가정법원이 취소할 수 없는 법률행위로 정한 경우(민법 제10조 제2항)나 일용품의 구입 등 일상생활에 필요하고 그 대가가 과도하지 아니한 법률행위(민법 제10조 제4항)에 대하여 피성년후견인이 소송능력을 가지는지 여부가 문제된다. 민사소송법(2016. 2. 3. 법률 제13952호, 2017. 2. 4. 시행) 개정으로 민법 제10조 제2항의 경우에는 피성년후견인이 단독으로 소송행위를 할 수 있게 되었다. 이 경우 성년후견인의 소송행위 대리권이 배제되지는 않는다.[152] 민법 제10조 제4항의 경우에는 견해의 대립이 있으나,[153] 민사소송법의 개정이 이를 배제하는 입법적 결단이 있었던 것으로 보이고, 제10조 제2항과 달리 이를 후견등기부 등을 통하여 획일적으로 공시할 수도 없으므로, 피성년후견인 단독으로 소송행위를 할 수 없다고 보아야 한다.[154]

---

152) 다만 가정법원의 심판에 의하여 소송행위에 대한 대리권 행사가 법원의 허가사항으로 되어 있는 경우에는 법원의 허가가, 성년후견감독인이 있는 경우 성년후견감독인의 동의(민법 제950조 제1항 제5호)가 필요하다. 이는 한정후견의 경우도 같다.

153) 개정 민사소송법에 포함되지 않은 민법 제10조 제4항의 경우는 물론 민법 제10조 제2항의 취소할 수 없는 법률행위에 대해서도, 법률행위와 소송행위는 본질적으로 다르고 소송행위의 결과까지 고려하면 피성년후견인의 보호에 미흡할 우려가 있으므로, 피성년후견인이 여전히 소송능력을 가지지 않는다는 견해[정선주, "행위능력제도의 변화에 따른 소송능력의 재검토", 민사소송 제18권 제1호(2015), 64면; 김홍엽, 민사소송법(제6판), 박영사(2016), 173면; 정동윤·유병현, 민사소송법(제4판), 법문사(2014), 189면], 해석론으로는 위와 같이 일률적으로 소송능력을 가지지 못하는 것으로 보아야 하지만, 입법론으로는 민법 제10조 제4항의 경우는 소송능력을 부여할 수 없고 민법 제10조 제2항의 경우는 소송능력을 부여할 수 있다는 견해[김도훈, "성년후견제도 도입에 따른 민사소송법상 소송능력에 관한 소고", 법학연구 제22권 제1호(2014), 122-124면], 민법 제10조 제2항은 물론 제4항의 경우에도 민법과 민사소송법의 입법취지 등에 비추어 피성년후견인이 소송능력을 가진다고 보아야 한다는 견해[김형석, "피성년후견인과 피한정후견인의 소송능력", 가족법연구 제27권 제1호(2013), 63-66면] 등이 있다.

154) 한편 가족관계에 관한 가사소송사건과 신분관계에 관한 가사비송사건에서는 당사자의 진의가 특히 중요하므로 제1심에 한하여 소송능력 및 비송능력을 확대하여 가사사건에서의 절차주도권을 인정하자는 견해가 있고, 법무부가 2018년 제출한 가사소송법 전부개정안에도 같은 취지의 규정이 있다.
　제28조(소송능력) ① 의사능력 있는 사람은 가족관계 가사소송사건의 원고로서 소를 제기하고 그에 따른 제1심 소송행위(반소에 대한 응소를 포함한다)와 항소 또는 항고를 할 수 있다. 다만, 의사능력의 회복이 일시적인 때에는 그렇지 않다. ② 미성년자, 피성년후견인 또는 피한정후견인이 소송행위를 할 수 있는 사건과 법정대리인에 의하여서만 소송행위를 할 수 있는 사

(나) 한정후견의 경우

피한정후견인은 한정후견이 개시되더라도 한정후견인 혼자서 유효한 행위를 할 수 있으므로, 원칙적으로 소송능력이 있다. 다만 피한정후견인은 한정후견인의 동의가 필요한 행위에 관하여는 대리권 있는 한정후견인에 의해서만 소송행위를 할 수 있다(민사소송법 제55조 제2항).[155] 한편 피한정후견인의 소송행위 자체도 동의권 유보사항이 될 수 있고, 가정법원이 소송행위에 관하여 한정후견인의 동의를 받을 것으로 정하는 경우, 피한정후견인은 한정후견인의 동의가 없는 한 소송능력이 없다고 보아야 한다.[156]

(다) 특정후견의 경우

피특정후견인은 특정후견심판이 있어도 소송능력에 아무런 영향이 없다. 특정후견인에게 소송사무 후원을 위한 대리권이 부여되었다고 하더라도 마찬가지이다.

(라) 특별대리인

피한정후견인 또는 피성년후견인이 당사자인 경우, 그 친족, 이해관계인(피한정후견인 또는 피성년후견인을 상대로 소송행위를 하려는 사람을 포함한다), 대리권 없는 성년후견인 또는 한정후견인, 지방자치단체의 장 또는 검사는 ① 법정대리인이 없거나 법정대리인에게 소송에 관한 대리권이 없는 경우, ② 법정대리인이 사실상 또는 법률상 장애로 대리권을 행사할 수 없는 경우, ③ 법정대리인의 불성실하거나 미숙한 대리권 행사로 소송절차의 진행이 현저하게 방해받는 경우에는 소송절차가 지연됨으로써 손해를 볼 염려가 있다는 것을 소명

건이 병합된 경우에는, 그 미성년자, 피성년후견인 또는 피한정후견인은 법정대리인에 의하여서만 소송행위를 할 수 있다. ③ 제1항 본문의 경우에도 법정대리인은 가정법원의 허가를 받아 미성년자, 피성년후견인 또는 피한정후견인을 대리하여 소송행위를 할 수 있다. 법정대리인이 소송행위의 대리를 시작한 때부터 미성년자, 피성년후견인 또는 피한정후견인(한정후견인의 동의가 필요한 행위만 해당한다)은 소송능력이 없는 것으로 본다. ④ 당사자능력, 소송능력, 소송무능력자의 법정대리와 소송행위에 필요한 권한의 수여는 이 법에 특별한 규정이 없으면 「민법」, 「민사소송법」, 그 밖의 법률에 따른다.

155) 이에 대해서는, 동의권 유보사항에 대해서 동의를 받지 못한 경우에 한하여 대리권을 수여받은 한정후견인에 의해서 소송행위를 할 수 있다는 의미이고, 동의를 받은 경우에는 피한정후견인이 소송능력을 회복하여 유효하게 소송행위를 할 수 있다는 견해[김형석(주153), 72면]와 소송절차의 명확성 및 안정과 독일 입법례 등을 이유로 동의권 유보사항에 대해서는 한정후견인의 동의 유무와 무관하게 소송능력이 없다는 견해[정선주(주153), 71-72면; 김도훈(주153), 127-128면; 정동윤·유병현(주153), 189면]가 있다.

156) 김형석(주153), 70-72면.

하여 수소법원에 특별대리인을 선임하여 주도록 신청할 수 있다(민사소송법 제62
조 제1항). 이 경우 수소법원이 선임한 특별대리인은 대리권 있는 후견인과 같은
권한이 있고, 특별대리인의 대리권의 범위에서 법정대리인의 권한은 정지된다
(같은 소 제3항).

(4) 대리권 소멸, 책임 제한과 소멸시효 등
(가) 대리권의 소멸 등

대리인에 대하여 성년후견이 개시되면 대리권이 소멸되고(민법 제127조 제2
호), 위임계약에서 수임인이 성년후견개시의 심판을 받은 경우 위임은 종료되며
(민법 제690조), 조합원에 대하여 성년후견이 개시되면 그 조합원은 조합에서 탈
퇴된다(민법 제717조).

(나) 책임 제한과 소멸시효

무권대리인이 제한능력자인 경우에는 책임이 면제된다(민법 제135조 제2항).
법률행위가 취소되면 처음부터 무효인 것으로 보지만, 제한능력자는 그 행위로
인하여 받은 이익이 현존하는 한도에서 상환할 책임이 있다(민법 제141조).

소멸시효의 기간만료 전 6개월 내에 제한능력자에게 법정대리인이 없는 경
우에는 그가 능력자가 되거나 법정대리인이 취임한 때부터 6개월 내에는 시효
가 완성되지 않고(민법 제179조), 재산을 관리하는 아버지, 어머니 또는 후견인에
대한 제한능력자의 권리는 그가 능력자가 되거나 후임 법정대리인이 취임한 때
부터 6개월 내에는 소멸시효가 완성되지 않는다(민법 제180조 제1항).[157]

(5) 공법상 자격 박탈

피성년후견인 또는 피한정후견인은 공무원으로 임용될 수 없고(국가공무원
법 제33조 참조), 변호사(변호사법 제5조), 의료인(의료법 제8조, 다만 아직 금치산자·
한정치산자로 규정되어 있다), 정신질환자의 보호의무자(정신건강증진 및 정신질환자
복지서비스 지원에 관한 법률 제39조 제1항) 등이 될 수 없다. 이러한 결격사유에
대하여는 보편화의 이념을 근거로 전면 폐지하여야 한다는 견해도 있고, 결격조
항의 유형에 따라 삭제 또는 유지 여부를 달리 보아야 한다는 견해도 있다.[158]

---

157) 성년후견제도 해설(주22), 25면.
158) 윤진수(편집대표)(주18), 1186면.

나. 후견인의 권한과 의무

후견개시심판이 확정되면 선임된 후견인의 권한과 의무가 발생한다. 이는 후견심판의 효과에 해당하지만 장을 바꾸어서 후견인의 후견사무라는 측면에서 살펴보기로 한다.

Ⅳ. 사전처분

1. 총론

가. 의의

후견사건도 다른 가사사건과 같이 사건본인과 친족 등 이해관계인의 이해와 감정이 복잡하게 얽혀 있을 뿐 아니라, 즉시 현실적인 조치를 취해두지 않으면 나중에 본안인 후견재판이 확정되더라도 사건본인의 신상과 재산에 돌이킬 수 없는 위험이 발생하고, 사건본인과 가족 사이의 갈등이 확대될 우려가 있다.

따라서 가정법원은 후견심판의 확정 등에 의하여 형성되거나 변경될 법률관계를 실현하는 데 필요한 보전적 조치를 미리 취하거나, 임시로 사건의 해결에 필요한 법률관계를 형성하는 조치를 하여야 할 필요가 있는 경우, 가사소송법 제62조를 근거로 사전처분을 발령하고 있다.

나. 사전처분의 내용 및 심리

(1) 내용

사전처분은 후견심판이 확정될 때까지 사건본인의 신상을 보호하고 재산을 관리·보전하기 위하여 특히 필요하다고 인정되는 범위 내에서 하는데, 그 내용은 구체적인 사건에 따라 개별적으로 결정된다. 개시단계에서는 임시후견인을 선임하는 사전처분이 주로 사용된다. 감독단계에서는 후견인과 후견감독인의 직무집행을 정지하는 사전처분과 그 직무대행자를 선임하는 사전처분이 대표적이다.

가정법원은 직권 또는 청구에 의하여 후견인에게 재산관리 등 후견임무 수행에 관하여 필요한 처분을 명할 수도 있기 때문에(민법 제954조, 제959조의6, 제959조의12 참조), 피후견인을 보호하고 후견사무를 적정하게 처리하기 위한 다양하고 폭넓은 범위의 사전처분을 할 수 있다.

(2) 심리와 재판

사전치분은 후견사건이 계속되어 있는 가정법원의 관할에 속하지만, 본안이 재항고심에 계속 중일 때에는 재항고심이 사실심리를 하기에 적합하지 않고 집행법원이 되기에도 적당하지 아니하므로 제1심 가정법원이 관할법원이 된다.[159] 심문기일을 지정할 수도 있지만 사전처분의 긴급성이나 사건본인의 보호 등을 이유로 심문 없이 재판하는 것이 일반적이다.

직권 또는 당사자의 청구에 의하여 절차가 개시되고, 재판은 결정의 형식으로 한다. 임시후견인과 직무대행자 선임 처분은 그 선임된 자, 해당 후견인 및 해당 후견감독인에게 고지하여야 하고, 가정법원의 법원사무관 등은 지체 없이 사건본인에게 그 뜻을 통지하여야 한다(가사소송규칙 제32조 제2항, 제5항)

다. 사전처분에 대한 불복

사전처분을 한 재판에 대해서는 즉시항고할 수 있다(가사소송법 제62조 제4항). 즉시항고 기간은 특별한 규정이 없으므로, 일반 원칙에 따라 사전처분 결정을 고지받은 날로부터 1주일이다(민사소송법 제444조 제1항).

사전처분의 신청을 기각하거나 각하한 결정에 대하여는 불복할 수 없으므로, 이에 대한 불복은 특별항고가 된다.[160]

라. 효력

사전처분이 확정되면 결정 내용과 같은 법률관계가 임시로 형성되고 그 형성력은 대세적인 효력이 있다. 사전처분에는 집행력이 인정되지 않지만(가사소송법 제62조 제5항 참조), 위 형성력은 사전처분의 확정과 동시에 발생하는 것으로서 별도의 집행행위를 필요로 하는 것은 아니다.[161]

그러나 사전처분에 대하여 즉시항고가 제기되면 확정이 되지 않아 효력이

---

159) 대법원 2002. 4. 24.자 2002즈합4 결정. 한편 임시후견인이 항고심에서 선임되었다고 하더라도, 임시후견인의 권한과 관련된 심판 예컨대 권한초과행위청구 등은 제1심 가정법원에서 담당한다.

160) 대법원 2008. 12. 24.자 2006으2 결정; 대법원 2014. 12. 30.자 2014으32 결정 등 참조.

161) 대법원 2009. 7. 23. 선고 2008다78996 판결 참조.

발생하지 않고, 그러한 상태에서 사건본인을 둘러싼 친족 사이에 다툼이 있는 경우 사건본인을 탈취하여 거소를 숨기거나 재산 일탈행위를 가속화하는 등 실효성이 떨어지고 부작용이 생기는 단점이 있다. 이를 해결하기 위해서는 즉시항고의 집행정지 효력을 배제하고 사전처분에 집행력을 부여할 필요가 있다.[162]

마. 공시

임시후견인 선임, 해임 또는 개임 재판, 후견인 또는 후견감독인의 권한 범위 변경, 직무집행정지 및 직무대행자 선임, 해임 또는 개임 재판, 여러 명의 직무대행자, 임시후견인의 권한 행사에 관한 결정, 변경 또는 취소 재판 등 사전처분이 확정되면 가정법원은 이에 관하여 직권으로 등기를 촉탁한다(후견등기에 관한 법률 제27조, 가사소송법 제9조, 가사소송규칙 제5조의2 제1항 제5호).

2. 임시후견인 선임

가. 의의

후견개시 단계에 있어서의 대표적인 사전처분은 임시후견인 선임이다. 임시후견인은 직권 또는 당사자의 신청에 의하여 선임된다. 가정법원이 사전처분으로 임시후견인을 선임하면, 특별한 규정이 있는 경우를 제외하고 성년후견 및 한정후견에 관한 사건의 임시후견인에 대하여는 한정후견인에 관한 규정이, 특정후견에 관한 사건의 임시후견인에 대하여는 특정후견인에 관한 규정이 각 준용된다(가사소송규칙 제32조 제4항). 사건본인의 정신상태에 대한 감정이 없는 상태에서 하는 임시적인 처분임을 감안하여 사건본인의 행위능력이 최소한으로 제한되게 한 것이다.

나. 임시후견인의 권한

임시후견인의 권한범위는 선임결정에 의하여 정하여진다. 전술한 바와 같이 임시후견인에 관하여 한정후견인 또는 특정후견인에 관한 규정이 준용되므로, 주로 피후견인의 법률행위에 대한 동의권, 취소권과 대리권, 신상에 관한

---

162) 참고로 법무부가 2018. 3. 2. 국회에 제출한 가사소송법 개정안 제141조 제5항, 제9항에 의하면 가사소송법상의 사전처분에 대하여 집행력을 부여하고, 즉시항고에 집행정지의 효력을 가지지 않도록 함으로써, 사전처분의 실효성을 강화하고 피후견인이나 미성년자 등에 대한 보호의 공백을 방지하게 하였다.

결정대행권 등이 포함될 수 있다.

가사사건에서의 사전처분은 민사사건에서의 가압류·가처분과 달리 소극적이고 현상유지적인 처분을 넘어 신청이 없어도 직권으로 적극적인 처분을 할 수 있다. 그러나 임시후견인 선임으로 피후견인의 자기결정권, 행위능력과 법률상 지위에 중대한 영향을 미칠 수 있으므로, 실무에서는 사건본인 재산의 보전과 관리, 신상보호를 위해 필수적이고 잠정적인 사무로 권한의 범위를 한정하고 있다. 주로 사건본인의 친족 등에 의하여 일실된 재산에 대한 보전소송 제기, 사건본인이 당사자가 되어 계속되고 있는 소송에 대한 추인 및 수권행위, 사건본인의 치료행위나 정신병원 등에의 강제격리에 관한 동의 권한 등이 포함된다.

다. 임시후견인에 대한 가정법원의 통제

가정법원은 상당하다고 인정하는 경우에는 언제든지 임시후견인에게 사건본인의 신상보호 또는 재산관리에 필요한 명령을 할 수 있고, 선임한 임시후견인을 해임하거나 개임할 수 있다(가사소송규칙 제32조 제3항, 제5항).

라. 임시후견인의 보수

임시후견인이 선임되는 사건 중에는 사건본인의 친족 등 이해관계인 사이에 다툼이 있는 경우가 많다. 이 때 임시후견인으로는 전문가후견인이 선임되는 것이 일반적인데, 전문가후견인 등 임시후견인에 대하여는 청구인 또는 사건본인의 재산 중에서 상당한 보수를 지급할 것을 명할 수 있다(가사소송규칙 제32조 제6항).

임시후견인의 보수는 사건본인의 재산에서 지급되도록 하는 것이 일반적이겠으나, 본안에서 후견청구가 기각되는 경우 등에는 청구인이 지급하도록 함이 상당하다. 실무에서는 사전처분 단계에서 사건본인의 재산상황을 알 수 없는 경우, 본안에서 후견인이 선임되지 않거나 후견심판청구가 취하될 때 등에 대비하여, 청구인에게 본안이 계속될 것으로 예상되는 기간 동안에 해당하는 임시후견인의 보수액[163])을 예납하도록 하고 있다(가사소송규칙 제4조, 민사소송법 제116조, 민사소송규칙 제19조 참조).

---

163) 보수액의 산정에 대해서는 3장 Ⅱ-8-나 부분 참조.

마. 결정문 작성례

○ ○ 가 정 법 원

결   정

사   건   2018즈기0000 사전처분

신 청 인   박◇◇ (740000-2000000)

주소   서울 성북구 성북로 000, 303동 3003호 (성북동, 가족아파트)

사건본인   조□□ (690000-1000000)

주소   서울 용산구 후견로10길 100 (후견동1가)

등록기준지   경남 하동군 ▽▽면 55-5

주   문

1. ○○가정법원 2018느단0000호 성년후견개시 청구사건의 심판이 확정될 때까지 사건본인의 임시후견인으로 신△△(주민등록번호   , 주소   )을 선임한다.

2. 사건본인은 임시후견인의 동의 없이 별지 기재 행위 중 임시후견인에게 동의권이 부여된 행위를 할 수 없다.

3. 임시후견인의 권한범위는 별지 기재와 같다.

이   유

이 사건 신청은 이유 있으므로, 가사소송법 제62조 제1항에 의하여 주문과 같이 결정한다.

2018. 12. 12.

판사 김 법 관

임시후견인의 권한 범위

1. 사건본인이 임시후견인의 동의를 얻어야 하는 법률행위의 범위
   가. 재산의 처분, 채무의 부담 (단, 법원의 허가를 받아야 함)
   나. 예금의 인출행위 (단, 사건본인의 의료비, 생활비 지출 목적 이외의 것은 법원의 허가를 받아야 함)
   다. 금전의 대여행위
   라. 증여행위
2. 임시후견인의 대리권의 범위
   가. 재산의 보존행위, 그 성질이 변하지 않는 범위 내에서의 이용, 개량행위
   나. 소송행위 (단, 법원의 허가를 받아야 함)
   다. 사건본인에 대한 재산조회권한
   라. 사건본인의 부 망 조△△(240000-1000000)의 상속재산 파악, 상속재산 관련 세금 등 공과금 납부 및 이와 관련한 일체의 행위
   마. 사건본인의 부 망 조△△(240000-1000000) 소유의 서울 용산구 후견로10길 100 (후견동1가) 토지 및 주택의 임차인에게 임대차보증금을 반환하고 임대차 목적물을 인도받는 행위 및 이와 관련한 일체의 행위
   바. 위 2의 마항 기재 주택의 소독, 청소 및 긴급 보수행위
   사. 위 2의 라, 마, 바항 기재 사무 처리를 위한 비용 지출 또는 사건본인의 의료비, 생활비 지출을 위하여 사건본인 또는 사건본인의 부 망 조△△(240000-1000000) 명의의 예금을 인출하는 행위 (단, 위 목적 이외의 인출행위는 법원의 허가를 받아야 함)
3. 신상결정권
   가. 의료행위의 동의, 의료계약의 체결, 변경, 종료 및 비용의 지급
   나. 개호서비스 이용계약, 복지시설, 요양시설 입소계약의 체결, 종료 및 비용의 지급
   다. 주민등록정리와 관련된 일체의 행위
   라. 국민건강보험 가입 및 건강보험료 납부 및 이와 관련된 일체의 행위
   마. 사회복지서비스 신청 및 이와 관련된 일체의 행위. 끝.

3. 직무집행정지 및 직무대행자 선임

가. 의의

후견감독 단계에서의 대표적인 사전처분은 직무집행정지 및 직무대행자 선임이다. 후견인 또는 후견감독인의 후견사무 수행에 문제점이 발견된 경우, 피후견인의 보호를 위하여 후견인과 후견감독인을 문제된 사무에서 배제하고 임시로 후견사무를 담당할 사람을 선임하는 사전처분이다.

후견인 또는 후견감독인의 변경 또는 해임,[164] 후견종료 등 청구사건에서, 가정법원은 직권 또는 청구에 의하여 후견인 또는 후견감독인 등의 권한범위를 변경하거나 직무집행의 전부 또는 일부를 정지하는 사전처분을 할 수 있다. 이러한 경우 피후견인의 보호에 공백이 생기는 것을 방지하기 위하여 직무대행자를 선임할 수 있고, 그 직무대행자에 대하여는 특별한 규정이 없는 한 해당 후견인 또는 해당 후견감독인에 관한 규정을 준용한다(가사소송규칙 제32조 제1항).

실무에서는 후견감독과정에서 후견인의 비행이 발견되거나 후견인이 결격사유나 질병으로 후견사무를 수행할 수 없게 된 경우에, 가정법원이 직권으로 직무집행정지 및 직무대행자 선임결정을 하는 것이 일반적이다. 당사자로부터 직무집행정지 및 직무대행자 선임청구가 있는 경우에는, 현재 후견인과 친족 등 이해관계인 사이에 다툼이 있는 경우가 많으므로, 피후견인의 보호에 공백이 없도록 신속하고도 신중한 심리가 필요하다.

나. 직무대행자의 권한과 보수, 직무대행자에 대한 가정법원의 통제

이에 관한 내용은 임시후견인의 각 해당 부분과 같다. 다만 직무대행자의 보수는 임시후견인과 달리 피후견인의 재산 중에서 지급할 수 있을 뿐 청구인의 재산에서는 지급을 명할 수 없다(가사소송규칙 제32조 제6항).

---

164) 해임청구는 임의후견인에 한하여 허용됨은 전술한 바와 같다.

다. 결정문 작성례

○ ○ 가 정 법 원
결 정

사 건 2018즈기0000 사전처분

신 청 인 조◇◇ (740000-2000000)

     주소 서울 성북구 성북로 000, 101동 202호 (성북동, 가족아파트)

피신청인 조◇◇ (700000-1000000)

(한정후견인) 주소 서울 양천구 목동동로 111, 202동 303호 (목동, 가정아파트)

사건본인 조□□ (390000-1000000)

(피한정후견인) 주소 서울 용산구 후견로222길 333 (후견동2가)

     등록기준지 경남 하동군 ▽▽면 44-55

주 문

1. △△가정법원 2018느단000호 한정후견인변경 사건의 심판이 확정될 때까지 피신청인(한정후견인)의 사건본인에 대한 직무집행을 정지한다.
2. 사건본인의 한정후견인 직무대행자로 변호사 고○○(주민등록번호: , 사무실 주소:)를 선임한다.
3. 사건본인은 직무대행자의 동의 없이 별지 기재 행위 중 직무대행자에게 동의권이 부여된 행위를 할 수 없다.
4. 한정후견인 직무대행자의 권한범위는 별지 기재와 같다.

이 유

이 사건 신청은 이유 있으므로, 가사소송법 제62조 제1항에 의하여 주문과 같이 결정한다.

2018. 12. 12.

판사 김 법 관

[별지]

직무대행자의 권한 범위

1. 사건본인이 직무대행자의 동의를 얻어야 하는 법률행위의 범위
   가. 재산의 처분, 채무의 부담 (단, 법원의 허가를 받아야 함)
   나. 예금의 인출행위 (단, 사건본인의 의료비, 생활비 지출 목적 이외의 것은 법원의 허가를 받아야 함)
   다. 금전의 대여행위
   라. 증여행위
2. 직무대행자의 대리권의 범위
   가. 재산의 보존행위, 그 성질이 변하지 않는 범위 내에서의 이용, 개량행위
   나. 예금의 인출행위 (단, 사건본인의 의료비, 생활비 지출 목적 이외의 것은 법원의 허가를 받아야 함)
   다. 소송행위 (단, 법원의 허가를 받아야 함)
3. 신상결정대행권
   가. 개호서비스 이용계약, 복지시설, 요양시설 입소계약의 체결, 종료 및 비용의 지급
   나. 치료 등의 목적으로 정신병원이나 그 밖의 다른 장소에 입원 등 격리에 대한 동의. 단 법원의 사전허가를 받아야 함. 끝.

3장 후견인의 후견사무 실무

I. 후견인의 권한

1. 개요

	성년후견	한정후견	특정후견	임의후견
후견인의 재산에 관한 권한 (동의권과 취소권, 대리권)	•피성년후견인의 행위 능력은 원칙적으로 없음 •성년후견인은 포괄적인 법정대리권을 가짐. 다만 법원은 취소할 수 없는 법률행위의 범위를 정할 수 있음 •일용품의 구입 등 일상생활에 필요하고 대가가 과도하지 아니한 법률행위는 취소할 수 없음	•피한정후견인의 행위 능력은 원칙적으로 있음 •한정후견인은 법원이 피한정후견인이 한정후견인의 동의를 받아야 하는 것으로 정한 행위에 대하여 취소할 수 있음 •한정후견인은 심판에 의하여 정하여진 범위 내에서만 대리권을 가짐 •일용품의 구입 등 일상생활에 필요하고 대가가 과도하지 아니한 법률행위는 취소할 수 없음	•피특정후견인의 행위 능력은 제한되지 않으므로, 피특정후견인은 모든 사무에서 단독으로 유효한 법률행위를 할 수 있음 •특정후견인은 기간이나 범위를 정한 특정한 사무에 관하여만 대리권을 가짐	•피임의후견인의 행위 능력은 제한되지 않으므로, 피임의후견인은 모든 사무에서 단독으로 유효한 법률행위를 할 수 있음 •임의후견인은 후견계약에서 정한 범위 내에서 대리권을 가짐
후견인의 신상결정대행 권한	•법원은 성년후견인이 피성년후견인의 신상에 관해 결정할 수 있는 권한의 범위를 정할 수 있음 •피성년후견인의 시설 격리, 신체를 침해하는 의료행위 등은 법원 허가를 받아야 함	•성년후견의 경우와 같음	•특정후견인은 신상에 대한 결정대행권한 없음 •법원은 피특정후견인의 후원을 위하여 신상에 관한 처분을 명할 수 있음	•임의후견인은 후견계약에서 정한 범위 내에서 신상결정대행권을 가질 수 있음

2. 성년후견인의 권한

가. 재산관리에 관한 권한

성년후견인은 피성년후견인의 재산을 관리[165]하고 그 재산에 관한 법률행위에 대하여 피성년후견인을 대리한다(민법 제949조 제1항). 피성년후견인의 행위를 목적으로 하는 채무를 부담할 경우에는 피성년후견인의 동의를 얻어야 한다(민법 제949조 제2항, 제920조 단서).

(1) 법정대리권

(가) 포괄적 대리권

성년후견인은 피성년후견인의 법정대리인이 된다(민법 제938조 제1항). 따라서 성년후견인은 원칙적으로 포괄적인 대리권을 가진다.

(나) 대리권의 제한

1) 법원의 범위결정

가정법원은 성년후견인이 가지는 법정대리권의 범위를 따로 정할 수 있다(민법 제938조 제2항).[166] 피성년후견인이 잔존능력을 사용하여 독자적으로 사무를 처리할 수 있는 영역을 마련해 주기 위함이기도 하고, 한편으로는 피성년후견인의 복리와 보호를 위하여 성년후견인을 견제하기 위함이기도 하다.

결정된 법정대리인의 권한의 범위가 적절하지 아니하게 되면, 가정법원은 본인, 배우자, 4촌 이내의 친족, 성년후견인, 성년후견감독인, 검사 또는 지방자치단체의 장의 청구에 의하여 그 범위를 변경할 수 있다(민법 제938조 제4항).[167]

---

165) 재산관리권에는 법률행위와 사실행위, 그와 관련된 소송행위가 모두 포함되고, 보존행위에 그치지 않고 처분행위도 포함된다.

166) 청구인과 사건본인은 대리권의 범위 등에 관하여 심판청구서 등을 통하여 의견을 제시할 수 있지만, 가정법원은 그에 구애받지 않고 청구인과 사건본인의 의사, 감정결과, 가사조사결과 등을 종합하여 사건본인의 자기결정권, 잔존능력과 복리에 부합하도록 적절하게 그 범위를 정한다.

167) 현행 민법의 규정으로는 가정법원이 직권으로 그 범위를 변경할 수는 없는데, 가정법원이 후견적 지위에서 폭넓게 후견사무에 관한 처분을 할 수 있는 점(민법 제954조 등 참조)에 비추어 보면, 법정대리권의 범위 변경도 직권으로 할 수 있도록 개정함이 타당하다.

2) 피성년후견인 거주 부동산에 대한 처분[168]

성년후견인이 피성년후견인을 대리하여 피성년후견인이 거주하고 있는 건물 또는 그 대지에 대하여 매도, 임대, 전세권 설정, 저당권 설정, 임대차의 해지, 전세권의 소멸, 그 밖에 이에 준하는 행위를 하는 경우에는 가정법원의 허가를 받도록 규정하고 있으므로(민법 제947조의2 제5항), 이 범위 내에서 성년후견인의 법정대리권은 제한된다.

피성년후견인이 요양원 등의 시설에 입소한 경우에는 거주하고 있던 주택 등을 장기간 비우게 될 것이지만 향후 거주용으로 제공될 가능성이 있는 한 "피성년후견인이 거주하고 있는 건물"로 해석하여야 한다.[169] 위와 같이 해석하지 않으면 성년후견인이 피성년후견인의 주택을 매각하기 위하여 피성년후견인을 시설 등에 격리하게 될 것이기 때문이다.

3) 성년후견감독인이 선임된 경우

성년후견감독인이 선임되어 있는 경우에는 성년후견인이 피성년후견인을 대리하여 영업에 관한 행위, 금전을 빌리는 행위, 의무만을 부담하는 행위, 부동산 또는 중요한 재산에 관한 권리의 득실변경을 목적으로 하는 행위, 소송행위, 상속의 승인, 한정승인 또는 포기 및 상속재산의 분할에 관한 협의를 함에 있어서 성년후견감독인의 동의를 받아야 한다는 점(민법 제950조 제1항)에서 성년후견인의 대리권은 제한된다.

성년후견인이 성년후견감독인의 동의가 필요함에도 불구하고 동의 없이 법률행위를 한 경우에는 피성년후견인 또는 성년후견감독인이 그 행위를 취소할 수 있고(민법 제950조 제3항), 한편 성년후견감독인의 동의가 필요한 행위에 대하여 성년후견감독인이 피성년후견인의 이익이 침해될 우려가 있음에도 동의를 하지 아니하는 경우에는 가정법원은 성년후견인의 청구에 의하여 성년후견감독인의 동의를 갈음하는 허가를 할 수 있다(민법 제950조 제2항).

4) 수인의 성년후견인이 선임된 경우

가정법원이 성년후견인을 여러 명 선임하는 경우 피성년후견인의 복리를 위하여 여러 명의 성년후견인이 공동으로 또는 사무를 분장하여 그 권한을 행

---

168) 이는 후술하는 바와 같이 피성년후견인의 신상결정대행권한에 대한 제한으로 볼 수 있는데, 피성년후견인의 거주상황 즉 신상보호와 밀접한 관계가 있기 때문이다. 이를 신상보호에 관한 민법 제947조의5에서 규정하고 있는 것을 보아도 그러하다.

169) 성년후견제도 해설(주22), 61면; 김형석(주143), 265면.

사하도록 정할 수 있고, 직권으로 위의 결정을 변경하거나 취소할 수 있는데[민법 제949조의2 제1항, 제2항, 가사소송법 제2조 제1항 제2호 가목 21)의3], 이 경우 각 성년후견인의 대리권은 분여받은 권한의 범위 내로 제한된다.

다만 여러 명의 성년후견인이 공동으로 권한을 행사하여야 하는 경우에 어느 성년후견인이 피성년후견인의 이익이 침해될 우려가 있음에도 법률행위의 대리 등 필요한 권한행사에 협력하지 아니할 때에는 가정법원은 피성년후견인, 성년후견인, 후견감독인 또는 이해관계인의 청구에 의하여 그 성년후견인의 의사표시를 갈음하는 재판을 할 수 있다[민법 제949조의2 제3항, 가사소송법 제2조 제1항 제2호 가목 21)의3].

5) 이해상반행위의 경우

피성년후견인의 재산을 성년후견인에게 증여하거나, 성년후견인이 공동상속인인 피성년후견인을 대리하여 상속재산분할협의를 하는 것과 같이, 성년후견인의 대리행위가 피성년후견인과의 관계에서 이해상반행위가 되는 경우에 성년후견인의 대리권은 제한된다. 이러한 경우 성년후견인은 가정법원에 피성년후견인의 특별대리인의 선임을 청구하여야 한다[민법 제949조의3 본문, 제921조, 가사소송법 제2조 제1항 제2호 가목 16)].

그런데 그 이해상반행위가 부동산의 처분행위와 같이 성견후견인의 대리권 행사에 법원의 허가를 받도록 정해져 있는 경우, 성년후견인은 특별대리인선임심판 외에 부동산의 처분에 대한 별도의 법원의 허가심판이 필요한지 문제된다. 보통 특별대리인선임사건은 후견과 별개의 사건으로 진행되고 후견사건 담당 재판부가 아닌 재판부에서 진행되기도 하는데, 특별대리인선임사건의 심리에서 이해관계의 상반 여부를 넘어 피후견인의 복리나 적정한 후견감독에 대하여 충분히 고려되기를 기대하기는 어렵다. 따라서 실무에서는 민법 규정의 문언에도 충실하면서 피후견인의 이익을 두텁게 보호하기 위하여, 성년후견인의 이해상반행위에 대하여는 법원의 허가심판과 특별대리인선임심판을 모두 요구하고 있다.[170]

한편 성년후견감독인이 있는 경우의 이해상반행위에 대해서는 성년후견감

[170] 특별대리인선임사건을 심리하는 재판부에서는 특별대리인을 선임하되 법률의 규정(예컨대 민법 제947조의2 제5항) 또는 후견개시심판 내용에 따라 당해 행위에 대한 가정법원의 허가심판을 별개로 받아야 함을 주문에 표시하고, 허가심판에는 선임된 특별대리인이 당해 대리행위를 하는 것을 허가하는 것으로 주문에 표시하고 있다. 구체적인 심판례는 참고자료 17-1, 17-2 참조.

독인이 피성년후견인을 대리한다(민법 제949조의3 단서, 제940조의6 제3항).

　6) 성년후견인이 피성년후견인에 대한 제3자의 권리를 양수하는 경우

　성년후견인이 피성년후견인에 대한 제3자의 권리를 양수하는 경우에는 피성년후견인은 이를 취소할 수 있다(민법 제951조 제1항). 이 경우 성년후견감독인이 있으면 성년후견인은 성년후견감독인의 동의를 받아야 하고, 성년후견감독인의 동의가 없는 경우에는 피성년후견인 또는 성년후견감독인이 이를 취소할 수 있다(민법 제951조 제2항).

　7) 제3자가 피성년후견인에게 무상으로 재산을 수여하는 경우

　무상으로 피성년후견인에게 재산을 수여한 제3자가 성년후견인의 관리에 반대하는 의사를 표시한 때에는 성년후견인은 그 재산을 관리하지 못하고(민법 제956조, 제918조 제1항), 제3자가 그 재산관리인을 지정하지 아니한 때에는 가정법원은 재산의 수여를 받은 피성년후견인 또는 민법 제777조의 규정에 의한 친족의 청구에 의하여 관리인을 선임한다(민법 제956조, 제918조 제2항). 그 재산관리인의 선임에 대하여는 부재자재산관리인의 규정이 준용된다(민법 제918조 제4항).

　8) **취소할 수 없는 법률행위의 경우**

　일용품의 구입 등 일상생활에 필요하고 그 대가가 과도하지 아니한 법률행위나 법원이 취소할 수 없는 피성년후견인의 법률행위로 정한 사항에 대해서 성년후견인이 대리권을 행사할 수 있는지 문제된다. 가정법원이 피성년후견인의 보호와 복리를 위하여 성년후견인의 법정대리권에 대하여 특별히 제한하지 않는 한 성년후견인은 피성년후견인이 단독으로 할 수 있는 행위에 대하여도 여전히 대리권을 갖는다고 보아야 한다.

　(다) **성년후견인의 무권대리행위**

　성년후견인이 권한 없이 대리행위를 한 때에는 무권대리행위가 된다. 성년후견인이 심판 등에서 정한 권한을 넘는 대리행위를 한 경우에는 민법 제126조의 권한을 넘는 표현대리의 법리가,[171] 성년후견인이 변경되거나 성년후견이 종료된 후에 대리행위를 한 경우에는 민법 제129조의 대리권 소멸 후의 표현대

---

171) 개정 민법이 시행된 후 성년후견에 관한 판례는 없으나, 한정치산자의 후견인이 친족회의 동의를 얻지 않고 피후견인의 부동산을 처분한 행위에 대하여, 민법 제126조의 표현대리 법리를 적용한 대법원 판례가 있고(대법원 1997. 6. 27. 선고 97다3828 판결 참조), 한정치산자와 미성년자의 후견인에 관하여 민법 제126조 또는 민법 제129조의 표현대리의 법리가 적용됨을 인정한 하급심 판결이 다수 있다.

리 법리가, 성년후견인이 자기 또는 제3자의 이익을 도모하기 위하여 권한 내의 행위를 한 경우에는 대리권남용의 법리[172]가 각각 적용된다. 성년후견인은 그 법률행위의 효력이 피성년후견인에게 미치는지 여부를 불문하고 민·형사상 책임을 질 수 있다.

(2) 법률행위의 취소권

피성년후견인이 단독으로 한 법률행위는 원칙적으로 취소할 수 있고(민법 제10조 제1항), 그 취소권은 피성년후견인과 법정대리인인 성년후견인이 행사할 수 있다(민법 제140조). 법률행위가 취소되더라도 피성년후견인은 그 행위로 인하여 받은 이익이 현존하는 한도에서 상환할 책임이 있다(민법 제141조 단서 참조).

그러나 ① 피성년후견인이 일용품을 구입하는 등 일상생활에 필요하고 그 대가가 과도하지 아니한 법률행위(민법 제10조 제4항)[173]와 ② 가정법원이 취소할 수 없는 피성년후견인의 법률행위로 정한 경우(민법 제10조 제2항)에는, 피성년후견인이 성년후견인의 동의 없이 유효한 법률행위를 할 수 있으므로 취소할 수 없다.

피성년후견인과 거래한 상대방에게는 ① 최고권(제한능력자의 상대방의 확답을 촉구할 권리, 민법 제15조), ② 철회권(계약의 경우, 민법 제16조 제1항)과 거절권(단독행위의 경우, 민법 제16조 제2항)을 주거나, ③ 피성년후견인이 속임수로써 자기를 능력자로 믿게 한 경우에는 취소권을 박탈함으로써(민법 제17조 제1항) 거래의 안전을 보호하고 있다.[174]

---

172) 대리권 남용에 대해서는 ① 상대방이 대리인의 배임적 의사를 알거나 알 수 있었을 때에는 민법 제107조 제1항 단서를 유추적용하여 대리행위의 효력을 부정하는 설, ② 대리권이 본인에 대한 배임행위를 실현하는데 악용되는 경우에는 대리권이 부정되어 무권대리가 된다고 하는 설, ③ 대리인의 권한남용의 위험을 원칙적으로는 본인이 부담하여야 하지만 상대방이 악의 또는 중과실이라는 등 신의칙에 반하는 사정이 있는 경우에는 상대방이 부담하여야 한다는 설 등이 대립되고 있고, 대법원 판례는 ①설에 따른다.

173) 피성년후견인의 자기결정권과 잔존능력을 존중하고 불편과 사회적 고립을 방지하기 위한 것으로서, 피성년후견인의 소득과 직업, 재산, 법률행위의 목적과 필요성, 대가의 액수 등을 종합하여 일상적 법률행위에 해당하는지 여부를 판단한다. 식료품 구입이나 간단한 공과금 납부, 식당이나 대중교통의 이용, 적정한 가격의 소지품 구입 등은 이에 해당할 것이다[성년후견제도 해설 (주22), 23면]

174) 이에 관한 개정 민법의 규정은 기존의 "무능력자"라는 용어를 "제한능력자"라는 용어로 바꾸기는 하였지만, 그 내용은 개정 전 민법과 같다. 한편 피특정후견인, 피임의후견인은 제한능력자가 아니라는 점을 유의하여야 한다.

나. 신상보호에 관한 권한

"신상"이라 함은 재산에 대비되는 개념으로서 피성년후견인의 프라이버시와 자기결정권이 중요시되는 신체적·정신적 복리에 관한 사항을 말한다.[175] 이에는 피성년후견인에 대한 의식주의 결정, 의료행위의 선택, 요양 기관과 방법의 선택, 면접교섭, 여가생활 등 그의 복리와 관련된 여러 사정이 포함된다. 성년후견인의 신상에 대한 권한에는 사실행위로서의 신상결정대행권한과 신상에 관한 법률행위의 대리권이 포함된다.

(1) 신상결정대행권한

피성년후견인은 자신의 신상에 관하여 그의 상태가 허락하는 범위[176]에서 단독으로 결정한다(민법 제947조의2 제1항). 신상에 대한 결정은 그 성질상 일신전속적인 것으로서 원칙적으로 피성년후견인 이외의 사람이 대신할 수 없기 때문이다. 따라서 피성년후견인 본인이 스스로 결정할 상태가 아닌 경우에만 성년후견인이 보충적으로 신상결정권한을 행사하되, 그 권한을 법원으로부터 부여받아야 한다.

가정법원은 성년후견인이 신상에 관하여 결정할 수 있는 권한의 범위를 정할 수 있고, 법정대리권의 범위 변경과 마찬가지로 일정한 자의 청구에 의하여 그 범위를 변경할 수 있다(민법 제938조 제3, 4항). 일반적으로 의료행위에 대한 동의, 거주·이전에 관한 결정, 면접교섭에 관한 결정,[177] 우편·통신에 관한 결정, 사회복지서비스 선택 또는 결정 등에 관한 사항이 이에 포함된다. 그러나 가정법원이 성년후견인에게 피성년후견인의 신상에 관하여 결정할 수 있는 권한의 범위를 정한 경우에도 피성년후견인이 스스로 결정할 수 있는 상태라면 성년후견인이 결정할 수 없고 피성년후견인의 결정에 따라야 한다. 현실적으로

---

175) 윤진수(편집대표)(주18), 1285면.
176) 신상에 관한 의사결정능력은 재산관리에 관한 의사결정능력과 달리 보아야 하고, 신상에 대한 의사결정과 관련된 법익의 가치를 판단하는 것은 객관적으로 합리적일 필요가 없고 주관적 가치체계에 입각해도 된다고 하는 견해가 있다[제철웅, "성년후견법의 시행준비작업상의 몇 가지 이론적, 실천적 문제", 가족법연구 제27권 제1호(2013), 31면; 박인환, "새로운 성년후견제도에 있어서 신상보호", 가족법연구 제25권 제2호(2011), 178-179면].
177) 친족 사이에 다툼이 있음에도 불구하고 경제적 이유 등으로 친족 중 한 사람을 후견인으로 선임할 수밖에 없는 경우에, 그 후견인에게 면접교섭에 관한 결정권까지 부여하면 다른 친족이 피성년후견인을 면접할 수 있는 기회조차 박탈됨으로써 갈등이 더욱 심화되고 피후견인의 보호에 문제가 생기기도 한다. 따라서 신상에 관한 결정권한 부여에는 보다 세심한 고려가 필요하다.

피성년후견인이 신상에 관한 결정능력이 있는지 다투어지는 경우에는 성년후견인의 결정을 다투는 자가 피성년후견인의 결정능력에 대하여 증명하여야 한다.[178]

한편 피성년후견인에게 의료서비스가 필요하다고 하더라도, 치료나 수술을 받을지 여부는 원칙적으로 피성년후견인이 결정한다. 그런데 피성년후견인이 그러한 의사결정을 하기 어려운 상태에 있는 경우에, 스스로 농의할 수 없다는 이유로 치료 기회를 봉쇄하는 것은 피성년후견인의 이익에 반할 수 있기 때문에, 피성년후견인의 신체를 침해하는 의료행위에 대하여 피성년후견인이 동의할 수 없는 경우에는 성년후견인이 그를 대신하여 동의할 수 있다(민법 제947조의2 제3항).[179] 성년후견인이 민법 제938조 제3항에 따라 의료행위에 관하여 결정할 권한을 부여받은 경우에만 이 규정이 정하는 동의권을 행사할 수 있다고 보아야 하므로, 가정법원은 성년후견개시 심판을 할 때 사건본인의 상태를 고려하여 의료행위에 대한 결정권한 부여 여부를 결정하여야 한다.

(2) 신상에 관한 법률행위 대리권

성년후견인이 피성년후견인의 신상에 관한 법률행위를 대리하는 대표적 사례로는, ① 개호·생활유지에 관한 사항, ② 주거의 확보에 관한 사항, ③ 시설의 입·퇴소, 처우의 감시, 이의신청 등에 관한 사항, ④ 의료에 관한 사항, ⑤ 교육·재활에 관한 사항 등을 들 수 있다. 신상보호의 측면에서 성년후견인의 권한·의무 범위는 재산관리의 경우와 마찬가지로 법률행위에 일반적으로 수반되는 사실행위를 포함하는데, 예를 들어 가사도우미 채용 계약을 체결한 경우에는 해당 서비스가 제대로 제공되고 있는지를 확인하는 것도 법률행위에 통상 수반되는 사실행위로 성년후견인의 권한·의무에 속한다고 볼 것이다.[180]

---

178) 박인환(주176), 179면; 성년후견제도 해설(주22), 60면. 반대의 견해로는 제철웅(주176), 28 – 29면; 윤진수(편집대표)(주18), 1287면 참조.

179) 피성년후견인이 현재 상황에서는 의료행위에 대하여 스스로 결정할 수 없지만 미리 작성해 둔 "사전의료지시서"가 있는 경우, 성년후견인은 이에 구속되고 독자적인 신상결정대행을 할 수 없는지 문제된다. 사전의료지시에 바로 구속력을 인정하기는 어렵지만, 피성년후견인이 작성한 사전의료지시가 내용·형식·제반사정에 비추어 그의 의사를 확실히 반영한다는 사실이 나타난다면, 성년후견인은 사정변경 등 예외적 사정이 발생하지 않은 이상 원칙적으로 이를 존중해야 한다[김형석(주143), 258 – 259면].

180) 성년후견제도 해설(주22), 65면.

(3) 법원의 허가사항

성년후견인이 신상결정에 관한 대행권한을 가진다고 하더라도, 중요한 사항에 대해서는 가정법원의 허가를 받아야 한다. 가정법원이 아래와 같은 성년후견인의 신상결정에 대하여 허가를 하는 때에는, 성년후견인·성년후견감독인에게 피성년후견인의 신상보호 또는 재산관리에 관하여 필요하다고 인정되는 사항을 지시할 수 있다(가사소송규칙 제38조의3 제1항). 또 가정법원은 필요하다고 인정하는 때에는 허가나 지시를 취소하거나 변경할 수 있다(가사소송규칙 제38조의3 제2항).

(가) 격리에 대한 허가

성년후견인이 피성년후견인을 치료 등의 목적으로 정신병원이나 그 밖의 다른 장소에 격리하려는 경우에는 가정법원의 허가를 받아야 한다(민법 제947조의2 제2항).[181] 실무에서는 성년후견인 또는 친족 등이 피성년후견인을 우선 정

---

181) 전부개정 되기 전의 정신보건법 제24조는 정신질환자[정신병(기질적 정신병을 포함한다)·인격장애·알코올 및 약물중독 기타 비정신병적 정신장애를 가진 자]에 대하여 보호의무자 2인의 동의와 정신건강의학과전문의의 진단으로 당해 정신질환자를 정신의료기관 또는 정신요양시설에 강제로 입원시킬 수 있도록 하는 이른바 "보호의무자에 의한 입원" 또는 "보호입원"을 규정하고 있었다. 헌법재판소는 위 "보호입원"에 대하여 입법목적의 정당성과 수단의 적절성은 인정되나, 침해최소성의 원칙과 법익균형성의 요건을 충족하지 못하여 신체의 자유를 침해한다고 판단하고, 제도의 악용이나 남용 가능성을 배제하기 위하여 위헌성을 제거하고 합헌적인 내용으로 법률을 개정하여한다는 취지로 헌법불합치결정을 하였다(헌법재판소 2016. 9. 29. 선고 2014헌가9 결정 참조). 이에 따라 정신보건법은 2016. 5. 29. "정신건강증진 및 정신질환자 복지서비스 지원에 관한 법률"(이하 "정신건강복지법"이라고 한다)로 전부개정(2017. 5. 30.부터 시행)되었다. 정신건강복지법은 서로 다른 정신의료기관등에 소속된 2명 이상의 정신건강의학과전문의(같은 법 제21조 또는 제22조에 따른 국립·공립의 정신의료기관등 또는 보건복지부장관이 지정하는 정신의료기관등에 소속된 정신건강의학과전문의가 1명 이상 포함되어야 한다)의 일치된 소견이 있는 경우에만 강제입원이 가능하도록 하고(같은 법 제43조), 입원의 적합성을 심사하기 위하여 입원적합성심사위원회를 설치하는 것(같은 법 제46조) 등을 주요 내용으로 한다. 또한 개정 전 정신보건법은 "시장·군수·구청장이 보호의무자가 되는 입원과 입소"(정신보건법 제21조 제3항, 제24조)와 자·타해 위험이 있는 정신질환자에 대하여 시장·군수·구청장이 직접 강제입원을 의뢰하도록 한 이른바 "행정입원"(정신보건법 제25조)이 혼재하였는데, 개정된 정신건강복지법은 시장·군수·구청장을 보호의무자에서 삭제함으로써 정신질환자에 대한 강제입원에 동의할 수 있는 보호의무자는 후견인 또는 부양의무자에 한정되고, 보호의무자 사이의 보호의무 순위는 후견인, 부양의무자의 순위에 따르며 부양의무자가 2명 이상인 경우에는 민법 제976조에 따르도록 규정하고 있다(정신건강복지법 제39조).

한편 개정된 정신건강복지법 제43조 제3항 또는 제6항이 정하는 보호의무자에 의한 입원 또는 기간 연장에 대한 요건을 갖추면, 민법 제947조의2 제2항에 따른 법원의 허가는 받지 않아도 되는지 문제된다. 즉 보호의무자가 후견인인 경우 피후견인의 폐쇄병동 강제입원 또는 그 기간 연장에 동의함에 있어서 입원적합성심사위원회의 심사 외에 가정법원의 허가가 별도로 필요한가 하는 것이다. 이에 대하여는 정신건강복지법이 민법의 특별법의 지위를 가지고 있을 뿐 아니라, 서로 다른 의료기관에 소속된 2명의 정신건강의학과 전문의가 입원 또는 기간 연장에 대한 진단을 하고, 준사법기관인 입원적합성심사위원회의 심사 등을 받게 되므로 별도로 법원의

신병원 등에 격리를 하고 나서 사후 허가를 청구하는 경우가 간혹 있는데, 현행 민법은 긴급한 경우에 대한 예외 규정을 삭제하였고, 격리에 대한 허가는 같은 조 제4항의 긴급한 의료행위와 같이 긴급성의 요건을 충족하기 어려운 경우가 대부분일 뿐 아니라 악용이나 남용의 우려가 있으므로, 사후 허가는 허용되지 않는다고 할 것이다. 이미 정신병원 등의 장소에 격리된 상태에서 성년후견이 개시된 때에도 성년후견인은 다시 가정법원의 허가를 받아야 한다.

　　"정신병원이나 그 밖의 장소"는 정신의료기관(정신건강복지법 제3조 제5호)에 입원하도록 하거나, 정신요양시설(정신건강복지법 제3조 제6호), 정신재활시설(정신건강복지법 제7호), 노인요양시설(노인복지법 제34조)에 입소시키는 것을 의미한다.182)

　　단순히 치료에 격리가 도움이 된다는 사정만으로는 충분하지 않고 피성년후견인의 신체완전성 내지 건강을 유지하기 위해 필요불가결하다고 인정될 때에만 격리가 허용된다. 한편 격리는 공간의 폐쇄성으로 인하여 자유로운 이동이 불가능한 상태를 말하며, 공간 자체가 개방되어 있더라도 피성년후견인의 자유로운 출입이 불가능하게 관리되어 있다면 격리에 해당한다.183)

　　　　허가를 받을 필요가 없다는 견해도 있다. 그러나 정신건강복지법을 민법의 특별법으로 볼 아무런 근거가 없을 뿐 아니라, 정신건강복지법은 치료나 입원 등 의료적인 부분에 대한 심사를 주로 규정한 것인 반면, 민법의 허가청구에 대한 판단은 전문적인 의학판단이 아니라 의사가 제공하는 자료와 의견을 기초로 강제입원에 대한 동의권 대행이 후견인으로서 주의의무를 다한 것인지와 피후견인의 추정적 의사에 부합하는지 여부 및 청구 동기, 다른 가족들의 의견, 피후견인의 복리 등 피후견인의 신상 전반에 관하여 종합적으로 검토하는 것이라는 점에서, 그 목적과 내용이 전혀 다르다. 또한 민법 제947조의2 규정은 후견인의 피후견인의 신상에 관한 중요한 사항에 가정법원이 개입하고 감독하도록 한 것으로서, 이러한 경우 적용이 없다고 한다면 같은 조 제2항의 규정의 취지는 대부분의 경우에 몰각될 분 아니라[박인환(주176), 제183면], 정신질환자의 권익을 두텁게 보호한다는 정신건강복지법의 개정 취지와도 부합하지 않는다. 따라서 후견인이 선임되어 있다면 보호의무자에 의한 입원 또는 기간 연장의 동의에 반드시 법원의 허가를 받아야 한다[같은 견해로는 문상혁, "성년후견제도와 정신보건법상 환자의 동의권에 관한 연구", 의료법학 제16권 제1호(2015), 247면]. 다만 실무에서는 피후견인이 별다른 상태 호전 없이 이미 오랜 기간 동안 입원 또는 입소가 계속되어 왔고 가까운 미래에 회복될 가능성이 낮아 남용이나 악용의 우려가 없는 경우에는, 기간 또는 횟수를 한정하여 일괄 허가하기도 한다.

182) 윤진수(편집대표)(주18), 1288면. 다만 그 중 일부 시설, 특히 노인요양시설의 경우에는 일률적으로 격리시설에 해당된다고 볼 것은 아니고 자유로운 출입이 허용되는지 여부 등 구체적인 사정에 따라 달리 볼 여지는 있다. 하지만 격리시설에 해당하는지 여부를 당해 시설이나 후견인의 자의적인 판단에 맡긴다면 피후견인의 인권침해 소지와 악용 또는 남용의 우려가 있으므로, 위와 같은 시설에 비자의(非自意)로 입소하게 하려는 모든 경우 원칙적으로 법원에 허가청구를 하여야 하고, 격리시설에 해당하는지 여부를 포함한 입소 및 동의의 적합 여부 전반에 관하여 가정법원의 판단을 받아야 한다.

183) 김형석(주143), 255면.

본인이 자신의 신상에 관하여 결정할 수 있는 상태에서 임의로 격리에 동의하였다면 이는 애당초 후견인의 강제격리에 대한 신상결정권한의 대행과 이에 대한 가정법원의 허가는 문제되지 않는다는 견해[184]가 있으나, 피성년후견인의 임의성을 가장하여 강제수용하려고 하는 등 이를 악용할 위험이 크므로 실무에서는 쉽게 인정되기 어려울 것이다.

성년후견인은 피성년후견인의 복리를 고려하여 언제든지 격리결정을 철회할 수 있으며, 이에는 가정법원의 허가를 받을 필요가 없다는 견해[185]도 있으나, 격리조치의 해제가 피성년후견인의 복리에 부합하는지 여부를 성년후견인 단독으로 쉽게 판단할 수 없을 뿐 아니라, 성년후견인 등에 의하여 악용될 여지가 있으므로, 격리조치의 해제에도 법원의 허가가 필요하다고 할 것이다.

(나) 중대한 의료적 침습행위에 대한 허가

1) 사전 허가

의료행위에 대해서 성년후견인의 동의권이 인정되더라도, 피성년후견인이 의료행위의 직접적인 결과로 사망하거나 상당한 장애를 입을 위험이 있을 때에는 동의권 행사에 가정법원의 허가를 받아야 한다(민법 제947조의2 제4항 본문).

가정법원의 허가사항인 의료행위는 원칙적으로 피성년후견인의 건강상태의 개선을 목적으로 하는 치료행위를 대상으로 하고 있다. 그와 성질을 달리하는 연명치료의 중단이나 장기 적출행위에 대해서는 성년후견인의 동의권 대행이나 결정권한이 인정되지 않으므로 가정법원의 허가 사항도 아니다.[186]

가정법원은 전문적인 의학판단이나 당해 의료행위가 본인에게 최선의 이익이 되는지 여부를 심리하는 것이 아니라, 의사가 제공하는 자료와 의견을 기초

---

184) 박인환(주176), 186면.
185) 김형석(주143), 256면.
186) 법무부 민법개정자료발간팀, 2013년 개정민법 자료집 하(下), 법무부(2012), 106면. 이에 대하여 본질적으로 연명치료의 중단이 신상결정대행의 문제는 아니라고 할지라도, 새로운 입법적 조치가 있을 때까지는 피성년후견인의 추정적 의사를 분명히 알 수 있는 경우에 한하여 민법 제947조의2 제4항을 유추적용하여 가정법원의 허가를 구할 수 있다는 견해가 있다[박인환(주176), 191면]. 참고로 호스피스·완화의료 및 임종과정에 있는 환자의 연명의료결정에 관한 법률(2016. 2. 3. 법률 제14013호로 제정, 2017. 8. 4. 시행)에는 연명의료중단에 대한 결정권한을 후견인에게 부여하고 있지 않다. 한편, 장기 등 이식에 관한 법률은 정신건강의학과전문의가 본인이 동의능력을 갖춘 것으로 인정한 경우를 제외하고는 정신질환자와 지적장애인의 장기 등 적출을 금지하고 있을 뿐 아니라 제3자에 의한 악용의 위험이 매우 높으므로, 피후견인 등 의사결정능력에 장애가 있는 사람의 장기 적출행위에 대한 후견인을 비롯한 제3자의 동의권 대행은 결코 허용되지 않는다[성년후견제도 해설(주22), 71면 참조].

로 동의권 대행이 성년후견인으로서 주의의무를 다한 것인지와 피성년후견인의 추정적 의사에 부합하는지를 심리하여 허가 여부를 판단한다.

　　2) 사후 허가

　　허가절차로 의료행위가 지체되어 피성년후견인의 생명에 위험을 초래하거나 심신상의 중대한 장애를 초래할 때에는 예외적으로 사후에 허가를 청구할 수 있다(민법 제947조의2 제4항 단서).

　　(다) 피성년후견인이 거주하고 있는 부동산의 매도 등에 대한 허가

　　성년후견인의 법정대리권의 제한 부분에서 기술한 바와 같이, 이는 피성년후견인의 중요한 재산관리행위이기도 하지만, 피성년후견인의 주거와 관련한 신상결정의 중요한 내용이기도 하기 때문에 신상결정을 정한 민법 제947조의2에서 함께 규정하고 있다. 따라서 성년후견인이 민법 제947조의2 제5항에 의한 허가청구를 하려면 특별한 사정이 없는 한 재산상의 행위에 대한 대리권 외에 거주·이전에 관한 신상결정대행권한까지 있어야 한다.

　　(라) 피성년후견인의 기본권 침해의 경우 민법 제947조의2 제2항 내지 제5항의 유
　　　추적용 문제

　　민법 제947조의2 제2항 내지 제5항이 정하는 사항들 외에, 성년후견인의 결정이 피성년후견인의 신체의 완전성, 거주·이전, 통신(피성년후견인의 우편물 개봉 또는 전화 교환에의 개입 등), 주거의 자유 등의 기본권에 중대한 침해를 초래하는 경우, 민법 제947조의2 제2항 내지 제5항을 유추적용하여 법원의 허가를 받도록 하여야 하는지에 대하여 의견이 나뉜다.[187] 명문의 규정이나 심판에서 정함이 없는 이상 이러한 경우까지 법원의 허가를 받도록 하기는 어려울 것이다.

3. 한정후견인의 권한

가. 재산관리에 관한 권한

　　성년후견인이 법률의 규정에 의하여 당연히 피성년후견인에 대한 포괄적인 대리권을 가지고 주로 대리권 행사를 통해서 직무를 수행하는 것과는 달리, 한

---

187) 법무부가 애초에 국회에 제출한 민법개정안에 그러한 내용이 포함되어 있었으나 국회 심의과정에서 삭제되었다고 한다. 찬성하는 견해[김형석(주143), 268면; 박인환(주176), 192－193면]도 있고, 입법론으로는 몰라도 유추적용은 어렵다는 견해[구상엽(주18), 105－106면], 그와 같은 위험이 있다면 가정법원이 애초부터 대행권한을 부여하지 않거나 이미 수여한 권한의 범위를 변경하는 등의 방법으로 성년후견인에 의한 간섭을 배제할 수 있다는 견해[윤진수·현소혜(주33), 117－118면] 등이 있다.

정후견인은 대리권을 보유하기 위해서는 별도로 가정법원의 심판이 있어야 하고 동의권 행사가 중요한 직무수행 방식이라는 점에서 큰 차이가 있다.[188]

(1) 동의권

가정법원은 피한정후견인이 한정후견인의 동의를 받아야 하는 행위의 범위를 정할 수 있는데(민법 제13조 제1항), 피한정후견인의 잔존능력과 의사, 후견이 필요한 사무의 범위 등을 파악하기 위하여, 전술한 바와 같이 한정후견심판청구서에 그에 관한 의견을 기재한 서면을 제출받고 있다.[189] 이와 같이 범위가 정하여졌더라도 사건본인, 배우자, 4촌 이내의 친족, 한정후견인, 한정후견감독인, 검사 또는 지방자치단체의 장의 청구에 의하여 그 범위를 변경할 수 있다(민법 제13조 제2항).

한정후견인의 동의를 필요로 하는 행위에 대하여 한정후견인이 피한정후견인의 이익이 침해될 염려가 있음에도 그 동의를 하지 아니하는 때에는 가정법원은 피한정후견인의 청구에 의하여 한정후견인의 동의를 갈음하는 허가를 할 수 있다(민법 제13조 제3항).

(2) 대리권

가정법원은 한정후견인에게 피한정후견인의 일정한 범위의 법률행위에 대하여 대리권을 수여할 수 있다(민법 제959조의4 제1항). 가정법원은 한정후견인의 대리권의 범위를 정하기 위하여 청구인 등으로부터 그에 관한 의견을 기재한 서면을 제출받고 있지만, 수여 여부 및 범위에 대하여 그에 구애받지 않고 직권으로 정한다.

동의권이 유보된 범위와 한정후견인에게 수여하는 대리권의 범위가 같아야 하는지에 관하여 견해가 나뉜다. 동의권 유보는 피한정후견인의 능력을 고려하여 중요한 법률행위에 한정후견인이 반드시 조력하도록 하는 수단임에 반하여,

---

188) 성년후견제도 해설(주22), 112면.
189) 동의를 필요로 하는 행위의 범위를 넓힐수록 피한정후견인이 단독으로 할 수 있는 행위의 범위가 줄어들기 때문에, 피후견인의 의사와 잔존능력의 존중, 필요성과 보충성이라는 성년후견제도의 이념을 충실히 구현하는 것은 이러한 동의권 유보 조항을 어떻게 정하는지에 달려 있다고 할 수 있다. 한편 동의권 유보의 범위를 지나치게 좁게 하면 피한정후견인이 단독으로 한 중요한 법률행위를 취소할 수 없게 되어 피한정후견인을 실질적으로 보호할 수 없는 결과를 초래할 수 있다. 따라서 그 범위 결정에는 보다 신중하고 균형 있는 고려가 필요하다.

대리권은 한정후견인이 피한정후견인의 사무를 현명에 의한 대리로 처리할 수 있는 가능성을 부여하는 수단으로서 그 기능하는 바와 목적이 다르므로,[190] 같은 범위로 정해질 필요가 없다는 것이 다수설이고, 실무도 그에 따르고 있다. 동의권 유보의 범위는 피한정후견인의 자기결정권 보장의 요청과 취소권을 통한 복리보호의 필요성을 형량하여, 대리권의 범위는 원활한 사무처리의 필요성과 한정후견인에 대한 견제의 필요성을 종합하여, 각각 개별적으로 정하여져야 한다.

(3) 법률행위의 취소권

한정후견인의 동의가 필요한 것으로 정해진 법률행위를 피한정후견인이 한정후견인의 동의 없이 하였을 때에는 한정후견인과 피한정후견인이 그 법률행위를 취소할 수 있다(민법 제13조 제4항 본문, 제140조). 다만 일용품의 구입 등 일상생활에 필요하고 그 대가가 과도하지 아니한 법률행위에 대하여는 그러하지 아니하다(민법 제13조 제4항 단서). 피한정후견인과 거래한 상대방에 대한 최고권과 거절권(민법 제16조), 피한정후견인의 속임수(민법 제17조), 법률행위 취소의 경우 현존이익 한도 반환(민법 제141조 단서)은 성년후견의 경우와 같다.

(4) 기타

그 밖에 피한정후견인이 거주하는 부동산에 대한 처분(민법 제947조의2 제5항), 한정후견감독인이 선임된 경우(민법 제950조), 수인의 한정후견인이 선임된 경우(민법 제949조의2), 이해상반행위의 경우(민법 제949조의3, 제921조), 한정후견인이 피한정후견인에 대한 제3자의 권리를 양수하는 경우(민법 제951조) 등은 모두 성년후견과 같다(민법 제959조의6 참조).

나. 신상보호에 관한 권한

한정후견인의 피한정후견인에 대한 신상보호에 관한 권한은 성년후견의 경우와 같다(민법 제959조의6, 제947조, 제947조의2).

---

190) 김형석(주151), 145－146면; 박인환(주18), 58－59면.

4. 특정후견인의 권한

가. 재산관리에 관한 권한

성년후견인은 법률에 의하여 당연히 피성년후견인의 법정대리인이 되지만 특정후견인은 당연히 피특정후견인의 법정대리인이 되는 것은 아니다. 한편 한정후견인의 사무수행 방식이 한정후견인에게 동의권을 부여하는 것에 초점이 맞추어져 있는 것과 달리 특정후견인의 주된 지원 방식은 법적 조언 등을 통한 후원이다.[191] 따라서 특정후견심판이 있더라도 피특정후견인의 행위능력은 제한되지 않고, 특정후견인이 동의권이나 취소권을 행사할 수 없다.

(1) 대리권

피특정후견인의 후원을 위하여 필요하다고 인정하면 가정법원은 기간이나 범위를 정하여 특정후견인에게 대리권을 수여하는 심판을 할 수 있다(민법 제959조의11 제1항). 그 경우 가정법원은 특정후견인의 대리권 행사에 가정법원이나 특정후견감독인의 동의를 받도록 명할 수 있다(민법 제959조의11 제2항).

가정법원은 특정후견심판이 있다고 하더라도 특정후견인을 반드시 선임하여야 하는 것은 아니지만, 피특정후견인의 후원을 위하여 필요한 처분을 명할 수 있고(민법 제959조의8), 그에 따른 처분으로 피특정후견인을 후원하거나 대리하기 위한 특정후견인을 선임할 수 있으므로(민법 제959조의9 제1항), 실무에서는 거의 모든 특정후견사건에서 특정후견인을 선임하고 피특정후견인 후원에 필요한 범위의 대리권을 수여하고 있다.[192] 청구인 등으로부터 후원이 필요한 사무와 대리권에 관한 의견을 기재한 문서를 제출받고 있으나, 가정법원이 이에 구애받지 않음은 성년후견이나 한정후견의 경우와 같다.

(2) 기타

특정후견의 경우에도 수인의 특정후견인이 선임된 경우(민법 제949조의2)에 대해서는 성년후견에 관한 규정을 준용하고 있으나(민법 제959조의12), 성질상 재산관리에 관한 성년후견 및 한정후견의 다른 규정들은 준용하고 있지 않다.

---

191) 성년후견제도 해설(주22), 134면.
192) 특정후견은 민법 제949조를 준용하고 있지 않기 때문에 포괄적인 대리권을 가지는 것은 아니고 일정한 기간 또는 범위에 한하여 대리권을 가지게 된다.

나. 신상보호에 관한 권한

피특정후견인은 자신의 신상에 관하여 결정할 수 있는 능력이 있다는 것을 전제로 하고 있으므로, 특정후견에는 신상결정대행권한에 대하여 정한 민법 제938조 제3항, 제4항과 민법 제947조의2를 준용하지 않는다. 따라서 특정후견인에게 피특정후견인의 신상에 관한 결정대행권한을 부여할 수는 없다.[193] 현행 가사소송법이나 후견등기에 관한 법률도 이를 전제로 한 규정이 마련되어 있지 않다.

특정후견인에게 피특정후견인의 신상에 관한 결정대행권한을 부여할 수는 없다고 하더라도, 가정법원은 피특정후견인의 후원을 위하여 필요한 처분을 명할 수 있고(민법 제959조의8 참조), 위 처분이 재산관리에 한정된다고 할 수 없으므로, 가정법원이 후견적 지위에서 심판으로 피특정후견인의 신상보호에 대한 처분을 할 수 있다.

II. 후견인의 사무

1. 개요

가. 사무의 종류

후견인의 사무의 범위와 내용은 전술한 후견인의 권한과 맞물려 있다. 따라서 후견인의 사무는 크게 피후견인의 재산관리에 관한 사무와 신상보호에 관한 사무로 나눌 수 있다.

나. 사무의 흐름

후견인은 후견재판이 확정되면 즉시 피후견인을 위한 사무를 시작하여야 한다. 이를 위해서는 먼저 관련 기록을 열람·복사해서 검토함으로써 피후견인의 상황과 사건의 전반적인 내용을 파악하여야 한다. 기록을 통하여 사건을 어느 정도 파악하였으면 피후견인과 가족 등을 면접하여 피후견인에 대한 정보를

---

193) 같은 취지로 김주수·김상용(주18), 542-543면; 박인환(주176), 181면; 성년후견제도 해설(주22), 135-136면. 한편 이를 배제하고자 하는 것이 입법자의 의도가 아닌 점, 일회적·특정적인 신상보호를 위하여 마련된 제도가 특정후견이라는 점, 피특정후견인의 보호를 위해서 필요한 점, 그 밖에 보충성, 필요성, 비례의 원칙 등을 이유로 특정후견인에게 신상결정권한을 부여할 수 있다는 견해로는 김형석(주143), 270-271면; 제철웅(주176), 18-23면 등 참조.

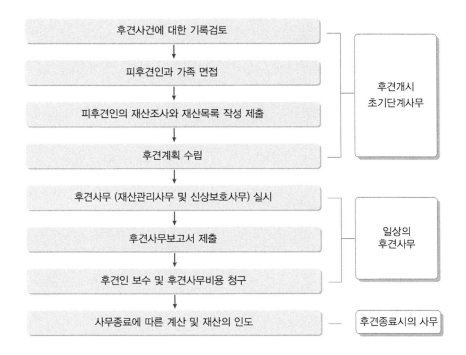

수집하고 신뢰를 형성하여야 한다. 재산에 관한 사항은 재산조회서비스 등을 이용하여 파악한다. 후견개시 후 2개월 정도까지 재산목록을 작성하여 법원에 제출하고 신상 및 재산에 관한 장단기 계획을 수립하면, 후견개시 초기단계의 사무가 일단락된다.

그 다음으로는 일상적인 후견사무가 행하여지는 단계이다. 이 단계에서 후견인은 피후견인의 신상을 보호하고 재산을 관리하는 사무를 구체적으로 하여야 하므로, 후견인의 전문성, 창의성과 적극성이 요청된다. 보통 1년에 한 번 정도도 그 기간 동안 행한 사무와 피후견인의 신상 및 재산의 변동 등에 관한 보고서를 작성하여 법원에 제출한다. 전문가후견인이라면 후견사무에 관한 보수와 비용에 대한 내용도 정리하여 법원에 청구하여야 한다.

마지막으로 피후견인이 사망하거나 능력이 회복되는 등 후견종료단계의 사무이다. 후견종료사유가 있다고 해서 후견인의 임무가 바로 종료되는 것은 아니고, 경우에 따라서는 후견종료심판이나 후견종료등기 신청이 필요하고, 후견사무종료에 따른 계산, 긴급한 사무의 계속 처리, 재산의 인도, 보수 청구와 법원에의 후견사무종료보고 등을 하여야 한다.

다. 사무수행에 있어서의 기본 의무

(1) 피후견인의 복리배려의무

후견인은 피후견인의 재산관리와 신상보호를 할 때 여러 사정을 고려하여 그의 복리에 부합하는 방법으로 사무를 처리하여야 한다(민법 제947조, 제959조의6, 제959조의12 참조). 후견인의 이러한 의무는 피후견인의 재산관리와 신상보호 사무를 모두 포함한다는 점에서, 피후견인의 재산관리사무에 중점을 둔 선량한 관리자의 주의의무보다 고양된 의무라고 한다.194)195)

(2) 피후견인의 의사존중의무

후견인은 후견사무를 함에 있어서 피후견인의 복리에 반하지 아니하면 피후견인의 의사를 존중하여야 한다(민법 제947조, 제959조의6, 제959조의12 참조). 후견인은 항상 피후견인의 희망을 알아내어 피후견인이 최대한 독립적으로 의사결정을 할 수 있도록 지원하여야 하고, 이를 위해서 피후견인에게 필요한 모든 정보를 수집, 제공하고 설명하여야 한다.

그런데 후견인은 후견사무를 수행하는 과정에서, 피후견인의 의사와 피후견인의 복리가 모순되거나 충돌하는 상황에 종종 직면하게 된다. 피후견인의 복리가 경제적·합리적 관점에서만 결정되는 것이 아니라 피후견인의 평소 생활관계, 인생관, 희망과 감정 등을 종합하여 결정된다고 보면196) 더욱 판단이 어렵게 된다. 피후견인의 의사나 추정적 의사가 비합리적이라고 하더라도 이를 존중하는 것이 원칙이라고 할 수 있지만, 그러한 의사를 존중하는 것이 피후견인의 안전과 건강, 재산보호에 돌이킬 수 없는 위험이나 손해를 가져오게 될 우려가 있다면 피후견인의 복리를 우선할 수밖에 없다고 할 것이다. 그 경우에 후견인은 반드시 피후견인에게 자신의 희망과 다른 선택을 하게 된 이유를 설명하고 이해시키도록 노력하여야 한다.

---

194) 윤진수(편집대표)(주18), 1281-1282면.
195) 후견인이 후견사무 수행 중 고의 또는 과실로 피후견인에게 입힌 재산상의 손해를 담보하기 위하여 후견인보증보험제도를 마련해 두고 있다. 현재 시행되고 있는 후견인보증보험은 서울보증보험에서 취급하고 보험가입금액은 최대 3억 원, 보험요율은 연 0.093%(단 최저보험료는 15,000원) 보험기간은 2년(임시후견인은 1년)이다. 전문가후견인 후보자는 후견심판 전에 가정법원의 보정명령에 따라 보증보험계약을 체결하고 보증보험증권을 제출하며, 보험료 상당액은 후견에 관한 비용으로 추후 지급받을 수 있다. 그런데 현재는 여러 이유로 이용이 활발하지 않은 상황이다.
196) 윤진수(편집대표)(주18), 1282면; 박인환(주18), 51-52면 참조.

후견인이 이러한 의사존중의무와 복리배려의무를 위반하여 사무를 수행하면 후견인 변경의 사유가 될 수 있으므로(민법 제940조), 이에 대한 판단이 어렵거나 상황이 명확하지 않으면 법원에 권한초과행위, 후견사무에 관한 처분명령 등의 청구를 함으로써 보다 객관적이고 종합적인 판단을 받아 사무를 처리함이 바람직하다.

(3) 선량한 관리자로서의 주의의무

민법은 후견인의 의사존중의무와 복리배려의무를 규정(민법 제947조)하는 것과 별개로 위임계약에서의 수임인의 선량한 관리자의 주의의무에 관한 규정(민법 제681조)을 후견인에 준용(민법 제681조, 제956조, 제959조의6, 제959조의12)하고 있다. 따라서 친권자가 그 자(子)에 대한 재산을 관리함에 있어 자기의 재산에 관한 행위와 동일한 주의를 하여야 하는 것(민법 제922조)과는 달리, 후견인은 후견의 본지에 따라 선량한 관리자의 주의로써 사무를 처리하여야 한다.[197] 그 밖에 후견인은 피후견인의 신상 및 재산에 관한 비밀을 유지하여야 한다.

2. 후견사건에 대한 기록검토

후견인선임심판이 확정되면 후견인이 가장 먼저 하여야 할 일은 후견개시사건 등 관련사건에 대한 기록을 열람·복사하고 검토하는 것이다. 후보자로 추천된 청구인이나 친족이 후견인으로 선임된 경우에는 피후견인에 대한 사항을 비롯한 사건 전반에 대하여 이미 잘 파악하고 있을 것이므로 이러한 절차가 불필요할 수 있다.[198] 그러나 전문가후견인 또는 심리 과정에 참여하지 못하였거

[197] 관련하여 후견인(정신건강복지법이 정하는 정신질환자의 보호의무자로서의 후견인 포함)이 피후견인의 감독의무자로서 민법 제755조가 정하는 손해배상책임이 있는지 문제된다. 피후견인이 민법 제754조의 심신상실자에 해당하여 면책되는 경우 후견인은 민법 제755조에 따라 감독의무를 게을리 하지 않았음을 입증하지 못하는 한 감독의무자로서 손해배상책임을 진다는 것이 다수의 견해[김준호(주18), 1885면; 김용담(편집대표), 주석 민법 채권각칙(8)(제4판), 한국사법행정학회(2016), 452면; 송덕수, 채권법 각론(제2판), 박영사(2016), 521면 등 참조]이나, 후견인에게 이러한 책임을 부담하게 하는 것은 UN장애인협약의 정신과 배치될 뿐 아니라, 그 책임 면탈을 위하여 정신장애인을 시설에 감금하게 되는 선택을 택하게 될 것이라는 이유로 반대하는 견해[제철웅, "성년후견인의 민법 제755조의 책임—그 정당성에 대한 비판적 검토", 법조 제670호(2012), 48-49면 참조]가 있다.
[198] 법원은 선임된 후견인에 대하여 후견개시(후견인선임)심판문과 함께 후견감독절차에 대한 안내서(참고자료 18)를 첨부하여 송달하고 있다. 친족후견인은 먼저 법원에서 실시하는 후견인 교육에 참석하여야 하는데, 재산목록, 후견사무보고서의 작성과 제출 방법 등을 포함한 후견사무 전

나 피후견인과 함께 생활하지 않고 있는 친족이 후견인으로 선임된 경우에는 피후견인의 상황이나 사건 파악을 위하여 신속히 후견개시사건 기록을 검토할 필요가 있다.[199] 후견개시와 동시에 선임된 후견인이 아니라 변경된 후견인이거나 추가로 선임된 후견인 또는 후견감독인이라면 후견개시사건은 물론 후견감독사건과 기타 부수사건에 대한 기록도 모두 검토하여야 한다.

피후견인의 진단서, 사전현황설명서 등을 통하여 현재 정신상태와 감호상황, 재산상황 등을 파악한다. 피후견인의 가족관계증명서와 동의서 또는 의견조회서 등을 통하여 추정 선순위 상속인 등 친족과 이해관계인의 후견에 대한 태도와 의견, 특히 다툼이 있는 경우 다툼의 주체와 내용 등을 파악할 필요가 있다. 다툼이 있는 경우에는 대부분 가사조사관의 조사보고서가 있으므로, 조사보고서를 통하여 먼저 사건을 전체적으로 파악하고 대략적인 후견사무의 방향을 세워보는 것도 좋다. 후견감독인이 있는 경우라면 연락처를 확보하고 가능한 빠른 시간 내에 연락을 취한다.

3. 피후견인 면접

기록 검토를 통해서 대략적으로 사건을 파악하고 나면, 먼저 피후견인을 면접하여야 한다. 피후견인이 자택에 머무르고 있는 경우는 물론이고, 병원이나 요양원에 있다고 하더라도 반드시 피후견인을 직접 방문하여 면담하여야 한다. 면담 일정은 피후견인의 친족이 입회한 가운데 피후견인의 거소에서 진행할 수 있도록 정하는 것이 좋고, 다툼이 있는지 여부를 불문하고 피후견인의 추정 선순위 상속인 모두가 참석하도록 독려하여야 한다. 참석할 수 없거나 멀리 있는 친족에 대해서는 유선통화 등의 방법으로 의견을 청취한다.

피후견인을 면접할 때에는, 먼저 피후견인이 자신의 의사를 표현할 수 있는지 여부를 확인하고, 의사표현이 어떤 방법으로든 가능하다면 후견에 대한

반에 관하여 안내를 받고 후견계획을 수립할 수 있다. 그 구체적인 절차와 교육 내용 등에 관하여는 후술하는 4장 Ⅲ-3-가-(3) 참조.

199) 보통 전문가후견인의 경우에는 선임 전에 재판부로부터 유선 또는 팩스로 선임을 의뢰받거나 의견청취서(참고자료 19)를 수령하고 검토한 후 회신하기 때문에 사건의 대략적인 내용을 이미 파악하고 있을 수 있다. 후견사건기록 열람·복사신청은 후견재판을 한 법원에 한다. 이는 재판장의 허가사항인데, 가사조사관의 의견란이나 가족이 제출한 사적인 문건 등 열람·복사를 허가하면 후견사무의 원활한 집행이나 피후견인의 보호와 복리에 도움이 되지 않을 것으로 판단되는 부분에 대해서는 열람·복사가 제한될 수 있다.

의사, 후원을 원하는 사무의 범위, 치료나 일상생활에 어려움이나 필요한 것은 없는지 등을 확인한다. 피후견인이 입원 또는 입소하고 있는 병원이나 시설의 담당자, 간병인 등을 면담하여, 피후견인의 신상보호상황과 입소계약의 내용 등을 파악한다.

아울러 피후견인과 그 가족에게 후견심판에서 정하여진 후견인으로서의 권한과 의무를 알리고, 작성할 재산목록에 대한 기초조사와 함께 피후견인의 신상보호와 재산관리에 있어서 주의하여야 할 사항에 대해서 설명한다. 특히 후견인에게 피후견인의 신상에 관한 결정대행권한이 부여된 경우에는, 친족이나 시설·병원 관계자에게 거주·이전, 우편물의 수령과 개봉, 치료행위, 면접교섭 제한 등에 관한 권한 등이 후견인에게 있음을 알림으로써 피후견인의 신상에 관하여 타인이나 제3자의 부당한 개입이나 간섭이 이루어지지 않도록 하여야 한다.

한편 피후견인 등과의 면담을 통하여 피후견인의 재산과 신상에 관한 정보를 수집하여야 한다. 재산관리에 관한 권한이 있는 후견인이라면 피후견인의 통장, 주권 등 유가증권, 인감도장 등 피후견인의 도장, 귀금속 등 유체동산을 인도받아,[200] 대여금고 등 안전한 곳에 보관한다. 마지막으로 매월 정기적인 면담 일정과 면담에 참가할 사람 등을 정한다.

후견사무의 성패는 후견인과 피후견인 및 그 친족 사이에 충분한 이해와 소통이 가능한지에 달려있다고 할 것이다. 따라서 피후견인과 친족 등 이해관계인이 후견인을 신뢰하고 친근감을 가질 수 있도록 첫 만남에서부터 그들의 의사와 필요, 감정과 경험 등에 대해서 이해하고 공감하려고 하는 태도와 노력이 필요하다. 한편으로는 어떠한 경우에도 객관성과 공정성을 잃지 않도록 주의하여야 한다. 특히 피후견인 및 그 친족 사이에 다툼이 계속되고 있는 경우라면, 어느 한쪽 친족이나 이해관계인의 입장을 대변하거나 옹호하여서는 안 되고, 향후 어느 한쪽 친족에 대하여 재산환수소송 등이 예상되는 경우라고 하더라도 항상 객관적이고 공정한 태도를 유지하여야 한다.

---

200) 인도받는 물건에 대하여 인수증 또는 영수증을 작성하여 교부하되, 그에 대한 사진을 찍어 첨부하는 것이 바람직하다.

4. 피후견인의 재산조사와 재산목록 작성

가. 재산조사와 재산목록[201] 작성의 중요성과 기능

후견인의 후견개시 초기 주요 사무 중 하나는 피후견인의 재산에 대하여 조사하고 재산목록을 작성하는 것이다. 재산목록은 청구서나 사전현황설명서에 첨부하는 것과 같이 후견개시재판의 심리과정에서 제출되는 것도 있지만, 여기서의 재산목록은 민법에 의하여 작성의무가 부과되는 것으로서 후견개시심판이 확정되고 난 후 금융자료나 부동산 조회결과와 같은 객관적인 자료에 기초하여 작성되어야 한다는 점에서 개시심판 확정 전의 재산목록과 구별된다.[202]

재산목록은 후견사무가 시작되는 시점에서 피후견인의 재산 내역을 명확히 해 둠으로써 이후 재산변동 판단의 기준이 되고, 주기적으로 제출하는 후견사무보고서와 후견종료시 제출하는 재산에 관한 계산보고서 작성의 기초가 되며, 피후견인과 후견인의 재산 사이의 혼동을 방지하게 하고, 이를 기초로 부동산 매각이나 거주지 변경 등의 구체적인 후견계획이 수립되며, 친족 등에 의한 재산일탈의 단서가 되어 회복소송을 가능하게 하는 기능을 한다.[203]

나. 재산조사 및 재산목록 작성 기간

성년후견인은 선임되면 지체 없이 피성년후견인의 재산을 조사하여 2개월[204] 내에 그 목록을 작성하여야 한다(민법 제941조 제1항 본문). 다만 피후견인의 재산이 많고 복잡하거나 여러 곳에 산재해 있어 파악에 상당한 시간이 소요되는 등 정당한 사유가 있는 경우에는 법원의 허가를 받아 그 기간을 연장할 수 있다.[205]

---

201) 법문으로는 "재산목록"이 정확한 표현이나, 실무에서는 후견인에게 제출의무를 강조하기 위하여 보통 "재산목록보고서"라고 부르고 있다. 재산목록의 양식은 참고자료 20 참조. 한편 실무에서는 재산목록 외에 피후견인의 최근 감호 상황 등에 관한 사진을 포함한 신상에 관한 보고서의 조기 제출이 요청되기도 한다.

202) 일부 친족후견인은 간혹 피후견인의 재산이 전혀 없다는 이유로 재산목록을 제출하지 않는 경우도 있으나, 그러한 경우라고 할지라도 재산이 없다는 취지의 재산목록이 제출되어야 한다.

203) 김효석, "후견인의 재산조사와 재산목록 작성 실무", 한국성년후견지원본부 후견인클럽 정기세미나 자료집(2016), 2면.

204) 전술한 바와 같이[2장 Ⅲ-4-가-(1)-(나)-2) 기재례 참조] "2개월"은 심판확정일로부터 기산하도록 하거나 특정일을 지정하는 방법으로 정해진다.

205) 성년후견제도 해설(주22), 53면. 가사소송법 제2조 제1항 제2호 가목 20)에 따라 별개의 사건(후견인의 재산목록 작성을 위한 기간의 연장허가)으로 청구하여야 한다. 그러한 경우 주문은

민법은 성년후견에 한하여 재산목록의 작성의무를 규정하고 있을 뿐,[206) 작성된 재산목록의 제출의무를 규정하고 있지는 않지만, 실무에서는 성년후견과 한정후견 심판의 경우 민법 제954조 등을 근거로 거의 예외 없이 재산목록의 작성 및 제출 의무가 부과되고 있다.

후견인은 그 재산조사와 목록작성을 완료하기 전에는 긴급 필요한 경우가 아니면 그 재산에 관한 성년후견인의 권한을 행사하지 못한다(민법 제943조 전문).[207) 그러나 이로써 선의의 제3자에게 대항하지 못한다(민법 제943조 후문).

다. 재산조사와 재산목록 작성 방법

재산목록에는 부동산, 예·적금, 보험, 증권, 대여금채권, 임대차보증금반환채권, 현금, 차량, 귀금속 등 유체동산, 회원권 등의 기타 채권 등 적극재산과 부동산 담보·신용·보험 대출금 채무, 임대차보증금반환채무, 차용금채무 등의 소극재산, 근로소득, 임대소득, 이자소득, 연금 및 사회보장수급권 등의 수입내역과 주거비, 의료비, 식비, 공과금, 용돈 등의 정기지출과 비정기지출 내역[208) 을 기재한다.

피후견인의 금융재산을 조사하기 위해서는 상속인(후견인) 금융거래조회 서비스[209) 또는 정부 3.0 안심상속 원스톱서비스[210)를 이용하고, 그 조회결과를

"청구인(성년후견인)이 사건본인(피성년후견인)의 재산목록을 작성하는 기간을 2019. 2. 28.까지 연장한다."와 같이 될 것이다.

206) 한정후견과 특정후견의 경우 이에 관한 민법 제941조를 준용하는 규정이 없다.

207) "긴급 필요한 경우"란 재산목록의 작성 전에 이를 하지 않으면 피후견인의 신상 또는 재산에 관하여 후일 이를 회복하기 어려운 불이익을 가져오게 할 경우를 말하는 것이고, 이를 위반한 후견인의 행위는 무권대리행위에 해당하여 무효이다(대법원 1997. 11. 28. 선고 97도1368 판결 참조).

208) 재산목록에 기재하는 지출 내역이나 계획은 후견인이나 가족에 대한 것을 제외한 피후견인에 대한 것만을 대상으로 하여야 한다. 피후견인의 재산으로 후견인 및 동거 가족의 생활비 등을 지출하는 경우에는 소명자료를 첨부하여 이를 따로 작성하여야 한다.

209) 원래 상속인 등이 피상속인의 금융 채권과 채무를 확인하기 위하여 여러 금융회사를 일일이 방문하여야 하는 번거로움을 덜어주기 위하여 금융감독원에서 제공하는 서비스였는데, 피성년후견인과 피한정후견인의 금융재산조회에도 활용할 수 있게 되었다(상속인 금융거래조회서비스 안내문과 신청서, 참고자료 21 참조). 후견인이 후견등기사항전부증명서 또는 후견개시심판문과 확정증명서를 준비한 후(법인의 경우 법인양식의 위임장, 법인인감증명서, 고유번호증, 담당자 신분증 등이 추가로 필요하다), 금융감독원이나 은행, 우체국, 보험회사 등을 방문하여 신청하여야 한다. 조회결과 금융회사의 계좌존재 유무와 예금 및 채무액만이 문자메세지 등으로 신청인에게 통보되거나 홈페이지에 게시되므로, 후견인이 구체적인 내용을 확인하기 위해서는 각 금융기관을 방문하여야 한다.

210) 행정안전부에서 제공하는 서비스로서 전국 시·구, 읍·면·동 사무소에서 신청할 수 있고, 금융

기초로 재산목록을 작성하여야 하며, 조회결과 출력물을 재산목록에 첨부한다. 피후견인의 부동산 보유현황을 직권으로 사실조회하는 법원도 있으나, 그렇지 않은 경우 후견인은 부동산등기부등본과 토지·건축물대장,211) 국토정보시스템의 개인별 토지소유현황조회를 통하여 조사한다. 그 밖의 재산에 대해서도 임대차계약서 사본, 통장 사본, 예금잔고증명서, 주식이나 펀드의 잔고확인서, 보험증권 사본, 보험금지급내역서, 회원권증서, 자동차등록증 사본 등의 소명자료를 첨부하여야 한다.212)

라. 후견감독인이 있는 경우

후견감독인이 선임되어 있는 경우, 후견인의 재산조사와 재산목록 작성에 후견감독인의 참여가 없으면 효력이 없다(민법 제941조 제2항).

또한 후견인과 피후견인 사이에 채권·채무의 관계가 있고 후견감독인이 있는 경우에는 후견인은 재산목록의 작성을 완료하기 전에 그 내용을 후견감독인에게 제시하여야 한다(민법 제942조 제1항). 후견인이 피후견인에 대한 채권이 있음을 알고도 제시를 게을리 한 경우에는 그 채권을 포기한 것으로 본다(민법 제942조 제2항). 후견인에 의한 피후견인의 재산관리가 적정하기 위해서는 후견인과 피후견인의 재산이 명확히 구별되어야 하나, 공시가 부족한 채권·채무 관계는 그 존재가 명확하지 않으므로 목록 작성 전에 그 증거를 후견감독인에게

재산뿐 아니라 토지, 자동차, 국민연금, 국세 및 지방세 내역도 조회할 수 있다. 조회를 위해서는 후견등기사항전부증명서 또는 성년(한정)후견개시 심판문과 확정증명원, 후견인의 신분증(대리인의 경우에는 후견인의 위임장과 인감증명서, 대리인의 신분증 포함) 등을 구비하여야 한다. 다만 이 서비스도 조회신청을 지방자치단체에서 받는 것일 뿐 상속인(후견인)금융거래조회서비스와 마찬가지로 금융감독원의 전산망으로 접수되어 각 금융회사 등의 거래내역을 조회하여 결과를 통보하는 것이다.

211) 부동산의 시가도 재산목록에 표시하게 되어 있는데, 보통 국민은행 부동산시가자료 등 공신력 있는 기관의 자료를 첨부하는 것이 좋다.

212) 재산목록이나 후술하는 후견사무보고서 양식은 각급 법원 종합민원실이나 후견센터 등에 비치되어 있기도 하지만, 법원 홈페이지를 통해서 작성 제출할 수 있다. 2018년 4월 기준 대한민국 법원(www.scourt.go.kr) 홈페이지/대국민서비스/나홀로소송(사용자등록 및 로그인)/서식작성/재산목록보고서 또는 후견사무보고서 경로를 통하여 작성할 수 있고, 작성된 보고서 등은 프린터로 출력하여 직접 법원에 방문 또는 우편으로 제출하거나, 전자소송 홈페이지에서 첨부파일로 제출할 수 있다. 위 사이트에서는 사건번호나 피후견인의 이름으로 감독사건을 조회할 수 있고, 기본적인 서식은 물론 작성방법과 모범 작성례를 제공받을 수 있다. 한편 일부 친족후견인은 위와 같은 재산목록이나 후견사무보고서의 작성을 어려워하는 경우가 있으므로, 재산목록 등의 작성을 돕기 위하여 상담창구를 설치하고 후견감독 사무상담위원을 배치하고 있는 가정법원이 있다.

제출하도록 한 것이다. 후견인이 재산목록 작성을 완료한 후에 취득하거나 부담한 채권·채무에는 적용이 없다. 다만 재산목록을 작성할 때 후견감독인이 선임되어 있지 않다면 후견감독인에게 제시할 필요는 없다고 하더라도 재산목록에는 기재하여야 한다. 후견인이 재산목록을 작성할 때 채권·채무의 존재를 알지 못하였다면 채권 포기 효과는 발생하지 않지만, 후에 그 존재를 알게 되었다면 지체 없이 후견감독인에게 알려야 하고 그러한 의무를 게을리하면 민법 제942조 제2항이 유추적용된다고 할 것이다.

후견인이 취임한 후에 피후견인이 포괄적 재산을 취득한 경우에도 민법 제941, 942, 943조가 준용된다(민법 제944조).

5. 재산관리사무 요령

가. 후견계획 수립

(1) 장단기 계획의 수립

피후견인과 친족에 대한 면담, 재산조사와 재산목록 작성을 통하여 피후견인의 재산 및 수입과 지출이 파악되면 재산에 대한 후견계획을 수립한다. 후견은 피후견인의 일생 동안 계속되는 특징이 있으므로, 피후견인이 그 기간 동안 충분한 치료와 최적의 생활을 하는데 부족함이 없도록 치밀하게 계획을 세워야 한다. 단기적으로는 피후견인의 경제상황이나 건강 또는 안전에 필요한 조치가 무엇인지 알아내고, 수입과 지출의 균형이 맞는지 특히 지출을 조정하거나 줄여야 할 부분이 없는지, 세금 등 공과금에 대한 체납이 없는지, 즉시 처분하거나 변경하지 않으면 현저한 손해가 발생할 재산은 없는지 등을 파악한다. 중기적으로는 피후견인의 경제상황에 변화가 발생할 가능성이 있는지 예측하고 피후견인의 희망에 따라 치료와 생활을 계속하기 위하여 안정적인 소득을 확보하거나 부동산을 매각하는 등 재원을 마련하여야 하며, 장기적으로는 피후견인의 능력이 회복되거나 사망하는 등의 후견사무 종료상황에 대한 대비를 해 두어야 한다.

(2) 일탈 재산의 환수

후견개시 전에 일부 친족 등에 의하여 처분된 재산이 발견된 경우, 후견인은 그에 대한 피후견인의 의사,[213] 그 재산의 처분 경위와 대가 수령 및 보관

---

[213] 피후견인의 의사는 왜곡되거나 친족 등 영향력 있는 사람에 의하여 학습된 경우가 상당히 많다.

상황, 당시 피후견인의 정신상태, 처분에 대한 추정 선순위 상속인의 의견 등을
종합하여 일탈된 재산을 환수하는 절차를 진행할 것인지 여부를 결정한다.

피후견인 명의의 처분행위가 부당한 것으로 판단되면 처분행위에 대한 취
소권 행사와 반환소송을 제기하는 것이 일반적이지만, 그 재산을 제외하고도
피후견인이 이전과 같은 수준의 생활을 영위하는데 부족하지 않을 정도의 충분
한 재산이 확보되어 있는 경우에는, 추정 선순위 상속인 전부의 동의를 받아 그
재산이 아닌 가액의 전부 또는 일부를 반환받는 방법, 차용증과 함께 피후견인
의 치료비와 생활비 명목으로 매달 일정한 이자를 지급받는 방법 등을 고려해
볼 수 있다.

그러나 친족 사이의 다툼이 없다고 하더라도 피후견인을 위한 충분한 재산
이 존재하지 않는다면, 처분 시점이나 처분으로 인한 수익의 흐름 등을 면밀히
살펴 친족 등 이해관계인들이 서로 합의하에 피후견인의 재산을 나누어 가진
것이 아닌지 확인하고, 이러한 경우에는 수익자 모두로부터 그 재산을 환수하
거나 가액을 반환받아야 한다.214)

나. 구체적인 재산관리 방법

(1) 부동산

부동산은 유지보존과 이용개량을 하는 방법으로 관리한다. 주로 임대차계
약을 체결215)하거나 갱신하여 보증금 또는 월 임차료를 받아 관리하고, 노후한
부동산을 수선하거나 보수하고, 관련 공과금과 세금을 납부하는 등 현상을 유

피후견인으로부터 재산을 증여받거나 수익을 취득하려고 하는 사람들은 외관상 피후견인의 정
신상태가 온전한 것처럼 보일 때를 놓치지 않고, 처분행위에 대한 서류를 미리 작성해 두거나
그 과정을 녹음 또는 촬영해 두기도 한다. 그러나 심리과정에서 나타난 피후견인의 의사와 진술
에 의하면, 피후견인은 그 처분행위의 경과와 내용을 전혀 알지 못하거나 기억하지 못하고, 향
후에도 처분의사가 없다고 진술하는 경우가 많다.

214) 성년후견개시심판의 청구 후 확정 전까지의 친족 등에 의한 재산처분을 방지하기 위하여, 채무
자 회생 및 파산에 관한 법률 제44조, 제45가 정하는 포괄적 금지명령과 같이, 성년후견개시청
구가 접수되면 심판확정시까지 피후견인의 재산에 대한 처분행위 또는 재산과 관련한 소송행위
등을 중지하고 피후견인의 재산에 대한 강제집행 등을 포괄적으로 금지하는 제도를 도입하는
것이 바람직하다는 견해가 있다[최현오, "성년후견제도의 실무", 서울가정법원 전문가후견인 등
후보자 간담회 자료집(2017), 60-61면 참조].

215) 피후견인이 자택에 홀로 거주하고 있다가 병원이나 요양원 등에 입소하게 된 경우, 정기적으로
위 부동산을 방문하여 관리현황을 확인하여야 하고, 장기간 자택으로 돌아올 가능성이 희박해
보이는 경우에는 가족과 상의하여 위 부동산을 임대하여 임대수익으로 피후견인의 치료비나 요
양비에 충당하도록 한다.

지하는 행위에 한정되는 것이 원칙이고, 새로운 부동산을 건축하거나 기존의 부동산을 철거하는 행위, 부동산을 매각 또는 증여하는 등 처분하는 행위는 후술하는 바와 같이 법원의 사전 허가를 받아야 한다.

(2) 예금 등 유동성 재산
(가) 관리 방법

예금 등을 관리할 권한을 수여받은 후견인은 피후견인 또는 그 가족으로부터 예금통장과 인장 등을 교부받아 보관하여야 한다. 재산조사를 할 때 파악해 둔 연금과 사회보장수급권의 입출금 및 사용 상황도 확인하여야 한다. 후견인은 피후견인의 치료와 생활에 소요되는 월 평균 비용을 파악하여 현재의 유동성 재산과 수입으로 계속 충당이 가능할지를 예측하면서 관리하여야 한다. 특히 후견인은 피후견인의 금융재산 등 유동성 재산에 대하여는 현존 상태를 유지하는데 중점을 두어야 하고, 수익률은 높지만 위험성이 큰 상품에 투자하는 등의 운용은 피후견인의 명시적인 의사가 있었다는 등의 특별한 사정이 없는 한 허용될 수 없다. 또한 피후견인의 소액 예금 등이 여러 금융기관에 흩어져 있어 관리가 어려운 경우에는 입출금사무가 용이한 금융기관의 계좌 하나로 모아서 관리할 수도 있다.216)

친족 등 신상사무를 담당하는 후견인이 따로 있는 경우, 재산사무를 담당하는 후견인은 매월 사용가능한 예산의 범위를 지정하여 알려주고 이를 초과할 경우 사전에 승인을 받도록 하며, 매월 생활비나 치료비 등 지출내역을 제출받아 관리할 필요가 있다.

한편 예금을 인출하고 치료비나 생활비를 지출하는 등 재산관리사무를 하는 경우에는, 후견사무보고서 등을 작성하거나 후일 후견사무의 적정성을 소명하는데 도움이 될 수 있도록 그 입출금이나 집행상황에 대해서 그때그때 장부 등에 꼼꼼히 기입하고 영수증을 모아 두는 것이 좋다.217)

---

216) 그러나 친족후견인 중에는 관리의 용이함 등을 내세우면서 피후견인의 예금을 모두 후견인 명의의 계좌로 이체하여 관리하는 경우가 있는데, 이러한 방법은 허용될 수 없는 것이 원칙임을 유의하여야 한다. 한편 기술적인 어려움과 보안상의 문제를 들어, 피후견인 명의의 계좌에 대한 인터넷뱅킹이나 체크카드발급을 허용하지 않고 있는 금융기관이 많은데, 후견인의 원활한 후견 사무 수행을 위하여 필수적이므로, 조속히 모든 금융기관에서 이러한 서비스를 제공하도록 개선되어야 할 것이다.

217) 친족후견인 등의 장부기입이나 영수증보관에 도움이 되도록, 친족후견인 교육을 할 때 후견인들

(나) 가족의 생활비 문제

피후견인의 가족이나 친족후견인은 피후견인에게 소요되는 치료·요양 및 생활비와 피후견인의 가족이 쓰는 생활비를 엄격히 구별하지 않고 지출하는 경향이 있다. 그러나 발병 및 후견개시 전에 피후견인의 재산이나 소득이 피후견인 가족의 유일한 소득원이었던 경우, 당상 피후견인의 재산이나 소득을 피후견인을 위해서만 사용하도록 하는 것은 불가능할 뿐 아니라 지나치게 가혹하다. 함께 생활하고 있거나 피후견인을 돌보고 있는 사람이 사실상의 배우자인 경우 등에는 더욱 문제가 복잡하다.

결국 피후견인의 명시적 또는 추정적 의사나 사회통념에 비추어 합리적인 목적과 일상적인 범위 내에서는 가족이나 피후견인을 돌보고 있는 사람을 위한 지출이 허용되지만, 이 경우에도 객관적이고 공신력 있는 자료로 뒷받침되어야 할 것이다. 가족 중 일원이 급한 수술을 받아야 한다거나 결혼을 하는 등 통상적인 범위를 벗어나는 지출을 하여야 하는 경우에는 후술하는 바와 같이 사전에 법원의 허가를 받는 것이 좋다.

(3) 유가증권 등

피후견인이 보유하고 있는 주식, 채권, 펀드 등은 원칙적으로 현상 그대로 보존하는 방법으로 관리한다. 다만 주가가 폭락할 것이 예상된다거나, 펀드 등 금융상품의 계약기간이 만료하는 등의 사정이 발생한 경우에는, 보다 안전한 자산으로 변경하는 것은 허용될 것이다. 한편 안전성 등이 유사하거나 동일하다는 것이 명확하다면 보다 수익성이 높은 상품으로 변경하는 것도 허용될 수 있을 것이다. 하지만 그러한 경우에는 향후 후견인의 책임 등을 고려하여 법원의 사전 허가를 받는 것이 바람직하다.

(4) 귀금속 등 유체동산

귀금속 등 중요한 유체동산은 피후견인이나 가족이 거주하는 곳에 안전하게 보관할 장소와 장치가 있으면 그곳에 보관하여도 되지만, 분실이나 도난의 우려가 있다면 이를 인도받아 대여금고 등에 보관하는 방법도 고려할 수 있을 것이다.

에게 관련 내용에 대한 정보와 자료를 제공하고 파일폴더 등을 교부하는 가정법원이 있다.

다. 재산관리에 법원의 허가가 필요한 경우

(1) 피후견인의 부동산 등 중요한 재산의 처분행위 등

피후견인의 생활비나 입원비, 시설입소비 등을 지속적으로 지출하여야 함에도 불구하고 보유하고 있는 현금성 자산을 모두 소진하게 되면, 피후견인 소유의 부동산이나 중요한 재산을 처분하여야 할 경우가 종종 생긴다. 후견인이 피후견인을 대리하여 피후견인이 거주하고 있는 건물 또는 대지에 대하여 매도, 임대 등의 처분행위를 할 때에는 가정법원의 허가를 받아야 한다(민법 제947조의2 제5항 참조). 피후견인이 거주하고 있지 않는 부동산이나 그 밖의 중요한 재산에 대해서는 후견개시심판에 법원의 허가를 받도록 정해져 있는 경우가 많다.

(2) 소송행위

후견인이 피후견인을 대리하여 소송행위를 하는 경우가 있다. 피후견인을 상대로 한 소송에 응소하여야 하는 경우도 있고, 피후견인의 재산을 증가시키거나 반환받기 위하여 적극적으로 소송을 제기하여야 할 경우도 있다.[218] 후견인이 피후견인의 소송행위를 대리하기 위해서는 법원의 사전 허가를 받도록 심판에 정하여지는 경우가 많다. 이러한 경우 후견인의 재산관리 등 후견임무 수행에 관하여 필요한 처분명령[가사소송법 제2조 제1항 제2호 가목22) 참조] 등 별개의 심판으로 법원에 허가청구를 해야 한다. 소송이 계속되고 있다면 이미 진행된 절차에서의 소송행위의 추인과 향후 소송 진행을 위해서 법원의 허가를 받아야 한다. 보통 본안소송의 제기 또는 응소, 이를 위한 변호사 선임, 보전소송의 신청 등 소송에 관한 포괄적인 권한이 부여되고 있다. 그러나 조정이나 화해, 청구의 포기나 인낙, 소송의 취하 등 소송물의 처분에 대한 내용에 대하여는 가정법원으로부터 그에 대한 특별한 권한을 별도로 받아야 한다.[219]

한편 소송의 내용이 간단하다면 비용 등을 감안하여 후견인이 직접 소송을 수행하는 것도 가능하지만, 소송의 내용이 복잡하고 피후견인의 친족 사이의

---

218) 피후견인의 가족에 대한 증여행위나 매매행위가 무효임을 원인으로 하는 소유권이전등기말소청구소송, 피후견인 가족의 명의로 명의신탁한 부동산에 대한 반환소송, 피후견인이 후견개시 전 가족에게 대여한 대여금 및 이자 청구소송, 피후견인 소유 부동산의 임차인을 상대로 한 인도 및 임차료 청구소송 등이 그 예이다.

219) 후술하는 바와 같이 개정 민사소송법(2016. 2. 3. 법률 제13952호로 일부개정, 2017. 2. 4. 시행) 제56조에 의하면, 이러한 행위에 대해서 후견감독인이 있는 경우 후견감독인으로부터 특별한 권한을 부여받아야 하고, 후견감독인이 없으면 가정법원으로부터 특별한 권한을 받아야 한다.

분쟁이 극심한 경우 등에는 향후 중립적인 후견사무 수행에 방해가 될 우려가 있으므로, 별도의 대리인을 선임하여 소송을 진행하는 것이 바람직하다.[220]

(3) 이해상반행위

피후견인의 후견인에 대한 증여나 매매 등 재산처분행위, 후견인이 공동상속인인 경우 피후견인의 상속포기나 상속재산분할협의, 피후견인의 후견인에 대한 채무의 변제 등은 이해상반행위로서 특별대리인이 선임되어야 하고, 그 행위에 대한 대리권 행사에 법원의 허가를 받도록 정해져 있는 경우에는 특별대리인선임 외에 별도의 법원의 허가심판을 받아야 한다.[221]

라. 후견감독인이 선임되어 있는 경우

성년후견과 한정후견의 경우 후견감독인이 선임되어 있으면, 후견인이 피후견인을 대리하여 영업에 관한 행위, 금전을 빌리는 행위, 의무만을 부담하는 행위, 부동산 또는 중요한 재산에 관한 권리의 득실변경을 목적으로 하는 행위, 소송행위, 상속의 승인, 한정승인 또는 포기 및 상속재산의 분할에 관한 협의 등의 행위를 함에 있어서 후견감독인의 동의를 받아야 한다(민법 제950조 제1항, 제959조의6).

한편 대리권 있는 성년후견인 또는 한정후견인이 상대방의 소 또는 상소 제기에 관하여 소송행위를 하는 경우에는 후견감독인으로부터 특별한 권한을 받을 필요가 없으나, 소의 취하, 화해, 청구의 포기·인낙 또는 민사소송법 제80조에 따른 탈퇴를 하기 위해서는 후견감독인으로부터 특별한 권한을 받아야 한다(민사소송법 제56조 제1항, 제2항 참조).

후견인과 피후견인 사이에 이해가 상반되는 경우 후견감독인이 있으면, 후견감독인이 피후견인을 대리한다(제940조의6 제3항, 제959조의5 제2항, 제959의10 제2항).

---

220) 후견개시 전에 피후견인 등에 의하여 선임된 소송대리인이 있는 경우, 그에 대하여 일률적으로 사임을 권하거나 해임할 수는 없지만, 피후견인의 의사를 가장하여 피후견인의 자녀 중 일방에 의하여 선임되었고 향후 피후견인을 위한 적절한 소송수행을 기대할 수 없는 경우에는 종전 소송대리인을 해임하고 새로운 소송대리인을 선임하기도 한다.
221) 자세한 내용은 3장 I−2−가−(1)−(나)−5) 참조.

마. 신탁과 피후견인의 재산관리

(1) 후견 영역에서 신탁의 기능

신탁은 위탁자(본인)가 수탁자에게 재산을 이전하고, 재산을 이전받은 수탁자는 위탁자의 뜻에 따라 위탁자의 이익 또는 특정한 목적을 위하여 재산을 관리·운용하여 그 수익을 위탁자가 지정하는 수익자에게 귀속시키도록 하는 제도이다. 이러한 신탁제도는 피후견인과 같이 보호가 필요한 사람의 재산관리 영역에서 후견제도의 대체 또는 보완 기능을 담당할 수 있다.[222] 또한 후견인의 권한 남용에 대한 견제책이 될 수 있고, 한편으로는 후견인의 재산관리 사무부담을 경감하거나 효율적인 재산관리를 가능하게 도울 수도 있다. 예컨대 발달장애 또는 정신적 장애가 있는 비교적 낮은 연령의 피후견인에 대해서 부모가 질병이나 노령으로 돌볼 수 없게 되거나 사망할 때를 대비하고자 하는 경우, 미성년후견이 개시되는 경우에 신탁제도가 이용될 수 있다.

다만 후견과 관련된 신탁을 활용하기 위해서도 피후견인의 의사와 자기결정을 우선적으로 고려하여야 한다. 따라서 피후견인이 명시적으로 신탁제도 이용을 반대하거나 피후견인의 의사를 추단할 다른 내용의 유언서가 존재하는 경우, 신탁 대상이 되지 않는 재산이 대부분인 경우, 재산의 내용이 복잡하고 변동가능성이 커서 수지계획을 세우기 어려운 경우, 신상사무를 담당할 친족이 존재하지 않거나 적절한 후견을 기대하기 어려운 경우에는 이용하기 어렵다고 할 것이다.

---

222) 후견과 비슷한 기능과 효과를 내는 것으로는 유언대용신탁과 유언신탁이 있다. 유언대용신탁은 계약으로 신탁을 설정하고 효력은 생전에 발생하되(생전신탁), ① 위탁자가 사망할 때 비로소 수익자가 되는 경우(위탁자의 사망 전에는 다른 사람이 수익자가 된다, 신탁법 제59조 제1항 제1호)와 ② 위탁자가 사망하기 전에 수익자를 지정하되 사망 이후부터 신탁이익을 받을 수 있도록 하는 경우(위탁자의 사망 전에는 따로 수익자가 없다, 신탁법 제59조 제1항 제2호)가 있다. 한편 유언신탁은 유언으로 신탁을 설정하고 효력은 사후에 발생(사후신탁)하는데, 유언의 방식에 따라야 한다는 제한이 있다.
  한편 장애인복지법에 의한 등록장애인 등이 증여받은 재산을 신탁업자에게 신탁한 경우 5억 원까지 증여세가 면제되는 것을 주요 내용으로 하는 장애인특별부양신탁(상속세 및 증여세법 제52조의2 참조)의 문제점을 개선하자는 견해, 법무부장관으로부터 인가를 받은 공익 신탁기관을 설립하여 의사결정장애인을 위한 공익신탁(공익신탁법 제3조 이하 참조)을 활성화하자는 견해, 고령자나 장애인을 위한 집합특별수요신탁에 관한 입법이 필요하다는 견해[제철웅, "고령자-장애인을 위한 집합특별수요신탁제도의 입법 제안", 특별수요신탁제도 도입을 위한 국제포럼 자료집(2018), 80-87면]가 있다.

(2) 신탁계약 체결

실무에서 후견과 관련된 신탁계약은 피후견인을 대리한 후견인과 금융기관
인 수탁자223) 사이에 체결되고 있다. 피후견인에게 일상 생활비나 치료비 등으
로 지출할 금액을 상회하는 재산이 있고 피후견인이 이를 관리할 능력이 없거
나 부족한 상황에서,224) 후견인에 의한 권한 남용을 방지하고 오랜 기간 동안
위 재산을 관리·운용하여 피후견인의 주거비, 생활비, 치료비 등을 안정적으로
지출할 수 있도록 할 필요가 있는 경우, 가정법원은 직권 또는 신청에 따라 피
후견인의 일정한 재산에 대하여 신탁계약을 체결하여 관리할 것을 내용으로 하
는 후견사무에 필요한 처분명령 또는 보정명령을 한다.

후견인은 피후견인을 대리하여 수탁자와 사이에 신탁계약을 체결하는데,
신탁재산 원본 보존과 법원의 결정에 따른 생활비 지급, 그 밖의 신탁수익권의
행사나 해지에 가정법원의 허가를 받도록 하는 내용이 포함된다. 일본의 후견
제도지원신탁225)과 달리, 반드시 전문가후견인이 선임되어야 하는 것은 아니고 신
탁계약을 체결하고 난 후에 반드시 사임하여야 하는 것도 아니며, 후견인이 신상
에 관한 사무와 신탁재산을 제외한 나머지 재산에 대한 관리사무를 담당한다.226)

---

223) 보통 신탁업무를 담당하는 은행 등 금융기관이 될 것인데, 하나은행이나 신한은행 등 일부 금융
기관에서 후견관련 신탁상품을 개발하였거나 개발하고 있다.
224) 미성년후견이 개시되는 미성년자에게 상당한 상속재산이 있으면 성년에 도달할 때까지 또는 그 후
일정한 연령이 될 때까지 후견인의 자의적인 처분을 방지하고 안정적으로 보존·관리할 필요가 있다.
225) 일본의 후견제도지원신탁의 이용 여부는 법원이 판단을 하고, 이를 이용하는 경우 신탁계약을
체결하기 전에 기본적으로 전문가후견인이 선임된다. 전문가후견인은 피후견인의 재산상황을
파악하고 장래 생활설계에 필요한 내역을 작성하여 이를 토대로 신탁계약의 내용을 정하는데,
계약이 체결되면 친족후견인 등에게 후견사무를 인계하고 사임한다. 후견인이 예상과 다른 비
용을 지출할 필요가 있는 때에는, 법원으로부터 지시서를 받아 수탁자에게 제출하고 신탁재산
으로부터 급부를 받을 수 있다. 신탁의 변경이나 종료시에도 역시 법원의 지시서가 요구된다.
다만 후견제도지원신탁은 그 범위가 성년후견제도 중 성년후견에 한정되고, 신탁재산도 금전만
을 대상으로 한다[최수정, "고령사회에서 성년후견제도와 신탁", 법조 제702호(2015), 61-62
면]. 후견제도지원신탁은 피후견인의 재산을 보전하는데 효과적이지만, 재산의 대부분이 부동산
인 경우에는 이용하기 어렵고, 피후견인의 복리를 위하여 재산이 사용되지 않고 상속을 위해 보
전하는 수단으로 변질될 수 있다는 단점이 있다[배인구, "재산관리능력이 부족한 사람들을 위한
신탁제도", 한국가정법률상담소 심포지엄 주제발표자료(2017), 22면].
226) 이렇게 되면 전문가후견인 보수와 신탁보수가 이중으로 지급됨으로써 피후견인에게 부담이 된
다는 단점이 있다. 그러나 피후견인의 재산이나 신상에 관하여 친족 사이에 다툼이 있다면 전문
가후견인을 선임할 수밖에 없고, 신탁제도는 재산관리에 대해서만 역할을 할 뿐 피후견인의 신
상보호기능을 담당하지 않는다. 따라서 신탁계약 후 관리할 별다른 재산이 남아있지 않고 신상
보호사무는 친족후견인에게 맡겨도 별 문제가 없는 경우에는 전문가후견인을 사임하게 하고 친
족후견인을 선임하는 방법, 신탁계약이 체결되는 경우 전문가후견인의 보수를 대폭 감액하는
방법 등을 생각해 볼 수 있다.

6. 신상보호사무 요령

가. 사무수행의 원칙

피후견인은 자신의 신상에 관하여 원칙적으로 피후견인 단독으로 결정한다는 점은 앞서 본 바와 같다(민법 제947조의2 제1항 참조). 따라서 후견인에게 피후견인의 신상에 관한 결정대행권한이 부여되어 있다고 하더라도, 그 사무를 수행함에 있어서는 먼저 피후견인의 의사와 희망을 파악하여야 하고, 피후견인이 스스로 신상결정을 할 수 없는 경우에만 신상결정대행권한을 행사하여야 함을 주의하여야 한다.

나. 구체적인 사무수행 방법

(1) 정기적 방문

후견인이 피후견인에 대한 개호활동과 같은 사실행위를 할 의무를 부담하는 것은 아니라고 하더라도, 피후견인을 주기적으로 방문하여 생활상황이나 심신상태를 관찰하고 피후견인의 필요를 정확하게 파악한 후 신상보호사무에 대한 계획을 수립하여야 한다. 피후견인의 상황에 따라 다를 수 있겠지만 원칙적으로 매월 1회 이상 방문하는 것이 바람직하고, 특히 피후견인이 혼자 생활하고 있거나 병원이나 시설에 입소하고 있는 경우에는 정기적 방문이 더 중요하다. 방문을 하면 개호하고 있는 가족이나 전문 개호인, 의사나 간호사, 사회복지사 등을 면담하여, 피후견인의 현재 필요가 무엇인지, 치료나 영양 상태는 적절하게 유지되고 있는지, 주거나 요양원 등을 옮겨야 할 필요가 있는지, 방문개호서비스나 데이케어(day-care)서비스 등 다른 사회복지서비스가 필요한 상황은 아닌지, 일상생활에 필요한 물품이 부족하지는 않은지 등을 확인하여야 한다. 재산사무를 담당하는 후견인이 따로 있는 경우에는 정기적인 면접과 상담을 통하여 후견사무수행에 관하여 의논하여야 한다.

(2) 의료행위

후견인이 피후견인의 의료행위와 관련하여 담당하여야 하는 사무로는 병원 또는 의사 등과 사이에 의료계약의 체결을 대리하는 것[227)]과 각종 검사나 투약,

---

227) 후견인이 피후견인에 대한 신상보호의무가 있다고 하더라도, 피후견인을 개호하고 간호하는 등

주사, 수술과 같은 구체적인 치료행위에 동의하는 것이 모두 포함된다.

즉 성년후견과 한정후견의 경우, 피후견인의 신체를 침해하는 의료행위에 대하여 피후견인이 동의할 수 없는 경우에는 후견인이 그를 대신하여 동의할 수 있고, 후견인의 동의 권한이 인정되는 경우라도 피후견인이 의료행위의 직접적인 결과로 사망하거나 상당한 장애를 입을 위험이 있을 때에는 가정법원의 허가를 받아야 한다.

(3) 거주·이전

후견사건에서 피후견인은 병원이나 요양시설에 입원 또는 입소 중인 경우가 대부분이고, 후견개시 단계에서는 자신의 주거에서 가족 또는 전문 간병인의 도움을 받고 있다가도 후견개시 후에 여러 사정으로 피후견인의 거소를 병원이나 요양시설로 바꾸어야 하는 경우도 적지 않다. 또한 마땅히 거주할 공간이 없는 피후견인에 대해서는 거주할 부동산을 임차하거나 병원이나 요양원 등을 물색하여야 한다.

후견인은 피후견인의 건강상태와 경제적 능력, 가족의 형편과 개호에 대한 의사, 피후견인과 가족의 주거형태, 피후견인을 개호할 사람의 유무, 지속적인 치료의 필요 여부 등 여러 사정을 종합하여 피후견인의 주거를 결정하여야 한다. 다만 피후견인을 치료 등의 목적으로 정신병원이나 그 밖의 다른 장소에 격리하는 경우에는 가정법원의 허가를 받아야 한다.

(4) 면접교섭

후견인에게 면접교섭에 관한 결정권한이 부여된 경우에도 후견인은 피후견인의 명시적 또는 추정적 의사를 존중하여야 함은 물론이다. 따라서 후견인이 다툼이 있는 친족 등 특정인에 대한 면접교섭을 제한할 것인지에 대한 결정은 신중하여야 한다. 그러나 피후견인의 탈취가 계속되고 있다거나 그 위험성이 큰 경우, 피후견인을 보호하고 있는 의료진이나 개호인에게 폭언과 협박을 하는 경우, 요양원 등 피후견인의 거소에서 친족 사이에 다툼 등 소란이 발생하는

직접적으로 사실행위를 할 권리나 의무는 없다. 따라서 사실행위로서의 개호나 간호행위가 가능하기 때문에 자신이 후견인으로 선임되어야 한다는 주장은 잘못된 것이다[성년후견제도 해설 (주22), 65면].

경우, 피후견인에 대한 치료행위를 중단하도록 강요하는 경우에는 면접교섭을 제한할 수 있을 것이다.

(5) 우편·통신

피후견인에 대한 통신이나 우편을 차단하거나 피후견인에게 오는 우편을 개봉하는 것은 피후견인의 통신의 자유나 비밀을 침해할 가능성이 있으므로 원칙적으로 허용되지 아니한다. 그러나 심판에 의하여 후견인에게 우편·통신에 관한 결정대행권한이 부여되었음을 전제로, 피후견인의 건강이나 안전에 심각한 위험을 발생시킬 우려가 있는 경우, 전혀 의사능력이 없는 피후견인의 사무처리를 위하여 피후견인의 우편을 개봉할 필요가 있는 경우 등 특별한 사정이 있으면 허용된다고 할 것이다.

(6) 사회복지서비스

피후견인에게 목욕, 배설, 식사 제공, 간호 등의 개호를 위한 방문개호서비스나 물리치료, 재활 등을 위한 데이케어(day–care)서비스가 필요한지, 장애인 연금의 신청 등 사회복지서비스가 필요한 상황인지 여부를 항상 점검하고, 필요한 경우 서비스 신청을 대행한다. 후견인은 서비스 제공자와 정기적으로 접촉하여, 제공되는 서비스가 적절한지, 여전히 피후견인의 의사와 복리에 비추어 최선의 선택인지에 관하여 평가하여야 한다.

다. 피후견인의 신상보호에 대하여 의견대립이 있는 경우

후견인과 피후견인의 가족 사이, 신상보호에 관한 권한을 부여받은 여러 명의 후견인 사이, 여러 명의 친족 사이에 피후견인의 신상보호 방향과 방법에 관하여 의견이 대립되는 경우가 종종 발생한다. 피후견인의 명시적인 의사를 알 수 있는 경우에는 이를 최우선으로 존중하여 사무를 처리하되, 피후견인이 의사를 밝힐 수 없는 경우에는 후견인이 피후견인의 추정적 의사와 복리에 가장 부합하는 방법이 무엇인지 결정하여야 한다. 다만 이러한 경우 후견인의 결정대행권한으로 정해진 범위 내의 사항이어야 하고, 법원의 허가를 요하는 사항이면 허가를 받아야 한다.

실무에서는, 후견인이 피후견인을 대리하여 피후견인을 보호하는 가족에 대하여 일탈재산 환수와 관련한 민·형사 소송을 하는 경우가 있는데, 이러한 경우 소송의 대상이 되는 가족이 피후견인을 보호하도록 두는 것은 바람직하지 않다. 재산에 관한 권한을 행사하는 후견인과 신상에 관한 권한을 행사하는 후견인이 따로 정하여져 있는 사안에서, 재산에 관한 권한을 행사하는 후견인이 신상에 관한 권한을 행사하는 후견인을 상대로 소송 등 법적 조치를 하여야 하는 경우에도 마찬가지 문제가 생기는데, 이러한 때에는 제3의 다른 가족이 보호하도록 하거나, 요양병원이나 요양원 등 독립적인 장소에 피후견인이 거주하도록 함이 바람직하다.

7. 후견사무보고서 작성·제출

후견인은 심판에 정하여진 후견사무보고서 제출일과 작성기준일을 확인하고, 제출기한에 늦지 않게 후견사무보고서를 작성하여 법원에 제출하여야 한다. 후견사무보고서는 후견인이 일정한 기간 동안 수행한 신상보호, 재산관리 사무의 내역을 정리하여 법원에 보고하는 서류이다. 보통 1년에 1회 제출하도록 정하여지지만, 각 사건의 특성에 따라 제출 주기가 다르게 정하여지기도 하고, 집중적인 관리나 감독을 위해서는 정기 제출일이 아니어도 추가로 사무보고서를 제출하여야 할 수도 있다.

후견사무보고서[228]에는 ① 기본사항으로 기본후견감독사건[229]의 사건번호, 보고대상 기간과 후견의 종류, 피후견인과 후견인에 대한 인적사항, ② 신상보호사무와 관련하여 피후견인의 거소 변경상황, 접촉 빈도, 동거인 등 생활형태, 정신적·신체적 건강상태, 의료나 재활 등 제공되는 후견서비스, 후견지속여부와 향후 보호계획 등 신상에 관한 특이사항과 의견, ③ 재산관리사무와 관련하여 적극재산과 소극재산의 현황과 변동 상황, 수입과 지출내역과 변동 상황을 기재하고, 그에 부합하는 증거서류를 첨부하여 제출한다.

후견사무보고서의 제출기한을 넘기거나 부실한 보고서를 제출하는 경우,

---

228) 작성례는 참고자료 22 참조.
229) 기본후견감독사건은 후견개시사건이 확정되는 경우 가정법원에서 직권으로 개시하는 후견감독사건을 말한다. "기본"이라는 표현을 사용하는 이유는 이 사건에서 일상적이고 정기적인 감독이 이루어질 뿐 아니라, 후견감독 과정에서 별개의 사건으로 제기되는 많은 사건들, 예컨대 후견인 보수청구사건, 후견인의 임무수행을 위한 처분명령청구사건 등(보통 "후견감독부수사건"이라고 한다)과 구별하기 위함이다. 기본후견감독사건의 사건부호 등 자세한 내용은 4장 Ⅲ-3 참조.

심충적인 감독절차 등을 거쳐 후견인 변경, 고발 등의 후속조치가 이루어지기도 한다.

8. 후견인 보수 및 후견사무비용 청구

가. 개설

후견인은 후견사무를 수행하는 데 지출한 비용은 물론 적정한 보수를 피후견인의 재산 중에서 지급받는다(민법 제955조, 제955조의2, 제959조의6, 제959조의12).[230] 전문가후견인이 아닌 친족후견인에 대해서는 지출한 비용 외에 보수는 수여되지 않는 것이 일반적이다. 그러나 보수를 수여하지 않는 것이 피후견인을 돌보지 않는 다른 친족들과의 형평에 비추어 심히 불공평한 결과가 되는 경우, 친족후견인에게 일정한 보수를 수여하는 것이 동기부여가 되는 등 피후견인의 복리에 도움이 될 것으로 예상되는 경우, 친족후견인이 피후견인을 돌보기 위하여 직장을 그만두거나 기대되는 수입을 포기한 경우로서 피후견인의 개호에 소요되는 시간과 노력, 실제 포기한 수입 등에 관한 객관적인 자료가 제출된 경우 등에는 예외적으로 친족후견인에 대해서 보수가 수여될 수 있을 것이다.[231]

한편 공공후견제도의 활성화가 더디게 진행되고 있는 상황에서, 돌볼 친족이 없는 저소득층 무연고 피후견인에게 후견서비스를 제공하기 위하여, 실무에서는 간혹 전문가후견인에게 무보수로 후견사무를 수행해 줄 것을 부탁하기도 하고, 절차구조를 통하여 국고에서 후견인보수를 지급하는 방법으로 이른바 국선후견인 제도를 시범적으로 실시하는 가정법원이 있다. 후견인이 개인적으로는 후견사무를 사회에 대한 봉사와 헌신으로 생각하는 경우가 있다고 하더라도, 원칙적으로 전문가후견인이 수행하는 모든 후견사건에 보수가 지급되어야 한다. 따라서 공공후견제도의 확충과 국선후견인제도의 전면적인 시행이 시급

---

230) 보수는 후견인의 청구에 의하여 법원의 수여심판이 있어야 피후견인의 재산 중에서 이를 지급받을 수 있는 반면, 통신비나 교통비, 기록복사비용 등 통상적인 후견사무 수행을 위하여 지출한 비용은 법원의 심판 없이도 피후견인의 재산에서 지급받을 수 있다. 다만 후견사무 집행을 위하여 이행보조자를 둔 경우 그에 대한 보수, 통상적인 범위를 넘는 교통비 지출(예컨대 후견사무수행을 위하여 여객기의 비즈니스석을 이용하는 경우, 대중교통이 아닌 택시나 자가용을 이용하는 경우 택시요금 또는 유류대와 기사의 일당) 등은 문제가 될 여지가 있다. 피후견인의 재산가액이나 후견사무의 긴급성과 난이도 등을 종합하여 사안에 따라 구체적으로 판단하여야 할 것이나, 이러한 경우라면 가정법원에의 비용수여청구를 통하여 지급받는 것이 적정성 여부에 대한 논란을 피할 수 있을 것이다.
231) 김성우(주14), 443면.

하다.

나. 후견인 보수의 기준

　　가정법원은 피후견인의 재산상황 기타 사정을 참작하여 상당한 금액을 후견인의 보수로 수여할 수 있는데(민법 제955조 참조), 실무에서는 피후견인의 재산 가액을 기준으로 아래와 같이 7단계로 나누어 보수를 정하고 있다.[232]

피후견인의 재산 가액 (원)	후견인 월별 기본 보수 (원)
1억 이하	200,000
1-2억 미만	300,000
2-5억 미만	400,000
5-10억 미만	500,000
10-30억 미만	600,000
30-100억 미만	900,000
100억 이상	1,300,000 이상

　　기본보수를 기준으로, 피후견인의 재산이 거주용 부동산 하나만 있는 경우, 단순하고 반복적인 업무만 있는 경우, 후견인의 업무에 대한 성실도가 평균에 미치지 못하는 경우 등에는 감액하고, 소송행위, 상속재산분할협의, 채권회수 등을 통하여 피후견인의 재산을 증가시킨 경우, 피후견인의 재산관계가 복잡하거나 피후견인의 친족 등 이해관계인으로부터 시달림을 받는 등 업무수행의 난이도가 높은 경우 등에 있어서는 증액하여 보수액을 정하고 있다.

---

232) 참고로 일본의 경우에는 3단계로 나누어 보수기준표를 제시하고 있는데, 우리의 기준과 거의 비슷하다[법원행정처, 후견사건 처리 실무, 법원행정처(2015), 142-144면 참조]. 후견인 보수를 무상으로 하거나 국가에서 지급하도록 하는 국가들이 있고, 전문가후견인의 보수 산정에 대해서는 독일과 같이 시간당 일정액으로 정하는 방법, 프랑스와 같이 월정액에 피후견인의 연간 소득이나 후견업무의 성질 등을 고려하여 가산하는 방법, 영국과 같이 연간 보수액을 정하되 피후견인의 자산 규모가 아닌 사안의 복잡성과 소요시간을 고려하는 방법 등이 있다[사법정책연구원, 성년후견제도의 운영에 관한 연구, 사법정책연구원(2017), 61-65, 351-352, 368-369면 참조].

다. 보수청구의 방법

후견인의 보수 수여는 가사소송법상 라류 가사비송사건에서 정하는 바와 같이 별개의 청구에 의하여 심판으로 하도록 되어 있다[가사소송법 제2조 제1항 제2호 가목 23) 참조]. 후견인은 보통 1년에 한 번 법원에 후견사무보고서를 제출하면서 함께 보수청구를 하고 있는데,233) 후견사무보고서만 제출하면 법원에서 직권으로 보수를 지급할 것으로 잘못 알고 있는 후견인이 많으므로 주의를 요한다.

보수청구서에는 ① 기본사항(피후견인의 재산정도, 후견사무 수행 기간234)), ② 일반사무 처리내역(서류 발급, 대면접촉 또는 전화, 재산조회, 부동산 보수공사 등 관리, 은행업무와 세금납부와 같은 공과금 처리 등), ③ 특별사무 처리내역(소송행위, 채권회수, 상속재산분할협의, 보험금 수령, 피후견인 거소 이전 또는 환경 개선, 특별진료를 통한 건강회복 등), ④ 피후견인의 친족 사이의 분쟁상황 등 후견사무의 난이도를 결정하는 사유 등을 자세하게 적고 그에 부합하는 자료를 제출한다. 이에 따라 대략적으로 산출된 금액을 청구취지에 기재한다.

법인후견인 등 전문가후견인이 이른바 시간제 보수(time charge)를 청구하면서 그에 관한 자료를 제출하는 경우에 이를 기준으로 보수를 산정할 것인지 문제된다. 시간제 보수는 법무법인 등이 일반 소송 또는 자문에 관한 보수를 산정하기 위하여 스스로 정한 기준에 불과할 뿐 아니라, 공익적인 특성이 강한 후견업무에 계약과 시장 원리가 지배하는 법무비용과 같은 일반적인 기준을 적용하는 것은 적절하지 않다. 따라서 법인후견인 등 전문가후견인이 제출한 시간제 보수에 관한 자료는 앞서 본 후견인의 사무처리 내역과 투입 시간 등을 소명하는 자료로서 참고하는 것은 별론으로 하고, 이를 그대로 보수 산정의 기준으로 삼을 수는 없다.

---

233) 일부 재판부에서는 개시심판 단계에서 전문가후견인이 받을 최소한의 보수를 월 지급액으로 정함으로써 후견인이 매월 그 금액을 인출할 수 있도록 주문에 정하기도 한다. 이러한 방법은 보수액에 대한 대략적인 기준을 제시하여 예측가능성을 제공하고 후견인에게는 안정적인 수입을 보장하는 기능이 있으나, 다른 한편 최종적으로 정해지는 구체적인 보수액은 이와 다른 경우가 많아서 후견인이나 법원 모두 이중으로 업무를 수행해야 하는 번거로움이 있고, 실제로 일정 기간 동안의 보수를 다액 지급하도록 할 경우와 비교하여 피후견인이나 친족 등의 심리적 저항이나 반발이 적은 것도 아니어서, 실무에서 많이 이용되지 않는 것으로 보인다.

234) 후견개시심판 확정일로부터 보수청구일 또는 특정일까지로 함이 일반적이다.

라. 보수수여심판에 대한 항고

후견인에 대한 보수수여심판에 대해서는 즉시항고가 허용되지 않는다(가사소송법 제43조 제1항, 가사소송규칙 제36조 참조).[235]

후견인의 보수수여청구를 기각한 심판에 대해서는 청구인이 심판을 고지받은 날로부터 14일 내에 즉시항고할 수 있다(가사소송규칙 제27조, 가사소송법 제43조 제5항).

9. 후견종료의 경우 사무처리 요령

가. 후견이 종료되는 경우

성년후견과 한정후견 개시의 원인이 소멸한 경우(민법 제11조, 제14조)와 피후견인에게 다른 유형의 후견이 개시되는 경우(민법 제14조의3, 제959조의20 제2항 참조)에 하는 후견종료심판, 피후견인의 사망, 특정후견의 목적이 된 사무의 처리 완료 또는 기간 만료 등의 경우에 후견은 종료된다.[236][237]

(1) 후견종료심판의 경우

(가) 요건과 절차

성년후견과 한정후견 개시의 원인이 소멸한 경우에는 후견인이 가정법원에 후견종료심판 청구를 하여야 한다(민법 제11조, 제14조 참조).[238] 감정은 필수적인

---

235) 따라서 이에 대한 불복은 민사소송법 제449조의 요건을 갖춘 경우 특별항고로 보아 대법원에 기록을 송부하여야 한다. 특별항고 기간은 재판이 고지된 날로부터 1주일이다(민사소송법 제449조).

236) 후견인의 사망, 사임, 변경 등의 경우에는 후견 자체가 종료되지는 않고(그러한 의미에서 상대적 후견종료 원인이라고 하는 견해도 있다), 후견인이 교체됨으로써 종전 후견인의 임무가 종료될 뿐이다. 후견인에게 결격사유가 발생한 경우에 대해서도 앞의 경우와 같이 보아야 한다는 것이 다수의 견해이나, 앞서 본 바와 같이 결격사유가 절대적인 것이 아닐 뿐 아니라, 후견인 변경이나 사임 심판 없이 결격사유의 존재만으로 곧바로 후견인이 교체되거나 후견인의 임무가 종료되도록 하는 것이 반드시 피후견인의 복리에 유리하다고 볼 수도 없으므로, 결격사유 발생을 이유로 후견인 변경심판 및 후견인직무집행정지결정 등을 함은 별론으로 하고 독립적인 후견종료 사유가 되는 것은 아니라고 보아야 한다.

237) 한편 미성년후견은 미성년자의 성년 도래나 의제(민법 제826조의2) 또는 사망, 미성년자에게 친권자가 생기거나 제한된 친권을 행사할 수 있을 때(민법 제909조의2 제6항, 제926조, 제927조, 제927조의2 제2항, 제931조 제2항 등 참조) 종료된다.

238) 따라서 후견인은 피후견인이 독립적으로 의사결정을 하고 생활할 수 있는 능력을 회복한 경우, 피후견인의 능력을 덜 제한할 수 있는 후견 유형을 선택하여도 문제가 없는 경우, 후견인 없이도 피후견인이 생활하는데 아무런 어려움이나 보호의 공백이 없을 것으로 예상되는 경우에 해당되지 않는지 점검하고, 후견종료심판청구 여부를 검토하여야 한다.

것은 아니지만(가사소송규칙 제38조 참조), 실무에서는 거의 예외 없이 감정이 실시되고 있다. 한편 피후견인에게 다른 종류의 후견을 개시하는 심판을 하는 경우(민법 제14조의3, 제959조의20 참조)에는 법원이 직권으로 후견종료심판을 한다.

어느 경우이든 법원은 원칙적으로 피후견인과 후견인의 의견을 청취하여야 한다(가사소송법 제45조의3 제1항 제2호). 그리고 개시심판과는 달리 성년후견과 한정후견의 후견종료심판에 대해서는 즉시항고가 허용되지 않는다.[239]

(나) 후견등기 촉탁

후견종료심판이 확정되면, 가정법원의 법원사무관 등은 재판장의 명을 받아 지체 없이 후견등기관에게 후견등기부에 기록할 것을 촉탁하여야 하므로(가사소송법 제9조, 가사소송규칙 제5조의2 제1항 참조), 후견인은 별도의 후견종료등기 신청을 할 필요가 없다.

(2) 피후견인 사망의 경우

피후견인이 사망하면, 후견인은 가정법원의 후견개시 또는 감독 재판부에 후견종료심판청구를 하는 것이 아니라, 사망사실을 안 날로부터 3개월 내에 가정법원[240]의 후견등기사무를 담당하는 후견등기관에게 종료등기신청을 하여야 한다(후견등기에 관한 법률 제29조 제1항).[241] 또한 후견인은 감독법원에 피후견인의 폐쇄기본증명서와 아래에서 보는 재산에 관한 계산보고서를 제출하여야 한다.[242] 피후견인이 사망하면 후견인의 일반적인 권한과 의무는 원칙적으로 소멸하고, 후술하는 바와 같이 일정한 범위 내에서만 권한과 의무를 부담한다.

---

239) 임의후견에서 후견계약 종료의 허가심판에 대해 즉시항고를 허용하는 것(가사소송규칙 제36조 제1항 제4호 다목 참조)과의 균형상 즉시항고를 허용해야 한다는 반론이 있을 수 있다[황승태, "성년후견에 관한 가사소송규칙 검토", 가정법원 50주년 기념논문집(2014), 305–306면].

240) 후견등기사무의 관할에 대해서는 후견등기에 관한 법률 제4조 및 후견등기에 관한 규칙 제9조에서 정하고 있는데, 원칙적으로 사건본인의 주소지를 관할하는 가정법원이지만, 법원의 심판에 따른 후견등기사무는 그 사건의 제1심 가정법원이 관할법원이 된다.

241) 후견종료등기신청서 예시는 참고자료 23 참조. 피후견인의 (폐쇄)기본증명서, 말소된 주민등록초본, 후견인의 인감증명서, 후견등기사항증명서 등을 첨부한다. 한편 가족관계등록에 관한 법률에 따른 미성년후견종료 신고는, 미성년후견인이 1개월 이내에 가족관계등록관서에 하여야 하지만, 성년 도래의 경우에는 직권으로 기재되므로 별도의 신고를 하지 않아도 된다(가족관계등록에 관한 법률 제83조 제1항).

242) 감독법원의 후견감독을 종료하게 하기 위함이다.

나. 후견인의 후견종료사무 절차

(1) 후견사무 종료에 따른 계산

후견인의 임무가 종료한 때에는 후견인 또는 그 상속인[243]은 1개월 내에 피후견인의 재산에 관한 계산을 하여야 하고, 다만 정당한 사유가 있는 경우에는 법원의 허가를 받아 그 기간을 연장할 수 있다. 그 계산은 후견감독인이 있는 경우에는 그가 참여하지 아니하면 효력이 없다(민법 제957조, 제959조의7, 제959조의13).

피후견인의 재산에 관한 계산은 재산목록, 후견사무보고서에 기재하여 감독법원에 이미 제출한 것을 포함하여, 후견사무종료시를 기준으로 피후견인의 적극재산, 소극재산, 수입과 지출 등 모든 사항을 결산한 것을 의미한다. 따라서 직전 후견사무보고서를 기준으로 이후에 변동된 사항이 있으면 이를 기재하여 정기 후견사무보고서에 해당하는 형식으로 계산보고서를 작성하면 된다.

계산 보고의 상대방은 ① 피후견인이 사망한 경우에는 피후견인의 상속인, ② 후견개시의 원인이 소멸한 경우에는 피후견인 본인, ③ 후견인이 사망하거나 변경되어 교체된 경우에는 새로 선임된 후견인이 될 것이다.

후견인이 피후견인에게 지급할 금액[244]이나 피후견인이 후견인에게 지급할 금액[245]에는 계산종료의 날로부터 이자를 부가하여야 하고, 후견인이 자기를 위하여 피후견인의 금전을 소비한 때에는 그 소비한 날로부터 이자를 부가하고 피후견인에게 손해가 있으면 이를 배상하여야 한다(민법 제958조, 제959조의7, 제959조의13 참조).

(2) 후견인의 보수청구 문제

후견사무의 종료시까지의 후견인 보수는 피후견인의 재산에서 지급되어야 한다. 그런데 피후견인이 사망하면 피후견인의 재산은 상속재산이 되어 그에 대한 후견인의 관리권은 소멸됨이 원칙이고, 특히 상속인들 사이에 상속재산분

---

243) 상속포기신고를 한 상속인은 해당되지 않으나, 상속한정승인신고를 한 상속인은 해당된다.
244) 후견인이 관리하는 피후견인의 금전 또는 후견인이 피후견인을 위해 수령한 금전 등을 말한다. 다만 후견사무와 관련이 없는 원인으로 인한 금전채무, 예컨대 불법행위로 인한 손해배상채무 등은 이에 해당하지 않는다.
245) 후견사무의 집행에 관하여 피후견인이 후견인에 대하여 부담하는 금전채무, 예컨대 후견인이 대신 지급한 후견사무 비용 등을 의미한다.

할협의까지 이미 이루어진 후에는, 상속채무인 후견인 보수의 지급을 둘러싸고 상속인들과 후견인 사이에 다툼이 종종 발생한다.

후견인은 재산에 관한 계산 보고를 완료하기 전에 후견종료시까지의 보수 청구를 함이 바람직하고, 가사 가정법원으로부터 보수심판을 받지 못하였다고 하더라도 이를 반영하여 재산에 관한 보고를 하여야 한다.246) 만일 재산에 관한 보고에 반영하지 못한 채 재산 인도까지 마친 경우, 상속인들이 임의로 보수지급에 응하지 않는다면 민사소송 등을 통하여 지급받을 수밖에 없을 것이다.

(3) 피후견인 사망 후의 후견인 권한
(가) 위임 규정의 준용

민법의 위임에 관한 규정 중 위임종료시의 긴급처리에 관한 민법 제691조와 위임종료의 대항요건에 관한 민법 제692조는 후견의 종료에 준용된다(민법 제959조, 제959조의7, 제959조의13). 따라서 후견이 종료된 경우 급박한 사정247)이 있는 때에는 후견인은 피후견인, 그 상속인이나 법정대리인이 위임사무를 처리할 수 있을 때까지 그 사무의 처리를 계속하여야 하며, 그 범위에서는 후견이 존속하는 것과 동일한 효력이 있다.248) 또한 후견종료의 사유는 이를 상대방에

---

246) 재산의 인도 전에 보수심판을 받았다고 하더라도 재산관리권이 소멸한 후견인이 실제로 그에 해당하는 금원을 상속재산에서 직접 인출할 수 있는지는 문제이다. 이에 대하여는 일본 하급심 판례나 후견센터의 실무[사법정책연구원(주232), 306 – 307면]와 같이 보수의 수령을 긴급처리 의무나 관리계속의무에 따른 상속재산 관리권에 기하여 수령할 수 있다고 해석하는 견해가 있고, 개정(2016. 4. 6. 개정, 2016. 10. 13. 시행)된 일본 민법 제873조의2와 같이 일정한 범위 내에서 후견인이 상속재산에 대한 권한을 가지도록 하는 규정을 신설하여야 한다는 견해[김효석, 후견종료와 후속 업무(피후견인의 사망을 중심으로), 사단법인 한국성년후견지원본부(2017), 16면 참조]도 있다.

247) 긴급성이 인정되는 사무로는 상속인 조사결과 상속인의 부존재가 판명되었지만 상속재산관리인이 선임되지 않은 경우, 상속인은 존재하나 주소나 거소를 알 수 없거나 연락이 되지 않는 경우, 상속인이 국외 등에 있어 곧바로 사무를 인계할 수 없는 경우, 상속인이 의사무능력 상태이거나 행위능력을 상실한 경우가 해당된다[松川正毅, 成年後見における死後の事務, 東京: 日本可除出版株式會社(2011), 43면 참조; 사법정책연구원(주232), 306면에서 재인용].

248) 피후견인의 생전에 후견인이 수행하고 있던 피후견인의 가족관계등록부 상의 추정 선순위 단독상속인에 대한 입양무효소송 및 위 상속인을 상대로 한 재산반환 및 손해배상청구 소송의 수행을 위하여 후견인의 임무수행의 계속을 명하고 소송행위를 허가한 하급심 심판이 있다[서울가정법원 2017. 3. 27.자 2016느단52387 심판 참조. 위 사건에 대하여 위 상속인으로부터 특별항고가 제기되었으나 기각되었다(대법원 2017. 6. 13.자 2017으506 결정)]. 위 사안에서는 상속개시 전부터 상속 대상 재산을 은닉하거나 소비해온 단독 상속인의 상속적격에 대한 소송(입양무효소송)이 계속 중이어서, 후견인이 사무를 중단할 경우 상속재산을 관리할 수 있는 사람이 사실상 존재하지 않는 급박한 사정이 있으므로, 입양무효소송 등을 통하여 확정된 정당한 상속

게 통지하거나 상대방이 이를 안 때가 아니면 이로써 상대방에게 대항하지 못한다.

(나) 시신 인계 등의 문제

후견인은 피후견인이 사망한 후 상속인이 존재하지 않거나 연락이 잘 되지 않으면, 요양원이나 임종한 병원으로부터 피후견인의 시신 인수, 장례절차 집행과 장례비 지출, 미지급 요양비 또는 입원비의 지급 등을 요청받기도 한다. 이러한 일들은 후견인의 원래 사무 영역에 포함되지 않거나 급박한 사정에도 포섭되지 않으므로, 후견인은 위임종료시의 긴급처리에 관한 민법 제691조에 의해서 사무를 처리할 수 없다.

이와 관련하여 일본의 성년후견사무의 원활화를 도모하기 위한 민법 및 가사사건수속법의 일부를 개정하는 법률(2016. 4. 6. 제정, 2016. 10. 13. 시행)에 따른 개정 일본 민법 제873조의2를 참고할 필요가 있다.249) 위 법은 이른바 위에서 든 것과 같은 '사후(死後)사무'에 대하여, 후견인이 사무를 계속할 필요가 있고 상속인의 의사에 반하지 않는 것이 명백한 경우에 한하여 상속인이 상속재산을 관리할 수 있을 때까지 일정한 범위 내에서 후견인의 사무수행을 허용하고 있다.250) 실제로 후견인 외에는 위와 같은 사후사무를 처리할 사람이 없는 경우가 많고 신속히 사무가 진행될 필요도 있으므로, 우리나라에서도 일정한 요건 하에 후견인의 사무처리를 허용하는 내용의 입법이 필요하다고 할 것이다.

(4) 재산의 인도

피후견인이 사망한 경우, 유언이 있으면 그에 따라 유언집행자 등에게 재

이 소송을 수계하거나 정당한 상속인이라고 주장하는 사람이 상속재산 보존을 위한 새로운 소송을 제기할 때까지 후견사무를 계속할 필요가 있다고 판단하였다. 실제로 입양무효 소송에서 위 단독 상속인의 입양이 무효로 판단되기도 하였다(서울가정법원 2017. 12. 14. 선고 2016드단 305795 판결 참조).

249) 이하의 논의는 사법정책연구원(주232), 150-151, 308-314면을 참고하였다. 한편 미국의 여러 주에서는 후견인에게 장례절차를 진행할 권한을 주고 그 비용을 피후견인의 재산에서 지급받도록 허용하고 있다.

250) 일본 민법 제873조의2 규정은 다음과 같다. "성년후견인은 피후견인이 사망한 경우 필요하다면, 피후견인의 상속인의 의사에 반하는 것이 명백한 때를 제외하고, 상속인이 상속재산을 관리할 수 있을 때까지, 다음에 열거한 행위를 할 수 있다. 다만 제3호에 기재한 행위를 하려면 가정재판소의 허가를 받아야 한다. 1. 상속재산에 속한 특정 재산의 보존에 필요한 행위, 2. 상속재산에 속한 채무(변제기가 도래한 경우에 한함)의 변제, 3. 시신의 화장 또는 매장에 관한 계약의 체결 기타 상속재산의 보존에 필요한 행위(제1, 2호에 기재한 행위를 제외함)"

산을 인도하고, 유언이 없거나 유증의 대상에서 제외된 재산이 있으면 이를 상속인[251])에게 인도한다. 공동상속인 사이에 상속재산분할에 관한 합의가 이루어진 경우라면 문제가 없으나, 상속재산분할에 상당한 시간이 걸릴 것으로 예상되거나 분쟁이 있으면 그에 대한 법원의 재판이 완료되기 전까지 인도하지 않거나 공탁하는 방법을 고려할 수 있을 것이다. 유언도 상속인도 없는 경우에는 이해관계인으로서 민법 제1053조에 따라 상속재산관리인 선임청구를 하고, 선임된 상속재산관리인에게 재산을 인도하면 된다.

피후견인에게 후견개시 원인이 소멸하여 후견종료심판을 한 경우라면 피후견인에게 인도하면 될 것이고, 후견 종류가 변경되었거나 후견인이 교체된 경우에는 새로운 후견인에게 재산을 인도하면 된다. 다만 새로운 후견인에게 그 재산에 관한 권한이 부여되었는지 먼저 확인하고, 그러한 권한이 없다면 피후견인에게 재산을 인도하면 된다.

(5) 감독법원에의 최종보고서 제출

후견인은 보수 지급을 받고 재산에 관한 보고와 재산 인도까지 완료되면 감독법원에 후견사무를 완료하였다는 취지의 최종보고서를 제출한다.[252]) 후견인은 앞서 본 바와 같이 재산에 관한 보고를 법원에 할 의무는 없지만, 실무에서는 감독법원에 재산목록과 후견사무보고서를 제출하여 왔고, 계산 결과 피후견인의 재산보호를 위한 실효적인 처분을 법원이 할 수 있다는 점에서, 재산 계산에 관한 보고서 또는 그와 같은 내용의 최종보고서를 감독법원에도 제출하고 있는 것이 일반적이다.

10. 법인후견인의 후견사무

법인후견인의 후견사무는 법인에 소속된 사무담당자가 수행한다. 따라서 사무담당자는 성년후견 관련 법률과 후견사무에 대한 정확한 이해가 필요하다.

---

251) 단독상속인인 경우에는 별다른 문제가 없지만, 상속인이 여러 명인 경우에는 공동상속인 전원이 있는 장소에서 인도하거나 상속인 전원의 합의로 선임된 대표자에게 인도할 수 있을 것이다. 어느 경우나 상속인 전원으로부터 수령증을 받아두어야 한다.

252) 실무에서, 감독법원은 후견등기가 말소되었음을 통지받았다고 하더라도, 후견인의 계산보고서나 최종보고서가 제출될 때까지 후견감독사건을 종료하지 않고, 필요한 경우 민법 제954조 등을 근거로 계산에 관한 보고서에 준하는 최종보고서의 제출을 명하기도 하고 심층후견감독과 같은 후속절차를 취하기도 한다.

보다 중요한 것은 피후견인 및 그 친족과의 소통을 통하여 그들의 신뢰를 얻는 것이고, 어떤 경우에도 공정하고 객관적인 태도를 잃지 않는 것이다.[253]

법인후견인은 소속 사무담당자 중 그 후견사건을 전담하는 담당자를 미리 법원에 알려야 하고, 피후견인과의 신뢰와 친밀도를 높이기 위해서는 가급적 사무담당자를 교체하지 않아야 하며, 담당자가 교체되는 경우에는 즉시 법원에 알려야 한다. 가정법원은 사무담당자의 교체가 적절하지 않거나, 사무담당자의 교체나 사임 등으로 후견사무의 적정한 수행이 어렵다고 판단되면 후견인 변경을 고려하여야 한다.

법인후견인이 적정하게 사무를 수행하기 위해서는, 구성원 및 사무담당자의 업무가 적절히 분장되고 유기적으로 수행될 수 있는 조직이 있어야 한다. 또한 의사결정과 업무집행이 신속하게 이루어질 수 있는 시스템이 갖추어져야 하고, 사무담당자가 각자의 전문성을 충분히 발휘하여 후견서비스를 제공할 수 있도록 매뉴얼이나 업무지침이 미리 마련되어 있어야 한다. 그리고 사무담당자 사이의 능력 편차를 줄이기 위하여, 팀(team)제로 운영하되, 주기적인 교육을 통해 정보를 공유하고, 후견사무 전체를 통합하고 조율하는 관리자를 두는 것이 좋다.[254]

---

253) 김성우(주121), 66-67면.
254) 김성우(주121), 65면.

4장 후견감독사건 실무

Ⅰ. 후견감독 개관

1. 후견감독의 의의

후견은 정신적으로 어려움을 겪고 있는 피후견인의 의사를 살펴 그 필요를 제때 채워주는 것이라고 할 수 있다. 따라서 피후견인을 위한 후견이 제대로 이루어지기 위해서는 그 역할을 충실히 수행할 수 있는 후견인이 선임되는 것이 무엇보다 중요하다. 가정법원은 적정한 후견인을 선임하기 위한 심판 절차와 시스템을 마련해 두고 있기는 하지만, 선임된 후견인이 기대했던 역할을 충실히 수행하지 못하는 경우도 있고, 때로는 후견인이 피후견인의 복리와 안전을 해치는 결과를 가져오는 경우도 있다. 그것은 후견인의 후견제도에 대한 이해나 역량이 부족하여서일 수도 있고, 오랜 개호활동으로 인하여 심신이 지쳐서일 수도 있으며, 피후견인의 정신상태를 악용하여 자신의 이익을 도모하고자 하여서일 수도 있다. 문제는 후견인의 업무수행능력 부족이나 비행이 고스란히 피후견인의 복리를 저해하는 결과로 이어진다는 점이다. 따라서 피후견인의 신상과 재산을 보호하기 위하여 후견인에 대한 견제와 지원이 필요한데, 그러한 기능을 하는 것이 후견감독이다.

후견사무의 수행과 마찬가지로 후견감독 역시 제때 이루어지지 않거나 공백 또는 단절이 있게 되면, 피후견인에게 필요한 후원이나 후견인에 대한 적절한 견제와 개입을 할 수 없게 되어 결국 피후견인의 복리를 해치게 된다. 따라서 후견사무에 대한 감독을 담당할 사람이 적절하게 선정되어야 하고, 담당자의 변경에도 불구하고 지속적이고 균질적인 감독이 이루어질 수 있는 시스템이 있어야 한다.

개정 민법에서는 후견감독사무 담당자로 후견감독인과 가정법원을 상정하고 있다. 후견감독인과 가정법원이 후견감독을 하고 있기는 하지만, 양자가 담당하는 감독사무의 목적, 기능과 방법에는 많은 차이가 있다. 이하에서는 후견감독인과 가정법원의 후견감독 실무에 대하여 차례로 살펴보기로 한다.

2. 후견감독사무의 수행 원리

후견감독사무는 단순히 후견인의 비위행위에 대한 감시만을 의미하는 것이 아니라 피후견인과 후견인에 대한 포괄적인 지원과 관리가 포함되어야 한다. 즉 후견감독은 후견인의 권한행사를 견제하고 개입하는 것은 물론이고, 피후견인의 신상과 재산을 지속적으로 확인·관리하고, 피후견인의 필요를 적시(適時)에 충족시킬 수 있도록 지원하는 것이 필요하다. 특히 미성년자의 경우, 피후견인의 신상에 대한 개입과 지원의 적절한 시기(golden time)를 놓치지 않도록 주의하여야 한다.

한편 후견감독 영역에서도 성년후견제도의 이념인 필요성, 보충성, 정상화의 원칙이 구현되어야 한다. 피후견인의 재산과 신상에 관한 실질적인 보호도 중요하지만 피후견인과 가족의 의사나 자유를 지나치게 제약하는 필요 이상의 개입이나 감독은 지양하여야 한다. 후견감독은 피후견인의 입장에서 바라보았을 때 가장 피후견인의 의사와 복리에 부합하는 방향과 방법으로 이루어져야 한다.

II. 후견감독인의 후견감독

1. 후견감독인의 의무[255]

후견감독인은 후견감독사무를 수행함에 있어, 후견인과 마찬가지로 선량한 관리자의 주의의무(민법 제940조의7, 제681조)를 부담하고, 명문의 규정은 없으나 피후견인의 의사를 존중하고 복리를 배려할 의무를 부담한다. 따라서 후견감독인은 주로 후견인으로부터 후견사무를 보고받는 등의 간접적인 방법으로 피후견인의 상황을 파악하지만, 때때로 후견인의 의사 확인을 위하여 피후견인을

---

255) 후견감독인의 선임 기준과 절차에 관하여는 2장 III-3 참조.

직접 만나 그 필요와 의사를 확인할 필요가 있고, 여러 사정을 고려하여 피후견인의 복리에 부합하는 방법으로 후견감독사무를 처리하여야 한다.

2. 후견감독인의 권한과 직무

가. 후견인의 사무집행에 대한 감독

후견감독인은 후견인의 사무를 감독한다(민법 제940조의6 제1항 전단). 후견감독인은 후견인의 재산관리 사무는 물론 신상보호 사무를 포함한 후견사무 전반에 대하여 감독한다. 후견감독인은 후견인의 후견사무 수행에 대한 포괄적인 감독권한을 가지고, 이에 근거하여 후견사무와 관련된 일반적인 지시권한을 갖는다.

(1) 후견개시 직후의 사무

후견감독인은 선임심판(후견개시심판에서 선임이 이루어진 경우 포함)이 확정되면, 먼저 기록 열람·복사신청을 통하여 기록을 검토하고 후견인을 면접한다. 후견감독인은 보통 친족후견인을 견제하기 위하여 선임되므로, 후견인에게 후견사무와 관련하여 주의할 점 등을 설명하고 지도할 필요가 있다. 후견인이 피후견인과 한 집에 거주하거나 공동경제생활을 하는 경우 피후견인의 재산은 원칙적으로 피후견인의 생활과 치료를 위하여만 사용되어야 하고, 후견인 또는 가족의 재산이나 소비와는 엄격히 구별되어야 한다는 점, 재산목록을 작성할 때 주의하여야 할 점, 후견인에 대한 증여나 대여, 피후견인에게 불리한 상속재산분할협의나 상속포기 등은 후견감독인의 동의를 받거나 법원의 허가를 받아야 한다는 점, 피후견인과 후견인이 공동상속인이 되는 경우에는 이해상반행위가 되어 후견인이 권한을 행사할 수 없고 후견감독인이 권한을 행사한다는 점, 후견인이 후견감독인의 감독에 협조하지 않거나 불성실하게 후견사무를 집행하는 경우 후견인 변경청구를 할 수 있다는 점 등이 그것이다.

(2) 재산조사 및 재산목록 작성과 관련한 권한과 직무

후견감독인은 후견인이 하는 피후견인의 재산에 대한 조사와 목록작성에 참여하여야 하고, 후견감독인의 참여가 없는 재산조사나 재산목록의 작성은 효력이 없다(민법 제941조 제2항). 후견인이 피후견인과 사이에 채권·채무 관계가 있는 경우 재산목록의 작성을 완료하기 전에 그 내용을 후견감독인에게 알려야 하고, 피후견인에 대한 채권이 있음을 알고도 제시를 게을리한 경우에는 그 채권을 포기한 것으로 본다(민법 제942조). 한편 후견감독인은 언제든지 후견인에게 그의 임무 수행에 관한 보고와 재산목록의 제출을 요구할 수 있고 피후견인의 재산상황을 조사할 수 있다(민법 제953조).

(3) 일반적인 후견사무 감독

후견감독인은 수시로 후견인으로부터 피후견인의 신상과 재산 상황을 구두 또는 유선으로 보고받고, 필요한 경우 후견인 또는 피후견인을 직접 면접할 필요가 있다. 후견감독인은 피후견인의 예금계좌 등을 확인하여 지출이 피후견인을 위하여 이루어졌는지 여부와 불필요하거나 과다한 지출은 없는지, 피후견인의 재산 중 처분되거나 변동된 재산은 없는지, 처분된 재산이 있다면 처분의 목적과 대가가 적절한지와 대금을 적정하게 보관하고 사용하였는지, 연금이나 부동산 수익 등의 금액에 변화는 없는지, 후견인이 보고한 수익 현황에 누락된 것은 없는지, 피후견인의 건강이나 치료 상황에 변화가 없는지, 피후견인이 요양원 등 시설에 입소하고 있는 경우에는 후견인이 시설에 정기적으로 방문하고 있는지와 간병인 등 개호담당자 등과 정보를 교환하고 있는지, 거주하는 시설이 피후견인의 생활이나 치료에 부족하거나 불편함이 없는지와 피후견인의 희망에 부합하는지 여부 등을 확인하여야 한다.

또한 후견감독인은 후술하는 바와 같이 정기 후견감독사무보고서를 작성하여 법원에 제출하여야 하며, 이를 위하여 정해진 기한 내에 후견인으로부터 후견사무보고서 및 후견업무일지와 소명자료를 제출받아야 한다.

나. 후견인의 행위에 대한 동의권

후견감독인은 피후견인의 이익을 침해할 우려가 있는 후견인의 일정한 행위에 대하여 동의권을 행사한다. 즉 후견인이 피후견인을 대리하여 영업에 관한 행위, 금전을 빌리는 행위, 의무만을 부담하는 행위, 부동산 또는 중요한 재산에 관한 권리의 득실변경을 목적으로 하는 행위, 소송행위,256) 상속의 승인,

---

256) 후견인이 원고로서 민사소송 또는 가사소송을 제기하는 경우만 해당되고, 형사소송이나 비송사건은 포함되지 않는다는 것이 다수의 견해[김주수·김상용(주18), 504-505면; 윤진수(편집대

한정승인 또는 포기 및 상속재산의 분할에 관한 협의 등의 행위를 할 경우에는 후견감독인의 동의를 받아야 하고, 후견감독인의 동의가 필요한 행위를 동의 없이 한 경우에는 피후견인 또는 후견감독인은 그 행위를 취소할 수 있다(민법 제950조 제1항, 제3항).257)

후견인은 후견감독인이 피후견인의 이익이 침해될 우려가 있음에도 불구하고 후견감독인의 동의가 필요한 행위에 대하여 동의를 하지 않는 경우 가정법원에 동의를 갈음하는 허가를 청구할 수 있다(민법 제950조 제2항).

다. 후견인 선임 청구

후견감독인은 후견인이 없는 경우 지체 없이 가정법원에 후견인의 선임을 청구하여야 한다(민법 제940조의6 제1항 후단). 후견인이 없는 경우라 함은 후견이 개시 되었음에도 불구하고 후견인이 선임되지 않은 경우(특정후견 제외)나 선임되어 있던 후견인이 사망, 결격 등의 사유로 없게 된 경우를 포함한다. 다만 후견인이 사임한 경우에는 후견인 본인이 새로운 후견인 선임을 청구하도록 되어 있으므로(민법 제939조 참조) 후견감독인에게 이러한 의무가 없다.258)

라. 후견사무의 직접 처리
(1) 급박한 사정이 있는 경우

후견감독인은 피후견인의 신상이나 재산에 대하여 급박한 사정이 있는 경우 그의 보호를 위하여 필요한 행위 또는 처분을 할 수 있다(민법 제940조의6 제2항). 그러나 이러한 후견감독인의 활동은 후견인의 권한 범위를 넘지 말아야 하고 권한 범위 내라고 할지라도 임시적 조치에 불과하므로 가급적 적극적인 처

표)(주18), 1321면; 한봉희·백승흠, 가족법, 삼영사(2013), 352면]이다. 그러나 형사고소나 가사비송사건도 피후견인의 신상 또는 재산에 중요한 변동을 가져올 가능성이 있으므로 후견감독인의 동의를 받도록 함이 피후견인의 보호라는 점에서 타당하다. 피고로서 응소하는 것이나 증인, 감정인으로서 진술하는 것은 포함되지 않지만, 전술한 바와 같이 후견인이 소송계속 중 판결에 기하지 않고 소송을 종료시키는 행위, 즉 소의 취하, 화해, 청구의 포기·인낙 또는 민사소송법 제80조에 따른 탈퇴를 하기 위해서는 후견감독인이 있는 경우 후견감독인으로부터 특별한 권한을 부여받아야 하고, 후견감독인이 없으면 가정법원으로부터 특별한 권한을 받아야 한다(민사소송법 제56조 제2항 참조).

257) 후견감독인의 동의를 받지 않고 한 후견인의 소송행위는 취소사유에 그치는 것이 아니라 절차적 안정 등을 이유로 바로 무효가 되고, 소송 중에 후견감독인이 추인하면 소송행위는 소급하여 효력이 발생한다[윤진수(편집대표)(주18), 1324면; 김주수·김상용(주18), 505면 참조].

258) 윤진수(편집대표)(주18), 1256-1257면.

분이나 개량행위보다는 응급한 수선, 보전처분, 시효중단 등 현상을 보존하거나
피해를 막는데 치중하는 것이 바람직할 것이다. 이러한 긴급처분을 통하여 후
견감독인이 피후견인의 신상결정에 관한 권한을 행사하는 경우도 있을 수 있다
(민법 제940조의7, 제947조의2 제3항 내지 제5항 참조).[259]

(2) 이해상반의 경우

후견인이 피후견인과 사이에 이해가 상반되거나 여러 명의 피후견인 사이
에 이해가 상반되는 행위를 함에 있어서 후견감독인이 있으면, 후견감독인이
피후견인을 대리하게 된다(민법 제940조의6 제3항, 제949조의3, 제921조).

마. 가정법원에의 보고
(1) 후견감독사무보고서 작성과 제출

실무에서는 보통 후견감독인에게 연 1회 가정법원에의 후견감독사무보고
서[260] 제출의무가 부과되고 있다. 후견감독인은 후견감독사무보고서를 제출하
기 전에 후견인으로부터 후견사무보고서를 미리 제출받아[261] 검토하고, 위 후
견사무보고서와 후견감독결과를 기초로 후견감독사무보고서를 작성하여 법원에
제출한다.

후견감독사무보고서에는 감독의 대상이 된 기간과 후견의 종류, 피후견인
과 후견인, 후견감독인의 인적사항, 감독 경과, 후견인의 신상보호 및 재산관리
사무집행에 대한 감독 내용, 후견감독인의 의견 등을 기재한다.

(2) 상시적인 감독 및 가정법원과의 소통

후견감독인이 가정법원에 하는 보고는 연 1회로 족하다고 하더라도, 후견
감독인의 감독은 보고서를 작성할 때에만 이루어져서는 안 되고 지속적으로 이
루어져야 한다. 후견감독인은 후견인의 후견사무 수행의 적정성, 피후견인의 신
상 및 재산에 관한 사정변경 여부, 후견인 변경 필요성, 가정법원의 처분 등에
관하여 수시로 확인하여 후견인에게 지시하고 가정법원에 보고하여야 한다.

---

259) 성년후견제도 해설(주22), 75면.
260) 작성례는 참고자료 24 참조.
261) 후견인은 후견감독인의 후견감독사무보고서 제출기한 1개월 전에 후견사무보고서를 후견감독인
    에게 제출하도록 심판으로 정해지는 것이 보통이다.

한편 후술하는 바와 같이 가정법원은 후견감독인이 선임되어 있다고 하더라도 감독 권한과 의무가 면제되는 것이 아니므로, 후견감독인의 후견감독사무는 물론 후견인의 후견사무의 적정성까지 폭넓게 감독하여야 한다.

바. 후견감독사무 보수와 비용

후견감독인의 보수와 감독사무의 비용에 대해서는 후견인의 규정이 준용된다(민법 제940조의7, 제955조, 제955조의2). 따라서 법원은 후견감독인의 청구에 따라 피후견인의 재산상황 기타 사정을 참작하여 피후견인의 재산 중에서 상당한 보수를 후견감독인에게 수여할 수 있고, 후견감독인이 후견감독사무를 수행하는데 필요한 비용은 피후견인의 재산에서 지출한다.

후견감독인의 보수는 앞서 본 후견인의 보수 산정 기준에 의하되, 실무에서는 일반적으로 후견감독인의 업무 강도와 난이도가 후견인보다는 상대적으로 낮다고 보아 후견인 보수의 2분의 1 내지 3분의 1 정도로 보수를 정하는 것이 보통이다.

후견감독인은 보통 후견감독사무보고서 제출과 함께 보수 청구를 하는데 [가사소송법 제2조 제1항 제2호 가목 23) 참조], 보수청구서에는 후견인이 관리하는 피후견인의 부동산이나 예금 등 재산의 가액, 후견감독인의 직업, 피후견인의 친족 유무, 후견인과 피후견인 및 그 가족의 대면 또는 유선 접촉 횟수, 방법과 소요시간, 후견인의 후견사무에 대한 일반적인 감독사무 내역, 후견인의 대리행위에 대한 동의, 급박한 사무 처리나 이해상반의 경우 직접 대리 등 특별 후견감독사무 내역, 피후견인의 친족 사이에 분쟁이 심하여 업무 수행에 곤란을 겪었다는 등 보수 산정에 특별히 고려할 사정 등을 항목별로 정리하고 보수산정에 관한 자료를 첨부하여야 한다. 비용상환청구는 가사소송법상 독립된 심판으로 청구하게 되어 있지 않지만, 보통 보수와 함께 청구하고 있고, 보수심판에서 비용 상환까지 함께 명하는 것이 실무이다.

3. 후견감독인 임무 종료의 경우 사무처리 방법

가. 피후견인의 재산 계산에 참여

후견인의 임무가 종료한 때에는 후견인 또는 그 상속인은 1개월 내에 피후견인의 재산에 관한 계산을 하여야 하는데, 후견감독인이 있는 경우에는 그가

재산 계산에 참여하지 아니하면 효력이 없다(민법 제957조, 제959조의7, 제959조의
13). 이는 피후견인이 사망하거나 능력이 회복되는 등 후견이 절대적으로 종료
하는 경우는 물론이고 후견인이 사임하거나 변경되는 경우에도 적용된다. 피후
견인의 재산에 대한 공정하고 적정한 계산을 가능하게 하고, 전·후임 후견인
사이의 공모를 방지하며, 후견인의 피후견인에 대한 부당한 영향력을 차단하여
피후견인의 이익을 보호하는 기능을 한다.

나. 후견종료등기 신청

피후견인이 사망한 경우 후견감독인도 후견등기관에게 종료등기 신청을 할
수 있다(후견등기에 관한 법률 제29조 제2항, 제1항). 한편 후견인은 감독법원에는
피후견인의 폐쇄기본증명서를 제출하여야 한다.

다. 보수청구와 감독보고서 제출

후견감독인도 후견인의 경우와 마찬가지로, 후견인의 재산에 관한 계산 보
고 완료 전에 후견감독 종료시까지의 보수청구를 함이 바람직하고, 적어도 후
견인이 상속인 등에게 재산을 모두 인도하기 전에 이를 반영하여 재산에 관한
보고를 할 수 있도록 하는 것이 좋다. 또한 후견감독인은 후견인의 재산 계산과
재산의 인도 등에 관하여 상속인 등과 문제가 생기지 않도록 적절히 후견인을
지도하여야 할 필요가 있다. 후견감독인도 후견종료에 따른 후견인의 사무가
완료되면 감독법원에 후견감독사무를 완료하였다는 취지의 최종보고서를 제출
하는 것이 일반적이다.

라. 위임 규정의 준용

민법의 위임에 관한 규정 중 위임종료시의 긴급처리에 관한 민법 제691조
와 위임종료의 대항요건에 관한 민법 제692조는 후견감독인에 대해서도 준용된
다(민법 제940조의7, 제959조의5 제2항, 제959조의10 제2항).

Ⅲ. 가정법원의 후견감독

1. 후견감독에서의 가정법원의 역할

후견사건은 한번 개시되면 피후견인이 사망하거나 능력을 회복하지 않는한 피후견인의 일생 동안 지속되는 특성이 있다. 종래의 금치산·한정치산제도 아래에서의 감독기관인 친족회는 그 구성이나 기능 면에서 실질적인 감독기능을 기대할 수 없었고 오히려 여러 가지 폐해를 가져왔다는 비판을 받아 폐지되고, 개정 민법에는 후견감독인 제도가 신설되었다. 후견감독인은 주로 피후견인을 둘러싸고 이해가 대립되는 상황에서 피후견인을 지속적이고 전문적으로 보호하는데 장점을 가지고 있다. 그러나 후견감독인은 임의기관일 뿐 아니라 후견감독인 보수 등 비용 문제로 인한 제약으로 모든 사건에 선임될 수 있는 것이 아니다. 나아가 후견감독인의 사무수행에 대해서도 적절한 견제와 감독이 필요하다. 따라서 후견제도의 성공적인 정착과 피후견인의 실질적인 보호를 위해서는 피후견인에 대한 최종적인 감독기관인 가정법원의 역할이 중요하다.

가정법원의 후견감독에 관한 일반적인 근거 규정은, 후견사무에 관한 처분을 규정한 민법 제954조와 후견사무의 감독을 규정한 가사소송법 제45조의4, 후견사무 등에 관한 지시와 감독을 규정한 가사소송규칙 제38조의2, 제38조의6 등이다. 즉 민법 제954조에 따라 가정법원은 일정한 자의 청구 또는 직권으로 피후견인의 재산관리는 물론 신상보호에 관하여 제한 없이 거의 모든 종류의 처분을 명할 수 있다. 가정법원은 위와 같은 일반적인 감독 외에도 후견인의 변경, 사임에 대한 허가, 후견감독인의 선임과 변경, 후견인의 법정대리권 또는 신상대행권한의 범위 변경, 피후견인의 신상결정(민법 제947조의2 제2항, 제4항, 제5항)에 대한 허가, 수인의 후견인 또는 후견감독인의 권한 행사에 관한 결정의 변경과 취소 및 의사표시를 갈음하는 재판 등을 통하여 후견감독을 시행한다.

2. 가정법원 후견감독의 일반적인 절차

가정법원의 후견감독은 일반적으로 ① 후견개시심판이 확정되면 기본후견 감독사건을 직권으로 개시하고, ② 친족후견인 및 미성년후견인 교육을 실시하고, ③ 후견심판 확정 후 2개월 내에 후견인으로부터 재산목록과 안심상속 원스톱서비스 또는 상속인(후견인)금융거래조회서비스 조회결과를 제출받고, ④ 정기적으로 후견감독예정일[262]이 도래하면 후견인으로부터 후견사무보고서를 제출받아 기본적인 후견감독을 실시하고, ⑤ 추가조사가 필요한 경우 신상 또는 재산에 관한 심충적인 후견감독을 실시하고, ⑥ 후견인을 변경하거나 경고나 고발 등의 후속조치를 하고, ⑦ 후견임무 수행에 관하여 필요한 처분명령, 권한초과행위 허가심판 등 감독과 관련된 부수사건을 처리하고, ⑧ 피후견인이 사망하거나 능력을 회복하는 등의 경우 후견감독을 종료하는 순서로 이루어진다.[263]

3. 가정법원의 후견감독 실무

가. 후견개시심판 직후 후견감독

(1) 기본후견감독사건 직권 개시

후견개시심판이 확정되면 법원은 직권으로 기본후견감독사건을 개시한다.[264] 기본후견감독사건은 특별한 사정이 없는 이상 해당 후견이 종료할 때까지 계속되고, 후견이 종료되면 심판 없이 기본후견감독사건의 절차는 종료된다(후견사건의 처리에 관한 예규 제7조 제1항, 제2항). 후술하는 후견감독부수사건을 포함하여 법원의 모든 후견감독 절차는 기본후견감독사건을 중심으로 이루어진다.[265]

---

262) 보통 심판확정일로부터 1년이 경과하는 시점부터 1년 주기로 후견감독예정일이 정해진다. 다만 사건의 종류나 후견인 또는 피후견인의 상황, 보호나 개입의 긴급성 등에 따라 다음 감독예정일을 달리 정함으로써 감독주기를 단축 또는 연장하고 있다.

263) 김성우(주107), 146−147면. 그러나 이하에서 기술하는 법원의 후견감독 절차와 방법은 서울가정법원에서 시행되고 있는 모델을 기본으로 한 것이다. 전국의 각 가정법원은 후견사건과 감독사무 담당자의 수, 인적·물적 여건 등이 제각기 달라 일률적이고 통일된 후견감독 모델이 있을 수 없고, 각 법원의 실정에 맞게 응용하거나 변형된 방법으로 후견감독이 실시되고 있다.

264) 전술한 바와 같이(주229 참조), "기본"이라는 표현을 사용하는 이유는 이 사건에서 일상적이고 정기적인 감독이 이루어질 뿐 아니라, 후견감독 과정에서 별개의 사건으로 청구되는 후견인 보수청구사건, 후견인의 임무수행을 위한 처분명령청구사건 등의 후견감독에 부수하여 청구되는 사건들과 구별하기 위함이다. 기본후견감독사건에는 후견개시사건과 별개의 사건번호가 새로 부여된다. 감독사건의 사건부호는 개시사건과 같은 사건부호인 "느단"을 사용하고 있었는데, 사건별 부호문자의 부여에 관한 예규 개정으로 2017. 7. 1.부터는 사건부호 "후감"을 사용하고 있다. 후견개시 재판부는 직권사건개시서(참고자료 25 참조)를 작성하여 접수함으로써, 기본후견감독사건 번호를 부여받는다.

265) 따라서 기본후견감독사건이 개시된 후부터는, 감독법원은 기본후견감독사건에서 심문을 여는 등 심리를 할 수 있고, 후견인과 피후견인 등은 기본후견감독사건의 번호를 확인하여 그 번호로 각종 보고서나 교육참석확인서 등 필요한 서류를 접수하여야 한다. 또한 후견감독부수사건 중

(2) 재산목록 제출 확인

전술한 바와 같이 후견인이 후견사무 초기에 하여야 할 중요한 사무 중 하나가 피후견인의 재산조사 및 재산목록의 제출이다. 민법은 재산목록의 작성기한을 2개월로 정하고 있지만(민법 제941조 제1항), 심판에서는 보통 친족후견인이 대다수인 점을 감안하여 작성 및 제출 기한을 특정일로 명시하고 있고, 사건에 따라서는 피후견인의 신상에 관한 보고를 함께 명하는 경우도 있다. 후견인이 재산목록을 제출할 때에는 그 내용의 적정성을 확인하기 위한 자료로 안심상속 원스톱서비스 또는 상속인(후견인)금융거래조회서비스 조회 결과 등을 첨부하도록 하고 있다.

감독법원은 재산목록이 제출되면, 심판에서 정한 기한 내에 제출되었는지, 정기 기본후견감독 예정일까지 후견인의 적정한 후견사무 수행을 기대할 수 있을지, 조기에 심층적인 조사나 개입을 할 필요가 있는지를 판단한다. 이를 위하여 법원은 후견개시심판 과정에서 제출한 재산목록 및 심문조서, 상속인금융거래조회서비스 조회결과 등과 비교하여 누락된 수입이나 재산이 있는지를 확인한 후 재산목록검토서보고서[266]를 작성하고 있다.

(3) 친족후견인 교육

후견사무의 적정한 수행과 피후견인의 복리 보호를 위해서는 후견인의 역량 강화가 필수적이다. 친족후견인은 물론 전문가후견인도 후견에 대한 전문적인 지식과 개인적인 능력의 편차가 크므로 후견사무에 대한 교육이 필요하다.

가사소송법 제2조 제1항 제2호 가목에서 별개의 사건으로 심판하도록 한 사건들은 기본감독사건과는 다른 별개의 사건번호(사건부호는 개시사건과 같이 "느단"이다. 입법론으로는 후견개시사건은 "후개"로, 기본후견감독사건은 "후감"으로, 후견감독부수사건은 "후부"와 같이 사건부호를 구분함으로써 사건부호만으로도 사건의 기본적인 성질을 파악하게 하고, 청구나 직권개시를 할 때 관련사건을 빠짐없이 기재하도록 하는 것이 후견감독사건의 통일적이고 체계적인 관리를 위해 도움이 될 것으로 생각된다. 그리고 후견감독과 관련된 모든 사건을 별개의 사건으로 처리할 것은 아니고, 피후견인의 재산과 신상에 관한 중요한 사항, 예컨대 부동산의 처분 등에 관한 허가 등만을 별개의 사건으로 청구하도록 하고 후견인 보수청구, 재산목록작성기간 연장허가청구 등 나머지 사건은 기본후견감독사건 안에서 결정의 형식으로 처리되도록 함이 바람직하다)가 부여된다. 따라서 각 법원의 접수 담당자나 재판부 실무관은 후견개시사건과 기본후견감독사건 및 후견감독부수사건이 접수되거나 배당될 경우, 관련사건이 있는지 확인하여 그 재판부에 사건을 배당하고, 해당 사건을 관련사건으로 전산입력하여야 한다. 그래야만 법관과 후견감독 담당자가 관련사건으로 등록된 사건 전부를 후견감독 과정에서 종합적으로 검토할 수 있고, 감독의 통일성과 연속성이 유지될 수 있게 된다.

266) 작성례는 참고자료 26 참조.

가정법원은 후견이 개시되면 특별한 사정이 없는 한 지체 없이 새로이 선임된 후견인 등에 대하여 그 직무와 책임에 관한 교육을 실시하고 있다(후견사건의 처리에 관한 예규 제6조 제1항).[267]

진문기후견인은 선발요건으로서 특정 자격과 일정 시간 이상의 교육 및 훈련 이수가 필요하고,[268] 서류심사나 면접을 통하여 후견제도와 법률에 대한 지식, 후견사무에 대한 경험과 역량을 점검하는 절차를 거치고 있다. 하지만 현재 선임되고 있는 후견인의 대부분을 차지하고 있는 친족 중에는 후견에 대한 기본적인 이해가 부족하고 특히 피후견인의 재산문제를 투명하게 처리하지 않는 경우가 있다. 또한 가정사에 법원이 개입하는 것에 대하여 거부감을 가지거나, 후견사무결과를 보고하는 데 어려움을 겪기도 한다.

이러한 이유로 가정법원에서는 후견이 개시되면 우선 친족후견인에 대하여 교육을 실시하고 있다. 주된 내용은 후견제도와 후견감독절차에 대한 이해, 재산조사와 재산목록 작성과 제출 방법, 일반적인 후견사무 수행 방법, 후견사무보고서 작성과 제출 방법, 법원의 허가를 받아야 되는 사항과 방법 등이다. 미성년후견인 교육을 별개로 진행하고 있는 가정법원도 있는데, 교육내용에는 미성년자의 심리적·정서적 특징을 고려하여 미성년자에 대한 보호와 지원, 보호자로서의 역할과 양육기술에 대한 이해 등이 추가된다.

나. 정기 기본후견감독

(1) 정기 기본후견감독의 개념

기본후견감독은 보통 후견개시심판 확정 후 1년이 경과한 시점을 시작으로 매년 제출하도록 되어 있는 후견사무보고서 제출일에 맞추어 정기적으로 시행된다.[269] 보통 법관의 후견감독조사명령에 따라 법원사무관 등 또는 가사조사

---

267) 친족후견인교육 안내는 참고자료 27 참조.
268) 전문가후견인을 배출하는 변호사, 법무사 등 전문가 단체에서는 자체적으로 후견인 교육 및 양성 시스템을 가지고 있다. 보다 체계적이고 전문적인 이론 교육과 실무 위주의 보수 교육이 이루어져야 할 필요가 있다. 이를 위해서는 가정법원이 전문가후견인에 대한 교육을 통일적으로 실시하여야 한다는 주장도 있으나, 각 지역별 단체가 그 지역에 특화된 전문가후견인 교육 프로그램을 개발하여 시행하고, 가정법원은 이미 선발된 후견인 후보자에 대한 간담회와 보수 교육을 담당하는 것이 적절하다.
269) 김성우(주107), 149면; 서울가정법원, 후견감독 실무편람, 서울가정법원(2016), 16면. 그러나 모든 후견사건을 같은 주기, 같은 강도로 감독하여야 할 필요는 없다. 개시단계에서 충분한 조사가 이루어졌거나 제출된 자료 또는 심문을 통하여 매년 감독을 시행할 필요가 없는 것으로 판

관이 후견감독사무 담당자[270]로서 조사업무를 수행하고, 조사를 마친 때에는 후견감독조사보고서를 작성하여 담당 판사에게 보고하여야 한다(후견사건의 처리에 관한 예규 제8조).

(2) 기본후견감독의 준비

심판이 확정되고 기본후견감독사건이 개시되면, 담당 법관은 후견감독조사 명령을 하고, 후견감독사건 담당 재판부에서는 심판에 기재된 후견사무보고서 제출일에 맞추어 최초 정기 후견감독예정일을 전산에 입력한다. 후견감독사무 담당자는 후견감독예정일 1개월 전이 되면, 후견인교육이수확인서, 재산목록과 후견사무보고서가 제출되었는지 확인하고, 제출되지 않은 경우 보정명령 등을 통하여 제출을 독려한다.[271] 후견감독사무 담당자는 후견사무보고서를 검토하는 등 본격적인 후견감독에 들어가기 전에, 후견개시사건과 기본후견감독사건, 후견감독부수사건 등 관련사건과 메모를 검토하여 사건의 전체적인 개요와 진행경과, 피후견인의 재산관리 및 신상보호에 관한 일반적인 내용과 특이점, 후견인의 권한 범위, 친족 등 이해관계인과의 다툼 유무, 후견감독부수사건 유무 등을 미리 파악하여 두어야 한다.

(3) 기본후견감독의 실시

후견감독사무 담당자는 후견인이 제출한 후견사무보고서를 통하여 다음과 같은 사항을 확인한다.[272] 기본후견감독은 후견인에 대한 유선 또는 소환 조사,

---

단된 사건은 심판단계에서 감독주기를 2년 내지 5년으로 정하고 있다. 또한 일부 가정법원에서는 감독사건을 등급화하여 분류하고 그 등급에 따라 감독기간을 달리 정하기도 하고, 실제로 감독조사보고서의 관리의견란에 "정상관리(1년), 관리대상(6개월), 특별관리(3개월)" 등의 의견을 기재함으로써 감독주기에 차등을 두기도 한다.

270) 가사소송법 제45조의4, 가사소송규칙 제38조의6이 정하는 바와 같이, 보통 법원사무관 등(법원서기관, 법원사무관, 법원주사 또는 법원주사보, 가사소송법 제10조의2 제1항 참조)이나 가사조사관이 법관의 후견감독조사명령에 따라 후견감독에 관한 사무를 담당하고 있다. 참고로 2018년 4월을 기준으로 서울가정법원 후견센터에는 9명의 후견감독 담당자가 있고, 각각의 감독사무 담당자에게 감독사건을 배당(약 250−300건 정도)하여 전담하게 함으로써, 피후견인 및 후견인과의 신뢰(rapport)형성을 용이하게 하고, 지속적이고 책임감 있는 후견감독이 가능하게 하였다.

271) 후견인과 피후견인에게 보정명령이나 서류가 송달되지 않으면, 개시 및 감독 기록에 나오는 후견인, 피후견인 및 친족의 전화번호로 유선연락을 시도해 보고, 그럼에도 불구하고 연락이 되지 않으면 직권 사실조회(주소 또는 이동통신사에 대한 전화가입)를 실시하여 후견인과 피후견인의 주소 등을 확인한다.

272) 이하 기본후견감독에 관한 내용은 서울가정법원 후견감독 실무편람(주269), 20−22면을 참고하

신상 및 재산에 관한 현황파악을 위한 출장조사, 소명자료 제출을 위한 보정명
령273) 등의 방법으로 행하여진다.

(가) 기본사항

후견인의 보고기한 준수 유무, 피후견인과 후견인의 거주정보와 연락처 등
인적사항의 변동 유무를 확인한다.

(나) 피후견인의 재산관리에 관한 사항

이미 제출되어 있는 재산목록과 비교하여 적극재산과 소극재산, 수입과 지
출 내역의 변동 유무와 소명자료 제출 여부, 지출 항목과 지출액이 적정한지 여
부, 피후견인의 재산변동 사유가 적정한지 여부, 지출 및 재산관리 계획이 제대
로 수립되었는지 여부, 피후견인의 재산관리에 관한 특이사항과 후견인의 의견
등을 확인한다.

(다) 피후견인의 신상보호에 관한 사항

후견인의 피후견인에 대한 접촉 빈도와 방법, 피후견인의 거주지와 거주지
의 소유관계, 피후견인과 후견인의 동거 유무, 후견인 외에 동거하는 다른 친족
유무, 시설에 거주하고 있다면 의사, 간호사, 간병인의 상주 여부 및 시설의 규
모와 치료 장비의 구비 여부, 피후견인의 정신적·신체적 상태의 변화 유무 및
치료 상황, 피후견인에게 생활유지, 개호, 주거확보, 의료, 교육, 재활, 복지서비
스 이용 등 적절한 후견서비스가 제공되고 있는지 여부, 후견인의 후견사무 지
속의사와 후견계획, 신상결정대행권한 범위의 변경 필요 여부, 피후견인의 신상
보호에 관한 친족의 다툼 등을 확인한다.

(라) 기본후견감독보고서 작성 및 제출

후견감독사무 담당자는 조사를 마치면 기본후견감독조사보고서274)를 작성
하여 법관에게 제출한다. 기본후견감독조사보고서에는 피후견인의 신상보호와
재산관리가 적정하게 이루어지고 있는지, 후견인의 후견사무 수행이 적정하게
이루어지고 있는지에 관한 평가를 요약하여 기재한다. 아울러 후견인의 후견사
무에 대한 특이사항과 가능한 후속조치에 대한 의견275)과 차기 후견감독 시행

였다.
273) 후견감독 과정에서 가정법원이 중점적으로 심리하는 사항에 대해서는 자주 발령되는 보정명령
(참고자료 28)을 참고하면 된다.
274) 작성례는 참고자료 29 참조.
275) 보통 피후견인의 신상보호와 재산관리 현황에 특이사항이 없으면 처분의견을 '현행유지', 관리의
견을 '정상관리(1년)'로, 특이사항이 있으면 처분의견을 '경고, 후견인 변경, 고발조치, 후견감독

일과 검토·유의 사항을 기재한다.

(마) 후견감독인에 대한 기본후견감독

후견감독인에 대해서는, 후견인이 제출한 재산목록이 후견감독인의 참여하에 작성되었는지(민법 제942조 참조), 후견감독인의 후견감독사무가 적정하게 수행되고 있는지, 즉 후견감독인이 후견인의 후견활동을 정기적으로 확인하고 적시에 적절하게 개입하고 있는지, 후견감독인의 동의사항으로 되어 있는 후견사무(민법 제950조 참조)에 대하여 동의권을 적절하게 행사하고 있는지, 후견인과 원활하게 소통하고 후견인과 피후견인의 상황을 잘 파악하고 있는지, 후견감독사무보고서가 정해진 기한 내에 충실하게 작성되었는지 등을 확인한다.

가정법원의 후견감독사무 담당자는 후견감독인의 후견감독사무에 대한 조사를 마치면 후견감독집행조사보고서[276]를 작성하여 법관에게 제출한다.

(4) 정기 기본후견감독의 종료와 후속조치

후견감독사건 담당 법관은 제출된 후견감독보고서 또는 후견감독집행조사보고서를 통하여 후견인 및 후견감독인의 사무가 적정하게 이루어지고 있는지 확인하고 별다른 문제가 없으면 정기 기본후견감독절차를 종료한다. 피후견인의 보호와 후견인의 적정한 후견사무 수행을 위하여 추가적인 조치가 필요하다고 판단되면 다음과 같은 후속조치를 취한다. 그 밖에도 감독법원은 민법 제954조를 근거로 후견인 또는 후견감독인에게 폭넓게 후견사무에 관한 처분을 명할 수 있다.

(가) 심층후견감독명령

피후견인의 신상과 재산에 관하여 보다 전문적이고 심화된 조사가 필요하다고 판단되면, 법관은 후견감독사무 담당자에게 심층후견감독명령을 발령한다.[277] 심층후견감독의 개념과 종류, 시행방법 등은 후술한다.

(나) 심문기일 소환

후견인이나 피후견인이 감독절차에 협조하지 않아 정기 기본후견감독이 제대로 이루어지지 않은 경우, 후견사무와 관련하여 후견인과 피후견인, 그 친족

인 선임, 신상 심층후견감독, 재산 심층후견감독', 관리의견을 '관리대상(6개월), 특별관리(3개월), 특별관리(1개월)'로 기재하고 있다.

276) 작성례는 참고자료 30 참조.

277) 작성례는 참고자료 31 참조.

이나 이해관계인으로부터 후견사무 수행의 적정성과 후견계획 등에 관한 의견
을 확인하여야 할 필요가 있는 경우, 후견인 변경이나 후견인 고발 등 후견인에
대한 조치 여부를 심리할 필요가 있는 경우 등에는 심문기일을 열어 피후견인,
후견인과 친족 등 관계인을 심문한다.

(다) 경고

후견인을 변경하거나 고발할 정도는 아니지만 지출항목이 적절하지 않거나
수입을 누락하는 등 후견인의 사무수행에 부적절한 사항이 발견되는 경우에는,
후견인에 대한 지도와 교육, 재발 방지 등을 위하여, 적절한 후견사무 수행방법
과 위반시 제재 등을 내용으로 하는 서면경고문[278]을 보내기도 한다.

(라) 후견감독인 선임

후견인의 비위행위가 후견인 변경이나 고발을 할 정도에 이르지는 않지만
감독인에 의한 지속적이고 적절한 견제와 개입이 필요한 경우에는 직권으로 후
견감독인을 선임하기도 한다.

(마) 후견인 변경 또는 추가 선임

후견인의 사무수행능력이 현저히 떨어지거나 후견사무를 지속할 의사가 없
는 경우, 비위행위의 위법성 또는 사무집행의 부적절성이 커서 후견인으로 하
여금 후견사무를 지속하게 하는 것이 상당하지 않은 경우, 후견인이 질병, 노
령, 장기부재 등으로 후견사무를 계속할 수 없는 경우, 후견인과 친족 등 이해
관계인 사이에 다툼이 지속되고 있어서 공정하고 객관적인 후견사무 수행을 기
대하기 어려운 경우 등에는 후견인을 변경하거나 추가로 선임하기도 한다. 후
견인이 여러 명인 경우에는 후견인들 사이의 권한 행사 범위와 방법을 변경할
수 있다(민법 제949조의2 제2항 참조).

후견인 변경 등의 사건이 계속되는 경우, 피후견인의 보호에 공백이 생길
우려가 있으면 사전처분으로 후견인에 대한 직무정지와 직무대행자를 선임한
다.[279] 직무대행자에 대해서는 특별한 규정이 없는 한 해당 후견인 또는 후견감
독인에 관한 규정을 준용한다(가사소송규칙 제32조 제1항).

(바) 고발

후견인에게 후견사무 집행과 관련하여 횡령이나 배임행위가 있는 경우, 피

278) 작성례는 참고자료 32 참조.
279) 자세한 내용은 2장 Ⅳ-3 부분 참조.

후견인에 대한 학대, 방임 등의 행위를 한 경우 등에는 후견인의 형사처벌[280]을 위하여 고발을 한다. 기존 후견인에 대한 직무집행정지 후 선임된 직무대행자 또는 임시후견인이 고발을 하기도 하고, 법관 또는 사무관 등에 의한 직무고발의 형식을 취할 수도 있다.[281]

다. 심층후견감독

(1) 심층후견감독의 개념과 종류

정기적인 기본후견감독을 시행한 결과, 후견인의 후견사무수행의 적정성과 피후견인의 재산 및 신상에 관한 보다 포괄적이고 깊이 있는 조사와 감독이 필요한 경우 심층후견감독을 시행한다.

심층후견감독은 피후견인의 재산상황 및 후견인의 재산관리사무에 관하여 회계·세무 전문가가 조사를 하는 재산에 관한 심층후견감독과 사회복지사 등의 후견감독보조인이 피후견인의 거소 등을 방문하여 피후견인의 신상에 대하여 조사하는 신상에 관한 심층후견감독이 있다.

(2) 재산에 관한 심층후견감독

재산 심층후견감독은 재산의 규모가 크거나 종류가 많아서 회계·세무 전문가에 의한 조사가 필요한 경우, 후견개시 전후로 피후견인의 재산이 권한이나 법원의 허가 없이 일탈된 경우, 기본후견감독 결과 후견인의 횡령이나 재산관리 부실이 발견된 경우, 부동산 처분이나 증여행위에 대한 법원의 허가를 구

---

280) 후견인이 친족인 경우, 피후견인의 재산을 횡령하는 등의 범죄가 발생하여도 친족상도례(형법 제328조, 제361조 등 참조) 규정이 적용되어 처벌되지 않는지의 문제가 있다. 친족이 후견인인 경우에는 공적인 지위를 가지게 되므로 해석상 친족상도례가 적용될 수 없다는 견해[이영규, "성년후견제도의 현황과 과제", 일감법학 제33호(2016), 254면 참조]도 있고, 일본 최고재판소의 결정(最決 平成24年10月9日 刑集 第66券 10号 981頁)을 근거로 우리나라에서도 친족상도례의 적용을 배제하여야 한다는 견해도 있다. 후견사무의 적법성 보장과 피후견인 보호를 위하여 친족상도례의 적용이 배제되어야 한다는 결론에 대해서는 이론이 없는 편이지만, 죄형법정주의 등 형사법체계와의 조화를 위해서는 이를 처벌할 수 있는 특별법을 제정하거나 형법을 개정할 필요가 있다. 참고로 우리나라에서도 친족후견인이 피후견인의 재산을 횡령한 사건에서 친족상도례의 적용을 배척하고 후견인에게 실형을 선고한 하급심 판결(제주지방법원 2017. 11. 8. 선고 2017고단284 판결 참조)이 있다.

281) 주280의 제주지방법원 사안도 임시후견인으로 선임된 전문가후견인의 고발로 형사절차가 진행된 것이다. 한편 일본의 경우와 같이 법원 내에 고발위원회 또는 감독위원회를 구성하고, 담당 법관의 회부, 위원회의 심의와 의결을 거쳐 위원회 명의로 고발절차를 진행하도록 하는 것이 바람직하다고 하는 견해도 있다.

하는 사건에 있어서 타당성 검토가 필요한 경우 등에 행하여진다.

보통 재산 심층후견감독은 법원이 미리 위촉해 둔 공인회계사, 세무사 등282)이 담당하는데, 후견기록과 소명자료 등을 검토하는 방법으로 시행한다.

(3) 신상에 관한 심층후견감독

신상 심층후견감독은 피후견인의 건강상태 등에 급격한 변화가 있어 즉각적인 개입이 필요함에도 불구하고 후견인의 적절한 조치가 없는 경우, 피후견인이 정신장애 등으로 폐쇄병동 등에 격리되어 있는 경우, 피후견인이 요양원 등에 장기간 입소하고 있어 후견인이나 친족의 돌봄이 잘 이루어지지 않고 있는 경우, 기본후견감독 결과 후견인이 피후견인의 신상보호 상황을 제대로 파악하지 못하고 있는 경우 등에 행하여진다.

신상 심층후견감독은 법관 또는 조사관이나 사무관 등 기본후견감독 담당자가 행하는 경우도 있으나, 보통 법원이 내규 등을 근거로 미리 선정하여 둔 사회복지사 등의 후견감독보조인이 담당한다. 담당자가 직접 병원이나 요양원, 피후견인의 거소 등을 방문하여 피후견인, 의사와 간호사, 개호인, 시설장, 피후견인의 가족 등을 면담하고 현장조사를 하는 등의 방법으로 시행한다.

미성년후견의 경우에는 후견감독이 개시된 직후 모든 피후견인에 대하여 신상 심층후견감독을 실시하여, 피후견인의 심신 상태와 거소, 가족 및 보호자, 생활 및 양육 상황, 학대 또는 방임의 우려가 있는지 여부, 심리적·정서적 개입 필요 여부, 후견인의 적절성 등을 조기에 확인하는 것이 바람직하다.

(4) 심층후견감독 실시 후의 절차

회계조사나 방문조사 등을 직접 수행한 전문가 등은 보고서를 작성하여 후견감독사무 담당자에게 제출하고, 후견감독사무 담당자는 조사결과 및 의견을 첨부한 심층후견감독사무보고서283)를 법관에게 제출한다. 법관은 이를 검토한

---

282) 가사소송규칙 제45조의4 또는 그에 따라 제정된 법원의 내규를 근거로 하고, 내규의 정함에 따라 "전문후견감독위원" 또는 "후견감독보조인"으로 부르는 것이 일반적이다. 피후견인의 재산상황을 조사하거나 임시로 재산관리를 할 수 있는 권한이 있고, 보수는 피후견인의 재산에서 지급할 수 있다.

283) 재산 심층후견감독조사보고서(전문후견감독위원의 전문후견감독조사보고서 포함, 작성례는 참고자료 33), 신상 심층후견감독조사보고서(후견감독보조인의 후견감독신상조사보고서 포함, 작성례는 참고자료 34) 참조.

후 전술한 후속조치 여부 등을 결정하게 된다.

라. 조정조치와 상담

후견인이 장기간 동안의 피후견인 개호나 후견사무 수행으로 인하여 우울감을 호소하거나 스트레스상황에 있으면 후견인으로서의 임무를 제대로 수행하지 못하게 되고 결국에는 피후견인의 안전과 복리에도 위험을 초래할 가능성이 있으므로 이에 대한 조정과 개입이 필요하다. 한편 미성년자를 포함한 후견사건의 피후견인 중에는 심리적 외상으로 인하여 어려움과 고통을 겪고 있는 경우가 많으므로, 피후견인의 정서적 안정과 치유, 미성년자의 양육환경 개선 등을 위하여 법원의 적절한 개입이 필요하다. 이러한 경우 가정법원은 미리 위촉하여 둔 후견상담위원을 통한 상담 등의 조정조치를 활용하고 있다.284)285)

마. 후견감독 종료

(1) 후견감독 종료 사유

개시된 후견이 종료되면 후견감독 역시 종료하게 된다. 후견종료 사유와 후견인의 사무처리 요령 등에 관하여는 전술한 바와 같다.286)

(2) 후견감독 종료시 법원의 업무 처리 절차

감독법원은 피후견인의 사망사실 등을 알게 된 경우에는 후견인 등으로부터 피후견인의 폐쇄기본증명서를 제출받는다. 피후견인의 재산에 관한 계산보고서가 반드시 법원에 제출되어야 하는 것은 아니지만, 재산에 관한 계산보고서나 최종보고서 등이 제출되면 이를 검토하여 특이사항이 있는 경우 후견감독절차 종료 전에 심층후견감독을 실시하기도 한다.287)

---

284) 김성우(주107), 152면.
285) 서울가정법원 후견사무지원서비스 안내문과 심리상담지원서비스 신청서는 참고자료 35 참조. 후견상담위원은 상담을 마친 후 상담결과보고서(참고자료 36)를 후견감독사무 담당자에게 제출하고, 후견감독사무 담당자는 위 상담결과보고서를 첨부하여 조정조치보고서(참고자료 37)를 작성하여 법관에게 제출하고 있다.
286) 자세한 내용은 3장 Ⅱ-9 부분 참조.
287) 성년이 도래하여 미성년후견이 종료된다고 하더라도, 미성년자의 재산이 다액이거나 후견인의 재산 유용이나 횡령이 있다면, 성년에 이른 사건본인에 대하여 재산관리방법 등을 안내, 교육하기도 하고, 재산에 관한 심층후견감독을 실시하기도 한다.

(3) 후견종료등기

후견종료심판이 확정된 경우에는 법원의 촉탁에 의하여 후견종료등기가 이루어지고(가사소송법 제9조, 가사소송규칙 제5조의2 제1항), 피후견인이 사망한 경우에는 후견인이 사망사실을 안 날로부터 3개월 내에 후견종료등기신청을 하여야 하므로(후견등기에 관한 법률 제29조 제1항), 감독법원은 후견인 등에게 후견종료등기신청을 안내하고 있다.

Ⅳ. 후견감독부수사건

1. 후견감독부수사건의 개념과 종류

가사소송법은 후견사무 수행 및 후견감독과 관련된 여러 사건을 후견개시 및 기본후견감독 사건과는 별개의 사건으로 처리하도록 규정하고 있는데(가사소송법 제2조 제1항 제2호 가목 참조), 이를 후견감독부수사건이라고 한다.

전술한 바와 같이, 법원은 직권 또는 청구에 의하여, 내용이나 형식에 구애받지 않고 후견사무 수행에 필요한 거의 모든 행위에 관하여 처분명령이 가능하므로[민법 제954조 및 가사소송법 제2조 제1항 제2호 가목 22) 참조], 후견사무 수행과 후견감독에 관하여 기본후견감독사건과 별개로 진행되는 모든 사건이 이에 해당한다.

2. 후견인 변경과 관련한 후견감독부수사건

가. 후견인의 재선임과 추가선임

가정법원은 후견인이 사망, 결격 등의 사유로 없게 된 경우에 직권으로 또는 피후견인 등의 청구에 의하여 후견인을 선임하며(민법 제936조 제2항, 제959조의3 제2항, 제959조의9 제2항), 후견인이 선임된 경우에도 필요하다고 인정하면 직권으로 또는 청구에 의하여 추가로 후견인을 선임할 수 있다(민법 제936조 제3항, 제959조의3 제2항, 제959조의9 제2항). 후견인의 재선임은 반드시 해야 하는 것이나 추가선임은 가정법원의 재량이다.[288]

---

288) 성년후견제도 해설(주22), 50면 참조.

나. 후견인의 사임

후견인은 정당한 사유가 있는 경우에는 가정법원의 허가를 받아 사임할 수 있고, 그 경우 후견인은 사임청구와 동시에 가정법원에 새로운 후견인의 선임을 청구하여야 한다(민법 제939조, 제959조의3 제2항, 제959조의9 제2항). 가정법원은 후견인이 사임청구를 하면서 후임 후견인 선임청구를 하지 않는 경우에는 청구취지 추가를 통하여 후임 후견인 후보자를 추천하도록 하고, 사임을 허가하는 경우라면 청구가 없다고 하더라도 직권으로 후임 후견인을 선임하여야 한다.

실무에서는 후견인의 질병이나 노령, 장기간의 출장이나 이사, 피후견인과의 관계 악화, 피후견인의 친족 등 이해관계인으로부터의 시달림, 업무 과중 등의 사유로 사임을 청구하고 있다. 피후견인의 복리를 위하여 후견인의 후견사무 지속 의사와 적극성은 필수적이라고 할 것이므로 대체할 후견인 후보자가 있다면 사임청구에 대해서는 긍정적으로 검토하는 것이 일반적이다.

다. 후견인의 변경

(1) 의의

가정법원은 피후견인의 복리를 위하여 후견인을 변경할 필요가 있다고 인정하면 직권으로 또는 피후견인, 친족, 후견감독인, 검사, 지방자치단체의 장의 청구에 의하여 후견인을 변경할 수 있다(민법 제940조, 제959조의3 제2항, 제959조의9 제2항).

(2) 변경 사유

실무에서는 후견인의 후견사무수행 방향과 방법에 대하여 반대 견해를 가진 친족 등에 의한 청구,[289] 후견인 사임에 갈음하는 청구로서의 후견인 변경청구, 후견감독 결과 후견인 변경의 필요성이 인정되는 경우에 직권으로 하는 후견인 변경 등이 있다.

후견인의 변경은 후견인을 위한 것이 아니라 피후견인의 복리를 위한 것이므로, 현재 후견인에게 임무수행을 지속하게 하는 것이 적당하지 않은 경우뿐

---

[289] 이러한 청구 중에는 후견개시심판이 확정된 후에 자신이 후견인으로 선임되지 못하였다는 점에 불만을 가지고 별다른 사유 없이 후견인 교체만을 구하는 경우가 종종 있는데, 그와 같은 청구가 받아들여질 가능성은 없다.

만 아니라 제3자가 후견인으로 더 적합한 경우도 후견인의 변경사유가 될 수
있다. 후견인에게 현저한 비행 또는 부정행위가 있거나, 후견사무를 적정하게
수행하지 않는 경우는 물론 후견인이 노령이나 지리적·경제적인 사정으로 후견
사무를 수행하기 어렵게 되는 경우도 변경 사유에 해당된다.[290]

(3) 심리

가정법원은 후견인 변경심판을 하는 경우에 피후견인과 그 변경이 청구된
후견인 및 후견인이 될 사람의 진술을 들어야 한다(가사소송법 제45조의3 제1항 제
5호). 가정법원은 후견인 변경사건이 접수되면, 기존의 후견인을 절차에 참가시
키고 관계인을 소환하여 심리를 진행하는 것이 일반적이다.

(4) 심판 고지와 불복

후견인 변경심판은 당사자와 절차에 참가한 이해관계인, 변경 대상 후견인,
새로 선임된 후견인, 후견감독인에게 고지하고, 피후견인에게 통지한다(가사소송
규칙 제35조, 제25조). 후견인 변경청구를 인용한 심판에 대해서는 종전의 후견인
만이 즉시항고를 할 수 있고, 기각한 심판에 대해서는 청구인과 청구권자가 즉
시항고를 할 수 있다(가사소송규칙 제36조 제1항, 제2항).

3. 후견인의 권한행사 요건으로서 가정법원의 허가 청구

가. 개요

후견인이 수행하는 후견사무 중 일정한 행위를 하기 위해서 가정법원의 허
가가 필요한 경우가 있다. ① 후견인의 권한행사에 가정법원의 허가를 받도록
법률이 정한 경우, ② 후견인의 권한 내이기는 하지만 그 권한 행사를 위해서는
법원의 허가를 받도록 심판에 정한 경우, ③ 심판에 정하여진 후견인의 권한을
넘는 행위를 하는 경우 등이 그것이다.

실무에서 청구인은 이러한 사건에 대한 사건명을, "피후견인이 거주하는
건물에 대한 매도허가 청구"[가사소송법 제2조 제1항 제2호 가목 21)의2]와 같이 허
가를 구하는 구체적인 행위를 특정하여 표시하는 경우도 있고, 민법 제954조[291]

---

290) 성년후견제도 해설(주22), 52면.
291) 민법 제954조는 후견인을 청구인으로 명시하고 있지는 않지만, 후술하는 바와 같이 후견인의 대

와 가사소송법 제2조 제1항 제2호 가목 22)를 근거로 "후견인의 후견임무 수행에 관하여 필요한 처분명령청구"라고 하거나, "후견인의 권한초과행위 허가심판청구"292)라고 표시하기도 한다.

나. 법률에서 후견인의 권한행사에 가정법원의 허가를 받도록 정한 경우

(1) 허가를 받아야 하는 경우

성년후견인과 한정후견인이 피성년후견인과 피한정후견인을 대리하여 행위를 하기 위해서 가정법원의 허가를 받도록 법률에 정해진 경우는, ① 피후견인의 격리에 대한 허가[민법 제947조의2 제2항, 가사소송법 제2조 제1항 제2호 가목 21)], ② 피후견인에 대한 의료행위 동의에 관한 허가[민법 제947조의2 제4항, 가사소송법 제2조 제1항 제2호 가목 21)], ③ 피후견인이 거주하는 건물 또는 그 대지에 대한 매도 등에 대한 허가[민법 제947조의2 제5항, 가사소송법 제2조 제1항 제2호 가목 21의2)] 등이 있다.

(2) 심리 및 심판

주된 심리 사항은 각 허가 대상이 되는 행위에 관한 부분에서 기술한 바와 같으나, 그에 더하여 후견인의 재산목록, 후견사무보고서 제출 여부 및 내용의 적정성, 허가를 구하는 행위의 적정성, 피후견인의 추정 선순위 상속인의 동의 여부 등을 심리하여 허가 여부를 결정하고,293) 특히 피후견인의 신상에 관한 내용을 허가 대상으로 하는 경우에는 심판 전에 신상에 관한 심층조사를 실시하기도 한다.

허가심판과 동시에 허가한 행위의 이행결과, 재산관리 및 신상보호 조치 내용, 현재 피후견인의 건강 상태와 개호 상황, 피후견인의 재산 변동 사항 등을 일정 기간 이내에 가정법원에 보고할 것을 명하는 경우도 있다.

리권 행사에 가정법원의 허가를 받도록 한 경우 가정법원이 그에 대한 허부 심판을 할 수 있는 근거 조문이 될 뿐 아니라, 이해관계인도 청구할 수 있는 점 등을 고려하면, 후견인도 청구권자가 된다고 할 것이다.

292) 실무에서는 이 사건명이 가장 많이 사용되고 있다.

293) 주된 심리사항에 관한 자료로서 자주 사용되는 보정명령은 참고자료 28을 참고하면 된다.

(3) 주문례

〈부동산 매각의 경우〉
1. 청구인(성년후견인)이 사건본인(피성년후견인)을 대리하여 별지 목록 기재 부동
   산을 매매하는 행위를 하는 것을 허가한다.
2. 청구인(성년후견인)은 제1항 기재 부동산의 매매대금에서 매매비용을 공제한 나
   머지 금원을 사건본인(피성년후견인) 명의의 예금계좌에 입금하여 보관하여야
   한다.
3. 청구인(성년후견인)은 제1, 2항의 이행결과와 매매대금 사용 및 보관 내역을 매
   매완료일로부터 3개월 내에 이 법원에 보고하여야 한다.

(별지)

부 동 산 목 록

1동의 건물의 표시
    서울 성북구 정릉동 0000 △△아파트 제202동
    [도로명주소] 서울 성북구 북악산로 000
전유부분의 건물의 표시
    건물의 번호: 제1층 제101호
    건물 내역: 철근콘크리트벽식구조 59.94㎡
대지권의 표시
    대지권의 목적인 토지의 표시: 서울 성북구 정릉동 0000 대 4834.6㎡
    대지권의 종류: 소유권대지권
    대지권 비율: 4834.6분의 17.884. 끝.

〈피후견인 격리의 경우〉
1. 청구인(성년후견인)이 사건본인(피성년후견인)을 치료의 목적으로 ◇◇병원(주
   소:　　, 대표자:　　)에 격리하는 것을 허가한다.
2. 청구인(성년후견인)은 제1항의 이행결과와 사건본인(피성년후견인)의 치료상황
   을 매 6개월마다 이 법원에 보고하여야 한다.

(4) 심판에 대한 불복

청구를 인용한 심판에 대해서는 피성년(한정)후견인, 친족, 성년(한정)후견
인, 성년(한정)후견감독인, 검사, 지방자치단체의 장이 즉시항고를 할 수 있고
(가사소송규칙 제36조 제1항 제1호 다목, 제2호 다목), 청구를 기각한 심판에 대해서

는 청구인이 즉시항고할 수 있다(가사소송규칙 제27조).

다. 심판에서 후견인의 권한행사에 가정법원의 허가를 받도록 정한 경우

(1) 허가를 받아야 하는 경우

법률에 정해진 것은 아니지만, 심판에서 후견인의 권한 범위 내의 행위에 대하여 법원의 허가를 받도록 정해진 경우로는, 보통 ① 금전을 빌리는 행위, ② 의무만을 부담하는 행위, ③ 부동산의 처분 또는 담보제공행위, ④ 상속의 단순승인, 포기 및 상속재산의 분할에 관한 협의, ⑤ 소송행위 및 이를 위한 변호사 선임행위, ⑥ 피후견인 명의의 은행계좌에서 매월 일정 금액을 초과하여 인출하는 행위 등이 있다.294)

(2) 심리 및 심판

이러한 청구는 청구인이 기재한 사건명이나 청구취지에도 불구하고, 그 실질에 따라 후견인의 후견임무 수행에 관하여 필요한 처분명령청구[민법 제954조, 가사소송법 제2조 제1항 제2호 가목 22)]로 보고, 이에 준하여 처리하는 것이 일반적인 실무이다.

후견인의 후견임무 수행에 관하여 필요한 처분명령을 정한 민법 제954조는 후견인의 권한 행사에 가정법원의 허가를 받도록 제한한 경우 그 허부 심판에 대한 근거 조문이 될 뿐 아니라, 위 명령에는 등기, 소멸시효의 중단, 채권의 집행 등 보전행위뿐 아니라 매각, 임대, 저당권설정 등 피후견인의 적절한 재산관리를 위해 필요한 처분행위, 더 나아가 건물의 수선과 같은 사실행위도 포함되고, 신상에 관한 사항도 포함되므로 피후견인의 요양, 간호 등에 관한 지시, 감

---

294) 심판에서 후견인의 법정대리권 등 권한의 범위에 대하여 "제한 없음"으로 규정하고 있거나, 해석상 당연히 법원의 허가 없이 후견인이 단독으로 수행할 수 있는 범위 내의 행위임에도 불구하고, 은행이나 등기소 등에서 권한이 없다거나 법원의 허가 흠결을 이유로 업무수행을 거부당하는 경우가 종종 발생한다. 이러한 경우 후견인은 다른 방법이 없기 때문에 자신의 권한 내이고 법원의 허가가 필요하지 않다는 것을 알면서도 법원에 허가청구를 할 수밖에 없다. 법원은 허가가 필요 없는 사안이라고 판단되어도 후견인이 목적을 실질적으로 달성하게 하기 위하여 인용심판을 하기도 한다. 그러나 이러한 법원의 실무는 장기적인 관점에서 후견인의 업무수행에 지장을 주고 피후견인의 복리 측면에서 바람직하지 아니하며 은행 등 관계기관의 업무관행의 개선을 기대할 수 없게 하고 법원의 부담도 늘어날 것이기 때문에, 권한 범위 내이고 법원의 허가가 필요한 사안이 아님을 명시하여 기각심판을 하는 것이 바람직하다는 견해가 있다[박은수, "법인후견의 실무상 애로점과 개선책", 제5회 온율 성년후견세미나 자료집(2017), 35면 참조].

독 등 신상보호에 관한 행위까지 가능하기 때문이다.295)

심리 및 심판에 관한 내용은 앞서 본 법률에서 정해진 경우와 거의 같다. 먼저 후견인의 재산목록, 후견사무보고서 제출 여부 및 내용의 적정성을 검토하고, 다음으로 허가를 구하는 행위의 적정성에 관하여 피후견인의 의사와 재산 상황, 소득과 비용 규모, 허가를 구하는 금액과 대상의 상당성, 그리고 피후견인의 추정 선순위 상속인의 동의 여부 등을 종합하여 허가 여부를 결정한다. 다만 피후견인의 거주용 부동산에 대한 처분과 같이 법률과 심판 모두에 정해진 사항으로 볼 수 있는 경우에는, 당사자의 청구취지와 원인을 우선 고려하되 불명확한 경우에는 즉시항고가 허용되는 법률에 정해진 허가 청구로 처리함이 상당하다.

허가심판을 할 때 허가한 행위의 이행결과, 허가한 행위로 인하여 취득한 재산의 사용 및 보관 내역, 상속재산분할협의 내용 및 결과, 소송행위의 결과 등에 관하여 일정 기간 이내로 보고할 것을 명하는 것은 앞서 본 법률에 정해진 허가 청구의 경우와 같다.

(3) 주문례

〈소송행위의 경우〉
1. 청구인(성년후견인)이 사건본인(피성년후견인)을 대리하여 별지 목록 기재 행위를 하는 것을 허가한다.
2. 청구인(성년후견인)은 제1항의 이행결과와 소송이 종료된 경우 그 소송결과를 소송이 종료된 때로부터 3개월 내에 이 법원에 보고하여야 한다.

(별지)

허가하는 행위

○○지방법원 2018차전00000호 신용카드대금 사건 및 그에 따른 본안소송 사건에 관한 이의신청, 변호사 선임, 변호사 선임을 위한 소송구조신청, 본안소송의 수행 등 일체의 소송행위. 끝.

(4) 불복

후견인의 후견임무 수행에 관하여 필요한 처분명령 청구를 인용한 심판에

---

295) 성년후견제도 해설(주22), 77-78면.

대해서는 불복할 수 없으나, 청구를 기각한 심판에 대해서는 청구인이 재판을 고지받은 날로부터 14일 내에 즉시항고를 할 수 있다(가사소송규칙 제27조, 가사소송법 제43조 제5항).

라. 심판에 정하여진 후견인의 권한을 넘는 행위를 하는 경우
(1) 허가를 받아야 할 경우

후견인은 원칙적으로 심판에 정하여진 권한의 범위 내에서 후견사무를 처리하여야 하지만, 후견사무를 수행하다 보면 피후견인의 갑작스러운 수술비로 심판에서 정해둔 인출한도 금액을 초과해서 인출하여야 하는 경우 등 심판에 정하여진 권한을 초과하는 행위를 해야 할 경우가 있다. 이를 위해서는 가정법원의 허가를 받아야 한다. 다만 이러한 청구는 심판에서 정해진 후견인의 권한 범위는 적절하지만, 일시적이거나 특별한 사정에 의하여 그 권한을 넘는 행위가 필요한 경우에 한한다.

이에 반하여 후견인의 권한을 초과한 사무집행행위가 지속적일 것으로 예상되는 등 심판에 정하여진 후견인의 권한이 적정하지 않다고 판단되면, 후견인의 대리권의 범위 변경 또는 피후견인의 신상에 관하여 결정할 수 있는 권한의 범위 변경[민법 제938조 제4항, 가사소송법 제2조 제1항 제2호 가목 18의2)] 청구를 함이 상당하다.

(2) 심리, 심판, 주문례와 불복

이 청구 역시 그 실질은 후견인의 후견임무 수행에 관하여 필요한 처분명령청구이므로, 심리 방법과 심판, 주문례와 불복에 관한 내용은 심판에서 후견인의 권한행사에 가정법원의 허가를 받도록 정한 경우와 같다.

4. 기타 후견감독부수사건

후견감독부수사건에는 그 밖에도 후견인의 대리권의 범위 결정과 그 변경 및 후견인이 피후견인의 신상에 관하여 결정할 수 있는 권한의 범위 결정과 그 변경(가사소송법 제2조 제1항 제2호 가목 제18의2, 제24의2), 후견감독인 변경(제18의3, 제24의5), 후견감독인의 사임 허가(제19), 재산목록 작성을 위한 기간의 연장 허가(제20), 후견인 또는 후견감독인의 의사표시를 갈음하는 재판(제21의3), 후견감독인의 동의를 갈음하는 허가(제21의4), 후견인 및 후견감독인에 대한 보수 수여(제23), 후견 종료시 관리계산기간의 연장허가(제24), 특정후견인의 후원을 위하여 필요한 처분명령(제24의3) 등이 있고, 그 구체적인 내용은 해당 부분에서 기술한 것과 같다.

5장 임의후견사건 실무

Ⅰ. 임의후견제도

1. 임의후견제도의 의의296)

개정 민법에서 도입된 성년후견제도는 피후견인의 자기결정권을 존중하고, 잔존능력을 최대한 발휘하게 하며, 피후견인의 필요(needs)에 따른 후원을 함으로써 피후견인의 의사와 권리를 실현하는 것을 목표로 한다. 그러나 법정후견제도는 정신적 제약이 발생한 후 법률이 정한 바에 따라 가정법원이 직권으로 후견의 종류와 범위 및 후견인을 정한다는 점에서 피후견인의 의사가 반영될 여지가 상대적으로 적다.

그러한 점에서 후견을 받을 사람 스스로 사무를 처리할 능력이 결여되거나 부족하게 될 상황에 대비하여 자신의 사무를 대신해 줄 사람과 그 사람이 처리할 사무의 범위를 미리 정해두는 임의후견제도는 성년후견 영역에서 사적자치와 자기결정 존중의 이념을 가장 충실하게 실현할 수 있는 제도로 평가받는다.

한편 임의후견제도는 위임계약이나 대리권수여계약과는 달리297) 법원이 임

---

296) 민법은 제959조의14 이하 7개 조문을 "후견계약"이라는 독립된 절로 규정하고 있다. 임의후견은 후견이 개시되는 근거와 시기에 관한 용어로서 법정후견에 대비되는 개념이고, "후견계약"은 임의후견개시의 근거가 되는 일종의 위임계약을 의미한다. 민법은 두 가지를 모두 사용하고 있고, 일반 학계나 실무에서도 같은 의미로 쓰거나 혼용하고 있다.

297) 본인의 행위능력상실은 대리권의 소멸사유(민법 제127조 참조)나 위임계약의 종료사유(민법 제690조 참조)가 아니므로, 본인의 능력상실을 시기(始期) 또는 정지조건으로 하여 대리권을 부여하고 사무처리 등에 대하여 권한과 의무를 주는 내용의 대리권수여행위 또는 위임계약을 체결할 수 있고, 개정 전 민법에서는 이것이 후견계약의 기능을 일부 담당하였다. 그러나 이러한 계약이 체결되어 있다고 하더라도 법정후견 개시가 가능하므로 법정후견인과 임의대리인 사이에 충돌이 발생할 수 있을 뿐 아니라, 수임인의 권한남용에 대한 통제방법이 없고, 위임계약의 효력발생시기와 수임인의 권한 등이 대외적으로 공시되지 않아 법적 다툼이 생길 소지가 크며, 신상에 관한 사항에 대하여도 대리권을 가지는지 불명확하다는 단점이 있다[김민중, "임의후견제

의후견감독인 선임과 감독을 통하여 후견계약의 이행이나 임의후견사무에 대하여 공적으로 통제할 수 있다는 장점이 있다. 또한 임의후견제도는 노후에 재산을 관리하는 방법을 사전에 정하여 두기 위하여 이용될 수 있고, 후술하는 바와 같이 공정증서로 작성되기 때문에 임의후견인을 유언집행자로 하는 내용의 유언 공정증서와 함께 작성하여 두면 사무처리의 연속성이라는 관점에서 노움이 될 수 있다.

2. 임의후견제도의 이용 현황

입법 의도나 제도 시행 초기의 기대와는 달리, 임의후견제도의 이용은 미미한 실정이다.[298] 이처럼 임의후견제도가 잘 이용되지 않는 원인에 대해서는, 동양의 가족주의적인 관념, 새로운 제도에 대한 인식이나 홍보의 부족, 복잡한 절차와 높은 비용,[299] 유언의 경우와 마찬가지로 미리 자신의 장래에 대하여 정하여 두거나 이를 권하는 것을 금기시하는 사회적·문화적 환경, 정형화된 후견계약서 표준 양식의 부재, 이용의 편의성과 접근성 부족 등을 들고 있다.

3. 현행 임의후견제도에 대한 비판

현행 임의후견제도에 대하여 다음과 같은 비판이 있다. 우리의 제도는 후견계약을 공정증서로 작성하여야 되고 임의후견감독인 선임이 강제되며 임의후견개시시에 가정법원이 개입하는 등 개시단계에서의 공적인 개입이 지나치게 강한데, 이처럼 번거로운 절차와 과도한 비용을 요구하는 입법례는 우리 민법과 그 모델이 된 일본법뿐이고, 우리의 제도는 임의후견을 이용하고자 하는 의사결정능력 장애인에게 불필요한 간섭과 개입을 함으로써 자기결정권을 평등하게 보장하지 않는다는 것이다.[300]

도의 개혁", 전북대 법학연구 제127호(2008), 150－155면; 서울대학교 산학협력단(이동진·김수정)(주7), 19－20면에서 재인용].

298) 시행 후 2017년 말까지 전국의 후견계약 등기 사건의 수는 연간 30건을 넘지 못하고 있고, 임의후견감독인 선임심판청구 사건은 연간 10건이 넘지 않으며, 그 중 인용되어 후견계약의 효력이 발생하는 사건은 그보다도 훨씬 적은 5건 내외이다.

299) 박인환, "성년후견제도 시행 4년의 평가와 과제", 한·독 성년후견 전문가대회 자료집(2017), 63, 67－69면.

300) 제철웅, "개정 민법상의 후견계약의 특징, 문제점 그리고 개선방향, 민사법학 제66호(2014), 120면.

우리 민법이 다른 국가들에 비하여 임의후견제도에 관한 통제의 정도가 강한 측면이 있기는 하다. 그러나 독일이나 프랑스의 경우에도 임의후견개시단계에서 어느 정도 법원이 개입하고 있고 이들 나라에서의 개시 후 감독은 우리 제도보다 훨씬 강력하거나 더욱 강화되고 있는 추세이다. 더구나 현재 우리나라에서는 사전통제의 공백을 극복할 세밀한 사후 감독시스템이 갖추어져 있지 않고, 임의후견의 남용으로 인한 본인의 손해를 사회적 비용으로 감수할 준비가 되어 있지 않다는 지적301)이 있다.

4. 임의후견제도의 개선 및 이용증진 방안

현행 임의후견제도의 낮은 이용률과 사적자치에 대한 제한 등을 근거로 입법적인 개선이 필요하다거나 영국의 '지속적 대리권(enduring power of attorney)'과 같이 임의후견제도를 대체하거나 보완할 제도를 도입해야 한다는 견해가 있다. 한편 제도 시행의 경험이 충분하지 않은 현재 시점에서 임의후견에 관한 법률을 개정하기 보다는 현행법의 틀 내에서 제도의 장점을 충분히 살리면서 이용의 장벽을 낮출 수 있는 고민이 필요하다는 견해302)도 있다.

임의후견제도는 자기결정권의 폭넓은 보장과 불필요한 간섭의 배제, 임의후견제도의 남용 방지와 실질적 보호를 위한 공적 개입의 강화라는 상반된 두 이념을 조화롭게 충족시키는 방향으로 개선되어야 한다. 임의후견을 활성화하기 위해서는 이용자가 보다 편리하게 이용할 수 있고 다양한 후견수요를 수용할 수 있는 표준후견계약서303)를 마련하고, 그 내용 형성의 자유를 확대함으로써 잠재적 이용자의 접근성을 높이며, 임의후견제도 지원 조직을 신설하고, 공증인제도와 임의후견등기제도를 개선하여야 한다는 견해304)가 있다.

---

301) 김수정, "임의후견에서 본인의 자기결정권과 법원의 감독", 가족법연구 제31권 제2호(2017), 220, 229–239면 참조.
302) 박인환(주299), 70면 참조.
303) 현재 사용되는 후견계약서 중에서, 법무부(전자공증시스템 enotary.moj.go.kr/고객센터/공지사항)에서 제공되는 후견계약 공정증서 양식(참고자료 38)과, 사단법인 성년후견지원본부에서 사용하는 후견계약서 양식[김효석(집필대표), 성년후견 심판실무, 사단법인 한국성년후견지원본부(2015), 485–488면, 참고자료 39]을 소개한다.
304) 서울대학교 산학협력단(이동진·김수정)(주7), 231–238면 참조.

Ⅱ. 후견계약

1. 후견계약의 의의

피후견인으로 될 사람이 스스로 질병, 장애, 노령, 그 밖의 사유로 인한 정신적 제약으로 사무를 처리할 능력이 부족한 상황에 있거나 부족하게 될 상황에 대비하여, 자신의 재산관리 및 신상보호에 관한 사무의 전부 또는 일부를 다른 사람에게 위탁하고 그 위탁사무에 관하여 대리권을 수여하는 것을 내용으로 하는 계약을 후견계약이라고 한다(민법 제959조의14 제1항 참조).

2. 후견계약의 요건

가. 후견계약의 당사자

후견계약의 당사자는 피후견인이 될 본인과 임의후견인으로 선임될 사람이다.

(1) 피후견인이 될 본인

(가) 의사능력

후견계약을 체결하기 위해서는 피후견인이 될 본인에게 의사능력[305]이 있어야 한다는 점에 대해서는 이론이 없다. 의사능력 없는 사람이 체결한 후견계약은 무효가 된다.

(나) 제한능력자

피한정후견인은 물론 피성년후견인도 의사능력이 있는 한 후견계약을 체결할 수 있다는 견해[306]가 있다. 그러나 한정후견인은 의사능력이 있는 한 후견계약을 체결할 수 있지만 피성년후견인은 불가능하다는 견해[307]가 다수설이다.

---

305) 후견계약 체결을 위해서는 후견계약의 의미와 내용을 이해할 정도의 의사결정능력만 있으면 충분하다고 보는 견해도 있다. 실무에서는 이와 같이 계약 체결 당시 사건본인의 의사능력 유무가 문제되는 경우 임의후견감독인 선임심판 과정에서 사건본인의 의사능력 존부 및 진의 여부에 대하여 엄격한 심리가 이루어진다.

306) 윤진수·현소혜(주33), 149면.

307) 김형석(주151), 153면; 한봉희·백승흠(주256), 380면. 성년후견인에게 피성년후견인의 행위에 대한 취소권이 있으므로, 피성년후견인은 확정적으로 유효한 후견계약을 체결할 수 없다는 견해로는 박인환, "개정민법상 임의후견제도의 쟁점과 과제", 가족법연구 제26권 제2호(2012), 204면; 김주수·김상용(주129), 329-331면.

가정법원이 피한정후견인의 후견계약 체결에 대하여 한정후견인의 동의를 받도록 심판에 정할 수 있는지에 관하여도 견해가 나뉜다. 피한정후견인의 주변인에 의한 악용방지와 피한정후견인 보호를 위해서 동의권 유보가 가능하다고 보는 것이 타당하다.[308]

(다) 미성년자

미성년자는 법정대리인의 동의를 받아 스스로 후견계약을 체결할 수 있고, 법정대리인인 친권자 또는 미성년후견인이 미성년자를 대리하여 후견계약을 체결할 수도 있다는 것이 다수의 견해이다. 입법과정에서 후견계약의 이용자를 성년자로 한정하지 않았을 뿐 아니라, 발달장애를 가지고 있는 미성년자의 부모는 자신의 사후를 대비하여 후견계약을 체결해 놓을 필요성이 있고, 미성년자의 법정대리인은 미성년자의 재산관리와 신상보호에 관한 포괄적 대리권이 있다는 점을 근거로 들고 있다.

그러나 미성년자는 법정대리인의 동의를 받더라도 스스로 후견계약을 체결할 수 없고, 법정대리인의 대리에 의하여서도 후견계약을 체결할 수 없다고 보아야 한다.[309] 미성년자가 성년에 이르기 전까지는 친권자나 미성년후견인이 존재하고, 친권자나 미성년후견인은 정해진 권한과 의무의 범위 내에서가 아니라 포괄적인 법정대리권을 가지므로 임의후견인의 권한과 저촉될 가능성이 있을 뿐 아니라, 미성년자에 대한 후견의 범위와 방법을 사전에 제약하는 후견계약을 허용하게 되면 미성년자의 보호에 공백이 생길 우려가 크다. 또한 친권자의 유고(有故)시 후견인 선택에 친권자의 의사를 반영하기 위하여 우리 민법은 유언에 의한 미성년후견인 지정에 관한 규정을 마련하고 있다. 보다 근본적으로, 임의후견은 본인의 의사와 자기결정권을 보장하고자 하는 것이지, 미성년자에 대한 부모의 선택적 후견서비스 지정을 위한 제도가 아니다. 미성년자는 성년에 이른 후이거나 적어도 성년에 임박한 시기에 이르러 공백을 피하기 위한 목적으로, 자신의 의사와 선택에 따라 후견계약을 체결할 수 있다고 보아야 한다.[310]

---

308) 김주수·김상용(주129), 330–331면.
309) 같은 견해로 서울대학교 산학협력단(이동진·김수정)(주7), 184–185면; 법정대리인에 의한 후견계약 체결을 허용하지 않아야 한다는 견해로 박인환(주307), 202–204면 참조.
310) 미성년자에 대한 즉효형 후견계약은 기존의 친권 또는 미성년후견이 종료되는 결과가 되므로 허용되지 않고, 미성년자는 장래 성년자가 되는 경우 또는 친권자가 사망하는 경우에 대비하여

(라) 대리에 의한 후견계약 체결

1) 임의대리인은 후견계약의 일신전속적 성격을 논거로 후견계약을 체결할 수 없다고 하는 견해가 일반적이다.[311]

2) 성년후견인은 피성년후견인의 진정한 의사를 확인하기 어렵고 악용의 우려가 크므로 어떠한 경우에도 후견계약의 체결을 대리할 수 없다고 보아야 한다.

3) 한정후견인은 가정법원의 심판을 통하여 신상에 관한 결정권한을 포함하여 후견계약을 대리하여 체결할 수 있는 권한을 명시적으로 부여받은 경우에 한하여 체결할 수 있다.

4) 특정후견인은 심판에 의하여 대리권을 부여받은 경우 재산에 관한 부분에 한하여 후견계약을 체결할 수 있을 것이다. 그러나 실제로는 가정법원이 한정후견인이나 특정후견인에게 대리에 의한 임의후견계약 체결 권한을 부여하는 심판을 하기는 어려울 것이다. 왜냐하면 후견계약은 본인의 의사와 자기결정에 따라 체결되어야 하는 것이고, 후견인 등에 의하여 악용될 우려가 있을 뿐 아니라, 실제적인 효용도 크지 않기 때문이다.

(2) 임의후견인

임의후견인이 의사능력과 행위능력을 갖추어야 함은 물론이다. 임의후견인의 자격에 대하여 민법은 아무런 규정을 두고 있지 않으므로 민법 제937조가 정하는 결격사유가 있는 사람과도 후견계약을 체결할 수는 있으나, 임의후견감독인 선임심판 전에는 그러한 결격사유가 치유되거나 흠결이 보정되어야 한다. 그 밖에 임의후견인은 현저한 비행을 하거나 후견계약에서 정한 임무에 적합하지 아니한 사유가 없어야 한다(민법 제959조의17 제1항). 복수의 임의후견인을 선임하거나 법인을 임의후견인으로 선임하는 것도 가능하다.[312]

체결하는 장래형 후견계약만이 허용될 수 있다는 견해도 있다[윤진수(편집대표)(주18), 1415면].
311) 윤진수(편집대표)(주18), 1415면.
312) 성년후견제도 해설(주22), 145면.

나. 후견계약의 형식적 요건

(1) 공정증서

후견계약은 공정증서로 체결하여야 한다(민법 제959조의14 제2항). 공증인은 법령을 위반한 사항, 무효인 법률행위와 무능력으로 인하여 취소할 수 있는 법률행위에 관하여는 증서를 작성할 수 없으므로(공증인법 제25조), 후견계약에 관한 공정증서를 작성할 때 촉탁인에게 의사능력 내지 의사결정능력이 있는지 여부 또는 촉탁인의 대리인에게 이를 대리 내지 대행할 권한이 있는지 살펴야 한다.[313]

(2) 등기

공정증서로 체결된 후견계약은 등기되어야 한다(민법 제959조의15 제1항 참조).[314] 등기는 후견계약의 성립요건은 아니고 사실상의 효력발생요건이다.[315] 후견계약은 피후견인이 될 사람의 재산과 신상에 미치는 영향이 크므로, 후견계약의 위·변조를 막고 그 체결·존속에 관한 사항을 객관적으로 공시하여 계약의 완전성을 보전하고,[316] 법원이나 제3자에 대한 공시를 통하여 후견계약이 있음에도 불구하고 이를 간과한 채 법정후견이 개시되는 것을 막기 위함이다.[317] 후견계약에 관한 등기는 임의후견인이 관할 가정법원에 단독으로 신청한다(후견등기에 관한 법률 제20조 제2항). 등기되어야 할 사항은 공정증서를 작성한 공증인과 증서에 관한 사항, 후견계약의 본인과 임의후견인에 대한 사항, 임의후견인의 권한범위에 대한 사항 등이다(후견등기에 관한 법률 제26조 제1항 참조).

---

313) 윤진수(편집대표)(주18), 1421면. 후견계약에 대하여 공정증서를 작성하도록 하는 것이 번거롭고 비용이 많이 들기 때문에 입법론으로 이를 더욱 간이화해야 한다는 견해도 있다. 그러나 임의후견감독인 선임심판 과정에서는, 후견계약 체결 당시 본인이 의사능력을 갖추고 있었는지에 대하여 다투어지는 경우가 적지 않고, 실제로도 임의후견인으로 지정된 사람이나 본인의 친족에 의하여 악용된 사례도 있다. 공정증서 작성 단계에서 본인의 의사능력에 관한 의사의 진단서 등을 첨부하게 하는 등 요건을 강화하되, 이용자의 편의나 시간 또는 비용을 절감하기 위하여 표준적이고 통일적인 후견계약 공정증서 양식을 개발할 필요가 있다.

314) 임의후견감독인이 선임되지 않은 상태에서의 후견등기부는 참고자료 40 참조.

315) 윤진수(편집대표)(주18), 1425면; 성년후견제도 해설(주22), 146면.

316) 구상엽, "개정 민법상 성년후견제도에 대한 연구", 서울대학교 대학원 박사학위논문(2012), 145면.

317) 윤진수(편집대표)(주18), 1425면.

3. 후견계약의 내용과 유형

가. 후견계약의 내용

(1) 재산관리와 신상보호

후견계약의 내용과 그에 따른 임의후견의 내용은 당사자의 의사에 따라 정해진다. 임의후견인에게 재산관리와 신상보호에 관한 사무를 어느 범위까지 위탁하고 대리권을 수여할 것인지는 당사자의 자유로운 의사에 달려 있다. 재산관리에 관한 사항만을 정할 수도 있고 신상보호에 관한 사항만을 위탁하는 것으로 정할 수 있으며, 양자 모두를 내용으로 할 수도 있다.

(2) 동의권과 취소권 부여

후견계약에 피후견인의 법률행위에 대한 후견인의 동의권이나 취소권을 부여하는 내용을 정하더라도, 후견계약이 행위능력을 전제로 하고 있지 않을 뿐 아니라 당사자 사이의 계약에 지나지 않으므로, 거래 상대방을 구속할 수 없다.

(3) 연명의료 결정

임종과정에 있는 환자의 연명치료 중단에 관하여, 현재로서는 호스피스·완화의료 및 임종과정에 있는 환자의 연명의료결정에 관한 법률(2016. 2. 3. 제정, 법률 제14013호, 2017. 8. 4. 시행)이 정하는 사전연명의료의향서의 작성·등록 절차에 따라야 할 것이다. 후견계약에 연명의료 결정에 관한 내용이 있다고 하더라도 위 법이 정하는 사전연명의료의향서로서의 구속력을 인정할 수는 없겠지만, 민법이 정하는 임의후견을 포함한 성년후견제도와 조화를 이루도록 관련 법령이 정비될 필요는 있을 것이다.

(4) 임의후견인의 보수, 소송위임에 관한 사항 등

본래의 의미의 후견계약의 대상은 아니지만, 후견계약에는 임의후견인의 보수에 관한 사항을 정할 수 있고,[318] 임의후견인에게 소송행위를 하도록 하거나 개호행위 등 사실행위를 위탁하는 것을 내용으로 할 수 있다.[319]

---

318) 한봉희·백승흠(주256), 380면; 김형석(주151), 151면.
319) 서울대학교 산학협력단(이동진·김수정)(주7), 29-30면 참조.

나. 후견계약의 유형

후견계약에는 ① 경도의 치매, 정신장애 또는 지적장애 등 본인에게 이미 보호가 필요한 정신적 제약이 있어 임의후견계약의 체결과 동시에 곧바로 임의후견에 의한 보호를 시작하는 '즉효형 후견계약',[320] ② 현재는 정신적 제약이 없지만 향후 자신의 판단능력이 악화되었을 때 그 효력이 발생하도록 하는 '장래형 후견계약', ③ 장래형 후견계약과 함께 현재의 재산관리 및 신상보호에 관한 사무의 위탁을 내용으로 하는 임의대리계약을 동시에 체결하는 '이행형 후견계약'이 있다.[321] 이행형 후견계약의 경우 본인이 정신적 제약이 있기 전에는 일반 위임계약에 따른 수임인으로서 사무를 처리하고, 본인이 정신적 제약이 생기면 공적인 감독 하에 임의후견으로 이행하게 되는데, 권한 중첩이나 저촉 등을 방지하기 위해서 임의후견개시로 위임계약은 종료된다는 조항을 후견계약에 명시해두기도 한다.

4. 후견계약의 효력

가. 효력발생 시기

후견계약은 가정법원이 일정한 사람의 청구에 의하여 임의후견감독인을 선임한 때부터 효력이 발생한다(민법 제959조의14 제3항, 제959조의15 제1항). 후견계약이 본인의 자기결정권을 보장하는 것이기는 하지만, 본인의 복리를 실질적으로 보호하고 악용을 방지하기 위하여 임의후견감독인 선임을 통하여 후견개시 과정에 공적으로 개입할 여지를 남겨둔 것이다.

후견계약에서 그 효력발생시기를 달리 정하거나 효력발생에 다른 조건을 부가하는 약정의 효력이 문제된다. 임의후견감독인이 선임되지 않더라도 후견계약의 효력이 발생한다고 하는 등 민법이 정하는 임의후견제도의 취지를 배제하거나 잠탈하고자 하는 약정은 무효이다. 다만 특정 연령에의 도달을 임의후견개시의 조건으로 붙인 경우 등 임의후견제도의 취지를 악용하려고 하는 의도가 없고 본인의 진의임을 확인할 수 있다면, 본인의 의사 존중이라는 면에서 효

---

320) 이 유형의 후견계약은, 계약이 체결될 당시의 본인의 정신상태 및 의사능력 등에 관하여 다툼이 있거나, 법정후견을 회피할 목적으로 친족 등 영향력이 큰 주변인에 의하여 이미 의사능력을 상실한 본인 명의로 체결된 경우가 적지 않다. 따라서 임의후견감독인 선임심판 과정에서는 이 부분에 심리가 집중된다.

321) 박인환(주18), 64 − 65면.

력을 인정하여도 무방할 것이라는 견해322)가 있다.

나. 본인의 행위능력 제한 여부

후견계약으로 본인의 행위능력을 제한할 수 없다. 따라서 피후견인은 후견계약이 효력을 발생하더라도 단독으로 모든 법률행위를 유효하게 할 수 있다.

다. 임의후견인의 권한과 직무

(1) 본인 의사 존중과 선관주의의무

임의후견인은 후견계약에서 정하여진 바에 따라 재산관리 및 신상보호 사무에 관한 권한과 직무를 담당한다. 임의후견인은 후견계약을 이행·운영할 때 본인의 의사를 최대한 존중하여야 한다(민법 제959조의14 제4항). 임의후견인은 위임계약상 선관주의의무를 부담하고(민법 제681조), 본인의 승낙이 있거나 부득이한 경우가 아니면 포괄적인 복대리인을 선임할 수 없다.

(2) 신상보호사무에 관한 법원의 허가 요부

임의후견인이 후견계약에 따라 신상보호사무에 관한 권한과 직무가 있는 경우, 피임의후견인의 격리나 사망 등의 위험이 있는 침습적 의료행위의 동의, 피임의후견인 거주 부동산의 처분 등의 행위를 함에 있어서, 민법 제947조의2 제2항 내지 제5항을 유추적용하여 법원의 허가를 받아야 하는지 문제된다.

임의후견도 법정후견과 이익상황이 같고 이를 인정하는 독일과 프랑스의 입법례가 있으며 공적 통제가 필요하다는 점을 들어 유추적용되어야 한다는 견해323)와 본인의 의사에 따라 신상결정권 행사를 자세히 정하였다면 법정후견과 달리 법원의 허가는 필요가 없지만 후견계약 이행에 대한 확인과 견제는 필요하므로 임의후견감독인의 동의를 얻도록 하는 특약을 후견계약에 포함시킬 수 있다는 견해324)가 있다.

본인의 자기결정권이 무제한적인 것이라고 볼 수 없고, 임의후견인의 자의적인 권한행사에 대한 견제와 통제는 법정후견보다 임의후견이 더욱 필요할 뿐

---

322) 윤진수·현소혜(주33), 158－159면; 박인환(주307), 205－208면.
323) 김형석(주151), 157－158면; 신영호, 가족법강의(제2판), 270면 참조.
324) 박인환(주307), 213－215면.

아니라, 피후견인의 이익을 두텁게 보호하기 위해서 가정법원의 허가를 받아야 한다고 본다. 한편 임의후견감독인이 긴급처분을 통하여 피후견인의 일정한 신상결정에 관한 권한을 행사하는 경우에는 가정법원의 허가를 받도록 규정하고 있다(민법 제956조의16 제3항, 제940조의7, 제947조의2 제3항 내지 제5항).

(3) 임의후견인의 임무 위반

만일 임의후견인이 후견계약에서 정하여진 임무를 위반한 경우 본인에 대하여 계약 위반에 따른 손해배상책임을 질 수 있고, 거래 상대방과의 관계에서는 대리권 남용이나 표현대리의 법리가 적용될 수 있다.

(4) 임의후견인의 보수와 비용

임의후견인은 후견계약에서 정하여진 내용이 있으면 보수와 비용을 지급받을 수 있다.

라. 후견계약의 무효와 취소

본인이 후견계약을 체결할 때 의사능력이 없었거나 후견계약이 선량한 풍속 기타 사회질서에 반하는 경우에는 후견계약이 무효이다. 후견계약에 착오·사기·강박과 같은 취소사유가 있는 경우에도, 후견계약이 당사자의 진의가 중요한 가족법상 법률행위일 뿐 아니라, 본인이나 임의후견인이 취소권을 행사할 것으로 기대하기 어렵다는 이유로, 취소사유가 아니라 무효사유로 보아야 한다는 견해[325]가 있다.

이 경우 가정법원은 임의후견감독인 선임청구를 기각하여야 한다. 후견계약은 당사자의 진의가 중요하므로 무효나 취소사유가 있다면 가정법원이 임의후견감독인을 선임하였다 하더라도 그 하자가 치유되지 않는다.

마. 후견계약의 철회와 변경

임의후견감독인의 선임 전에는 본인 또는 임의후견인은 언제든지 공증인의 인증을 받은 서면으로 후견계약의 의사표시를 철회할 수 있다(민법 제959조의18 제1항). 따라서 임의후견감독인 선임 전에는 기존 후견계약을 종료하거나 유지

325) 윤진수·현소혜(주33), 155-156면; 김형석(주151), 156면 참조.

한 상태에서 공정증서에 의한 새로운 후견계약을 체결하는 방식으로 후견계약
을 변경할 수 있다.

Ⅲ. 임의후견감독인 선임

1. 선임요건

가. 등기된 유효한 후견계약

명문의 규정은 없지만 유효한 후견계약이 있어야 한다. 후견계약의 내용이
적절한지는 원칙적으로 심리의 대상이 되지 않는다. 하지만 전술한 바와 같이
본인의 의사무능력, 사회질서위반 등으로 무효인 경우는 물론 착오·사기·강박
등 취소사유가 있는 경우에는 취소 여부와 무관하게 임의후견감독인 선임청구
는 기각되어야 한다.326) 또한 후견계약이 공정증서에 의하여 작성되고 등기되
어 있을 것을 요한다.

나. 사무처리 능력의 부족

본인이 정신적 제약으로 인하여 사무를 처리할 능력이 부족한 상태에 이를
것을 요한다(민법 제959조의15 제1항 참조). 사무처리 능력이 부족하게 된 원인이
정신적 장애뿐 아니라 신체적 장애로 인한 것이어도 무방하다는 견해327)도 있
으나, 후견계약 자체가 정신적 제약으로 인한 사무처리 능력의 부족 또는 장래
의 그러한 상황에 대비하여 체결하는 것일 뿐 아니라(민법 제959조의14 제1항 참
조), 이 부분에 있어서만 법정후견과 달리 해석할 합리적인 이유도 없으므로,
신체적 장애로 인한 사무처리 능력 부족은 임의후견감독인 선임의 요건이 되지
아니한다.328)

후견계약은 당사자 사이의 계약이므로 그 내용에 후견개시의 원인이 되는
정신능력에 관하여 정해져 있다면 원칙적으로 그에 따르고, 그렇지 않은 경우
에는 후견사무의 내용, 계약의 체결경위 등을 종합적으로 고려하여 사무를 처

---

326) 김형석(주151), 156면.
327) 윤진수(편집대표)(주18), 1429면.
328) 같은 견해로 서울대학교 산학협력단(이동진·김수정)(주7), 32면.

리할 능력이 부족한 상황에 있는지 여부를 판단한다.[329)]

다. 본인의 동의

본인이 아닌 자의 청구에 의하여 가정법원이 임의후견감독인을 선임할 때에는 미리 본인의 동의를 받아야 한다. 다만 본인이 의사를 표시할 수 없는 때에는 그러하지 아니하다(민법 제959조의15 제2항). 본인의 의사에 의하여 체결된 후견계약이므로, 그 효력발생 역시 본인의 의사에 따르도록 한다는 취지이다.

라. 임의후견인의 자격

임의후견인이 후견인의 결격사유를 정한 민법 제937조 각 호에 해당하는 사람 또는 그 밖에 현저한 비행을 하거나 후견계약에서 정한 임무에 적합하지 아니한 사유가 있는 사람인 경우, 가정법원은 임의후견감독인을 선임하지 아니한다(민법 제959조의17 제1항). 이러한 임의후견인의 자격은 선임심판시를 기준으로 판단한다. 따라서 임의후견인이 후견계약 체결 당시에는 결격사유가 있었더라도 임의후견감독인 선임심판시에 해당되지 않으면 임의후견이 개시될 수 있다.[330)]

마. 법정후견이 개시되어 있는 경우

원칙적으로 임의후견감독인 선임에 법정후견은 장애가 되지 않으나, 예외적으로 가정법원이 성년후견이나 한정후견 조치의 계속이 본인의 이익을 위하여 특별히 필요하다고 인정하면 임의후견감독인 선임청구를 기각할 수 있다(민법 제959조의20 제2항 단서). 자세한 내용은 후술한다.

2. 선임절차

가. 청구

(1) 청구권자와 관할

본인, 배우자, 4촌 이내의 친족, 임의후견인, 검사 또는 지방자치단체의 장이 청구권자이다(민법 제959조의15 제1항). 본인은 의사능력이 있는 한 단독으로

---

329) 성년후견제도 해설(주22), 151면.
330) 윤진수(편집대표)(주18), 1442면.

청구할 수 있다. 4촌 이내의 친족은 민법 제777조의 정함에 따르므로 사실상의 배우자 등은 포함되지 않는다. 임의후견인은 후견계약의 수임인으로서 위임계약상의 선관주의의무에 기하여 임의후견감독인 선임을 청구할 의무가 있다.331)

임의후견감독인 선임청구는 피임의후견인이 될 사람의 주소지 가정법원의 전속관할이다(가사소송법 제44조 제1의2호).

(2) 심판청구서

심판청구서332)에는 사건본인에 대한 임의후견감독인의 선임을 구한다는 취지를 기재하고, 본인의 기본증명서, 가족관계증명서, 청구인, 사건본인, 임의후견인의 주민등록표등(초)본, 본인의 후견등기사항전부증명서(말소 및 폐쇄사항 포함), 청구인 및 후견감독인 후보자와 사건본인과의 관계를 소명할 자료, 본인의 진단서, 사전현황설명서, 본인의 추정 선순위 상속인의 동의서(인감 날인 및 인감증명서 첨부), 임의후견감독인의 범죄경력조회회보서와 신용조회서를 첨부한다.

나. 심리

(1) 본인 등의 의사 확인

가정법원은 임의후견감독인 선임을 위해서 피임의후견인이 될 사람, 임의후견인 및 임의후견감독인이 될 사람의 진술을 들어야 한다(가사소송법 제45조의6 제1항). 이를 위하여 가정법원은 피임의후견인을 심문하여야 하고, 다만 그 사람이 자신의 의사를 밝힐 수 없거나 출석을 거부하는 등 심문할 수 없는 특별한 사정이 있는 때에는 그러하지 아니하다(가사소송법 제45조의6 제2항).

실무에서는 본인의 동의 여부 및 의사 확인을 위하여 심문을 열어 본인을 소환하고, 다른 법정후견의 경우와 마찬가지로 사건본인이 사지마비, 의식불명 등으로 심문할 수 없는 경우에는 후견적 입장에서 본인의 추정적 의사 등 제반 사정을 종합하여 임의후견감독인 선임 여부를 결정한다. 본인이 정신병원 등에 격리되어 있는 경우나 거동이 불편한 경우 등에는 가사조사관 등이 출장조사 등을 통하여 본인의 의사를 확인한다.

또한 실무에서는 후견계약의 효력이나 내용, 후견개시 여부, 후견인 선정,

---

331) 성년후견제도 해설(주22), 150면.
332) 작성례는 참고자료 41 참조.

후견감독인 선임에 대한 본인의 추정 선순위 상속인의 의견을 청취하고 있다. 청구서에 동의서를 첨부하게 하거나, 첨부되지 않은 경우 주민등록등본 등을 제출받아 의견조회를 하고 있다. 본인을 둘러싼 친족 등 이해관계인의 의견을 듣는 것은 본인 의사의 진정성과 후견계약 체결 당시 본인의 정신상태 등을 판단할 자료를 획득하고, 일부 친족에 의하여 후견계약이 악용되는 것을 방지하기 위해서이다.

(2) 본인의 정신상태

임의후견은 성년후견이나 한정후견과 달리, 본인의 정신상태 판정을 위하여 감정이 반드시 필요한 것은 아니다. 의사나 그 밖의 전문지식이 있는 사람의 의견을 듣는 것으로 족하며, 이 경우 의견을 말로 진술하게 하거나 진단서 또는 이에 준하는 서면으로 제출하게 할 수 있다(가사소송법 제45조의5).

본인의 현재 또는 후견계약 체결 당시의 정신상태에 대하여 다툼이나 의문이 있다면 본인에 대한 정신감정을 실시하는 것이 좋다. 하지만 다툼의 쟁점인 후견계약 체결 시점에서의 본인의 정신상태는 감정하기가 용이하지 아니하다. 결국은 당시의 진료기록과 처방, 통화기록이나 영상, 가족이나 간병인 등 주변인의 진술 등을 종합하여 판단할 수밖에 없다.

다. 심판
(1) 임의후견감독인 선임

심리 결과 임의후견개시 요건이 갖추어진 것으로 판단되면 가정법원은 임의후견감독인 선임심판을 한다. 특정인을 임의후견감독인으로 선임하는 내용을 후견계약에 미리 정하여 두더라도 법원은 그에 구속되지 않는다. 하지만 가정법원은 임의후견감독인을 선임할 때 본인의 의사를 존중하여야 하고, 본인의 건강, 생활관계, 재산상황, 임의후견감독인이 될 사람의 직업과 경험 및 본인과의 이해관계 유무를 고려하여야 한다.[333] 법인을 임의후견감독인으로 선임할 수도 있고(민법 제959조의16 제3항, 제940조의7, 제930조 제3항, 제936조 제4항), 여러 명의 임의후견감독인을 선임할 수도 있다.

실무에서는 임의후견감독인에 관하여 본인의 친족 등 이해관계인의 다툼이

---

333) 서울대학교 산학협력단(이동진·김수정)(주7), 34면

있으면 제3자인 전문가후견인 후보자 중에서 임의후견감독인을 선임하는 것이 보통이다. 다툼이 없다고 하더라도, 임의후견인에 대한 견제와 피임의후견인에 대한 보호는 실제로 임의후견감독인에게 기대할 수밖에 없으므로, 가급적 객관적이고 공정하게 감독사무를 수행할 수 있는 제3자, 특히 법인후견인이 우선적으로 고려되고 있다. 따라서 임의후견인이 추천한 후보자나 청구인의 대리인 변호사 등은 임의후견인이나 청구인과 이해관계를 함께 할 가능성이 높으므로 선임에 신중을 기할 필요가 있다.

한편 임의후견인의 가족은 임의후견감독인이 될 수 없고, 민법 제937조의 후견인 결격사유가 있는 사람도 임의후견감독인이 될 수 없다(민법 제959조의15 제5항, 제940조의5, 제940조의7, 제937조).

가정법원은 법정후견과 마찬가지로 임의후견감독인에 대하여도 후견감독 사무에 관하여 필요하다고 인정되는 사항을 지시할 수 있다(가사소송규칙 제38조의2). 실무에서는 임의후견감독인에게 부과하는 의무나 지시 등을 선임심판에서 정하고 있고, 임의후견이 개시된 후부터 임의후견감독인에 대한 감독을 하고 있다.

(2) 주문례
(가) 일반형

1. 사건본인의 임의후견감독인으로 신◇◇(주민등록번호: , 주소:)을 선임한다.
2. 임의후견감독인은 이 심판 확정일로부터 1년이 경과한 날을 기준으로 하여 매년 후견감독사무보고서(기준일: 매년 이 심판 확정일과 같은 월, 일)를 작성하여 이 법원에 제출하여야 한다.

(나) 임의후견감독인에 의한 조기 감독이 필요한 경우

1. 사건본인의 임의후견감독인으로 사단법인 ◇◇(등록번호: , 소재지: , 대표자:)을 선임한다.
2. 임의후견감독인은 이 심판 확정일로부터 2개월 이내에 임의후견인으로부터 사건본인의 재산목록[안심상속(후견인) 원스톱 서비스 조회 또는 상속인(후견인) 금융거래조회서비스 조회 결과를 첨부할 것] 및 이 심판 확정일 이후 사건본인

의 신상에 관한 보고서[후견사무보고서 중 신상보호 부분을 활용하되 사진 10매 이상을 첨부할 것]를 제출받아, 그 재산목록 및 신상에 관한 보고서에 의견서를 첨부하여 이 법원에 제출하여야 한다.
3. 임의후견감독인은 이 심판 확정일로부터 1년이 경과한 날을 기준으로 하여 매년 후견감독사무보고서(기준일: 매년 이 심판 확정일과 같은 월, 일)를 작성하여 이 법원에 제출하여야 한다.

(3) 즉시항고

임의후견감독인의 선임청구를 인용한 심판에 대하여는 본인의 의사와 이익에 반하므로 즉시항고가 허용되지 않고, 기각한 심판에 대하여는 청구인이 즉시항고를 할 수 있다(가사소송규칙 제27조).

(4) 후견등기 촉탁

임의후견감독인 선임심판이 확정되면 가정법원은 후견등기사무를 처리하는 사람에게 후견등기부에 등기할 것을 촉탁하여야 한다(가사소송법 제9조, 가사소송규칙 제5조의2 제1항 제4호 가목).

(5) 재선임, 추가선임, 사임과 변경

임의후견감독인은 필수기관이므로, 임의후견감독인이 없게 된 경우에는 가정법원은 직권으로 또는 본인, 친족, 임의후견인, 검사 또는 지방자치단체의 장의 청구에 의하여 임의후견감독인을 선임한다(민법 제959조의15 제3항). 임의후견임감독인이 선임되어 있는 경우에도 가정법원은 필요하다고 인정하면 직권으로 또는 청구권자의 청구에 의하여 임의후견감독인을 추가로 선임할 수 있다(민법 제959조의15 제4항).

그 밖에 임의후견감독인의 사임과 변경에 대한 규정은 법정후견에서의 후견감독인에 관한 규정이 그대로 준용된다(민법 제959조의16 제3항, 제940조의7, 제939조, 제940조).

Ⅳ. 임의후견감독 실무

1. 개관

임의후견은 본인의 의사에 의하여 임의후견인과 담당 사무가 정해지고, 법정후견과 달리 임의후견감독인을 필수적인 기관으로 하고 있으므로, 임의후견인의 사무집행에 대한 감독은 임의후견감독인에 의하여 행하여지는 것이 원칙이다. 가정법원은 임의후견감독인에 대한 감독을 통하여 간접적으로 임의후견인의 후견사무를 감독할 뿐 직접적으로 임의후견인의 후견사무에 개입하지 않는다.

임의후견제도가 본인의 의사를 존중하는데 적합한 구조를 가지고 있기는 하지만, 법원의 엄격한 심사 후에 선임되는 법정후견인에 비하여 임의후견인에 대한 감독의 필요성이 낮다고 볼 수는 없다. 더구나 후견인에 대한 가정법원의 직접적인 개입과 감독이 예상되어 있지 않으므로, 임의후견인의 권한남용을 막고 피임의후견인의 의사와 이익을 보호하는 임의후견감독인의 역할은 법정후견의 경우보다 더 중요하다고 볼 여지가 있다. 또한 가정법원은 임의후견감독인에 대한 감독을 통하여 본인의 의사에 반하여 권한을 남용하는 임의후견인을 간접적으로 견제할 수 있다.

2. 임의후견감독인의 직무와 권한

가. 임의후견감독인의 의무

임의후견감독인은 후견감독사무를 수행함에 있어 선량한 관리자의 주의의무(민법 제959조의16 제3항, 제940조의7, 제681조)를 부담하고, 명문의 규정은 없지만 피임의후견인의 복리를 배려하고 피임의후견인의 의사를 존중할 의무를 부담한다. 따라서 임의후견감독인은 정기적으로 피임의후견인을 직접 만나 그 필요와 의사를 확인할 필요가 있다.

나. 임의후견인에 대한 일반적인 사무 감독

임의후견감독인은 임의후견인의 사무를 감독한다(민법 제959조의16 제1항). 임의후견감독인은 임의후견인의 재산관리사무는 물론 신상보호사무를 포함한 후견사무 전반에 관하여 감독하여야 한다.

임의후견감독인은 언제든지 임의후견인에게 그의 임무 수행에 관한 보고와 재산목록의 제출 등을 요구할 수 있고, 피임의후견인의 재산상황을 직접 조사할 수 있다(민법 제959조의16 제3항, 제953조). 임의후견감독인은 이와 같이 임의후견인의 후견사무 수행에 대한 일반적·포괄적 감독권한을 가지고, 임의후견인에 대하여 후견사무와 관련된 일반적인 지시권한을 갖는다.

감독할 사항은 임의후견계약에서 정하여진 임의후견인의 권한에 따라 달라지겠지만, 보통 후견사무의 처리현황, 재산의 관리상황, 취득하거나 처분한 재산의 시기·종류·목적·상대방과 대가의 보관·사용 내역, 일상적인 수입과 지출 상황, 복지서비스 이용상황, 신상에 대한 중요한 변동 유무, 신상보호를 위하여 취한 조치 등이다.

임의후견감독인은 임의후견인으로부터 정기적으로 보고서를 제출받고, 후견계약의 취지와 피임의후견인의 복리의 관점에서 후견사무가 적정하게 이루어지고 있는지 확인하여야 한다. 임의후견감독인의 임의후견인에 대한 감독은 후견사무의 적법성뿐 아니라 타당성 검토까지 이루어져야 한다. 임의후견인의 불법적이거나 부적절한 사무집행이 발견되면 즉시 지적하여 시정을 요구하고, 후견감독인의 지시나 감독에 따르지 않으면 가정법원에 보고하여야 한다.

다. 후견사무의 직접 처리

임의후견감독인은 피임의후견인의 신상이나 재산에 대하여 급박한 사정이 있는 경우 직접 그의 보호를 위하여 필요한 행위 또는 처분을 할 수 있고(민법 제959조의16 제3항, 민법 제940조의6 제2항), 임의후견인이 피임의후견인과 사이에 이해가 상반되는 경우에는 임의후견감독인이 피임의후견인을 대리한다(민법 제959조의16 제3항, 제940조의6 제3항).[334]

라. 임의후견인 해임 청구

임의후견감독인은 임의후견인이 현저한 비행을 하거나 그 밖에 임무에 적합하지 아니한 사유가 있게 된 경우에는 가정법원에 임의후견인의 해임을 청구

---

334) 다만 이해상반행위를 금지하고 있는 민법 제949조의3, 제921조가 임의후견에는 준용되지 않는다.

하여야 한다(민법 제959조의17 제2항).

마. 가정법원에의 보고

임의후견감독인은 그 사무에 관하여 가정법원에 정기적으로 보고하여야 한다(민법 제959조의16 제1항). 심판에 그와 같은 보고의무가 정해져 있지 않다고 하더라도 임의후견감독인의 보고의무는 법률의 규정에 의하여 당연히 발생하는 의무이다. 하지만 임의후견감독인은 언제, 어떻게 보고하여야 하는지 모르는 경우가 많으므로, 심판에 보고335)의 시기와 기준일, 내용 등에 관하여 정하는 것이 일반적이다.

바. 임의후견감독사무 보수와 비용

임의후견감독인의 보수와 감독사무의 비용에 대해서는 후견감독인의 보수와 후견감독사무의 비용에 관한 규정이 준용된다(민법 제959조의16, 제940조의7, 제955조, 제955조의2).336)

3. 가정법원의 임의후견감독

가. 감독의 방법

임의후견의 특성상 가정법원은 임의후견인에 대해서 직접적인 개입이나 감독을 하지 않고 임의후견감독인에 대한 감독을 통하여 간접적으로 임의후견인을 감독한다는 것은 전술한 바와 같다.

가정법원은 필요하다고 인정하면 임의후견감독인에게 감독사무에 관한 보고를 요구할 수 있고 임의후견인의 사무 또는 피임의후견인의 재산상황에 대한 조사를 명하거나 그 밖에 임의후견감독인의 직무에 관하여 필요한 처분을 명할 수 있다(민법 제959조의16 제2항). 여기에서의 "필요한 처분"에는 임의후견감독인에 대하여 감독방법 등에 관하여 구체적인 지시를 하는 것 등이 포함된다(가사소송규칙 제38조의2 참조).

---

335) 후견감독보고서 작성 및 제출에 대해서는 4장 Ⅱ-2-마 참조.
336) 자세한 내용은 4장 Ⅱ-2-바 참조.

나. 감독의 절차와 내용

가정법원의 임의후견감독인에 대한 감독 절차와 방법, 내용은 법정후견에서의 후견감독인에 대한 감독의 절차 및 내용과 같다.[337]

다. 임의후견인의 해임과 임의후견감독인의 변경 등

가정법원은 임의후견인이 현저한 비행을 하거나 그 밖에 임무에 적합하지 아니한 사유가 있게 된 경우에는 청구권자의 청구에 의하여 임의후견인을 해임한다(민법 제959조의17 제2항). 그러나 가정법원이 직권으로 임의후견인을 해임할 수는 없다.

반면 임의후견감독인은 가정법원이 직권으로 재선임, 추가 선임, 변경 등을 할 수 있다.

V. 임의후견의 종료

1. 종료 사유[338]

가. 가정법원의 허가에 의한 후견계약의 종료

(1) 사유

임의후견감독인이 선임된 이후에는 본인 또는 임의후견인은 정당한 사유가 있는 때에만 가정법원의 허가를 받아 후견계약을 종료할 수 있다(민법 제959조의18 제2항). "정당한 사유"는 후견계약의 당사자 어느 일방에 대하여 후견계약의 존속 및 그에 따른 후견사무의 계속을 더 이상 기대하기 어렵게 하는 중대한 사정, 예컨대 임의후견인이 중병에 걸려 후견사무를 지속할 수 없는 경우 등을 말한다.[339]

---

337) 자세한 내용은 4장 Ⅲ-3-나-(3)-(마) 참조.

338) 전술한 바와 같이 임의후견감독인 선임심판이 확정되기 전, 즉 후견계약이 효력을 발생하기 전에는 본인이 후견계약을 철회할 수 있고 이에 의하여 후견계약이 종료되지만, 이는 임의후견이 개시되기 전이므로 임의후견 종료사유로는 들지 않았다.

339) 성년후견제도 해설(주22), 156면.

(2) 절차와 불복

가정법원이 후견계약의 종료에 대한 허가심판을 하는 경우에는 피임의후견인 및 임의후견인의 진술을 들어야 하며, 위 진술을 듣는 경우에는 피임의후견인을 심문하여야 한다. 다만 피임의후견인이 자신의 의사를 밝힐 수 없거나 출석을 거부하는 등 심문할 수 없는 특별한 사정이 있는 때에는 그러하지 아니하다(가사소송법 제45조의6 제1항 제4호, 제2항).

후견계약종료 허가심판에 대하여는 본인 또는 임의후견인이 즉시항고를 할 수 있고(가사소송규칙 제36조 제1항 제4호 다목, 민법 제959조의18 제2항), 이를 기각한 심판에 대하여는 청구인이 즉시항고를 할 수 있다(가사소송규칙 제27조).

(3) 효력

후견계약종료 허가심판이 확정되면, 후견계약은 장래에 향하여 효력을 잃는다.340)

나. 임의후견인의 해임

(1) 해임 사유

임의후견감독인을 선임한 이후에 임의후견인이 현저한 비행을 하거나 그 밖에 임무에 적합하지 아니한 사유가 있게 된 경우에는 가정법원은 임의후견감독인, 본인, 친족, 검사 또는 지방자치단체의 장의 청구에 의하여 임의후견인을 해임할 수 있다(민법 제959조의17 제2항). "현저한 비행"이란 임의후견인이 본인의 재산을 횡령하거나 본인을 학대한 경우 등과 같이 본인의 재산관리와 신상보호에 악영향을 미치는 행위를 한 경우를 의미한다.341)

(2) 해임 절차와 불복 등

가정법원은 임의후견인 해임심판을 하는 경우 피임의후견인 및 그 해임이 청구된 임의후견인의 진술을 들어야 한다(가사소송법 제45조의6 제1항 제3호). 해임심판에 대해서는 본인과 임의후견인이, 해임청구 기각심판에 대해서는 해임청구권자가 즉시항고를 할 수 있다(가사소송규칙 제36조 제1항 제4호 나목, 제2항 제

---

340) 윤진수·현소혜(주33), 167면; 한봉희·백승흠(주256), 383면.
341) 김형석(주151), 160면; 윤진수(편집대표)(주18), 1442면.

7호, 민법 제959조의17 제2항). 가정법원은 임의후견인 해임심판에 앞서 직권 또는 당사자의 신청에 의한 사전처분으로 임의후견인 직무집행정지 및 직무대행자를 선임할 수 있다(가사소송법 제62조 제1항, 가사소송규칙 제32조 제1항).[342]

(3) 해임의 효과

임의후견인이 해임된 경우 법정후견과 달리 가정법원에 의하여 다른 임의후견인이 선임될 수는 없고, 임의후견은 확정적으로 종료된다. 본인이 다른 후견계약을 체결할 수도 있고, 청구권자의 청구에 의하여 법정후견이 개시될 수도 있다.

다. 그 밖의 종료 사유

임의후견인 또는 임의후견감독인의 청구에 의하여 본인이 성년후견 또는 한정후견개시의 심판을 받은 때 후견계약이 종료된다(민법 제959조의20 제1항). 또한 위임계약의 일반원칙에 따라 본인 또는 임의후견인이 사망 또는 파산한 경우, 임의후견인이 성년후견개시 심판을 받은 경우 후견계약은 당연히 종료된다(민법 제690조).[343]

2. 종료 후의 절차

가. 임의후견등기 촉탁 등

임의후견인 해임심판이 확정된 경우, 후견계약종료의 허가심판이 확정된 경우, 본인에 대하여 성년후견 또는 한정후견 심판이 확정된 경우에는 가정법원의 법원사무관 등은 재판장의 명을 받아 지체 없이 후견등기관에게 후견등기부에 기록할 것을 촉탁하여야 한다(가사소송법 제9조, 가사소송규칙 제5조의2 제1항 제4호 라목, 마목, 제2항 후단).

본인 또는 임의후견인 사망 등의 경우에는 임의후견인이 후견종료등기를 신청하여야 한다. 임의후견인 외에 후견계약의 본인, 본인의 배우자 또는 4촌 이내의 친족, 임의후견감독인도 종료등기를 신청할 수 있다(후견등기에 관한 법률 제29조 제1항, 제2항).

---

342) 윤진수(편집대표)(주18), 1446면.
343) 성년후견제도 해설(주22), 158면.

나. 대리권 소멸의 제3자에 대한 효력

임의후견인의 대리권 소멸은 등기하지 않으면 선의의 제3자에게 대항할 수 없다(민법 제959조의19).

VI. 임의후견과 법정후견의 상호관계

1. 임의후견 우선의 원칙

후견의 유형과 내용이 가정법원에 의해 결정되는 법정후견과 달리 임의후견은 후견의 개시 여부와 내용이 본인의 의사에 따라 정해진다. 따라서 후견계약이 존재하는 경우 임의후견이 우선하고 법정후견은 보충적으로만 운용될 필요가 있는데, 이는 사적자치의 원칙에 따라 임의후견에 의한 보호를 선택한 본인의 의사와 자기결정권을 존중하기 위해서다. 다만 임의후견의 우선적 지위와 법정후견의 보충성은 절대적인 것은 아니고 본인의 이익을 위하여 특별히 필요한 때에는 예외적으로 제한될 수 있다.

2. 후견계약이 등기되어 있는 경우의 법정후견 개시

가. 개요

후견계약이 등기되어 있는 경우에는 원칙적으로 본인에 대하여 법정후견을 개시하지 못한다. 예외적으로 가정법원은 본인의 이익을 위하여 특별히 필요한 경우 청구에 의하여 법정후견을 개시할 수 있다(민법 제959조의20 제1항). 임의후견이 법정후견에 원칙적으로 우선하되, 예외적으로 법정후견이 개시되면 임의후견은 성년후견이나 한정후견과 같은 법정후견과는 병존할 수 없고 종료된다.

나. 요건

(1) 청구권자

후견계약이 등기되어 있는 경우에 있어서 법정후견의 청구는, 임의후견인과 임의후견감독인(민법 제959조의20 제1항)은 물론 해당 법정후견의 청구권자(민법 제9조, 제12조, 제14조의2)인 본인, 배우자, 4촌 이내의 친족 등도 청구할 수 있다.[344]

---

344) 윤진수(편집대표)(주18), 1455면; 구상엽(주18), 183면.

후견계약이 있음에도 불구하고 법정후견을 개시하는 것은, 임의후견만으로는 피임의후견인의 보호에 공백이 발생할 우려가 있는 경우, 임의후견인에 의한 권한남용이 예상되는 경우 등인데, 이러한 경우 임의후견인이나 임의후견감독인의 청구를 기대하기는 어렵기 때문이다.

(2) 특별한 사정

"본인의 이익을 위하여 특별히 필요할 때"란 후견계약 당시 예상했던 것보다 본인의 정신적 제약 정도가 악화되어 후견계약에서 정한 범위의 대리권만으로는 본인의 보호가 불충분한 경우, 본인 보호를 위하여 법정후견의 동의권이나 취소권 제도를 이용할 필요가 있는 경우, 후견계약에서는 재산관리만을 대상으로 약정하였는데 본인의 신상보호도 필요하게 된 경우 등과 같이, 임의후견만으로는 본인 보호에 미흡하여 후견을 보다 강화해야 할 필요가 있을 때를 말한다.[345]

가정법원은 후견계약에 따른 후견이 본인의 보호에 충분하지 아니하여 법정후견에 의한 보호가 필요하다고 인정되는지 유무를 판단하기 위해서는 후견계약의 내용, 본인의 정신적 제약의 정도, 후견계약에서 정한 임의후견인이 임무에 적합하지 아니한 사유가 있는지, 기타 후견계약과 본인을 둘러싼 제반 사정 등을 종합적으로 고려한다.[346] 구체적으로는 임의후견인에게 민법 제937조가 정한 후견인 결격사유가 있거나 본인을 학대하거나 재산을 횡령하는 등 현저한 비행을 하는지 여부,[347] 후견계약이 본인의 진정한 의사에 의하여 체결되었는지 여부, 후견계약의 내용이 본인의 보호에 충분한지 여부, 본인을 둘러싼 주변인 사이에 분쟁이 격심하여 후견계약으로는 본인의 보호나 이익에 심각한 위험이 생길 우려가 있는지 여부, 임의후견인에게 정하여진 보수가 지나치게 고액인지 여부 등의 사정을 고려한다.

(3) 후견계약의 등기

(가) 후견계약이 등기되어 있지 않은 경우

후견계약이 체결되어 있더라도 아직 등기가 마쳐지지 않은 경우에는 적용

---

345) 성년후견제도 해설(주22), 160면.
346) 대법원 2017. 6. 1.자 2017스515 결정 참조.
347) 이러한 경우에는 임의후견감독인 선임을 하지 아니한다(민법 제959조의17 제1항 참조).

이 없으므로 가정법원은 제한 없이 법정후견의 개시 여부를 결정할 수 있다. 하지만 이러한 경우에도 본인의 의사는 존중되어야 하므로 후견계약조차 체결되어 있지 않은 경우에 비해서는 신중하게 법정후견 개시를 결정해야 한다는 견해가 있다.[348]

(나) 등기의 시기

후견계약의 등기가 반드시 법정후견의 청구 전에 마쳐져야 하는지 문제되는데, 민법 제959조의20 제1항은 후견계약 등기와 법정후견 청구의 시간적 선후에 제한을 두지 않고 있으므로, 법정후견 청구 후에 후견계약이 체결되고 등기되었다고 하더라도 적용된다.[349]

(4) 임의후견감독인 선임 요부

민법 제959조의20 제1항이 적용되기 위해서는, 후견계약의 등기 외에 임의후견감독인까지 선임되어서 임의후견이 효력을 발생하고 있어야 하는지에 대하여는, 법문상 그와 같이 해석할 아무런 근거가 없으므로 임의후견감독인 선임은 요건이 아니라고 하여야 한다.[350]

다. 심판절차

법정후견의 개시심판 절차가 진행되고 있는 중에 후견계약이 체결되거나 그 등기가 이루어지고 임의후견감독인 선임청구가 제기된 경우, 임의후견 우선의 원칙에 의하여 임의후견감독인 선임청구사건의 결과를 보기 위하여 법정후견 개시심판의 절차가 중단 또는 중지되어야 하는지 문제된다.

법정후견개시청구를 심리하고 있는 재판부가 임의후견감독인 선임사건의 결과를 기다려 재판하여야 할 법률상·이론상 근거가 없으므로 심리는 계속되어야 하고,[351] 단지 "본인의 이익을 위하여 특별히 필요할 때"에 해당하는지에 관

---

348) 성년후견제도 해설(주22), 161면.
349) 주346의 대법원 결정. 한편 후견계약의 사후적인 체결 및 등기가 법정후견 절차를 지연하는 수단으로 남용될 우려가 있으므로, 법정후견 신청이 이루어진 다음에 체결 및 등기된 후견계약에는 원칙적으로 적용이 없다는 견해도 있다[이용규, "임의후견제도의 활성화방안", 한양법학 제25권 제3집(2014), 91면 참조].
350) 윤진수·현소혜(주33), 169-170면.
351) 후견계약 및 등기가 법정후견 재판 도중에 이루어졌다는 사정만으로 바로 권리남용이라거나 법정후견을 잠탈할 목적이 있다고 보기는 어렵지만, 이러한 경우 본인의 진정한 의사를 가장하여 주변인에 의하여 악용되고 있는 것이 아닌지에 관하여 세심하게 심리되어야 할 것이다.

하여 심리하면 될 것이다.352)

라. 효력
(1) 성년후견 및 한정후견 개시심판의 경우
(가) 후견계약 종료

가정법원은 등기된 후견계약이 있더라도 심리 결과 본인의 이익을 위하여 특별히 필요할 때에는 성년후견, 한정후견 또는 특정후견 심판을 할 수 있고, 이 경우 후견계약은 본인이 성년후견 또는 한정후견의 개시심판을 받은 때 종료된다(민법 제959조의20 제1항). 이 때 종료되는 후견계약의 등기는 가정법원의 촉탁에 따라 말소된다(가사소송법 제9조, 가사소송규칙 제5조의2 제2항).

(나) 종료되는 후견계약의 범위

민법 제959조의20 제1항 후문에 따라 종료되는 후견계약은 가정법원에 의하여 임의후견감독인이 선임되어 있는 경우에 한정되어야 한다는 견해353)가 있다. 아직 후견계약이 발효하기 전에 성년후견이나 한정후견개시심판을 받은 경우에는 임의후견감독인을 선임함과 동시에 같은 조 제2항에 따라 기존의 성년후견 또는 한정후견 종료심판을 하는 것이 가능하고, 본인이 후견계약의 발효에 특정한 조건을 붙여놓은 경우 그러한 본인의 의사를 존중하여 임의후견이 개시되기 전까지 일시적으로 법정후견을 이용할 수 있도록 하여야 한다는 점을 논거로 든다.

그러나 종료되는 후견계약이 임의후견감독인의 선임으로 효력을 발생하고

---

352) 주346의 대법원 결정의 사안은 다음과 같다. 1심에서 사건본인에 대한 한정후견개시심판이 있고, 그 항고심이 계속되던 중 사건본인이 후견계약을 체결하고 후견계약을 등기한 후 바로 임의후견감독인 선임을 청구한 사안으로서, 사건본인은 항고심 재판부에 법정후견개시사건의 심리 중단을 요청하였다. 항고심은 그러한 요청을 받아들이지 않고 심리를 계속하여 항고를 기각하였다(사건본인은 항고심에서 심문종결을 예고하기 전까지는 성년후견 및 한정후견 개시 요건으로서의 정신적 제약이 없다고 일관되게 주장하다가, 심문종결이 예고되자 후견계약과 등기를 마쳤고 그 때부터는 사건본인에게 한정후견을 개시할 정도의 정신적 제약이 있다고 주장을 번복하였다). 한편 위 임의후견감독인 선임청구사건이 1심에 계속 되던 중에 법정후견개시심판에 대한 재항고가 기각되었다. 대법원은 사건본인의 정신적 제약의 정도 및 후견계약과 사건본인을 둘러싼 제반 사정 등을 종합하여, 후견계약이 등기되어 있음에도 불구하고 한정후견에 의한 보호가 필요하다고 판단하였다. 법정후견개시가 확정됨에 따라 임의후견종료등기가 마쳐졌고, 이후 임의후견감독인 선임청구는 당해 후견계약이 한정후견개시심판의 확정으로 종료되었다는 등의 이유로 기각되었다(서울가정법원 2017. 8. 24.자 2016느단11312 결정).
353) 윤진수(편집대표)(주18), 1456-1457면; 윤진수·현소혜(주33), 171-172면.

있는 경우에 한정된다고 볼 근거는 없다. 즉 문언의 통상적인 해석방법이나 법률의 취지에 비추어 보아도 민법 제959조의20 제1항 전문의 "후견계약"과 후문의 "후견계약"을 달리 해석하여야 할 합리적인 근거를 찾아볼 수 없다. 또한 같은 조 제1항 전문의 "특별히 필요할 때"와 제2항 단서의 "특별히 필요하다고 인정"할 때는 동일한 원리나 의미로 해석되어야 할 것이고, 같은 조 제1항 후문의 "이 경우"는 같은 항 전문에 따라 등기된 후견계약에도 불구하고 법정후견에 의한 보호가 "특별히 필요할 때"에 해당한다고 판단된 경우라고 할 것인데, 그럼에도 불구하고 종료되지 않은 후견계약이 존재한다면 다시 같은 조 제2항 단서가 정하는 "특별한 필요"의 인정 여부에 대하여 이중으로 판단하게 됨으로써 소송경제에 반하거나 판단의 모순 저촉이 일어날 가능성이 있다.[354] 본인이 후견계약의 발효 시기나 조건을 정한 경우가 있다고 하더라도, 그러한 특수한 경우를 위하여 합리적인 문언 해석의 범위를 넘고 소송경제에도 반하는 해석을 일반화할 수 없을 뿐 아니라, 법정후견개시심판에서 "특별히 필요한 때"에 해당한다고 판단하였다면 그 심리 과정에서 조건이나 기한과 관련한 본인의 의사 및 조건의 성취가능 여부 등을 포함한 후견계약 전반에 관한 검토를 거쳐 후견계약을 종료시키는 것이 타당하다는 결론을 내린 것으로 봄이 상당하다.[355]

(2) 특정후견심판의 경우

특정후견심판을 받은 경우에는 임의후견이 당연히 종료되지는 않고 임의후견과 특정후견이 병존할 수 있는데, 사건본인의 의사를 존중하는 범위 내에서 그 이익을 보호하는 방향으로 후견인 사이의 권한 범위가 적절히 조절되어야 한다. 다만 특정후견심판이 있었다는 것은 본인의 이익을 위하여 특별히 필요한 때에 해당한다고 판단한 것이므로 임의후견인의 권한은 그와 저촉되는 범위에서 제한될 수 있다고 보아야 한다.

마. 심판의 고지와 즉시항고

후견계약이 등기된 상태에서 성년후견·한정후견 개시심판이 있으면 법률

---

[354] 서울가정법원 2018. 2. 21.자 2017브30144 결정(미확정).

[355] 다만 본인은 법정후견심판 확정 후 사정 변경이 있거나 본인의 의사가 반영된 후견을 여전히 희망한다면 새로운 후견계약을 체결함으로써 자기결정권을 행사할 수 있을 것이고, 이러한 경우에는 후술하는 바와 같이 같은 조 제2항이 적용될 수 있을 것이다.

에 의하여 임무가 종료되는 임의후견인, 임의후견감독인에게도 심판을 고지하여야 한다(가사소송규칙 제35조 제1항). 후견계약이 등기된 상태에서의 성년후견·한정후견 개시심판과 특정후견심판에 대하여는 각 청구권자 및 임의후견인, 임의후견감독인이 즉시항고를 할 수 있다(가사소송규칙 제36조 제1항 제1호, 제2호, 제3호의 각 가목).

3. 법정후견이 있는 경우의 임의후견 개시

본인에게 성년후견 또는 한정후견 개시, 특정후견심판이 확정되어 있더라도 원칙적으로 임의후견감독인 선임에 대한 제한은 없다. 따라서 이 경우 가정법원은 임의후견감독인을 선임함에 있어서 종전의 법정후견의 종료심판을 하여야 한다(제959조의20 제2항 본문).

다만 가정법원은 성년후견 또는 한정후견 조치의 계속이 본인의 이익을 위하여 특별히 필요하다고 인정되는 경우에는 법정후견을 유지하고 임의후견감독인을 선임하지 않는다(제959조의20 제2항 단서). 여기서 "본인의 이익을 위하여 특별히 필요하다고 인정되는 경우"는 같은 조 제1항에서 살펴본 내용과 같다. 특정후견의 경우에는 그 조치를 계속하기 위하여 임의후견을 제한할 필요는 적으므로 그 대상에서 제외된다.

6장 미성년후견사건 실무

Ⅰ. 개관

1. 미성년후견제도의 의의

미성년자는 혼인을 함으로써 성년으로 의제되지 않는 한 원칙적으로 부모의 친권에 따라야 한다. 친권은 미성년자녀의 보호와 교양을 위한 부모 모두의 권리인 동시에 의무이다.[356] 그런데 미성년자에게 친권자가 없거나 친권자가 있더라도 친권의 전부 또는 일부를 행사할 수 없는 경우 미성년자의 보호에 공백이 있을 수 있다. 이를 방지하기 위하여 개시되는 후견이 미성년후견이다.

성년후견은 사무를 처리할 능력이 결여되거나 부족한 피후견인에 대하여 필요한 영역의 의사결정을 대행 내지 지원하는 것을 목적으로 하지만, 미성년후견은 친권을 행사할 사람이 없는 미성년자를 개별적·구체적인 판단·결정능력과는 무관하게 성년이 될 때까지 건강하게 보호하고 양육하는 것을 목적으로 한다.

2. 개정 민법의 미성년후견제도의 특징

가. 법정후견인제도 폐지

개정 전 민법에서는 유언으로 지정된 후견인이 없으면 미성년자의 최근친 연장자인 친족 순서대로 후견인이 되었다. 그런데 이러한 법정후견인 제도는 미성년자의 의사, 그 친족과의 관계 또는 친밀도, 그 친족의 후견에 대한 의사나 능력, 미성년자의 보호·교양과 관련한 후견인으로서의 적합성, 양육환경 등에 대한 고려가 없었으므로 미성년자의 보호에 미흡하였다. 개정 민법은 법정후견인제도를 폐지하고 미성년자의 복리를 고려하여 가정법원이 직권으로 미성

---

356) 김주수·김상용(주18), 412면.

년후견인을 선임하도록 하였다.

나. 친족회의 폐지와 후견감독인제도

개정 전 민법이 후견감독기관으로 정하고 있던 친족회는 후견인과 가까운 친족이 회원으로 선임되는 것이 일반적이어서, 미성년자의 보호와 후견인의 견제라는 본래의 기능을 담당하기보다는 가족 재산의 보전이나 후견인의 직무수행에 대한 정당성 부여수단으로 기능하였다. 개정 민법은 친족회를 폐지하고 미성년후견감독인 제도를 신설하였으며, 가정법원이 미성년후견에 대하여 최종적인 감독기능을 담당하게 함으로써 미성년자를 두텁게 보호하도록 하였다.

다. 단독 친권자 사망 등의 경우 친권자 지정과 후견인 선임

개정 전 민법에서는 단독 친권자로 지정된 한쪽 부모가 사망한 경우 다른 쪽 부모의 친권이 당연히 부활하였다. 그러나 구체적인 사정을 고려하지 않은 채 당연히 친권이 부활할 경우 미성년자의 의사와 복리에 반하는 결과가 생길 수 있었다. 이에 따라 개정 민법은 가정법원이 미성년자의 복리에 관한 여러 사정을 심리한 후 그 부모를 친권자로 지정할 수도 있고, 아니면 친권자를 지정하지 않고 바로 미성년후견을 개시할 수도 있도록 하였다.

II. 미성년후견인 선임심판 실무

1. 미성년후견개시의 원인

개시 사유	공동 친권 여부	친생부모/양부모		친권자 유고 사유	친권자 지정 절차	미성년후견개시 및 범위	적용법조 (민법)
친권자 부존재	공동 친권 자	친생부모 모두 부존재		사망(실종선고) 친권상실 선고 사실상 친권행사불가	없음	바로 미성년후견개시	928조
		양부모 모두 부존재	일반 입양	사망(실종선고) 입양취소 파양	친생부모로의 친권자 지정 청구	(친권자지정 청구 없거나 기각) 미성년후견개시	909조의2 2항 본문. 3항, 4항
				친권상실 선고 사실상 친권행사불가	없음	바로 미성년후견개시	927의2 1항 1호, 4호 909조의2 2항 불준용

		친양자 입양	사망(실종선고) 친권상실 선고 사실상 친권행사불가	없음	바로 미성년후견개시	909조의2 2항 단서 927조의2 1항 괄호
			입양취소 파양	친생부모로의 친권자 지정 청구	(친권자지정 청구 없거나 기각) 미성년후견개시	909조의2 2항, 3항, 4항
	단독 친권자	친생부모 중 단독 친권자의 부존재	사망(실종선고) 친권상실선고 사실상 친권행사불가	생존친으로의 친권자 지정 청구	(친권자지정 청구 없거나 기각) 미성년후견개시	909조의2 2항, 3항, 4항 927의2 1항 1호, 4호
친권자 의 친권 행사 제한	공동 친권자	친생부모, 양부모 모두 친권 제한	① 친권의 일시 정지 선고 ② 친권 일부 제한 ③ 대리권과 재산관리권의 상실 선고 ④ 대리권과 재산관리권의 사퇴	없음	바로 미성년후견개시 (단 ②③④의 경우에 미성년후견인의 임무는 제한된 친권 부분에 한정)	927의2 1항 1의2호, 1의3호, 2호, 3호 909조의2 2항 불준용
	단독 친권자	친생부모 중 단독 친권자의 친권 제한	① 친권의 일시 정지 선고 ② 친권 일부 제한 ③ 대리권과 재산관리권의 상실 선고 ④ 대리권과 재산관리권의 사퇴	생존친으로의 친권자 지정 청구	(친권자지정 청구 없거나 기각) 미성년후견개시	927의2 1항 1의2호, 1의3호, 2호, 3호 909조의2 1항, 3항, 4항

가. 친권자가 없는 경우

(1) 공동 친권자가 모두 없는 경우

(가) 친생부모가 모두 없는 경우

1) 사망 또는 실종선고

공동 친권자 모두가 사망하거나 실종선고를 받으면 미성년후견이 개시된다. 친권은 부모가 혼인 중인 때에는 공동으로 행사하고, 부모의 일방이 친권을 행사할 수 없는 때에는 다른 일방이 이를 행사하므로(민법 제909조 제2항, 제3항), 공동 친권자의 한쪽이 사망한 경우라도 다른 일방이 생존하면 미성년후견은 개시되지 않는다.

2) 사실상 친권행사 불가

공동 친권자 모두에게 소재불명, 의식불명 등 친권을 행사할 수 없는 사실상의 장애사유가 있는 경우357)에 친권상실선고 없이 바로 미성년후견이 개시될 수 있을 것인지 문제된다.

미성년후견이 필요한 것은 민법 제927조의2 제1항 제4호의 경우와 다름이

---

357) 동시 또는 순차로 공동 친권자에게 사실상 친권을 행사할 수 없는 사유가 발생한 경우는 물론, 공동 친권자 중 1인이 사망하고 남은 잔존 친권자, 미혼모 등 애초부터 홀로 친권자로 등재되어 있던 단독 친권자 등 민법 제927조의2가 정하는 이혼, 인지, 혼인의 취소를 제외한 원인으로 단독 친권자가 된 사람에게 사실상 친권을 행사할 수 없는 사유가 발생한 경우에도 동일한 문제가 있다.

없으므로 위 규정을 유추적용하여 미성년후견을 개시하여야 한다는 견해358)와 민법 제927조의2의 규정은 그 문언상 이혼 등에 의하여 지정된 일방 친권자와 양부모 쌍방의 경우에 한정적으로 적용되어야 할 것이고, 친권상실심판 없이 미성년후견이 개시되면 미성년후견인과 친권자의 권한 충돌이 우려되므로, 친권자에 대한 친권상실선고 등의 절차를 서친 후라야만 미성년후견을 개시할 수 있다는 견해가 있다. 실무례는 나뉘어져 있으나, 질병을 앓고 있는 친권자와 같이 친권상실선고를 하는 것이 가혹한 경우이거나, 미성년자 보호를 위하여 긴급한 사정이 있는 경우 등에는 친권상실선고 등의 절차 없이 바로 미성년후견을 개시하는 것이 일반적이다.359)

(나) 양부모가 모두 없는 경우

1) 일반 입양의 경우

가) 양부모 모두 사망(실종선고), 입양취소 또는 파양의 경우

미성년자에 대한 입양이 취소되거나 파양된 경우 또는 양부모 모두가 사망한 경우, 일정한 기간 내에 친생부모로의 친권자 지정청구가 없거나 그 청구가 기각될 때 미성년후견이 개시된다(민법 제909조의2 제2, 3, 4항).

나) 양부모 모두 친권상실선고를 받거나 사실상 친권을 행사할 수 없는 경우

양부모 모두 친권상실선고(민법 제927조의2 제1항 제1호)를 받거나 소재불명 등 친권을 행사할 수 없는 중대한 사유가 있는 경우(법 제927조의2 제1항 제4호)에도 미성년후견이 개시된다. 이 경우 친생부모로의 친권자 지정청구가 선행되어야 하는지에 관하여 견해가 나뉘지만, 민법 제927조의2 제1항이 민법 제909조의2 제2항을 준용하고 있지 않은 이상 그러한 절차는 필요하지 않고 민법 제909조의2 제3항에 따라 곧바로 미성년후견이 개시된다고 할 것이다.360)

---

358) 같은 결론으로 김상용, "부모가 장기간 소재불명인 경우 미성년자녀에 대한 후견개시 여부에 대한 고찰", 중앙법학 제18집 제4호(2016), 208 – 209, 226 – 227면 참조. 위 견해에 의하면, 이러한 경우 형식적으로는 친권자가 존재하는 것으로 보이지만 실질적으로는 친권자가 없는 상태이고, 그럼에도 불구하고 대부분 현실적으로 친권상실선고가 청구되지 않으므로, 공백상태 지속으로 인한 미성년자의 복리 침해를 방지하기 위하여 친권이 소멸된 것으로 의제하여야 한다고 주장한다. 따라서 현행법상 해석론으로도 친권상실선고 없이 미성년후견인 선임이 가능하고, 입법론으로도 이를 민법 제928조에 명시하는 것으로 개정하여야 한다고 주장한다.

359) 이른바 "세월호 사건"으로 사건본인의 모는 이미 사망하였고 사건본인의 부는 시신을 찾지 못한 채 소재불명인 경우, 사건본인의 부에 대한 친권상실선고 없이 민법 제927조의 제1항 제4호를 준용 또는 유추적용하여 미성년후견인을 선임한 사례(서울가정법원 2017. 9. 25.자 2014느단 30849 심판) 등이 있다.

360) 윤진수(편집대표)(주18), 1164 – 1165, 1177면.

"소재불명 등 친권을 행사할 수 없는 중대한 사유"란 사실상 친권을 행사할 수 없는 경우를 규정한 것으로서, 친권자에게 장기간 소재불명, 연락두절, 의식불명 등의 사유가 있는 경우이다. 친권자에게 성년후견 또는 한정후견이 개시되었다는 사정도 포함된다는 것이 다수설이다. 그러나 친권자가 성년후견이나 한정후견 심판을 받았다는 사정, 질병을 앓고 있거나 일정한 기간 동안 교도소에 수감되어 있다는 사정 등이 일률적으로 이에 해당한다고 볼 것은 아니고, 그러한 사유로 인하여 사실상 친권을 행사할 수 없는지와 미성년자의 복리와 보호에 중대한 문제가 생길 우려가 있는지 등을 종합하여 미성년후견개시 여부를 판단하여야 할 것이다. 한편 부모가 미성년자라는 이유만으로 당연히 미성년후견이 개시되는 것은 아니다(민법 제910조 참조).

2) 친양자 입양의 경우

친양자 입양이 취소되거나 파양된 경우에는 일반 입양과 같이 친생부모로의 친권자 지정절차를 기다려야 하지만(민법 제909조의2 제2, 3, 4항), 양부모 모두가 사망하거나 실종선고를 받은 경우나(민법 제909조의2 제2항 단서), 양부모 모두 친권상실선고를 받거나 사실상 친권을 행사할 수 없는 경우에는 친권자 지정절차 없이 즉시 미성년후견이 개시된다(민법 제927조의2 제1항 괄호).

일반 입양의 경우 친생부모와의 친자관계가 존속하고 있는데 반하여, 친양자입양은 입양 전 친족관계가 단절되므로(민법 제908조의3 제2항), 입양 자체에 문제가 생긴 경우에만 가정법원이 미성년자의 복리 등을 종합적으로 고려하여 친생부모의 친권 부활 가능성을 열어 둔 것이다.

(2) 단독 친권자가 부존재하게 된 경우

부모가 협의 또는 재판상 이혼을 할 때, 혼인 외의 자가 임의 또는 재판상 인지될 때와 혼인이 취소될 때 지정된 단독 친권자(민법 제909조 제4 내지 6항)인 부모 중 일방이 사망(실종선고)한 경우(민법 제909조의2 제1항), 친권상실선고를 받거나 사실상 친권을 행사할 수 없는 경우(민법 제927조의2 제1항 제1호, 제4호)에는 일정한 기간 내에 생존 친생 부 또는 모로의 친권자 지정청구가 없거나 그 청구가 기각될 때 미성년후견이 개시된다.

나. 친권자가 친권의 행사에 제한을 받는 경우

(1) 공동 친권자가 모두 친권 행사에 제한을 받는 경우

공동 친권자가 모두 ① 친권의 일시 정지 선고(민법 제924조), ② 친권의 일부 제한 선고(민법 제924조의2), ③ 대리권·재산관리권의 상실 선고(민법 제925조), ④ 대리권·재산관리권의 사퇴(민법 제927조)에 따라 친권의 선부 또는 일부를 행사할 수 없는 경우에는 미성년후견이 개시된다.

(2) 단독 친권자가 친권 행사에 제한을 받는 경우

부모가 협의 또는 재판상 이혼할 때, 혼인 외의 자가 임의 또는 재판상 인지될 때와 혼인이 취소될 때 지정된 단독 친권자(민법 제909조 제4 내지 6항)인 친생부모 중 일방에게 위 나의 (1)과 같이 친권 행사에 제한 사유가 있는 경우에는, 생존하는 친생 부 또는 모로의 친권자 지정절차를 기다려 그 청구가 없거나 기각되는 경우 미성년후견이 개시된다(제927조의2 제1항 제1의2호, 제1의3호, 제3호, 제4호, 제909조의2 제1, 3, 4항).

다만 친권자가 친권의 행사에 제한을 받는 위 각 경우 중, 친권의 일부 제한의 선고가 있는 경우나 대리권과 재산관리권 상실의 선고가 있는 경우, 대리권과 재산관리권을 사퇴한 경우에는 미성년후견인의 임무는 제한된 친권의 범위에 한정된다(민법 제927조의2 제1항 단서).

2. 미성년후견인의 유형

전술한 바와 같이 미성년자에게 친권자가 없거나 친권의 전부 또는 일부를 행사할 수 없는 경우에는 미성년후견이 개시되고, 미성년후견 개시사유가 있으면 반드시 미성년후견인을 두어야 한다(민법 제928조 참조).

미성년후견인에는 친권을 행사하는 부모의 유언에 따라 지정되는 미성년후견인, 지정후견인이 없는 경우 가정법원에 의하여 선임되는 미성년후견인, 그 밖에 특별법에 의하여 정하여지는 미성년후견인이 있다.

가. 친권자의 유언에 의한 지정

유언으로 미성년후견인을 지정할 수 있는 친권자는 친권을 행사할 수 있는 부모를 의미한다(민법 제931조 제1항). 따라서 친권자라고 하더라도 친권상실선고

등을 원인으로 법률상 친권의 전부 또는 일부를 행사할 수 없다면 미성년후견인을 지정할 수 없다.

단독 친권자가 유언으로 친권자를 지정할 수 있음은 당연하다. 공동 친권자가 각각의 유언으로 미성년후견인을 지정하였다면 동일인을 미성년후견인으로 선임한 경우에 한하여 두 개의 유언 모두 유효하고, 공동 친권자 중 1인만이 유언을 하였다면 유언의 효력이 발생한 때에 유언을 한 친권자가 단독 친권자인 경우에는 지정행위의 효력이 있다.[361]

지정행위는 유언의 방식을 따라야 한다. 지정의 효력은 유언의 효력이 발생한 때, 즉 유언자가 사망한 때 발생한다.[362] 유언에 의하여 지정된 미성년후견인은 취임일로부터 1개월 이내에 가족관계등록사무처리관서에 미성년후견개시 신고를 하여야 하는데, 신고서에는 유언서 등본 또는 유언녹음을 기재한 서면을 첨부하여 한다(가족관계등록법 제80조 제1항, 제82조 제1항).

유언에 의하여 미성년후견인이 지정된 경우라도 가정법원은 미성년자의 복리를 위하여 필요하면 생존하는 부 또는 모, 미성년자의 청구에 의하여 후견을 종료하고 생존하는 부 또는 모를 친권자로 지정할 수 있다(민법 제931조 제2항).

나. 가정법원에 의한 선임

미성년후견개시 사유가 발생하였으나, 친권자의 유언에 따라 지정된 미성년후견인이 없거나 지정 또는 선임된 미성년후견인이 없게 된 경우, 가정법원은 직권으로 또는 미성년자, 친족, 이해관계인, 검사, 지방자치단체의 장의 청구에 의하여 미성년후견인을 선임한다(민법 제932조 제1항). 또한 가정법원은 친권의 상실, 일시 정지, 일부 제한의 선고 또는 법률행위의 대리권이나 재산관리권 상실의 선고를 함에 따라 미성년후견인을 선임할 필요가 있는 경우에는 직권으로 미성년후견인을 선임한다(민법 제932조 제2항). 친권자가 대리권 및 재산관리권을 사퇴한 경우에는 즉시 그 친권자의 청구에 의하여 미성년후견인을 선임한다(민법 제932조 제3항). 미성년후견의 특성상 미성년자의 보호에 공백이 있어서는 안 되므로, 미성년후견인은 청구권자의 청구에 의해서도 선임되지만, 가정법

361) 윤진수(편집대표)(주18), 1194면.
362) 김주수·김상용(주18), 490면.

원이 후견적 지위에서 직권으로 선임하도록 규정한 것이다.[363]

다. 특별법이 정하는 미성년후견인

(1) 보호시설에 있는 미성년자

고아인 미성년자가 ① 국가나 지방자치단체가 설치·운영하는 보호시설에 있는 경우에는 그 보호시설의 장이 당연히 후견인이 되고, ② 국가 또는 지방자치단체 외의 자가 설치·운영하는 보호시설에 있는 경우에는 관할 지방자치단체의 장이 후견인을 지정한다(보호시설에 있는 미성년자의 후견직무에 관한 법률 제3조 제1항, 제2항 참조). 두 경우 모두 가정법원의 선임이나 허가가 필요하지 않다.

고아가 아닌 미성년자가 ① 국가나 지방자치단체가 설치·운영하는 보호시설에 있는 경우 보호시설의 장이 당연히 후견인이 되는 것은 고아인 미성년자의 경우와 같으나, ② 국가 또는 지방자치단체 외의 자가 설치·운영하는 보호시설에 있는 경우에는 지방자치단체의 장이 후견인을 지정하되, 그 지정에 보호시설의 소재지를 관할하는 가정법원의 허가가 필요하다(보호시설에 있는 미성년자의 후견직무에 관한 법률 제3조 제3항 같은 법 시행령 제3조 제2항).[364]

허가청구에 대한 인용심판[365]이 확정되면 가정법원이 가족관계등록부기록을 촉탁하여야 하는지 문제된다. 이는 후견인 지정에 대한 허가심판일 뿐, 가사소송규칙 제5조 제1항 제3호가 정하는 "미성년후견인의 선임심판"에 해당되지 않으므로 촉탁은 필요하지 않다고 보아야 한다.

보호시설에 있는 미성년자가 다른 보호시설로 옮긴 경우, 가정법원이 직권으로 미성년후견인을 변경하거나 새로운 보호시설의 장이 미성년후견인 변경청구를 하는 사례가 간혹 있다. 그러나 이 경우에는 새로운 보호시설의 장이 지방자치단체의 장으로부터 후견인 지정을 받은 후 가정법원에 그 지정에 대한 허

---

363) 후술하는 바와 같이 일정한 경우(예컨대, 아동복지법 제19조 제1항)에는 지방자치단체의 장, 시설의 장이나 학교의 장 등에게 후견인 선임청구의무를 부과하기도 한다.

364) 후견인을 지정하여야 할 지방자치단체 등에서 착오로 가정법원에 미성년후견인의 지정 또는 선임을 청구하는 경우가 있다. 가정법원은 지방자치단체 장의 지정에 대한 허가를 할 뿐 후견인을 선임하는 것이 아니고, 가정법원의 허가는 미성년자가 고아이거나 국가 또는 지방자치단체가 설치·운영하는 보호시설에 있는 경우에는 적용이 없으며, 청구권자는 지방자치단체의 장이 아니라 시설의 장 등 후견인 지정에 허가를 받으려는 사람이다.

365) 주문은 "서울특별시 ○○구청장이 사건본인의 미성년후견인으로 청구인을 지정함을 허가한다." 와 같이 될 것이다.

가청구를 하여야 하고, 직권이나 청구에 의한 미성년후견인 변경은 허용되지 않는다. 아울러 종전 보호시설의 소재지를 관할하는 지방자치단체의 장은 이전 후견인에 대한 지정을 취소하거나 해당 법원에 그 허가의 취소를 청구할 수 있다(보호시설에 있는 미성년자의 후견직무에 관한 법률 제7조 참조).

(2) 보호소년

소년원장은 미성년자인 보호소년 등이 친권자나 후견인이 없거나 권리를 행사할 수 없을 때에는 법원의 허가를 받아 그 보호소년 등을 위하여 친권자나 후견인의 직무를 행사할 수 있다(보호소년 등의 처우에 관한 법률 제23조).

(3) 입양의 경우

입양기관의 장은 입양을 알선하기 위하여 보장시설의 장, 부모 등으로부터 양자될 아동을 인도받았을 때에는 그 인도받은 날부터 입양이 완료될 때까지 그 아동의 후견인이 된다. 다만 양자가 될 아동에 대하여 법원이 이미 후견인을 둔 경우에는 그러하지 아니하다. 그 경우 양자로 될 아동을 인도한 친권자의 친권행사는 정지된다(입양특례법 제22조 제1항, 제2항).

3. 가정법원의 미성년후견인선임심판

가. 청구

(1) 관할

미성년후견에 관한 사건은 가사비송사건 중 라류(類) 사건으로서 가정법원의 전속관할이고[가사소송법 제2조 제1항 제2호 가목 13)의2, 18) 등 참조], 미성년자 주소지의 가정법원 관할이며(가사소송법 제44조 제1호의2), 단독판사가 담당한다(법원조직법 제40조 제1항 제1호, 민사 및 가사소송의 사물관할에 관한 규칙 제3조 참조).

친권자가 없거나 친권을 행사할 수 없는 경우의 친권자 지정청구, 후견 종료 및 친권자 지정 등 청구(민법 제909조의2 제1항, 제2항, 제927조의2 제1항, 제2항, 제931조 제2항 등 참조)는 라류 가사비송사건[가사소송법 제2조 제1항 제2호 가목 13)의2, 17)의2, 17)의3 등 참조]으로서 미성년자인 자녀의 주소지 관할이다(가사소송법 제44조 제5호).[366]

---

366) 협의이혼과 임의인지에서 부모 사이에 친권자 지정에 관한 협의가 이루지지 않은 경우에 하는

친권의 상실, 일시 정지, 일부 제한, 법률행위의 대리권과 재산관리권의 상실 및 그 실권회복선고 청구(민법 제924조, 제924조의2, 제925조, 제926조)는 마류 가사비송사건[가사소송법 제2조 제1항 제2호 나목 7)]으로서 대상 친권자인 상대방의 주소지 관할이다. 한편 위 사건들은 합의부 관할이었으나 단독판사 관할로 바뀌었으므로367) 미성년후견사건을 담당하는 재판부에서 재판함이 적당하다.

(2) 제소기간

일정한 경우의 친권자 지정청구(민법 제909조의2 제1항, 제2항, 927조의2 제1항)는 사망 등의 사유를 안 날부터 1개월, 사유가 있는 날부터 6개월 내에 청구하여야 한다. 기간을 도과한 청구는 부적법하므로 각하하여야 한다는 견해도 있으나, 위 규정은 청구기간을 단기간으로 정함으로써 미성년자에게 법정대리인이 존재하지 않는 법률상의 공백상태를 조속히 제거하라는 취지의 훈시규정이라고 봄이 타당하다. 실무 역시 기간을 도과한 청구라도 각하하지 않고 심리를 진행하여 친권자를 지정하거나 미성년후견인을 선임하고 있다.

한편 위 기간 내에 친권자 지정청구가 없을 때 일정한 사람은 미성년후견인 선임청구를 할 수 있는데(민법 제909조의2 제3항, 927조의2 제1항), 친권자 지정청구를 할 수 있는 기간이 경과하지 않았는데도 미성년후견인 선임청구를 할 수 있는지 문제된다. 친권자 지정청구 기간이 경과하지 않은 시점에서 한 미성년후견인 선임청구는 이를 각하하여야 한다는 견해가 있다. 그러나 미성년자 보호의 공백상태를 최소화하기 위하여 임시후견인을 지정하는 등 사전처분을 할 필요가 있을 뿐 아니라, 친권자나 가족의 의견을 조회하는 절차 등을 진행하다 보면 6개월이 경과하는 경우도 있으므로 각하하지 않고 진행하는 것이 바람직하다.368)

친권자의 지정청구(민법 제909조 제4항) 및 일방의 친권자가 기존의 친권자를 상대로 구하는 친권자 변경청구(같은 조 제6항)는 상대방 있는 마류 가사비송 사건[가사소송법 제2조 제1항 제2호 나목 5) 참조]으로서 여기에서의 친권자 지정청구와 다르므로 주의하여야 한다. 마류 가사비송 사건은 상대방의 보통재판적이 있는 곳의 가정법원 관할이다.

367) 민사 및 가사소송의 사물관할에 관한 규칙 일부개정규칙(2017. 1. 1. 시행) 참조. 담당 재판부에서는 이에 대한 인용심판을 하면서 직권으로 미성년후견을 개시하는 경우, 기본후견감독사건의 개시를 누락하지 않도록 주의하여야 한다. 한편 친권상실 등 사건은 필수적 전자소송이 아니지만, 필수적 전자사건인 미성년후견감독사건을 위해서 기록을 참조할 필요가 있으므로 가급적 직권으로 전자화하여 진행하는 것이 바람직하다.

368) 법원행정처(주232), 156면.

(3) 청구권자

(가) 미성년후견인 선임청구

미성년후견인 선임을 청구할 수 있는 사람은 미성년자, 친족, 이해관계인, 검사, 지방자치단체의 장(민법 제932조 제1항, 제909조의2 제3항, 제927조의2 제1항 참조)이다.

한편 시·도지사, 시장·군수·구청장, 아동복지시설의 장 및 학교의 장은 친권자 또는 후견인이 없는 아동을 발견한 경우 그 복지를 위하여 필요하다고 인정할 때에는 법원에 후견인의 선임을 청구하여야 한다(아동복지법 제19조 제1항). 법원은 후견인이 없는 아동에 대하여 후견인을 선임하기 전까지 시·도지사, 시장·군수·구청장, 아동보호전문기관의 장 및 가정위탁지원센터의 장으로 하여금 임시로 그 아동의 후견인 역할을 하게 할 수 있다(아동복지법 제20조 제1항).

(나) 친권자 지정청구

친권자가 없거나 친권을 행사할 수 없는 경우에 하는 친권자 지정청구는 생존하는 친생부 또는 친생모, 미성년자, 미성년자의 친족(민법 제909조의2 제1항, 제2항, 제927조의2 제1항, 제2항 참조)이 청구할 수 있다.

유언에 의한 지정 미성년후견인에 대한 후견종료 및 친권자 지정청구는 생존하는 부 또는 모, 미성년자(민법 제931조 제2항)가, 실권회복선고 등의 경우 새로운 친권자 지정청구는 부모 일방 또는 쌍방, 미성년자, 미성년자 친족(민법 제927조의2 제2항)이 각각 청구권자가 된다.

(다) 친권상실 등 청구

친권상실, 일시 정지, 일부 제한 청구는 자녀, 자녀의 친족, 검사 또는 지방자치단체의 장이 청구할 수 있고(민법 제924조 제1항 및 2항, 제924조의2), 법률행위 대리권과 재산관리권의 상실선고는 자녀의 친족, 검사 또는 지방자치단체의 장이 청구할 수 있다(민법 제925조).

한편 일정한 경우 친권상실청구를 의무로 규정하고 있는 특별법이 있다.

1) 아동·청소년의 성보호에 관한 법률

아동·청소년 대상 성범죄 사건을 수사하는 검사는 특별한 사정이 없는 한 그 사건의 가해자가 피해아동·청소년의 친권자인 경우에 법원에 친권상실선고를 청구하여야 한다(아동·청소년의 성보호에 관한 법률 제23조 제1항). 한편 아동보호전문기관의 장, 성폭력피해상담소 및 성폭력피해자보호시설의 장, 청소년상담

복지센터 및 청소년쉼터의 장은 검사에게 친권상실청구를 하도록 요청할 수 있다(같은 조 제2항).

2) 아동복지법

시·도지사, 시장·군수·구청장 또는 검사는 아동의 친권자가 그 친권을 남용하거나 현저한 비행이나 아동학대, 그 밖에 친권을 행사할 수 없는 중대한 사유가 있는 것을 발견한 경우 아동의 복지를 위하여 필요하다고 인정할 때에는 법원에 친권행사의 제한 또는 친권상실의 선고를 청구하여야 한다. 그 경우 아동복지시설의 장 및 학교의 장은 시·도지사, 시장·군수·구청장 또는 검사에게 법원에 친권행사의 제한 또는 친권상실의 선고를 청구하도록 요청할 수 있다(아동복지법 제18조 제1항)

3) 아동학대범죄의 처벌 등에 관한 특례법

아동학대행위자가 아동학대중상해죄 또는 상습아동학대죄를 저지른 때에는 검사는 특별한 사정이 없는 한 그 사건의 아동학대행위자가 피해아동의 친권자인 경우에 법원에 친권상실의 선고를 청구하여야 한다(아동학대범죄의 처벌 등에 관한 특례법 제9조 제1항). 검사가 그 청구를 하지 아니한 때에는 아동보호전문기관의 장은 검사에게 그 청구를 하도록 요청할 수 있다. 검사의 처리 결과를 통보받은 아동보호전문기관의 장은 그 처리 결과에 대하여 이의가 있을 경우 통보받은 날부터 30일 내에 직접 법원에 청구를 할 수 있다(같은 조 제2항, 제3항).

(4) 심판청구서

(가) 미성년후견인 선임청구

미성년후견인 선임심판 청구서[369]에는 청구인과 사건본인의 표시 및 관계, 사건본인의 미성년후견인으로 특정인의 선임을 구하는 내용의 청구취지, 사건본인에게 미성년후견이 개시된 사유, 미성년후견인 후보자의 적격성 등을 내용으로 하는 청구원인을 기재하고, ① 청구인과 사건본인의 관계를 소명할 수 있는 자료(가족관계증명서, 제적등본 등), ② 사건본인 관련 서류(기본증명서, 가족관계증명서, 주민등록초본), ③ 사망 또는 친권이 상실되거나 제한된 친권자 관련 서류(폐쇄 기본증명서, 가족관계증명서, 제적등본, 친권상실심판문 등), ④ 사건본인의 생존하는 부 또는 모의 동의서(인감증명서 첨부) 또는 의견조회를

---

369) 작성례는 참고자료 42 참조.

위한 주민등록초본, ⑤ 미성년자가 13세 이상인 경우 미성년자의 자필 동의서 (신분증이나 학생증 사본 첨부), ⑥ 후견인 후보자의 결격사유 관련 서류(범죄경력조회, 신용조회 등), ⑦ 사전상황설명서[370)와 재산목록 등을 첨부한다.

(나) 친권자 지정청구

친권자 지정청구서[371)에는 청구인과 사건본인의 표시 및 관계, 사건본인의 친권자로 청구인 또는 특정인을 지정하여 달라는 내용의 청구취지, 사건본인에게 친권자가 없거나 친권의 전부 내지 일부를 행사할 수 없게 된 사정과 친권자 지정이 필요한 사유, 친권자의 적격성, 후견종료의 필요성 등을 내용으로 하는 청구원인을 기재하고, 위 (가)항과 같은 소명자료[다만 ①은 청구인 및 사망 또는 친권이 상실되거나 제한된 친권자와 사건본인의 관계를 소명할 수 있는 자료(가족관계증명서 또는 제적등본, 혼인관계증명서, 주민등록초본), ④는 사망 또는 친권이 상실되거나 제한된 친권자의 부모 또는 형제자매의 동의서 또는 의견조회를 위한 주민등록초본, ⑥은 친권자의 재직증명서, 부동산등기부 등 양육에 필요한 경제적 능력이 있음을 소명할 자료]를 첨부한다.

(다) 친권상실 등 청구

친권상실 등 청구서[372)에는 청구인과 상대방, 사건본인의 표시 및 관계, 친권자인 상대방의 친권을 상실, 일시 정지, 일부 제한하거나 법률행위의 대리권과 재산관리권을 상실하고 미성년후견인으로 특정인을 선임하여 달라는 내용의 청구취지, 상대방의 친권을 상실하거나 제한할 사유와 미성년후견인 선임이 필요한 사유, 미성년후견인 후보자의 적격성 등을 내용으로 하는 청구원인을 기재하고, ① 청구인 및 상대방 관련 서류(가족관계증명서, 주민등록초본), ② 사건본인 관련 서류(기본증명서, 가족관계증명서, 주민등록초본), ③ 상대방의 친권을 상실하거나 제한할 사유를 소명할 자료, ④ 후견인 후보자의 결격사유 관련 서류(범죄경력조회, 신용조회 등) 등을 첨부한다.

---

370) 작성례는 참고자료 43 참조.
371) 작성례는 참고자료 44 참조.
372) 작성례는 참고자료 45 참조.

나. 심리

(1) 기본 원칙

미성년후견인선임, 친권자지정, 친권상실 등 재판의 심리에서 가장 중요한 기준은 미성년자의 복리이다. 친권자를 지정할 것인지, 미성년후견인을 선임할 것인지, 미성년후견인을 선임한다면 누구를 선임할 것인지를 결정하는 요소는, 친권자나 미성년후견인 후보자의 양육 의사와 양육능력, 청구 동기, 미성년자의 의사 등이다(민법 제909조의2 제4항 참조).

(2) 일반적인 절차

가정법원은 청구서가 접수되면 청구서를 검토하여 흠결사항과 자료를 보정하고,[373] 사건본인과 관계인의 의사를 확인한 후, 필요한 경우 가사조사를 하고, 심문을 거쳐서 심판을 한다.

(3) 사건본인과 관계인의 의사 확인

(가) 사건본인의 의사 확인

미성년자가 자신의 의사를 밝힐 수 있는 연령 및 정신적 능력에 이른 경우에는 그 의사가 친권자 지정 또는 미성년후견인 선임의 중요한 요소가 된다. 미성년자가 13세 이상인 경우 친권자 지정, 미성년후견인 선임 등에 관하여 원칙적으로 그 의견을 들어야 한다(가사소송규칙 제18조의2 본문, 제65조 제4항 본문).[374] 그러나 미성년자의 의견은 실질적인 양육자나 현재의 보호자 등 영향력 있는 사람에 의하여 왜곡될 수 있고, 심리적 상황이나 일천한 경험 때문에 자신의 복리에 어긋나는 선택을 할 가능성이 있으므로, 그 의견을 들을 수 없거나 의견을 듣는 것이 오히려 자의 복지를 해할만한 특별한 사정이 있다고 인정되면 의견을 듣지 않을 수 있다(가사소송규칙 제18조의2 단서, 제65조 제4항 단서).

실무에서는 미성년자가 13세 이상인 경우 미성년자의 자필 동의서나 의견서를 제출받고 있고, 미성년자의 의견에 대한 심층적인 파악을 위해서는 기일

---

373) 주된 보정사항은 참고자료 46과 같다.

374) 법무부가 2018년 제출한 가사소송법 전부개정안에 의하면, 미성년자의 복리에 직접 영향이 있는 재판의 경우에는 미성년자의 연령을 불문하고 진술을 원칙적으로 청취하여 의사가 반영되도록 하고 있다[제20조(미성년자의 진술 청취) 가정법원은 미성년자의 복리에 직접적인 영향이 있는 재판을 하는 경우 그의 진술을 들어야 한다. 다만 미성년자가 진술할 수 없거나 진술을 듣는 것이 그의 복리를 해칠 우려가 있는 경우에는 그렇지 않다].

에 소환하여 심문하거나 아동심리 등을 전공한 가사조사관의 가사조사를 거치기도 한다.

(나) 생존하는 부 또는 모 등 미성년자의 친족과 이해관계인들의 의견

이혼 등에 따라 정하여진 단독 친권자가 사망하거나 친권의 전부 또는 일부를 행사할 수 없는 경우, 입양이 취소되거나 파양된 경우 또는 양부모 모두가 사망한 등의 경우의 친권자 지정 또는 미성년후견인 선임에 있어서, 생존하는 부 또는 모의 소재를 모르거나 그가 정당한 사유 없이 소환에 응하지 아니하는 경우를 제외하고는 그에게 의견을 진술할 기회를 주어야 한다(민법 제909조의2 제3항, 제927조의2 제1항).

실무에서는 위와 같은 경우뿐 아니라, 미성년후견인 선임청구, 친권자 지정 청구, 친권상실청구 등 모든 경우에, 미성년자의 양쪽 친권자, 친권자의 부모나 형제자매, 시설 등에 있는 경우 시설의 장이나 가정위탁의 경우 위탁부모, 동거 친족이나 사실상의 보호자 등 가능한 많은 사람들의 의견을 듣고 있다. 특히 상대방 친권자와 가족의 의견에 대해서는 동의서 등을 제출받고 있고, 동의서를 제출할 수 없는 경우에는 주민등록등본을 제출받아 의견조회를 하기도 하며, 필요한 경우 심문 또는 가사조사를 통하여 의견을 청취하고 있다.

다. 가사조사

가정법원은 친권자 지정청구와 미성년후견인 선임청구가 중첩되는 경우, 생존 친권자와 사망 친권자 친족 사이 또는 후견인이 되고자 하는 복수의 친족 사이에 미성년후견인 선임에 관한 협의가 이루어지지 않은 경우, 친권상실 등의 청구에 있어서 상대방이 다투는 경우에는 보통 가사조사를 실시하고 있다. 나아가 가정법원은 미성년후견사건의 특성에 비추어 미성년자의 보호나 복리에 미흡한 정황이 보이거나 공백이 생길 우려가 있으면 조정조치나 임시후견인 선임 등의 방법으로 개입하고 있다.

그 밖에도 후견인이 되고자 하는 친족의 연령이 지나치게 연소하거나 고령인 경우, 후견인 후보자가 유일한 친족인 경우, 후견인 후보자로는 미성년자에 대한 충분한 보호를 기대하기 어려운 정황이 있는 경우, 상속재산이 많아 그에 대한 파악과 지속적인 관리가 필요한 경우에는 폭넓게 가사조사를 실시하고 있다.[375]

---

375) 법원행정처(주232), 157면.

라. 심문

친권상실청구를 제외한 미성년후견인 선임청구와 친권자 지정청구는 라류 비송사건이므로 반드시 심문을 열어야 하는 것은 아니지만, 실무에서는 생존 친권자(민법 제909조의2 제3항, 제927조의2 제1항), 미성년후견인 후보자(가사소송규칙 제65조 제1항), 미성년자 본인(가사소송규칙 제18조의2 본문, 제65조 제4항 본문)의 의견을 듣고, 미성년자의 복리와 관련된 폭넓은 정보를 수집하기 위하여 심문을 여는 것이 일반적이다.

심문에서는 사건본인의 실질적인 양육자와 보호자, 현재 거소와 양육 환경, 학교와 학업성취도, 장래 희망, 교우관계, 상속 예정 재산을 포함하여 사건본인 명의의 재산 상황, 생활비와 교육비 조달 방법, 후견인 후보자의 건강상태와 경제적 능력, 비양육친의 면접교섭 여부 및 양육비 지급 현황, 후견 계획 등에 관한 자료를 수집하고, 이를 조서에 기재함으로써 향후 후견감독을 위한 기본자료로 활용한다.

특히 미성년후견의 사건본인은 친권자의 자살을 목격하거나 생존 친권자로부터 버림받았다는 생각 등으로 심리적·정서적 어려움을 겪고 있는 경우가 많다. 그럼에도 불구하고 청구인의 대부분을 차지하는 미성년자의 조부모 등의 친족은 겉으로 비춰지는 모습만으로 사건본인이 씩씩하게 잘 생활하고 있으며 별다른 문제가 없다고 생각하는 경우가 많다. 따라서 심문 또는 방문 조사를 통해 사건본인에게 심리적·정서적 어려움이 없는지 면밀히 확인하고, 조기에 심리상담 등의 조정조치를 하거나 지방자치단체 또는 학교와 연계하여 절적할 개입이 이루어질 수 있도록 하여야 한다. 또한 심문은 미성년후견인 후보자와 사이에 신뢰를 형성하고, 미성년후견인교육 이수의무, 정기적인 보고의무 등에 관하여 교육할 수 있는 기회가 된다.

마. 심판

(1) 친권자 지정 또는 미성년후견인 선임

(가) 지정 또는 선임 기준과 방법

심문과 조사 등을 통하여 친권자 지정 또는 미성년후견개시 원인과 미성년후견인 선정에 필요한 정보와 자료를 충분히 얻었다고 판단되면, 가정법원은 친권자 지정 또는 미성년후견인 선임심판을 한다.

가정법원은 친권자 지정청구를 기각하는 경우 직권으로 미성년후견인을 선임하여야 한다. 미성년후견인 선임청구를 인용할 때 청구취지에 구애받지 않음은 물론, 개정 전 민법과 같이 미성년자의 최근친 연장자를 우선 고려하여야 하는 것도 아니다. 잔존 친권자나 미성년후견인 후보자의 양육 의사, 능력과 환경, 현재까지의 양육 상황, 청구의 동기나 계기, 미성년자의 의사 등 미성년자의 복리에 관한 사항을 고려 대상으로 한다. 또한 미성년후견인에게도 민법 제937조가 정하는 결격사유가 없어야 한다.376)

(나) 전문가후견인

미성년자의 친족이나 추천된 후견인 후보자 중에서 적절한 사람이 없는 경우, 친족 중 미성년후견인을 하겠다고 나서는 사람이 없는 경우, 사망 친권자의 친족과 생존 친권자의 친족 사이에 다툼이 있는 경우, 상속 재산이 많거나 미성년자에 대한 성적 접촉 또는 학대가 발견되는 등 특별한 보호가 필요하다고 인정되는 경우에는 전문가후견인을 선임하는 것이 일반적이다.

미성년후견인은 성년후견인과 달리 미성년자에 대한 보호와 교양에 있어서 친권자를 대신할 만한 의사와 능력을 갖추어야 하는데, 그러한 역할을 제대로 할 수 있는 전문가후견인을 찾기는 쉽지 않다. 따라서 가능하면 피후견인과 함께 생활하면서 실질적인 보호와 교양을 할 수 있는 친족이나 보호자 중에서 미성년후견인을 선임하되, 전문가를 미성년후견감독인으로 선임하는 방법이 고려될 수 있다.

그런데 미성년후견사건은 전문가후견인에 대한 보수를 지급할 여력이 없는 경우가 대부분일 뿐 아니라, 후견인 후보자가 고사하는 경우도 많다. 나아가 미성년후견의 특성을 잘 이해하고 피후견인의 실질적인 보호자가 될 만한 전문성과 적극성을 가진 후견인 후보자를 찾는 것은 더욱 어렵다. 따라서 미성년후견 분야에서 공공후견이 더욱 시급히 확대되어야 하고, 아동학, 상담학, 미술치료 등 미성년후견의 특성에 맞는 후견서비스를 제공할 역량 있는 전문가후견인 후보자를 많이 확보하는 것이 필요하다.

(다) 복수 및 법인 미성년후견인의 가부

미성년후견인의 수는 성년후견의 경우와 달리 한 명만을 선임할 수 있다

---

376) 결격사유가 있는 사람을 후견인으로 선임한 경우의 효력에 대해서는 2장 Ⅲ-2-라-(2) 참조.

(민법 제930조 제1항, 제2항 참조).[377]

법인이 미성년후견인이 될 수 있는지에 관하여는 의견이 나뉘지만, 미성년후견에는 법인도 성년후견인이 될 수 있음을 정한 민법 제930조 제3항과 같은 규정이 없을 뿐 아니라, 보호·교양의 의무를 다해야 하고 생활밀착형이 되어야 하는 미성년후견의 특성에 비추어 불가능하다고 할 것이다.

(2) 친권의 상실 등
(가) 친권의 상실과 일시 정지

친권의 상실과 일시 정지는 친권자가 자녀양육이나 재산관리에 관한 권한을 친권의 본래 취지나 목적에 부합하지 않는 방법으로 부당하게 행사하거나(적극적 남용), 권한의 행사가 필요한데도 의도적으로 이를 행사하지 않는 것과 같이(소극적 남용) 친권을 남용함으로써 자녀의 복리를 현저히 해치거나 해칠 우려가 있을 때 선고할 수 있다(민법 제924조 제1항 참조).[378][379]

친권상실이 선고된 친권자는 친권자로서의 모든 권리와 의무를 상실한다. 친권자에 대한 친권상실선고로 친권자가 없거나 친권자 전원이 친권을 행사할 수 없게 되는 경우에는, 가정법원은 청구가 없더라도 직권으로 미성년후견인을 선임하여야 한다.

가정법원은 친권의 일시 정지를 선고할 때에는 자녀의 상태, 양육 상황, 그 밖의 사정을 고려하여 그 기간을 정하여야 하고, 기간은 2년을 넘을 수 없다.

---

377) 미성년후견인을 1인으로 한정한 것은, 후견인이 복수인 경우 발생할 수 있는 후견인 사이의 의견충돌 및 분쟁을 방지하고 원활한 후견사무의 집행을 위한 것이라고 설명되고 있다. 이에 대하여 미성년자의 복리증진과 양육의 효율성, 양육자와 후견인 사이의 상호 감독 강화를 위해서 복수의 후견인 선임이 가능하도록 개정하여야 한다는 견해가 있다[김현수, "미성년후견제도의 개정방향에 관한 소고", 가족법연구 제28권 제1호(2014), 249-250면; 최현숙, "미성년후견제도에 관한 연구", 법학연구 제57권(2015), 283면; 정현수, "미성년후견제도의 개선을 위한 몇 가지 제언", 동북아법연구 제10권 제3호(2017), 739-742면 참조].

378) 법원실무제요, 가사(Ⅱ), 법원행정처(2010), 559면. 2014년 민법 개정(2014. 10. 15. 법률 제12777호, 2015. 10. 16. 시행) 전에는 친권자의 "현저한 비행"과 "기타 친권을 행사시킬 수 없는 중대한 사유가 있는 때"를 독립된 친권 상실 사유로 적시하고 있었으나 삭제되었다. 따라서 친권자의 현저한 비행, 예컨대 상습도박이나 간통 등은 그 자체만으로는 친권상실 사유가 되지 아니하나, 그 비행이 친권남용에 해당하여 자녀의 복리를 해치거나 해칠 우려가 있다면 친권상실 사유가 될 수 있을 것이다[김주수·김상용(주18), 452-453면 참조]. 아동복지법 제18조 제1항은 "현저한 비행"과 "아동학대"를 친권상실청구 사유로 규정하고 있다.

379) 아동학대범죄의 처벌 등에 관한 특례법이 정하는 "피해아동에 대한 보호명령"에 의하여도 가정법원은 아동학대행위자인 친권자의 피해아동에 대한 친권 행사의 제한 또는 정지를 명할 수 있다(제47조 제1항 제7호).

자녀의 복리를 위하여 친권의 일시 정지 기간의 연장이 필요하다고 인정하는 경우, 가정법원은 청구에 의하여 2년의 범위에서 한 차례에 한하여 그 기간을 연장할 수 있다(민법 제924조 제2항, 제3항).

(나) 친권의 일부 제한

심리결과 미성년자의 거소지정이나 징계, 그 밖의 신상에 관한 결정 등 특정한 사항에 관하여 친권자가 친권을 행사하는 것이 곤란하거나 부적당한 사유가 있어 자녀의 복리를 해치거나 해칠 우려가 있음이 인정되면, 구체적인 범위를 정하여 친권의 일부 제한을 선고할 수 있다(민법 제924조의2). 이 경우 친권자는 특정한 사항에 대해서만 친권이 제한되기 때문에, 친권자의 지위를 유지하고 제한되지 않은 부분의 친권을 행사할 수 있다. 가정법원은 필요가 있을 경우 친권이 제한된 특정 사항에 대해서 권한과 직무를 행사하는 미성년후견인을 선임한다.

(다) 대리권, 재산관리권 상실 선고

가정법원은 친권자가 부적당한 관리로 인하여 자녀의 재산을 위태롭게 한 경우에는 그 법률행위의 대리권과 재산관리권의 상실을 선고한다(민법 제925조).

(라) 보충성

친권의 상실, 일시 정지, 일부 제한, 대리권·재산관리권의 상실 선고, 민법 제922조의2에 따른 친권자의 동의를 갈음하는 재판 상호간에는 보충성이 인정된다(민법 제925조의2 참조). 즉 각각의 재판이 모두 요건을 충족하였다고 하더라도 가장 침해가 적은 개입으로 자녀의 복리를 충분히 보호할 수 있다면 그 재판을 선택하여야 한다는 것이다. 하지만 이러한 보충성은 선언적·이념적 규정에 지나지 않으므로 법원은 자유롭게 재판을 선택할 수 있다. 공적인 개입을 최소화하는 것도 중요하지만 미성년자를 두텁게 보호하는 것은 더욱 중요한 요청이라고 할 것이므로, 친권의 일시 정지나 일부 제한 등 다른 조치로 미성년자의 복리를 충분히 보호할 수 있다고 하더라도 친권의 상실 요건이 충족되면 친권상실청구를 기각하여서는 안 된다.[380]

청구한 재판의 요건이 인정되지는 않지만 다른 재판의 요건을 충족하는 경우 청구취지의 변경 없이 다른 재판을 선고할 수 있는지 문제된다. 견해가 대립되지만, 보다 적은 제한을 하는 재판은 가능하지만 보다 많은 제한을 하는 재판

---

[380] 윤진수(편집대표)(주18), 1152면.

으로는 허용될 수 없다는 것이 통설과 실무의 태도이다.381)

(3) 미성년후견감독인 선임

(가) 개요

개정 민법은 친족회를 폐지하고 미성년후견감독인으로 하여금 감독업무를 담당하게 하였다.

미성년후견감독인은 친권을 행사하는 부모의 유언에 의하여 지정되거나(민법 제940조의2), 가정법원에 의하여 선임(민법 제940조의3)된다. 미성년후견감독인은 필수기관이 아니므로, 모든 미성년후견사건에서 선임되는 것은 아니다.

(나) 미성년후견감독인의 선임 사유 및 방법

1) 선임 사유

유언에 의하여 지정된 미성년후견감독인이 없는 경우 필요하다고 인정되거나, 미성년후견감독인이 사망, 결격, 그 밖의 사유로 없게 된 경우에 선임될 수 있다(민법 제940조의3 제1항, 제2항). 이미 선임되어 있던 미성년후견감독인이 없게 된 경우의 재선임이 기속적인지에 대해서는 성년후견감독인과 한정후견감독인에 대하여 전술한 바와 같다.382)

2) 직권 또는 청구에 의한 선임

미성년후견감독인은 가정법원의 직권으로 또는 미성년자, 친족, 미성년후견인, 검사, 지방자치단체의 장의 청구에 의하여 선임된다(민법 제940조의3).

3) 선임 기준

미성년후견감독인은 미성년후견인의 결격사유에 해당하는 사유가 있거나(민법 제940조의7, 제937조), 미성년후견인의 가족(민법 제940조의5)은 될 수 없다. 그러나 미성년후견인의 경우와는 달리 미성년후견감독인은 법인도 될 수 있다(민법 제940조의7, 제930조 제3항).

실무에서는 대체로 전문가후견인 후보자 명부에 등재된 사람 중에서 미성년후견감독인을 선임하고 있는데, 미성년후견의 특성을 고려하여 미성년자의 보호와 교양을 포함한 감독의 역할을 충실히 할 수 있는 사람을 선임한다.

---

381) 법원실무제요(주378), 563-564면. 친권상실청구를 기각하면서 친권자의 법률행위 대리권과 재산관리권 상실심판을 한 하급심 판례(전주지방법원 군산지원 2017. 11. 27.자 2016느합2 심판 등)가 있다.

382) 2장 Ⅲ-3-가 참조.

(4) 주문 작성례

(가) 기본형

1. 사건본인의 미성년후견인으로 청구인을 선임한다.
2. 미성년후견인이 사건본인을 대리하여 사건본인 명의의 부동산 또는 중요한 재산에 관한 권리의 득실변경을 목적으로 하는 행위를 하는 경우에는 가정법원의 허가를 받아야 한다.
3. 미성년후견인은 2020. 1. 31.과 2022. 1. 31.[383] 각 사건본인에 대한 후견사무보고서를 이 법원에 제출하여야 한다.

(나) 재산목록과 신상에 관한 보고서 제출, 법정대리권 행사 제한,[384] 미성년후견교육 이수의무

1. 사건본인의 미성년후견인으로 이△△(주민등록번호: , 주소:)을 선임한다.
2. 미성년후견인이 별지 기재 행위에 관하여 사건본인을 대리하거나 사건본인의 별지 기재 행위에 관하여 동의를 하는 경우 가정법원의 허가를 받아야 한다.
3. 미성년후견인은 2018. 12. 31.까지 2018. 10. 31.을 기준으로 하는 사건본인의 재산목록(상속재산 포함)과 사건본인의 신상에 관한 보고서(후견사무보고서 중 신상보호 부분을 활용하되 사건본인의 학교 생활기록부 사본과 사진 10매 이상을 첨부할 것)를 작성하여 이 법원에 제출하여야 한다.
4. 미성년후견인은 2019. 1. 31.까지 □□가정법원에서 실시하는 미성년후견인교육을 이수한 후 교육이수확인서를 이 법원에 제출하여야 한다.
5. 미성년후견인은 2019. 11. 30.을 시작으로 2028. 11. 30.까지 매년 11. 30. 사건본인에 대한 후견사무보고서를 이 법원에 제출하여야 한다.

(별지)

법원의 허가를 얻어야 하는 행위

1. 영업에 관한 행위·

---

383) 보통 미성년자의 조부모 등이 미성년후견인이 되면 후견사무 수행과 미성년자의 보호에는 별다른 문제가 없을 것으로 예상되는 반면 보고서 작성에 어려움을 겪는 경우가 많으므로, 보고서 제출의무를 경감해주기도 한다. 그러나 미성년자가 성년에 이르는 날이 속한 달의 말일에 제출하는 마지막 후견사무보고서의 제출의무는 면제되지 않는 것이 보통이다.
384) 성년후견 등의 경우와 달리 미성년후견인의 대리권에 제한을 두거나 법원의 허가사항을 정하더라도 이를 공시할 방법이 없다는 문제가 있다.

2. 금전을 빌리는 행위
3. 의무만을 부담하는 행위
4. 부동산의 처분 또는 담보제공행위
5. 상속의 단순승인, 포기 및 상속재산의 분할에 관한 협의
6. 소송행위 및 이를 위한 변호사 선임행위

(다) 친권자 지정청구 기각 및 미성년후견인 선임, 친권자의 면접교섭

1. 이 사건 청구[385]를 기각한다.
2. 사건본인의 미성년후견인으로 구○○(주민등록번호: , 주소:)를 선임한다.
3. 미성년후견인이 사건본인을 대리하여 사건본인 명의의 부동산 또는 중요한 재산에 관한 권리의 득실변경을 목적으로 하는 행위를 하는 경우에는 가정법원의 허가를 받아야 한다.
4. 미성년후견인은 2021. 5. 31.부터 2023. 5. 31.까지 매년 5. 31. 각 사건본인에 대한 후견사무보고서를 이 법원에 제출하여야 한다.
5. 청구인은 사건본인이 성년에 이를 때까지 다음과 같이 사건본인을 면접교섭할 수 있고, 미성년후견인은 면접교섭이 원만히 이루어지도록 적극 협조하고 이를 방해하여서는 아니 된다.
   가. 면접교섭의 일정: 매월 둘째, 넷째 토요일 14시부터 일요일 18시까지
   나. 면접교섭의 장소: 청구인이 책임질 수 있는 장소
   다. 인도방법: 청구인이 사건본인들의 주거지로 사건본인을 데리러 가고, 면접교섭이 끝난 후 다시 사건본인의 주거지로 데려다 주는 방법
   라. 청구인과 미성년후견인은 면접교섭 일시, 장소를 변경하여야 할 사정이 있는 경우에는 그러한 사정이 발생한 즉시 상대방에게 연락하여 협의하여 조율한다.

(라) 친권의 상실(친권의 일시 정지, 법률행위 대리권 및 재산관리권 상실) 청구 인용 및 임무대행자 선임

1. 상대방의 사건본인에 대한 친권을 상실한다.
   (상대방의 사건본인에 대한 친권을 2년간 정지한다.
   상대방의 사건본인에 대한 법률행위 대리권 및 재산관리권을 상실한다.)

---

385) 청구인의 친권자 지정청구.

2. 사건본인에 대한 친권자가 지정되거나 미성년후견인이 선임될 때까지, 그 임무
   를 대행할 사람으로 청구인을 선임한다.
3. 심판비용은 상대방이 부담한다.

(마) 미성년후견감독인 선임

1. 사건본인의 미성년후견인으로 청구인을 선임한다.
2. 미성년후견인이 별지 기재 행위에 관하여 사건본인을 대리하거나 사건본인의 별
   지 기재 행위에 관하여 동의를 하는 경우 미성년후견감독인의 동의를 받아야 한다.
3. 미성년후견인은 2018. 12. 31.까지 2018. 10. 31.을 기준으로 하는 사건본인의
   재산목록(상속재산 포함)을 작성하여 이 법원에 제출하여야 한다.
4. 사건본인의 미성년후견감독인으로 사회복지사 문△△(주민등록번호: , 주
   소:)를 선임한다.
5. 미성년후견인은 2019. 11. 30.을 시작으로 2025. 11. 30.까지 매년 11. 30. 후견
   사무보고서(기준일: 매년 10. 31.)를 작성하여 미성년후견감독인에게 제출하여
   야 한다.
6. 미성년후견감독인은 2019. 12. 31.을 시작으로 2025. 12. 31.까지 매년 12. 31.
   미성년후견인의 후견사무보고서를 첨부하여 후견감독사무보고서(기준일: 매년
   10. 31.)를 이 법원에 제출하여야 한다.

(별지)
미성년후견감독인의 동의를 필요로 하는 행위

1. 영업에 관한 행위
2. 금전을 빌리는 행위
3. 의무만을 부담하는 행위
4. 부동산 또는 중요한 재산에 관한 권리의 득실변경을 목적으로 하는 행위
5. 소송행위
6. 상속의 승인, 한정승인 또는 포기 및 상속재산의 분할에 관한 협의

바. 즉시항고

미성년후견인 및 미성년후견감독인 선임청구, 친권자 지정청구, 친권상실
등 청구를 기각한 심판에 대해서는 청구인이 즉시항고할 수 있다(가사소송규칙
제27조).

미성년후견인 선임심판에 대하여는 미성년자, 미성년자의 부모와 친족, 이해관계인, 검사, 지방자치단체의 장이(가사소송규칙 제67조 제1항 제1호), 친권자 지정심판에 대해서는 미성년자, 미성년자의 부모와 친족이(가사소송규칙 제67조 제1항 제4호), 미성년후견종료 및 친권자 지정심판에 대해서는 미성년자, 미성년자의 부모와 친족, 미성년후견인이(가사소송규칙 제67조 제1항 제5호), 친권상실 등 심판에 대해서는 상대방과 자녀의 친족, 검사 또는 지방자치단체의 장이(가사소송규칙 제103조) 각각 즉시항고할 수 있다. 그러나 미성년후견감독인 선임심판에 대해서는 즉시항고가 허용되지 않는다.

사. 심판 확정 후의 절차

미성년후견인과 미성년후견감독인의 선임심판, 친권자 지정심판, 친권의 상실, 일시 정지, 일부 제한, 법률행위대리권·재산관리권의 상실 심판이 확정된 경우에는, 가정법원은 지체 없이 가족관계등록사무를 처리하는 사람에게 가족관계등록부에 등록할 것을 촉탁하여야 한다(가사소송법 제9조, 가사소송규칙 제5조 제1항 제1호, 제1의2호, 제2호, 제3호).

한편 가정법원이 가족관계등록부 기록을 촉탁하는 것과는 별도로, 미성년후견인은 그 취임일로부터 1개월 이내에 미성년후견개시의 신고를 하여야 하고(가족관계의 등록 등에 관한 법률 제80조 제1항), 친권자 지정심판, 친권의 상실, 일시 정지, 일부 제한, 법률행위대리권·재산관리권의 상실 심판이 확정된 경우에는 그 재판을 청구한 사람이나 그 재판으로 친권자로 정하여진 사람이 그 내용을 신고하여야 한다(가족관계의 등록 등에 관한 법률 제80조 제2항).

아. 미성년후견 종료

미성년후견은 미성년자가 성년이 되는 경우, 사망하는 경우, 혼인한 경우(민법 제826조의2) 종료된다.

미성년후견은 상실 또는 제한된 친권 등에 대한 실권 회복 선고가 있거나(민법 제926조), 사퇴한 법률행위 대리권과 재산관리권이 회복되거나(민법 제927조 제2항), 소재불명이던 부 또는 모가 발견되는 등 종전 친권자가 친권을 행사할 수 있게 되거나, 가정법원에 의하여 새로운 친권자가 지정된 경우(민법 제927조의2 제2항) 종료된다.

단독 친권자의 사망, 양부모의 사망 등으로 미성년후견이 개시되었거나(민법 제909조의2 제1항, 제2항), 유언에 의하여 미성년후견인이 지정되었다고 하더라도 (민법 제931조 제2항), 가정법원은 양육상황이나 양육능력의 변동, 미성년자의 의사, 그 밖의 사정을 고려하여 미성년자의 복리를 위하여 필요하면 생존하는 부 또는 모, 미성년자 등의 청구에 의하여 후견을 종료하고 생존하는 부 또는 모 등을 친권자로 지정할 수 있는데(민법 제909조의2 제6항, 제931조 제2항),386) 이러한 경우 미성년후견은 종료된다.

자. 사전처분

미성년후견인 변경청구, 친권의 상실 또는 제한에 관한 청구 등의 경우에 가사소송법 제62조를 근거로 하여 임시후견인 선임이나 후견인직무집행정지 및 직무대행자선임을 내용으로 하는 일반적인 사전처분이 인정됨은 물론이다.

미성년자의 보호는 특히 시기를 놓치면 회복할 수 없는 경우가 많으므로, 미성년후견인 선임청구나 친권자 지정청구 등과 함께 사전처분이 신청되면, 즉시 그 신청사건이 심리되어야 한다. 필요한 경우 직권으로 사건본인에 대한 감호와 양육을 위한 처분, 심리적 조정조치 등을 발령한다.

그 밖에도 민법은 미성년자에게 법정대리인이 없음으로 인한 보호의 공백이 생기지 않도록 임무대행자 선임에 대하여 정하고 있다(민법 제909조의2 제5항). 즉 가정법원은 단독 친권자가 사망한 경우, 입양이 취소되거나 파양된 경우, 양부모가 모두 사망한 경우, 단독 친권자나 양부모 모두가 친권 등의 상실이나 제한 선고가 있거나 소재불명 등으로 사실상 친권을 행사할 수 없는 경우에는, 친권자가 지정되거나 미성년후견인이 선임될 때까지 직권 또는 청구권자의 청구에 의하여 임무대행자를 선임할 수 있다[민법 제909조의2 제5항, 제927조의2 제1항, 가사소송법 제2조 제1항 제2호 가목 13)의2]. 임무대행자에 대하여는 법원이 선임한 부재자재산관리인의 권한을 넘는 행위에 관한 규정(민법 제25조)과 가정법원의 후견사무에 관한 처분에 관한 규정(민법 제954조)이 준용된다.

---

386) 청구서 작성례는 참고자료 47 참조.

III. 미성년후견인의 후견사무 실무

1. 미성년후견인의 권한과 직무

가. 재산에 관한 권한과 직무

(1) 재산관리와 법률행위 대리

미성년후견인은 미성년자의 법정대리인이 되므로(민법 제938조 제1항), 미성년자의 재산을 관리하고 그 재산에 관한 법률행위에 대하여 미성년자를 대리한다(민법 제949조). 성년후견과 달리 가정법원이 법정대리권을 제한할 수는 없다. 미성년자의 친권자에 대하여 친권의 일부 제한, 대리권·재산관리권의 상실 또는 사퇴 심판이 있으면, 미성년후견인의 임무는 제한된 친권의 범위에 속하는 행위에 한정된다(민법 제946조).

(2) 제3자가 미성년자에게 무상으로 수여한 재산의 관리

제3자가 미성년자에게 재산을 무상으로 수여하면서 미성년후견인의 관리에 반대하는 의사를 표시하는 때에는 미성년후견인은 그 재산을 관리하지 못한다(민법 제956조, 제918조 제1항). 제3자가 재산관리인을 지정하지 않으면 미성년자 또는 친족의 청구에 의하여 가정법원이 재산관리인을 선임하고, 그에 대해서는 부재자재산관리인의 규정이 준용된다(민법 제956조, 제918조 제2항, 제4항).

(3) 기타

그 밖에 재산조사 및 재산목록의 작성의무(민법 제941조), 채권·채무의 제시의무(민법 제942조), 목록작성 전의 권한(민법 제943조), 미성년자가 취득한 포괄적 재산의 조사(민법 제944조), 미성년자와 미성년후견인 사이의 이해상반행위(민법 제949조의3, 제921조), 중요한 행위에 대한 동의 또는 대리에 미성년후견감독인의 동의(민법 제950조), 미성년후견인이 미성년자에 대한 제3자의 권리를 양수하는 경우(민법 제951조), 미성년후견인의 보수와 사무수행 비용(민법 제955조, 제955조의2) 등에 관한 내용은 성년후견의 각 해당부분과 같다.

나. 신상에 관한 권한과 직무

미성년후견인은 미성년자의 신상 또는 신분에 대하여는 친권자와 동일한 권리와 의무가 있다(민법 제945조 본문). 즉 미성년후견인은 친권자와 마찬가지로 미성년자를 보호하고 교양할 권리와 의무가 있고(민법 제913조), 거소지정권이 있으며(민법 제914조), 보호 또는 교양하기 위하여 필요한 징계를 할 수 있고 법원의 허가를 얻어 감화 또는 교정기관에 위탁할 수 있다(민법 제915조).

또한 미성년후견인은 미성년자의 법정대리인으로서, 18세 이상의 미성년자의 약혼에 대한 동의(민법 제801조), 미성년자의 혼인에 대하여 부모 모두 동의권을 행사할 수 없는 경우의 동의(민법 제808조 제1항), 미성년자의 입양 또는 친양자입양에 대한 동의 또는 승낙(민법 제869조 제1항, 제2항, 제908조의2 제1항 제4호, 제5호)을 한다.[387]

미성년후견인이 ① 친권자가 정한 교육방법, 양육방법 또는 거소를 변경하는 경우, ② 미성년자를 감화기관이나 교정기관에 위탁하는 경우, ③ 친권자가 허락한 영업을 취소하거나 제한하는 경우에, 미성년후견감독인이 선임되어 있으면 그의 동의를 받아야 한다(민법 제945조 단서).

다. 미성년자의 친권의 대행

미성년후견인은 미성년자를 갈음하여 미성년자의 자녀에 대한 친권을 행사한다(민법 제948조 제1항). 미성년자에게 자녀가 있을 때 그에 대한 친권은 미성년자의 친권자가 대행하는데(민법 제910조 참조), 대행할 친권자가 없거나 친권자의 친권이 제한되어 미성년후견이 개시되는 경우에 관한 규정이다.[388] 이러한 친권행사에는 미성년후견인의 임무에 관한 규정을 준용한다(민법 제948조 제2항).

2. 미성년후견사무 수행의 실제

가. 사무수행의 원리

미성년후견인이 미성년자의 신상 또는 신분에 대해서 친권자와 동일한 권리와 의무가 있음은 앞서 본 바와 같으므로, 후견사무를 수행할 때에도 미성년자의 부모와 같은 자세로 사무를 수행하여야 한다.

---

387) 윤진수(편집대표)(주18), 1273면.
388) 윤진수(편집대표)(주18), 1307면.

　　그러나 미성년자의 재산관리에 대해서는, 친권자는 자신의 재산에 관한 행위와 동일한 주의를 하면 족하지만(민법 제922조 참조), 미성년후견인은 선량한 관리자의 주의로써 사무를 처리하여야 한다(민법 제956조, 제681조). 신상과 재산 모두 후견사무 수행에 있어서 가장 우선 고려되어야 할 것은 미성년자의 의사와 복리이다.

나. 취임 직후의 사무

　　미성년후견인이 미성년자를 보호하거나 함께 생활해 온 친족이 아니라 전문가후견인이라면, 취임 즉시 관련 기록을 열람하고 지체 없이 미성년자의 거소에 가서 미성년자를 면접한다. 미성년자와 그 동거 친족, 실질적인 보호자, 지방자치단체에 연계되어 있는 사회복지사, 학교나 유치원의 담임교사 등과도 면담하여, 미성년자의 신체적·정신적·정서적 건강 상태, 생활환경, 학업 상황, 동거 친족 여부, 교우 관계, 재산 상황과 수입·지출 현황, 친족과의 교류 여부 등을 파악한다. 그 결과 미성년자에게 건강상의 문제, 정서상의 문제, 학대나 성적 접촉 등이 발견되면 즉시 법원이나 경찰서, 아동보호기관에 알려 개입할 수 있도록 한다.

　　미성년후견인은 심판 내용에 따라 미성년자의 재산을 조사하고 그 목록을 작성하여 법원에 제출하여야 한다. 미성년후견의 경우에는 사망한 친권자의 상속문제 해결을 위하여 미성년후견인 선임을 청구하는 경우가 적지 않은데, 목록 작성 당시에는 미성년자 명의로 되어 있지 않더라도 상속이 예상되는 재산까지 빠짐없이 기재하여야 한다.

다. 일반적 후견 사무

　　친족 특히 미성년자의 조부모가 미성년후견인으로 선임된 경우에는 후견사무보고에 있어서 어려움을 겪는 경우가 많다. 주기적으로 실시하는 미성년후견인 교육[389]에 참석하거나 보고서 작성 등에 법원에서 제공하는 사무상담을 이용하는 것이 좋다.

---

389) 가정법원에서는 일반적으로 친족 성년후견인에 대한 교육과 별도로 미성년후견인 교육을 실시하고 있다. 미성년후견인 교육은 미성년자의 심리적·정서적 특징을 설명하고, 미성년자에 대한 보호와 지원, 학교 및 지방자치단체 등과의 연계 방법 등에 관하여 특화된 교육을 실시한다.

친족인 미성년후견인이 간과하기 쉬운 것은, 친권자의 사망 등을 겪은 미성년자에게 심리적·정서적 지원이 필요하다는 점이다. 미성년자가 겉으로는 문제가 없는 것처럼 행동하더라도, 미성년자의 감정적·정서적 상태를 보다 세밀히 관찰하고 필요한 경우 지방자치단체의 사회복지사와 연계하거나 법원에 심리상담을 요청하여야 한다. 생존 친권자가 있음에도 불구하고 미성년후견인이 선임된 경우라면, 그 친권자와 미성년자 사이의 면접교섭을 근거 없이 불허하거나 친권자에 대한 부정적인 언급으로 미성년자에게 친권자에 대한 왜곡된 생각을 가지게 하지 않도록 주의하여야 한다.390)

전문가 미성년후견인은 자주 미성년자를 면접하여 그 상태와 환경을 파악하는 것이 무엇보다 중요하다. 특히 미성년자의 경제적 환경이 열악한 경우, 보호자 없이 혼자 생활하고 있는 경우, 사춘기 등을 겪으면서 일탈행위를 보이고 있는 경우, 친족이나 동거인 등에 의하여 성적 접촉이나 학대를 당할 우려가 있는 경우에는 더 자주 미성년자를 대면하여 경제적 필요와 심리적·정서적 상황을 파악하는 것이 중요하다. 그 내용을 수시로 법원의 감독관과 소통하고 의논하여야 하며, 필요한 경우 심문기일 지정, 후견인 변경, 후견감독인 선임 등을 청구하거나 요청하는 것이 좋다.

라. 후견사무결과의 보고

미성년후견인이 심판에서 정하여진 기한까지 후견사무에 관한 보고서를 작성, 제출하여야 하는 것은 성년후견의 경우와 다르지 않다. 미성년자에게 재산이 많거나, 미성년후견인이 먼 친척이거나 친족이 아닌 경우, 미성년후견 선임 또는 친권자 지정에 대하여 친족들 사이에 다툼이 있는 경우는 매년 보고서 제출이 요청되고 있다. 미성년후견인과 미성년자의 관계, 양육환경이나 애착관계, 미성년자의 재산상황 등을 감안하여, 미성년자의 보호에는 문제가 없을 것으로 예상되는 반면 보고서 작성이 후견인에게 지나친 부담이 될 것으로 보이는 사건에서는 보고서 제출의무를 격년 또는 3년에 한 번 정도 부과하기도 한다.

그 밖에 미성년후견감독인이 선임되어 있는 경우에는, 미성년후견감독인에

---

390) 반면에 생존하는 부 또는 모가 친권을 상실하였거나 행사에 제한이 있음에도 불구하고, 미성년후견인에게 면접교섭과 관련하여 무리한 요구를 하거나, 양육방법 등에 대해서 지나치게 간섭하려고 함으로써, 미성년후견인과 갈등을 겪는 사례도 있다.

대한 보고를 게을리 하여서도 안 된다.

마. 미성년후견 종료시의 사무

미성년후견이 종료되면, 미성년후견인은 재산에 대한 계산(민법 제957조)을 하여야 하고, 이자의 부가와 금전소비에 대한 책임(민법 제958조)이 있다. 그 밖에 위임종료시의 긴급처리에 관한 규정이 준용(민법 제959조, 제691조, 제692조)되고, 감독법원에 보고서를 제출하여야 하며 전문가후견인인 경우 보수청구를 하여야 하는 점 등은 성년후견인의 경우와 같다.[391]

미성년자가 성년에 도달하여 미성년후견이 종료되는 경우의 재산 인도에는 주의할 점이 있다. 미성년후견인은 관리하고 있던 재산을 사건본인에게 인도하여야 하는데, 사건본인이 성년에 이르렀다고 하더라도 곧바로 재산을 관리할 능력을 갖추었다고 보기 힘든 경우가 많다. 따라서 미성년후견인은 후견사무를 하는 과정에서 미성년자에 대하여 지속적으로 재산관리에 대한 중요성을 알리고 관리능력을 배양함으로써, 성년에 이르렀을 때 피후견인 스스로 재산관리를 할 수 있도록 준비하여야 한다. 성년에 이르렀지만 아직 재산관리능력이 부족하여 일정 기간 재산관리를 도와줄 필요가 있다고 판단되더라도, 남용의 우려가 있으므로 자의적으로 재산을 계속 관리하는 것은 바람직하지 않다.[392] 최소한 성년에 이른 시점에 있어서 사건본인의 재산 상태를 정확하게 알리고, 피후견인과의 계약을 통하여 그에 관한 보관 및 관리 방법에 대하여 명확하게 정해두는 것이 바람직하다.[393]

미성년후견인은 미성년후견이 종료되면 1개월 이내에 가족관계등록관서에 미성년후견종료의 신고를 하여야 한다. 다만 미성년자가 성년이 되어 미성년후견이 종료되는 경우에는 신고할 필요가 없다(가족관계등록법 제83조 제1항).

---

391) 3장 Ⅱ-9-나 참조.
392) 미성년자에게 정신적 제약이 있는데 보호할 사람이 없는 경우에는, 미성년후견인이 미성년자의 성년에 임박하여 성년후견 등의 개시청구를 함으로써 보호에 공백이 없도록 하여야 한다.
393) 김효석, 친권과 미성년후견의 실무, 도서출판 벽송(2015), 147-148면.

IV. 미성년후견감독 실무

1. 미성년후견감독인에 의한 감독

미성년후견감독인의 주의의무(민법 제940조의7, 제681조), 미성년후견인의 사무 전반에 대한 포괄적인 감독 권한과 의무(민법 제940조의6 제1항 전단), 미성년후견인이 없는 경우 후견인 선임청구(민법 제940조의6 제1항 후단), 급박한 사정이 있거나(민법 제940조의6 제2항) 이해상반의 경우(민법 제940조의6 제3항)에 있어서 후견사무의 직접 처리, 가정법원에의 보고, 미성년후견감독인의 보수와 비용(민법 제940조의7, 제955조, 제955조의2) 등은 각 후견감독사건 실무의 해당 부분에서 기술한 바와 같다.

미성년후견감독인이 선임된 것은 미성년자의 보호나 복리에 위험요소가 있거나 미성년후견인에 대한 보다 세심하고 깊이 있는 견제가 필요한 경우라고 할 수 있다. 따라서 미성년후견감독인은 주기적으로 미성년자를 면접하여야 하고, 미성년후견인으로부터 수시로 미성년자의 신상 및 재산에 관한 사무처리 내용을 보고받고 확인하여야 한다.

2. 가정법원에 의한 감독

가. 개요

미성년후견감독인은 임의기관일 뿐 아니라, 미성년후견의 경우 후견감독인의 보수를 감당할 여력이 없는 경우가 대부분이므로, 가정법원에 의한 감독은 성년후견의 경우보다 더 중요하다.

더욱이 친권자나 친족 등 보호자에 의한 아동학대나 성범죄가 증가하고 있는 상황이므로, 가정법원에 의한 미성년후견감독은 더 적극적이고 치밀하게 이루어져야 한다. 성년후견의 경우와 마찬가지로 미성년후견에 있어서도, 가정법원은 민법 제954조와 가사소송법 제45조의4, 가사소송규칙 제38조의2, 제38조의6을 후견감독에 관한 근거 규정으로 하여, 미성년후견사건에 대한 포괄적인 감독 권한을 행사할 수 있다.

나. 가정법원의 후견감독 실무

(1) 일반적인 절차

미성년후견감독의 일반적인 절차, 개시심판 직후 후견감독, 정기 기본후견감독, 심층후견감독의 구체적인 방법과 절차는 후견감독사건 실무에서 기술한 것과 같다.

(2) 신상보호와 적극적인 개입

미성년후견의 경우에는 피후견인의 신상보호 상황에 대하여 더욱 관심을 가지고 지속적인 확인과 즉각적인 개입이 필요하다. 따라서 가정법원은 미성년후견인 선임 단계에서부터 가사조사를 보다 적극적이고 폭넓게 실시하고 있고, 선임심판이 확정되면 가능한 모든 미성년후견감독 사건에 관하여 즉각 심층적인 신상에 대한 조사와 감독을 실시하여 미성년자의 양육 및 생활환경을 직접 점검하는 것이 바람직하다. 전술한 바와 같이 특히 미성년자의 경제적 환경이 열악한 경우, 보호자 없이 혼자 생활하고 있는 경우, 사춘기 등을 겪으면서 일탈행위를 보이고 있는 경우, 친족이나 동거인 등에 의하여 성적 접촉이나 학대를 당할 우려가 있는 경우에는 전문가를 미성년후견인 또는 미성년후견감독인으로 선임하거나 후견감독의 주기를 짧게 설정하고, 심문기일 소환이나 신상에 관한 심층감독을 자주 실시하는 것이 좋다.

감독 과정에서 미성년자가 심리적 외상으로 인하여 어려움과 고통을 겪고 있다는 것이 확인되면, 미성년자의 정서적 안정과 치유, 양육환경 개선을 위하여 심리적 조정조치 등의 방법으로 즉시 개입하여야 한다.

(3) 미성년후견인의 변경

미성년자의 복리를 위하여 필요한 경우, 가정법원은 직권 또는 피후견인, 친족, 후견감독인, 검사, 지방자치단체의 장의 청구에 의하여 미성년후견인을 변경할 수 있다(민법 제940조).[394]

특별법에서는 일정한 사람에게 미성년후견인의 변경청구를 의무로 부과하고 있는데, ① 미성년후견인이 아동을 학대하는 등 현저한 비행을 저지른 경우의 시·도지사, 시장·군수·구청장, 아동복지시설의 장, 학교의 장 또는 검사(아

---

[394] 미성년후견인 사임(민법 제939조)을 포함한 자세한 내용은 4장 Ⅳ-2 참조.

동복지법 제19조 제2항), ② 아동·청소년 대상 성범죄 사건의 가해자가 피해아동·청소년의 미성년후견인인 경우의 수사 검사(아동·청소년의 성보호에 관한 법률 제23조 제1항), ③ 아동학대중상해죄 또는 상습아동학대죄를 저지른 아동학대행위자가 피해아동의 미성년후견인인 경우의 검사(아동학대범죄의 처벌 등에 관한 특례법 제9조 제1항) 등이다.

(4) 후견감독 종료

미성년후견 종료사유가 발생하면 가정법원의 후견감독도 종료하지만, 가정법원은 미성년자가 성년에 이른 후라고 할지라도, 감독 종료 전에 신상 및 재산에 관한 심층후견감독조사를 실시하여 자립 환경과 재산의 인도 상황, 직업과 소득, 재산관리능력 등을 파악하고 필요한 경우 피후견인이 자립하여 생활하는데 어려움이 없도록 지원하여야 한다.

한편 미성년후견은 성년후견과 달리, 후견이 종료하더라도 가족관계등록관서 촉탁 등의 조치는 불필요하고, 후견감독사건을 직권으로 종국 처리함으로써 족하다.

성년후견개시 심판청구서

<table>
<tr><td>인지액 5,000원</td></tr>
<tr><td>× 사건본인 수</td></tr>
<tr><td>송달료 88,800원</td></tr>
</table>

청구인　　　성　　　　명 : 김 □ □　　　(☎ : 010-0000-0000)

　　　　　　주민등록번호 : 690000-1000000

　　　　　　주　　　　소 : 서울 노원구 월계동 00-00

　　　　　　사건본인과의 관계 : 아들

사건본인　　성　　　　명 : 김 ○ ○ (출생연월일: 1939. 00. 00./ 성별 : 남, 여)

　　　　　　주민등록번호(외국인등록번호) : 390000-1000000

　　　　　　주　　　　소 : 서울 노원구 월계동 00-00

　　　　　　등록기준지(국적) : 경남 합천군 합천읍 △△리 22-33

청 구 취 지

1. 사건본인에 대하여 성년후견을 개시한다.
2. 사건본인의 성년후견인으로 김□□(주민등록번호: 690000-1000000, 주소: 서울 노원구 월계동 00-00)을 선임한다.

라는 심판을 구합니다.

청 구 원 인

1. 청구인은 사건본인의 아들입니다.
2. 사건본인은 약 7년 전부터 노인성 치매 증세가 나타나 병원에서 치료를 받아 왔는데, 3년 전부터 상태가 급격히 악화되어 ◇◇요양원에서 요양 중입니다. 현재는 혼자 움직이거나 말을 할 수 없고, 청구인을 비롯한 자녀들조차 잘 알아보지 못하고 있으며, 정상적인 기억이나 판단을 할 수 없는 상태로서, 일상생활의 사무를 처리할 능력이 전혀 없고, 향후에도 증세가 호전될 가능성이 매우 희박합니다.
3. 청구인은 아들로서 사건본인을 정성껏 돌보아 왔으나, 치료비와 요양비 부담이 만만치 않고 사건본인 소유 부동산과 예금 등의 관리에 많은 어려움을 겪고 있으므로, 이 사건 심판을 통해 성년후견인으로서의 지위를 인정받고, 사건본인의 재산을 관리하여 그 수익을 사건본인을

개호하는 비용으로 사용하고자 합니다.

4. 사건본인의 성년후견인으로는 아들인 청구인이 선임되기를 원하며, 그 권한의 범위는 별지 기재와 같이 정해지기를 원합니다.

5. 이러한 이유로 이 사건 청구에 이르게 되었습니다.

※ 성년후견인으로 아래와 같이 추천합니다.

성년후견인 후보자	성명	김 □ □
	주소	서울 노원구 월계동 00-00
	주민등록번호	690000-1000000
	직업	회사원
	사건본인과의 관계	아들

첨 부 서 류

1. 가족관계증명서, 기본증명서, 주민등록표등(초)본(사건본인)　　　　　　　　　각1통
2. 가족관계증명서, 주민등록표등(초)본(청구인 및 후견인후보자)　　　　　　　　1통
3. 사건본인의 후견등기사항부존재증명서(전부)　　　　　　　　　　　　　　　　1통
4. 청구인 및 후견인후보자와 사건본인과의 관계를 밝혀줄 자료　　　　　　　　　1통
   (가족관계증명서, 제적등본 등)
5. 후견인 후보자의 범죄경력조회 회보서(실효된 형 포함)　　　　　　　　　　　1통
6. 선순위 추정상속인들의 동의서(인감날인 및 인감증명서 첨부 필요)　　　　　　1통
7. 진단서 및 진료기록지 등　　　　　　　　　　　　　　　　　　　　　　　　통
8. 사전현황설명서/재산목록/취소권·동의권·대리권 등 권한범위　　　　　　　각1부
9. 기타(소명자료)　　　　　　　　　　　　　　　　　　　　　　　　　　　　각1부

2018. 12. 12.

청구인 : 김 □ □(서명 또는 날인)

○ ○ 가 정 법 원 귀중

☞ 유의사항
  1. 관할법원은 사건본인의 주소지 가정법원입니다.
  2. 위 첨부서류 이외에도 절차진행에 따라 추가서류가 필요할 수 있습니다.
  3. 정신감정을 하는 것이 원칙이고, 정신감정시 감정 예납이 필요하며 추가비용(검사비, 입원비 등)이 발생할 수 있습니다.
  4. 청구인이 청구한 후견인후보자가 후견인으로 반드시 지정되는 것은 아닙니다.
  5. 후견인후보자의 범죄경력·수사경력조회회보서, 신용조회서 등 추가서류가 필요할 수 있습니다.
  6. ☎ 란에는 연락 가능한 휴대전화번호(전화번호)를 기재하시기 바랍니다.

[참고자료 2] 사전현황설명서

사전현황설명서

1. 사건본인에 관한 사항	
가. 현재 한정치산자 또는 금치산자인지	예 □ 아니오 ■
나. 한정후견·특정후견·임의 후견을 받고 있는지	예 □ 아니오 ■
다. 현재의 심신 상태 및 치료 상황	(예시 1) 사건본인은 2015년 발병한 치매가 올해 초부터 급격히 진행되어, 현재는 혼자 움직이거나 말을 할 수 없고, 청구인을 비롯한 자녀들조차 잘 알아보지 못하고 있으며, 정상적인 기억이나 판단을 할 수 없는 상태입니다. 치매약을 복용하는 외에는 별다른 치료를 받고 있지 않습니다. (예시 2) 사건본인은 2018. 7. 7. 발생한 교통사고로 인한 뇌출혈로 감압성개두술 및 혈종제거술을 받은 후 ○○병원 중환자실에 입원하고 있습니다. 현재 의식불명, 식물인간상태로서 보존적인 치료만 하고 있어서 의식회복 가능성이 매우 희박합니다. (예시 3) 사건본인이 대학교 2학년인 1989년에 발병한 편집성 조현병으로 지금까지 계속 ○○정신병원 등에 입·퇴원을 반복하면서 치료를 받고 있습니다. 환청과 망상, 와해된 언어와 행동, 공격성을 보이고 있고, 인지기능이 심각하게 저하되어 정상적인 판단을 하지 못하는 상태가 계속되고 있고, 약물치료를 하고 있지만 증상이 고착되어 의학적으로 호전을 기대하기는 어려운 상황입니다.
라. 현 거주지 및 현재 누구와 동거하고 있는지	2018년 10월까지는 서울 노원구 □□□ 00-00에서 청구인인 처와 두 명의 자녀와 함께 지내고 있었으나, 현재는 파주시 소재 △△△ 요양원에 입원 중입니다.
마. 재산상황(목록으로 작성하여 별지로 첨부 가능)	별지 기재와 같음
바. 의견진술을 위하여 법원 출석이 가능한지 여부	(예시 1) 출석 및 의견진술이 불가능한 상태입니다. (예시 2) 출석은 가능하지만 자신의 의사를 표현하기는 어렵습니다. (예시 3) 출석 및 의견진술이 가능합니다.
사. 치료받은 병원 이름 및 치료받은 기간	서울대병원(2015. 1. 1. - 2016. 12. 31.) ○○요양병원(2016. 1. 1. - 2017. 12. 31.) △△△요양원(2018. 1. 1. - 현재) ◇◇요양원(2018. 12월경 전원 예정)

2. 성년후견을 청구하게 된 동기와 목적(구체적으로 기재)

(예시 1)

사건본인이 현재 의식불명상태로서 회복될 가능성이 거의 없다고 합니다. 그동안 처인 청구인이 사건본인을 돌보면서 전세보증금을 찾아 치료비와 자녀교육비, 생활비 등을 해결하여 왔지만, 청구인과 자녀들의 경제능력으로는 장기간의 병원비와 간병비를 감당하기 어렵습니다. 사건본인은 앞으로도 지속적인 치료나 요양이 필요한 상태이기 때문에, 청구인이 후견인으로 선임되어 사건본인의 신상에 대하여 결정하고, 사건본인의 부동산과 예금계좌 등 재산을 관리하고 보험금을 수령하여 사건본인의 치료와 생활에 필요한 돈을 마련하기 위해서 후견심판청구를 하였습니다.

(예시 2)

사건본인은 2016년 뇌경색으로 입원한 적이 있었는데, 2017년 초경부터는 방금 했던 말은 물론 자신의 부동산을 중개소에 매물로 내어놓은 사실조차 기억하지 못하고, 상황에 맞지 않는 이야기를 하는 등 치매로 의심되는 증상을 보여 왔습니다. 한편 사건본인은 청구인의 집에서 지내다가 2018년 2월경부터는 장녀인 김□□의 집에 머무르고 있는데, 장녀인 김□□와 차녀인 김▽▽는 병식이 없는 사건본인을 치료하거나 개호하지 않고 있습니다. 또한 2018년 7월경에는 사건본인 소유의 부동산(청담동 00-00 소재 빌딩, 시가 30억 원)이 증여를 원인으로 하여 장녀 김□□와 차녀 김▽▽ 명의로 이전등기 되었습니다. 청구인과 사건본인의 처 이△△는 사건본인을 조속히 병원에 모셔 치료를 하고, 위 부동산을 사건본인 명의로 돌려놓을 것을 요청하였지만, 장녀 김□□와 차녀 김▽▽는 사건본인이 정신상태에 전혀 문제가 없고, 그의 뜻에 따른 처분이라고 주장하면서, 2018년 10월부터는 청구인과 사건본인의 처 이△△가 사건본인을 만날 수조차 없게 막고 있습니다. 이에 청구인은 사건본인을 다시 청구인의 집으로 모시고 와서 신속히 적절한 치료를 제공하고, 사건본인의 의사와 무관하게 일탈된 재산을 회복하는 등 적절한 재산관리를 하기 위하여 이 사건 청구에 이르게 되었습니다.

3. 이 사건 청구에 관한 사건본인의 선순위 상속인들의 의견

가. 선순위 상속인들 명단	이△△(처), 김○○(장남, 청구인), 김□□(장녀), 김▽▽(차녀)
나. 동의자(동의서 첨부)	이△△(처), 김○○(장남)
다. 부동의자	김□□(장녀), 김▽▽(차녀)

[참고자료 3] 재산목록

재 산 목 록

■ 재산내역

1. 부동산(등기사항전부증명서 첨부)

　가. 서울 노원구 ○○동 11 △△아파트 제33동 제555호 (시가 약 3억 4천만 원)

　나. 전남 □□군 ◇◇리 777 답 222㎡ (시가 알 수 없음, 공시지가 500만 원, 종중이 관리하는 선산으로 알고 있음)

2. 예금

신한은행 계좌(계좌번호: ***-**-*******)와 우리은행 계좌(계좌번호: ****-*******)에 합계 약 15,000,000원 정도가 예치되어 있는 것으로 알고 있으나, 현재로서는 정확한 예금잔고를 확인할 수 없음. 그 밖의 예금채권 존재 여부도 현재로서는 확인할 수 없음

3. 보험

　1) □□화재해상보험 무배당 *****보험

　2) ◇◇생명 생명보험

　3) △△△실손보험(보험수익자: 청구인)

4. 주식, 펀드

　○○투자신탁(주식) 잔고 없음

5. 자동차

청구인과 공유인 자동차 1대 (장애인 자동차, 시가 □원)

6. 현금, 귀금속

금목걸이 10돈, 현금 없음

7. 채권

거래처 물품 채권이 있는 것으로 알고 있으나 정확한 금액은 알지 못합니다.

8. 기타 자산

9. 채무

부동산 담보 대출 00원, 그 밖의 채무는 현재로서는 알지 못합니다.

10. 순재산 합계

순재산 합계 0000원(= 재산 합계 00000원 − 채무 합계 00원)

■ 소득 및 지출 내역

1. 소득목록

가. 급여: 사고 전 직장에서 지급되는 급여 월 200만 원

나. 임대료 수익: 상가 임대료 수익 월 46만 원

다. 이자수입

라. 사회보장수급액: 장애인연금 월 276,050원

마. 기타

2. 지출목록

가. 정기적 지출: 병원비 월 150~200만 원(월, 추산)/간병비(24시간, 남자) 월 320만 원,
처의 생활비 월 1,000,000원 등

나. 비정기적 지출: 치과치료비 연 500,000원 정도, 수술비 연 1,000,000원 정도

3. 순소득액

−43,067,400원 = (2,000,000원 + 460,000원 + 276,050원) × 12 − {(2,000,000원 +
3,200,000원 + 1,000,000원) × 12 + 500,000원 + 1,000,000원}

[참고자료 4] 성년후견인의 권한 범위에 대한 의견

Ⅰ. 취소할 수 없는 피성년후견인의 법률행위의 범위

성년후견인은 피성년후견인이 행한 법률행위에 대한 취소권을 가집니다. 다만 일용품의 구입 등 일상생활에 필요하고 그 대가가 과도하지 아니한 법률행위는 성년후견인이 취소할 수 없습니다. 가정법원은 이 외에 성년후견인이 취소할 수 없는 피성년후견인의 법률행위의 범위를 따로 지정할 수 있습니다.

성년후견인이 민법상의 일반원칙에 따른 취소권을 갖기를 원한다면 취소권 제한 없음, 그 외에 특별히 취소할 수 없는 법률행위의 범위를 지정하고 싶은 경우에는 취소권 제한 있음에 체크해주시고, 취소권 제한이 있는 경우에는 그 범위를 구체적으로 기재하여 주십시오.

■ 취소권 제한 없음

□ 취소권 제한 있음
    □ _____
    □ _____
    □ _____
    □ _____

Ⅱ. 성년후견인의 법정대리권의 범위

성년후견인은 피성년후견인에 대하여 포괄적인 법정대리인이 됩니다. 다만 가정법원은 성년후견인이 가지는 법정대리권의 범위를 따로 정할 수 있습니다.

성년후견인이 피성년후견인에 대하여 포괄적인 법정대리권을 갖기를 원한다면 법정대리권 제한 없음, 법정대리권의 범위를 따로 정하고 싶은 경우에는 법정대리권 제한 있음에 체크해주시고, 법정대리권 제한이 있는 경우에는 그 범위를 구체적으로 기재하여 주시되, 특히 후견인의 대리권 행사에 법원의 허가가 필요하다고 보이는 행위가 있으면 그 범위도 구체적으로 기재하여 주십시오.

■ 법정대리권 제한 없음

☐ 법정대리권 제한 있음.

　　아래 사항에 대하여는 후견인에게 법정대리권이 없음
　　☐ _____
　　☐ _____

　　아래 사항은 후견인의 대리권 행사에 법원의 허가를 필요로 함
　　☐ _____
　　☐ _____

Ⅲ. 성년후견인이 피성년후견인의 신상에 관하여 결정할 수 있는 권한의 범위

후견인이 신상에 관한 결정 권한을 부여받은 경우에도 피후견인은 자신의 신상에 관하여 그의 상태가 허락하는 범위에서 단독으로 이를 결정할 수 있습니다. 피후견인이 스스로 결정할 수 없는 상태에 있는 경우에만 후견인이 이를 대신하여 결정할 수 있습니다.

피후견인을 치료 등의 목적으로 정신병원이나 그 밖의 다른 장소에 격리하려는 경우, 피후견인이 의료행위의 직접적인 결과로 사망하거나 상당한 장애를 입을 위험이 있을 때에는 별도로 가정법원의 허가를 받아야 합니다. 다만 허가절차로 의료행위가 지체되어 피후견인의 생명에 위험을 초래하거나 심신상의 중대한 장애를 초래할 때에는 사후에 허가를 청구할 수 있습니다.

☐ 신상에 관한 결정권한 없음

■ 아래 사항에 관하여 피후견인이 스스로 결정을 할 수 없는 경우 후견인이 결정권을 가짐
1. ■ 의료행위의 동의
2. ■ 거주·이전에 관한 결정
3. ■ 면접교섭에 관한 결정

4. ■ 우편·통신에 관한 결정
5. ■ 사회복지서비스 선택 또는 결정
6. ■ 기타 사항
    ■　정신병원 기타 격리시설에의 입소 및 기간연장에 대한 동의 _____
    □　_____

Ⅳ. 권한분장에 관한 사항(후견인을 2명 이상 선임 청구하는 경우)

□ 위 각 권한은 후견인들이 각자 행사할 수 있음

□ 위 각 권한은 후견인들이 공동으로 행사함

□　_____

□　_____

[참고자료 5] 후견인 후보자 결격사유에 대한 진술

후견인 후보자에 관한 사항.

☐ 회생절차개시결정 또는 파산선고를 받은 자

☐ 자격정지 이상의 형의 선고를 받고 그 형기 중에 있는 사람

☐ 피후견인을 상대로 소송을 하였거나 하고 있는 자 또는 그 배우자와 직계혈족

■ 해당사항 없음

※ 별지 양식의 해당사항에 V표시한 후 관련자료와 함께 제출하여 주시기 바랍니다.

[참고자료 6] 한정후견개시 심판청구서

한정후견개시 심판청구

인지액 5,000원
× 사건본인 수
송달료 88,800원

청구인　　성　　　명 : 이 □ □ 　　（☎ : 010-0000-0000）
　　　　　주민등록번호 : 740000-2000000
　　　　　주　　　　소 : 서울 노원구 월계동 00-00
　　　　　사건본인과의 관계 : 어머니

사건본인　성　　　명 : 박 ○ ○ （출생연월일: 1998. 00. 00./ 성별 : 남, ㉅ ）
　　　　　주민등록번호(외국인등록번호) : 980000-2000000
　　　　　주　　　　소 : 서울 노원구 월계동 00-00
　　　　　등록기준지(국적) : 경남 합천군 □□면 △△리 00-00

청 구 취 지

1. 사건본인에 대하여 한정후견을 개시한다.
2. 사건본인의 한정후견인으로 청구인과 박△△[주민등록번호: 690000-1000000, 주소: 서울 노원구 월계동 00-00]을 선임한다.

라는 심판을 구합니다.

청 구 원 인

1. 청구인은 사건본인의 어머니입니다.
2. 사건본인은 어릴 때부터 정신지체 및 자폐증이 있었습니다. 사건본인은 성인이 되었으나 2018. 1. 10. 실시한 심리검사에서 IQ는 60, 사회성숙도검사에 따른 사회적 연령은 6세 2개월 수준으로서, 의미 있는 의사소통이나 정상적인 판단을 하기는 어렵습니다. 사건본인은 위와 같은 정신적 제약으로 인해 사무를 처리할 능력이 부족하므로 후견인의 조력을 받을 필요가 있습니다.
3. 사건본인은 어머니인 청구인과 아버지인 박△△와 함께 주소지에서 함께 생활하고 있고 앞으로도 딸인 사건본인을 돌보아야 하므로, 청구인과 박△△이 함께 사건본인의 한정후견인으로

지정되기를 원합니다.

4. 사건본인의 현재 상태와 능력 및 도움이 필요한 사항과 정도에 따라, 한정후견인의 동의를 받아야 하는 행위 및 한정후견인의 대리권의 범위, 한정후견인이 사건본인의 신상에 관하여 결정할 수 있는 권한의 범위, 한정후견인들 사이의 권한 분장에 관한 사항은 각 별지 기재와 같이 지정해주시기 바랍니다.

5. 이러한 이유로 이 사건 청구에 이르게 되었습니다.

※ 한정후견인은 아래와 같이 추천합니다.

한정후 견인 후보자	성명	이 □ □	박 △ △
	주소	서울 노원구 월계동 00-00	서울 노원구 월계동 00-00
	주민등록번호	740000-2000000	690000-1000000
	직업	가정주부	회사원
	사건본인과의 관계	어머니	아버지

첨 부 서 류

1. 가족관계증명서, 기본증명서, 주민등록표등(초)본(사건본인)	각1통
2. 가족관계증명서, 주민등록표등(초)본(청구인 및 후견인후보자)	1통
3. 사건본인의 후견등기사항부존재증명서(전부)	1통
4. 청구인 및 후견인후보자와 사건본인과의 관계를 밝혀줄 자료 (가족관계증명서, 제적등본 등)	1통
5. 후견인 후보자의 범죄경력조회 회보서(실효된 형 포함)	1통
6. 선순위 추정상속인들의 동의서(인감날인 및 인감증명서 첨부 필요)	1통
7. 진단서 및 진료기록지 등	통
8. 사전현황설명서/재산목록/취소권·동의권·대리권 등 권한범위	각1부
9. 기타(소명자료)	각1부

2018. 9. 22.

청구인 : 이 □ □ (서명 또는 날인)

○ ○ 가 정 법 원   귀중

☞ 유의사항
  1. 관할법원은 사건본인의 주소지 가정법원입니다.
  2. 위 첨부서류 이외에도 절차진행에 따라 추가서류가 필요할 수 있습니다.
  3. 정신감정을 하는 것이 원칙이고, 정신감정시 감정료 예납이 필요하며 추가비용(검사비, 입원비 등)이 발생할 수 있습니다.
  4. 청구인이 청구한 후견인후보자가 후견인으로 반드시 지정되는 것은 아닙니다.
  5. ☎란에는 연락 가능한 휴대전화번호(전화번호)를 기재하시기 바랍니다.

[참고자료 7] 한정후견인의 권한 범위에 대한 의견

Ⅰ. 피한정후견인이 한정후견인의 동의를 받아야 하는 행위의 범위

Ⅰ. □ 한정후견인의 동의를 받아야 하는 행위 없음

Ⅱ. ■ 피후견인이 아래 사항에 관한 행위를 함에 있어서는 후견인의 동의를 받아야 함. 다만 법원의 허가사항으로 정한 사항에 관하여는 후견인이 동의를 함에 있어 사전에 법원의 허가를 받아야 함

1. 재산관리
  가. □ 부동산의 관리·보존·처분
    □ 처분
    □ 구입
    □ 임대차계약의 체결·변경·종료
    □ 보증금의 수령 및 반환
    □ 전세권, 담보권 설정계약의 체결·변경
    □ 부동산의 신축·증축·수선에 관한 계약의 체결·종료
  나. ■ 예금 등의 관리
    ■ 예금 계좌의 개설·변경·해약·입금·이체·인출
    ■ 증권 계좌의 개설·변경·해약·입금·이체·인출
  다. ■ 보험에 관한 사항
    ■ 보험계약의 체결·변경·종료
    □ 보험금의 수령
  라. ■ 정기적 수입 및 지출에 관한 관리
    □ 정기적 수입(임료, 연금, 사회보장급여 등)의 수령과 이에 관한 제반절차
    ■ 정기적 지출(임료, 요금, 보험료, 대출원리금 등)과 이에 관한 제반절차
    ■ 기존 채무의 변제 및 이에 관한 제반절차
  마. ■ 상속의 승인, 한정승인 또는 포기 및 상속재산의 분할에 관한 협의
  바. ■ 물품의 구입·판매, 서비스 이용계약의 체결·변경·종료
  사. ■ 유체동산, 증서 및 중요문서 등의 보관 및 관리
  아. □ 근로계약에 관한 사항
    □ 근로계약의 체결·변경·종료

□ 임금의 수령

자. ■ 금전, 유체동산 등의 차용 · 대여 · 증여

차. ■ 보증행위

2. 신상보호

가. □ 개호 및 복지서비스의 이용

□ 개호서비스 이용계약의 체결 · 변경 · 종료 및 비용의 지급

□ 복지시설 · 요양시설 입소계약의 체결 · 변경 · 종료 및 비용의 지급

나. □ 의료계약의 체결 · 변경 · 종료 및 비용의 지급

3. 기타

가. ■ 소송행위 등

■ 위에서 정한 각 행위와 관련한 분쟁의 처리

■ 소송행위 및 변호사 등에 대한 소송위임

나. ■ 취소권 행사 후 원상회복과 관련한 사항

다. □ 기타 사항

□ _____

□ _____

4. 법원의 허가사항

□ _____

□ _____

□ _____

□ _____

Ⅱ. 한정후견인의 대리권의 범위

I. □ 한정후견인의 대리권 없음

II. ■ 후견인은 아래 사항에 관하여 대리권을 가짐. 다만 법원의 허가사항으로 정한 사항에 관하여는 후견인이 대리행위를 함에 있어 사전에 법원의 허가를 받아야 함

1. 재산관리
  가. □ 부동산의 관리 · 보존 · 처분
        □ 처분
        □ 구입
        □ 임대차계약의 체결 · 변경 · 종료
        □ 보증금의 수령 및 반환
        □ 전세권, 담보권 설정계약의 체결 · 변경
        □ 부동산의 신축 · 증축 · 수선에 관한 계약의 체결 · 종료
  나. ■ 예금 등의 관리
        ■ 예금 계좌의 개설 · 변경 · 해약 · 입금 · 이체 · 인출
        ■ 증권 계좌의 개설 · 변경 · 해약 · 입금 · 이체 · 인출
  다. ■ 보험에 관한 사항
        ■ 보험계약의 체결 · 변경 · 종료
        ■ 보험금의 수령
  라. ■ 정기적 수입 및 지출에 관한 관리
        ■ 정기적 수입(임료, 연금, 사회보장급여 등)의 수령과 이에 관한 제반절차
        ■ 정기적 지출(임료, 요금, 보험료, 대출원리금 등)과 이에 관한 제반절차
        ■ 기존 채무의 변제 및 이에 관한 제반절차
  마. ■ 상속의 승인, 한정승인 또는 포기 및 상속재산의 분할에 관한 협의
  바. ■ 물품의 구입 · 판매, 서비스 이용계약의 체결 · 변경 · 종료
  사. ■ 유체동산, 증서 및 중요문서 등의 보관 및 관리
  아. ■ 공법상의 행위(세무신고 등)

2. 신상보호
  가. ■ 개호 및 복지서비스의 이용
        ■ 개호서비스 이용계약의 체결 · 변경 · 종료 및 비용의 지급

> ■ 복지시설·요양시설 입소계약의 체결·변경·종료 및 비용의 지급
>
> 나. ■ 의료계약의 체결·변경·종료 및 비용의 지급
>
> 다. ■ 공법상의 행위(주민등록, 공적의료보험, 국민기초생활수급의 신청 및 갱신 등)
>
> 3. 기타
>
> 가. ■ 소송행위 등
>
> > ■ 위에서 정한 각 행위와 관련한 분쟁의 처리
> >
> > ■ 소송행위 및 변호사 등에 대한 소송위임
>
> 나. ■ 취소권 행사 후 원상회복과 관련한 사항
>
> 다. □ 기타 사항
>
> > □ _____
> >
> > □ _____
>
> 4. 법원의 허가사항
>
> > □ _____
> >
> > □ _____
> >
> > □ _____
> >
> > □ _____

Ⅲ. 한정후견인이 피한정후견인의 신상에 관하여 결정할 수 있는 권한의 범위

후견인이 신상에 관한 결정 권한을 부여받은 경우에도 피후견인은 자신의 신상에 관하여 그의 상태가 허락하는 범위에서 단독으로 이를 결정할 수 있습니다. 피후견인이 스스로 결정할 수 없는 상태에 있는 경우에만 후견인이 이를 대신하여 결정할 수 있습니다.

피후견인을 치료 등의 목적으로 정신병원이나 그 밖의 다른 장소에 격리하려는 경우, 피후견인이 의료행위의 직접적인 결과로 사망하거나 상당한 장애를 입을 위험이 있을 때에는 별도로 가정법원의 허가를 받아야 합니다. 다만 허가절차로 의료행위가 지체되어 피후견인의 생명에 위험을 초래하거나 심신상의 중대한 장애를 초래할 때에는 사후에 허가를 청구할 수 있습니다.

□ 결정권한 없음

□ 아래 사항에 관하여 피후견인이 스스로 결정을 할 수 없는 경우 후견인이 결정권을 가짐

1. ■ 의료행위의 동의
2. ■ 거주·이전에 관한 결정
3. □ 면접교섭에 관한 결정
4. □ 우편·통신에 관한 결정
5. ■ 사회복지서비스 선택 또는 결정
6. □ 기타 사항
   □ _____
   □ _____

Ⅳ. 권한분장에 관한 사항

■ 위 각 권한은 후견인들이 각자 행사할 수 있음

□ 위 각 권한은 후견인들이 공동으로 행사함

□ _____

□ _____

[참고자료 8]   특정후견 심판청구서(일반)

특정후견 심판청구서

청구인   성   명 : 정 ○ ○   (☎ :   010-0000-0000)
          주민등록번호 : 690000-2000000
          주   소 : 서울 노원구 월계동 00-00
          사건본인과의 관계 : 딸

사건본인 성   명 : 정 △ △   (출생연월일: 1935. 0. 0. / 성별 : ㉚, 여)
          주민등록번호(외국인등록번호) : 350000-1000000
          주   소 : 서울 노원구 ▽▽로 11, 222동 333호 (중계동, 후견아파트)
          등록기준지(국적) : 전남 영광군 ◇◇면 □□리 777

청 구 취 지

1. 사건본인에 대하여 특정후견을 한다.
2. 사건본인의 특정후견인으로 [성명: 정○○, 주민등록번호: 690000-2000000, 주소: 서울 노
   원구 월계동 00-00]을 선임한다.
라는 심판을 구합니다.

청 구 원 인

1. 사건본인은 치매로 인하여 현재 청구인을 비롯한 자녀들도 잘 알아보지 못하고, 의미 있는
   의사소통이나 정상적인 사리판단을 하는데 어려움을 겪고 있습니다. 2018. 1. 13.부터는 고
   양시에 있는 **요양원에서 요양보호사의 간병을 받으면서 지내고 있습니다. 치매의 특성상
   정신적 장애는 계속 진행될 것으로 보이고, 고령에 따른 신체적 · 정신적 기능의 저하로 호전
   될 가능성은 낮습니다.
2. 사건본인의 배우자 강□□는 그 소유의 아파트로 주택연금을 신청하여 사건본인의 치료비와
   요양원비, 자신의 생활비와 치료비 등으로 사용하고자 합니다. 그런데 사건본인이 1항과 같
   은 정신적 상태에 있어서, 주택연금신청의 필수항목인 "주택연금 신청자의 배우자 동의"를
   받지 못하고 있습니다.
3. 따라서 사건본인의 복리를 위하여 아래의 사무에 관하여 사건본인에게 후원이 필요하여 특정

후견심판청구에 이르렀습니다.

　가. 특정후견의 기간: 특정후견 심판확정일로부터 120일

　나. 특정후견 사무의 범위: 한국주택금융공사에의 주택연금신청사무 중 배우자 동의

　다. 특정후견인의 대리권의 범위: 한국주택금융공사 주택연금 신청 및 수령에 필요한 배우자

　　　　　　　　　　　　　　동의권

4. 사건본인의 특정후견인으로 다음과 같은 사람을 추천합니다.

특정후견인 후보자	성명	정○○
	주소	서울 노원구 월계동 00-00
	주민등록번호	690000-2000000
	직업	회사원
	사건본인과의 관계	차녀

첨 부 서 류

1. 가족관계증명서, 기본증명서, 주민등록표등(초)본(사건본인)	각1통
2. 가족관계증명서, 주민등록표등(초)본(청구인 및 후견인후보자)	1통
3. 후견등기사항부존재증명서(전부)	1통
4. 청구인 및 후견인후보자와 사건본인과의 관계를 밝혀줄 자료 　(가족관계증명서, 제적등본 등)	1통
5. 후견인 후보자의 범죄경력조회 회보서(실효된 형 포함)	1통
6. 선순위 추정상속인들의 동의서(인감날인 및 인감증명서 첨부 필요)	1통
7. 진단서 및 진료기록지 등	1통
8. 사전현황설명서/재산목록	각1부
9. 기타(소명자료)	각1부

2018. 3. 26.

청구인 : 　정 ○ ○ 　　(서명 또는 날인)

○ ○ 가정법원 귀중

☞ 유의사항

　1. 관할법원은 사건본인의 주소지 가정법원입니다.

　2. 위 첨부서류 이외에도 절차진행에 따라 추가서류가 필요할 수 있습니다.

　3. 청구인이 청구한 특정후견인후보자가 후견인으로 반드시 지정되는 것은 아닙니다.

　4. ☎ 란에는 연락 가능한 휴대전화번호(전화번호)를 기재하시기 바랍니다.

[참고자료 9] 특정후견 심판청구서(지방자치단체)

특정후견 심판청구서

청 구 인   서울특별시 노원구청장

주소   서울 노원구 노해로 437 (상계동, 노원구청)

사건본인과의 관계   사건본인의 주소지 관할 지방자치단체의 장

사무담당자   김○○ (장애인지원과, 노원구청 1층)

(전화 : 02-2000-0000, 팩스 : 02-****-0001

이메일 : ***@nowon.go.kr)

사건본인   고 ○ ○

주민등록번호   440000-2000000

주소   서울 노원구 월계로 000, 111동 222호 (월계동, △△아파트)

등록기준지   서울 양천구 △△로11길 22

특정후견심판

청 구 취 지

1. 사건본인에 대하여 특정후견을 한다.
2. 사건본인의 특정후견인으로 사회복지사 송□□[780000-2000000, 주소: 서울 도봉구 덕릉로 000, 555호 (창동)]을 선임한다.
3. 특정후견에 관한 사항은 별지 기재와 같다.
4. 사건본인의 특정후견감독인으로 서울특별시 노원구(대표자: 구청장 안▽▽)를 선임한다.

라는 심판을 구합니다.

청 구 원 인

1. 청구인의 지위

청구인은 사건본인의 주소지를 관할하는 지방자치단체의 장(서울특별시 노원구청장 안▽▽)입니다.

2. 사건본인 일반사항 및 정신적 제약 상태

가. 사건본인 일반사항

1) 저소득층 치매노인

사건본인은 1944. 0. 0.생 만 74세의 노인으로, 2018. 6. 6. 서울특별시 노원구치매지원센터의 정밀검진 결과 정신건강의학과 전문의 문◇◇으로부터 알츠하이머 치매로 진단을 받았습니다(소명자료 9. 사건본인의 정신건강의학과 진료기록).

또한, 사건본인은 국민기초생활보장법상의 수급자로서 서울 노원구 월계동 소재 임대아파트에서 혼자 거주하고 있습니다(소명자료 2. 사건본인의 주민등록등본, 소명자료 7. 사건본인의 수급자 증명서). 사건본인의 재산은 거주하는 임대아파트의 임차보증금 3,200만 원이 전부이고, 수급비 월 50만원으로 생활하고 있습니다(소명자료 1. 사회조사보고서).

2) 무연고 독거노인

사건본인은 가족 등 돌볼 사람이 없습니다. 사건본인은 결혼하지 않아 배우자와 자식이 없고, 부모는 모두 사망하였으며, 형제자매도 없습니다(소명자료 3, 4, 5 사건본인의 기본증명서, 가족관계증명서, 사건본인의 부 고△△의 제적등본). 따라서 사건본인은 사실상 가족 등 보호자 없이 홀로 방치되고 있습니다.

3) 후견등기사항 부존재

사건본인은 이전에 금치산이나 한정치산, 성년후견, 한정후견, 특정후견 심판을 받거나 임의후견계약을 체결한 사실이 없습니다(소명자료 8. 사건본인의 후견등기사항부존재증명서).

나. 사건본인의 사무처리능력

1) 사건본인의 치매 정도

사건본인에 대한 치매검사결과 MMSE 11/30으로 망상 · 환각 · 우울과 낙담 · 수면장애 등의 증상을 보이고 있습니다. 또한 사건본인은 현재 기억력장애 · 지남력장애 · 수면장애 · 청력

저하를 보이고, 특히 기억장애가 심해지고 있다고 합니다. 언어장애·시공간 능력의 장애는 아직 보이지 않고 있으나 성격 변화 및 이상행동을 보이고 있다고 보고되고 있습니다(소명자료 9. 사건본인의 정신건강의학과 진료기록).

2) 일상생활능력

사건본인은 일상생활과 관련하여 이닦기·목욕하기·옷입기/벗기·용모손질·장보기·식사 준비/식사 하기·청소/설거지·세탁·누워서 앉기·앉아서 서기·보행 등은 '조금 불편'한 정도입니다. 하지만, 화장실 가기, 용변보기, 휠체어 이동이나 교통수단 이동은 '많이 불편'한 상태입니다. 또한 가끔 길을 잃거나 헤맨 적이 있으며, 주위사람들이 도와주려 할 때 도와주는 것에 저항하는 행동특성을 보입니다(소명자료 1. 사회조사보고서).

3) 인지능력

사건본인은 한글을 읽고 쓰지 못하고, 숫자는 알지만 기억장애로 연산에 어려움이 있습니다. 날짜개념 및 위치개념이 부족하여 익숙한 곳도 가는데 어려움을 겪습니다. 그 밖에 지시이해력 및 상황판단력 또한 갖추고 있다고 보기 어렵습니다(소명자료 1. 사회조사보고서).

4) 의사소통능력

사건본인은 간단한 단어나 문장을 이해하고 대화하는 것에는 큰 어려움이 없지만, 대화의 흐름이 자연스럽지 못하고 종전에 이야기했던 것을 자꾸 반복함으로써 대화를 이어나가는 것에는 어려움이 있고, 의미 있는 의사소통은 하기 어렵습니다(소명자료 1. 사회조사보고서).

5) 사무처리능력

위에서 본 것과 같이 사건본인은 한글을 읽거나 쓰지 못하고, 숫자는 알지만 기억장애로 연산에 어려움이 있으며, 치매로 인하여 날짜개념 및 위치개념, 인지능력과 의사소통능력 등이 부족하여 계약체결이나 금융거래를 포함한 재산관리 사무를 처리하거나, 노인장기요양서비스 등 각종 사회복지서비스나 사건본인의 병력에 적합한 의료서비스를 선택하고 이용하는 등 신상보호와 관련된 사무를 처리할 능력이 부족합니다. 따라서 사건본인을 위한 재산관리 및 신상보호 사무를 처리하는데 후견인의 지원이 필요합니다.

3. 특정후견의 필요성 및 후원할 사무와 대리권의 범위

가. 특정후견의 필요성 및 목표

치매의 특성상, 점차 시간이 지남에 따라 사건본인의 치매 정도와 증상은 더욱 악화될 가능성이 높습니다. 정신적 어려움을 겪고 있음에도 불구하고 가족 등의 보호자가 없는 사건본인을 그대로 둔다면, 사건본인의 안전과 복리에 큰 위험이 발생하게 될 것입니다. 특히 사건본인의 유일한 수입인 기초생활수급비가 적정하게 사용되고 있는지, 적절한 의료서비스와 사회복지서비스가 제공되고 있는지에 대한 주기적인 점검과 지원이 필요합니다. 따라서 사건본인을 위하여 특정후견인을 선임하여 그로 하여금 사건본인의 신상보호와 재산관리에 관한 사무를 후원할 필요가 있습니다.

나. 사건본인에게 후원이 필요한 사무의 범위

1) 사회복지급여 및 사회복지서비스 이용에 관한 사무 후원

사건본인은 서울특별시 노원구치매지원센터로부터 치매검진을 받고도 노인장기요양보험서비스를 이용하지 않고 있습니다. 사건본인은 노인장기요양보험서비스 이용을 통해 현재보다 훨씬 안정적이고 위생적인 일상생활을 영위할 수 있음에도 불구하고 사회복지서비스에 대한 정보의 부족이나 신청 및 이용절차를 수행할 사무처리능력이 부족하여, 적정한 복지서비스를 이용하지 못하고 있는 실정입니다. 또한 사건본인은 국민기초생활수급자로서 매월 50만원의 수급비로 생계를 유지하고 있습니다.

따라서 특정후견인으로 하여금 사건본인을 위한 각종 사회급여 및 사회복지서비스에 대한 구체적인 정보를 제공하고 그 이용에 관한 사무를 후원할 필요가 있습니다.

2) 의료서비스 이용에 관한 사무 후원

사건본인은 치매뿐 아니라 고혈압·당뇨·관절염·심장질환의 병력이 있습니다. 또한 향후 치매의 증상은 더욱 악화될 것으로 예상됩니다. 그럼에도 불구하고 사건본인은 인지기능의 저하와 의사소통의 어려움으로 자신의 병적 상태를 정확히 알지 못하고, 그에 대한 적절한 의료서비스의 선택, 상세한 치료계획의 수립 등을 제대로 수행하지 못합니다.

따라서 특정후견인으로 하여금 정기적으로 사건본인의 상태를 확인하여 사건본인에게 치료의 필요성, 치료방법, 치료계획 및 치료결과 등 적절한 의료서비스에 관한 정보를 제공하고 의료서비스 이용계약 체결 등에 대한 사무를 후원할 필요가 있습니다.

3) 주거에 관한 사무 후원

사건본인은 현재 임차보증금 3,200만 원인 임대아파트에 홀로 거주하고 있습니다. 주거환경의 개선을 위한 각종 유지·보수계약 체결과 거주 이전이 필요할 때 새로운 임대차계약의 체결, 복지시설 및 요양시설 입소와 관련한 계약의 체결 등 사건본인의 주거와 관련된 각종 계약의 체결 등과 관련한 사무의 후원이 필요합니다.

4) 일상생활비 관리사무 후원

사건본인은 사건본인이 받고 있는 기초생활수급비 등을 관리할 능력 및 일상생활에 필요한 비용을 지출하는 능력이 부족합니다. 사건본인에게 지급되는 기초생활수급비 등이 사건본인을 위하여 적정하게 사용될 수 있도록 사건본인의 계좌를 관리하고 생활에 필요한 비용을 지출하는 사무를 후원할 필요가 있습니다.

5) 교육 및 여가활동을 위한 사무 후원

사건본인은 점심식사를 제공하는 복지관 외에는 거의 바깥출입을 하지 않고 외부와 단절된 삶을 살고 있습니다. 사건본인이 지역사회와의 원활한 소통 및 건강한 사회생활을 할 수 있도록 재활프로그램, 기억키움프로그램, 문화체험, 노인여가활동, 생활체육교실 등 지역사회의 다양한 프로그램을 이용할 수 있도록 정확한 정보제공 및 이용절차를 지원할 필요가 있습니다.

6) 공법상의 신청행위에 관한 사무 후원

사건본인의 다양한 사무를 처리하기 위하여 사건본인의 주민등록등본, 인감증명서 등 각종 공적서류가 필요한 경우가 있습니다. 사건본인은 주민등록등본 발급, 인감등록 및 인감증명서 발급 등 공법상 신청행위와 관련된 복잡한 업무를 수행하는 데 있어 어려움이 있으므로 특정후견인으로 하여금 공법상의 신청행위에 관한 사무를 후원하도록 하여야 할 것입니다.

다. 대리권의 범위

1) 사회복지급여 및 사회복지서비스 이용에 관한 대리권

사건본인은 치매와 노령으로 인한 인지능력 및 사무처리능력의 부족, 사회복지수급관련 정보의 부족 및 소통능력 부족으로 인하여 사회복지급여의 신청, 변경 등 사회복지급여 및 사회복지서비스와 관련된 복잡한 사무를 단독으로 처리하는 데 어려움을 겪고 있습니다. 따라서 사건본인에게 사회급여 및 사회복지서비스에 대한 구체적인 정보를 제공하고, 사건본인이 필요한 각종 사회복지서비스를 선택하고 이용할 수 있도록, 필요한 서류의 발급과 신청행위에 대한 대리권이 필요합니다.

2) 의료서비스 이용에 관한 사무 후원

사건본인은 치매뿐 아니라 고령으로 인한 고혈압 · 당뇨 · 관절염 · 심장질환 등으로 치료를 받아야 합니다. 그러나 사건본인은 인지기능의 저하와 의사소통의 어려움으로 의료서비스에 관한 각종 사항(치료의 필요성, 치료방법, 치료계획, 치료의 결과, 치료의 부작용 등)을 이해하고 이를 바탕으로 의료서비스의 신청 및 이용에 관한 결정을 하거나, 응급 상황이 발생할 때 병원치료 및 입원에 관한 결정 등을 스스로 하는 데 어려움이 있습니다. 따라서 특정후견인에게 의료서비스 신청 및 이용계약 체결 등에 대한 대리권을 수여할 필요가 있습니다.

3) 주거에 관한 사무 후원

사건본인의 주거환경 개선을 위하여 주거에 대한 각종 유지 · 보수 계약을 체결하거나 거주 이전이 필요할 때 새로운 임대차 계약의 체결, 복지시설 및 요양시설 입소와 관련한 계약을 체결하는 등 사건본인을 위한 주거와 관련된 각종 계약의 체결 등에 관한 대리권을 수여할 필요가 있습니다.

4) 일상생활비 관리사무 후원

사건본인은 치매로 인하여 일상생활비 관리 및 일상생활용품과 서비스의 구매 결정을 하는데 어려움을 겪고 있습니다. 그러므로 사건본인이 수령하는 각종 공적 부조 및 사적 이전소득이 사건본인의 개인적 필요를 위하여 적절히 사용될 수 있도록 함으로써 사건본인의 생활의 안정을 도모할 필요가 있습니다. 따라서 후견인이 사건본인의 필요에 따라 일상생활비를 관리할 수 있도록 은행업무(예금계좌의 개설·이체·출금·해지, 체크카드의 발급 및 해지, 예금 관련 개인정보 조회, 적금 가입, 각종 변경 업무, 예금 인출, 적금 수령 등)에 관한 대리권을 수여할 필요가 있습니다.

5) 교육 및 여가활동을 위한 사무 후원

사건본인은 글자를 읽고 쓰지 못하고 치매로 인한 지남력을 상당부분 상실하여 자신에게 필요한 지역사회와의 원활한 소통 및 건강한 사회생활을 할 수 있는 교육프로그램에 대한 정보를 취득하고 신청하는데 어려움을 겪고 있습니다. 따라서 후견인에게 재활프로그램, 기억키움 프로그램, 문화체험, 노인여가활동, 생활체육교실 등 지역사회의 다양한 프로그램의 이용(신청·변경·해지 등)에 관한 대리권을 수여할 필요가 있습니다.

6) 공법상의 신청행위에 관한 사무 후원

위와 같은 다양한 사무를 처리하기 위해서는 사건본인의 주민등록등본, 인감증명서 등 각종 공적서류가 필요한 경우가 있습니다. 따라서 후견인에게 공법상의 신청행위(주민등록등·초본 발급, 가족관계등록부상의 각종 서류 발급, 인감등록, 인감증명 관련 서류 발급의 신청 등 공공기관이 보유한 개인의 정보와 관련된 증명서 발급을 위한 신청행위)에 대한 일체의 대리권을 수여할 필요가 있습니다.

7) 소결

특정후견 기간	5년
특정후견 사무	사회복지급여 및 사회복지서비스 이용에 관한 사무 후원
	의료서비스 이용에 관한 사무 후원
	주거에 관한 사무 후원
	일상생활비 관리사무 후원
	교육 및 여가활동을 위한 사무 후원
	공법상의 신청행위에 관한 사무 후원

	사회복지급여 및 사회복지서비스 이용(신청·수령·변경·해지)에 관한 대리권
특정후견의 대리권 범위	의료서비스 이용계약 체결 및 신청행위(단, 사건본인을 치료 등의 목적으로 정신병원이나 그 밖의 다른 장소에 격리하는 권한은 없음)
	사건본인의 주거환경의 개선 등을 위한 각종 유지·보수 계약 체결 및 거주 이전의 필요성이 있을 때 새로운 임대차 계약의 체결과 관련한 대리권
	일상생활비 관리를 위한 사건본인 은행업무(예금계좌의 개설·이체·출금·해지, 체크카드의 발급 및 해지, 예금 관련 개인정보 조회, 적금 가입, 각종 변경 업무, 예금 인출, 적금 수령 등)에 관한 대리권
	각종 교육 및 여가활동 이용(신청·변경·해지 등)에 관한 대리권
	공법상의 신청행위(주민등록등·초본 발급, 가족관계등록부상의 각종 서류 발급, 인감등록, 인감증명 관련 서류 발급의 신청 등 공공기관이 보유한 개인의 정보와 관련된 증명서 발급을 위한 신청행위)의 대리권

4. 특정후견인 후보자에 대한 사항

가. 기본사항

1) 성명: 송□□
2) 주소: 서울 도봉구 덕릉로 000, 555호 (창동)
3) 주민등록번호: 780000-2000000
4) 직업: 사회복지사
5) 사건본인과의 관계 : 이해관계 없는 제3자 (공공후견인)

나. 경력사항

후견인 후보자는 대학을 졸업한 후 사회복지사 및 요양보호사 등 노인복지 관련 자격을 취득하였고, 2008. 12. 이후 서울시장애인복지시설협회 등에서 사회복지사로 재직하였으며, 현재는 장애인거주시설에서 근무하고 있습니다(소명자료 10. 후견인 후보자의 이력서). 후견인 후보자의 자격과 경력에 비추어 볼 때, 후견인 후보자는 사회복지사로서의 전반적인 지식과 경험은 물론 치매독거노인의 인권보호를 위한 공공후견인으로 활동하는데 있어 그 전문성을 충분히 보유하고 있습니다. 또한 후견인 후보자는 현재 사건본인에게 필요한 후견서비스가 무엇인지, 향후 어떠한 방법으로 후견활동을 할 것인지에 관하여 정확히 이해하고 있습니다(소명자료 11. 후견계획서).

다. 후견인양성교육

후견인 후보자는 2015. 5. 5. 보건복지부에서 지원하고 사단법인 △△△△가 주관하는 "공공후견인 양성교육"과 2017. 7. 7. 보건복지부가 지원하고 사단법인 ○○○○가 주관하는 "저소득 치매독거노인의 인권보호를 위한 공공후견인 신규 양성교육"을 수료하였습니다(소명자료 12. 교육이수증).

라. 후견인 결격사유 부존재

후견인 후보자는 민법 제937조(후견인의 결격사유)가 정하는 결격사유나 사건본인과의 대립되는 이해관계가 없으며, 후견인의 사무수행에 적합하지 않은 범죄(성범죄, 배임·횡령 등 재산관련 범죄, 상해, 폭행, 유기, 학대, 감금, 협박, 명예훼손, 신용침해, 비밀누설 등)와 관련된 전과가 없습니다(소명자료 13. 범죄경력조회서, 사회조사보고서 중 후견인 후보자 관련 정보).

마. 후견인 보수

후견인 후보자는 공공후견인으로 활동할 의향을 표시한 자로서, 보건복지부 예산으로 지원되는 실비수당(매월 00만원)의 수령 이외에 후견인 보수를 받지 않고 공공후견인으로 활동하기를 희망하고 있습니다(소명자료 14. 후견인 업무수행의향서).

5. 사건본인의 특정후견개시 및 특정후견인 후보자에 대한 의견

사건본인은 의사결정능력이나 공공후견지원사업에 대한 이해가 완전하지는 않지만, 특정후견심판을 통해 후견인의 도움을 받고자 하는 의사를 표시하고 있습니다. 그리고 특정후견인 후보자와 미리 면접한 후 후보자에 대하여 만족감을 드러내고 후견받기를 희망하였습니다(소명자료 8. 사건본인의 후견심판청구 동의서).

6. 특정후견감독인 선임의 필요성과 후견감독계획

가. 특정후견감독인의 기본사항

1) 단체명 : 서울특별시 노원구 (대표자: 구청장 안▽▽)
2) 주소 : 서울 노원구 노해로 437 (상계동)
3) 사건본인과의 관계 : 사건본인의 주소지 관할 지방자치단체

나. 후견감독인의 선임 필요성

후견인 후보자는 사회복지사 자격증을 취득하여 사회복지 및 노인복지에 관한 전반적인 지식을 갖추었고 관련 업무 종사 경험이 있어 공공후견인으로서 적정한 사무를 수행할 것으로 예상됩니다. 그러나 후견인 후보자가 공공후견인으로서 수행하는 사무의 지속성, 안전성, 신뢰성을 높이기 위해서는 감독인의 적절한 개입과 관리가 필요합니다. 후견인 후보자가 후견사무를 부적절하게 처리하는 경우가 발생하지 않도록 사전에 방지하고, 만약 그러한 경우가 발생하더라도 즉시 법원에 후견인 변경신청을 하는 등 개입하여 사건본인을 보호하여야 할 것입니다.

서울특별시 노원구는 사건본인의 주소지를 관할하는 지방자치단체로서 민법 제937조 소정의 결격사유 및 대립되는 이해관계가 없고, 후견감독인으로 선임되면 위와 같은 후견감독의 역할의 충실하게 할 계획입니다. 또한 공공후견인으로 활동할 후견인이 후견사무를 수행하는 과정에서 발생하는 비용을 지원하고, 매달 후견인으로부터 후견활동보고서를 제출받아 사건본인의 이익과 복리에 부합하는 후견사무를 적절히 수행하고 있는지 여부 등을 관리·감독할 것입니다.

7. 결론

앞서 본 바와 같이, 사건본인은 치매로 인한 정신제약으로 사무를 처리할 능력이 부족하여 그의 의사를 지원하고 특정한 사무에 대하여 후원할 특정후견심판이 필요합니다. 따라서 사건본인에 대하여 이 사건 심판이 확정된 날로부터 5년 동안 별지 기재 사무의 후원을 위한 특정후견을 하고, 사건본인의 특정후견인으로 사회복지사 송□□를 선임하며, 그에게 별지 기재의 대리권을 부여하고, 특정후견감독인으로 서울특별시 노원구를 선임하는 심판을 구합니다.

소명자료

1. 사건본인에 관한 서류
   주민등록등본, 기본증명서, 가족관계증명서, 사건본인의 부 고△△의 제적등본, 장애인증명서, 정신건강의학과 진료기록, 치매 선별검진·등록관리 기록부, 장애진단서, 수급자증명서, 장애인연금 등 대상자 확인서, 후견등기사항부존재증명서, 후견심판청구에 대한 동의서
2. 후견인 후보자에 관한 서류
   주민등록등본, 기본증명서, 가족관계증명서, 소제기부존재확인서, 후견등기사항부존재증명서, 범죄경력조회서, 신용정보조회표, 이력서, 후견인 교육이수증, 후견인업무수행 의향서, 이력서, 후견계획서
3. 사회조사보고서

첨부서류

1. 위 각 소명자료
1. 사전현황설명서
1. 재산목록
1. 후견감독계획서

2018. 5.   .

청구인 노원구청장 (인)

○○가정법원 귀중

※ 청구취지 별지

특정후견 기간	5년
특정후견 사무	사회복지급여 및 사회복지서비스 이용에 관한 사무 후원
	의료서비스 이용에 관한 사무 후원
	주거에 관한 사무 후원
	일상생활비 관리사무 후원
	교육 및 여가활동을 위한 사무 후원
	공법상의 신청행위에 관한 사무 후원
특정후견의 대리권 범위	사회복지급여 및 사회복지서비스 이용(신청·수령·변경·해지)에 관한 대리권
	의료서비스 이용계약 체결 및 신청행위(단, 사건본인을 치료 등의 목적으로 정신병원이나 그 밖의 다른 장소에 격리하는 권한은 없음)
	사건본인의 주거환경의 개선 등을 위한 각종 유지·보수 계약 체결 및 거주 이전의 필요성이 있을 때 새로운 임대차 계약의 체결과 관련한 대리권
	일상생활비 관리를 위한 사건본인 은행업무(예금계좌의 개설·이체·출금·해지, 체크카드의 발급 및 해지, 예금 관련 개인정보 조회, 적금 가입, 각종 변경 업무, 예금 인출, 적금 수령 등)에 관한 대리권
	각종 교육 및 여가활동 이용(신청·변경·해지 등)에 관한 대리권
	공법상의 신청행위(주민등록등·초본 발급, 가족관계등록부상의 각종 서류 발급, 인감등록, 인감증명 관련 서류 발급의 신청 등 공공기관이 보유한 개인의 정보와 관련된 증명서 발급을 위한 신청행위)의 대리권

[참고자료 10] 후견인 후보자의 범죄경력 사실조회

○ ○ 가 정 법 원

사 실 조 회

경찰청 귀하

사   건   2018느단0000 성년후견 개시

청 구 인   민△△

사 건 본 인   손□□

후견인후보자   전○○

위 사건의 심리를 위하여 다음 사항을 조회하오니 조속히 회보하여 주시기 바랍니다.

관 련 근 거

가. 가사소송법 제8조

나. 민법 제937조 (후견인 결격사유) 제4호

다. 형의 실효 등에 관한 법률 제6조 (범죄경력조회·수사경력조회 및 회보의 제한 등)

라. 형의 실효 등에 관한 법률 시행령 제7조 (수사자료표의 조회 및 회보 범위)

조 회 사 항

1. 위 후견인후보자에 대한 범죄경력조회

2. 기타 참고사항

2018. 11. 1.

판사 김 법 관

※ 위 사실조회에 대한 회보서에는 반드시 사건번호(2018느단0000)와 당사자를 기재하여 주시기 바랍니다.

※ 보내실 곳 : (06000) 서울 서초구 ◇◇대로 193 (양재동)

※ 문의사항 연락처 : ○○가정법원   가사20단독(비송)   법원주사 이◇◇

직통전화 : 02-0000-0000/9999(후견감독)

팩   스 :   e-mail :

[참고자료 11] 후견개시사건 보정명령

○ ○ 가 정 법 원

보 정 명 령

사 건	2018느단0000 성년후견 개시
청 구 인	이△△
사 건 본 인	이□□(411111-1000000)

청구인은 이 명령의 보정기한까지 다음 사항을 보정하시기 바랍니다.
보정기한: 송달받은 날로부터 30일 이내

다   음

1. 관할

■ 사건본인의 주소지 관할 가정법원이 아닌 법원에 제기된 경우
  − 후견개시청구는 사건본인(피후견인이 될 사람)의 주소지를 관할하는 가정법원에 제기하여
    야 하는바, 이 법원에 관할이 있다는 점을 소명하시기 바랍니다.
■ 사건본인이 외국인인 경우
  − 사건본인이 대한민국에 상거소나 거소가 있다는 점에 관하여, 사건본인의 상거소 또는 거
    소를 증명하는 서면(국내거소신고사실증명 등)을 제출하여 소명하시기 바랍니다.

2. 기본서류 누락

  − 사건본인 조○○의 후견등기사항부존재증명서를 제출하시기 바랍니다.
    ※ 후견등기사항부존재증명서는 ○○가정법원 종합민원실에서 발급이 가능합니다.
  − 사건본인의 기본증명서, 가족관계증명서, 주민등록초본을 제출하시기 바랍니다.
    ※ 이 서면을 동사무소에 제시하면 발급 받으실 수 있습니다(주민등록법 제29조 제2항 제2호, 가족관계의 등록 등
      에 관한 법률 제14조 제1항 2호).

3. 진단서 또는 감정 관련 보정

■ 진단서를 제출하였으나 감정 없이 후견개시를 하기에 부족한 경우

- 선택적으로 <u>가항</u> 또는 <u>나항</u>을 이행하시기 바랍니다(가항을 이행하시면 나항은 생략합니다).

가. 병원에서 "사건본인의 <u>증상이 고정</u>되어 사건본인의 <u>인지결핍 상태</u> 또는 <u>정신적 제약으로 인하여</u> 사무처리를 할 수 없는 상태에서 <u>회복될 가능성이 거의 없다</u>"는 취지의 내용이 기재된 진단서를 발급받아 제출하시기 바랍니다.

나. 가항의 진단서를 발급받지 못할 경우 사건본인에 대한 진료기록 감정을 위하여 필요한 다음의 사항들을 이행하시기 바랍니다.

 (1) 아래의 서식 중 해당하는 진료기록을 제출하시기 바랍니다.

  – 진료기록감정에 필요한 서식 – [의무기록사본증]

  1) 소견서 및 진료기록

  2) 간호기록지(요양원에 있는 경우: 요양원 기록지)

  3) 투약내용

  4) 능력장애측정

  5) 정신지체와 발달장애의 경우 학적부

  6) 공통검사가 포함된 임상심리검사

  7) 치매의 경우는 MMSE, K-DRS, CDR 또는 GDS

  8) 발달장애의 경우 CARS(AQ), BGT/DAP (DQ), GAS 그리고 시행된 기타 발달 검사

  9) 정신장애의 경우 GAF

 (2) 감정료(감정서 작성비용) 000원을 법원보관금으로 예납하고, 그 영수증을 제출하시기 바랍니다[그 외에 정신감정을 위한 비용(입원비, 검사료 등)은 청구인이 감정 시행 단계에서 직접 병원에 납부하여야 합니다].

  ※ 법원보관금은 가까운 수납은행(신한은행)에 민사예납금으로 납부하시기 바랍니다.

4. 사건본인의 선순위 추정 상속인들의 동의서 또는 의견서

■ 동의서 또는 의견서가 제출되지 않은 경우

- <u>사건본인의 선순위 추정 상속인들</u>의 이 사건 청구에 대한 <u>동의서 또는 의견서</u>를 제출하시기 바랍니다. 만일 동의서 또는 의견서를 제출할 수 없는 경우 그 사유를 밝히고, <u>해당 친족의 송달가능주소 및 주민등록등본을 제출하시기 바랍니다.</u>

 ※ <u>동의서 또는 의견서에는 작성자의 인감도장을 날인하고, 인감증명서를 첨부하여야 합니다.</u> 주민등록등본 제출을 위해서는 이 서면을 동사무소에 제시하면 발급 받으실 수 있습니다(주민등록법 제29조 제2항 제2호, 가족관계의 등록 등에 관한 법률 제14조 제1항 2호).

■ 선순위 추정 상속인의 건강상태 등의 사유로 동의서 제출이 불가능하다고 소명한 경우
 - 만일 김○○가 이 사건 청구에 대하여 동의를 하거나 의견을 밝힐 수 없는 상태라면, 김○
 ○가 그와 같은 정신적 장애 상태에 있다는 점을 소명할 수 있는 진단서, 입소확인서, 사진
 등 소명자료를 제출하시기 바랍니다.
■ 동의자가 서명만을 한 경우 또는 선순위 추정 상속인이 외국에 거주하는 경우
 - 박○○의 본인서명사실확인서 또는 본인이 직접 작성하였다는 취지의 본국 관공서 또는 영
 사관의 증명이나 이에 관한 공증을 받아 제출하시기 바랍니다.
■ 동의서의 형식 또는 내용에 하자가 있는 경우
 - 조○○의 동의서에 날인된 인감이 인감증명서의 인감과 일치하지 않으므로, 이를 일치시킨
 동의서를 다시 작성하여 제출하시기 바랍니다.
 - 선순위 추정 상속인의 동의서에 인감날인이 누락되었으므로, 동의서에 인감을 날인하여 다
 시 제출하시기 바랍니다.
 - 제출한 추정 상속인의 동의서에 후견인 후보자에 대한 사항이 누락되었으므로, 이를 기재한
 동의서를 다시 제출하시기 바랍니다.
 - 이미 제출한 위임장과 확인서는 후견개시 및 후견인선임에 관한 동의서로 볼 수 없으므로,
 후견개시 여부 및 후견인 선임에 대한 동의의 취지가 명확하게 기재된 동의서를 다시 제출
 하시기 바랍니다.

5. 후견인 후보자의 결격사유

 ■ 결격사유에 관한 기본 보정
  - 후견인후보자 송○○가 다음 중 어느 하나에 해당하는지 여부를 밝히고, 그에 관한 자료를
  제출하시기 바랍니다.
 □ 회생절차개시결정 또는 파산선고를 받은 자
 □ 자격정지 이상의 형의 선고를 받고 그 형기 중에 있는 사람
 □ 피후견인을 상대로 소송을 하였거나 하고 있는 자 또는 그 배우자와 직계혈족(단, 피후견인의
  직계비속 제외)
 □ 해당사항 없음
  ※ 첨부된 별지 양식의 해당사항에 V표시한 후 관련자료와 함께 제출하시면 됩니다.
 ■ 후견인 후보자가 피후견인을 상대로 소송을 하고 있다는 취지의 보정서를 제출한 경우
  - 후견인 후보자가 피후견인을 상대로 제기하였거나 하고 있는 소송의 내용과 결과를 밝히고,
  그에 관한 소장과 판결문 등 소명자료를 제출하시기 바랍니다.

6. 재산목록

■ 재산목록 미제출의 경우
 - 사건본인의 재산목록을 작성하여 제출하시기 바랍니다(별첨 양식 첨부).
■ 재산목록을 제출하였으나 내용이 부실한 경우
 - 사건본인의 재산목록을 자세하게 작성해서 다시 제출하고, 그에 부합하는 소명자료(부동산
   등기부등본 등)를 제출하시기 바랍니다.

7. 사전현황설명서 등 필수 첨부서류 미제출의 경우

 - 사전현황설명서를 작성하여 제출하시기 바랍니다(별첨 양식 첨부).
 - 취소할 수 없는 피성년후견인의 법률행위의 범위 및 성년후견인의 법정대리권의 범위, 성년
   후견인이 피성년후견인의 신상에 관하여 결정할 수 있는 권한의 범위를 작성하여 제출하시
   기 바랍니다(별첨 양식 첨부).

8. 후견유형 변경 권고

 - 국립정신건강센터의 사실조회 회신에 의하면, 사건본인은 정신적 제약으로 사무를 처리할
   능력이 '지속적으로 결여'된 것이 아니라 '부족'한 것에 불과한 상태에 있는 것으로 보이는
   바, 이 사건 청구취지를 한정후견개시신청으로 변경하는 것을 검토하고(청구취지변경신청서
   제출 요함), 청구취지를 변경하는 경우 사건본인이 한정후견인의 동의를 받아야하는 행위의
   범위, 한정후견인의 대리권의 범위 및 한정후견인이 사건본인의 신상에 관하여 결정할 수
   있는 권한의 범위를 특정하여 주시기 바랍니다(별지 양식 첨부).

9. 후견인에게 보험가입 및 보험증권 제출 권고

 - 후견인은 피후견인에 대한 손해배상책임을 담보하기 위하여 피후견인을 피보험자로 하는 서
   울보증보험의 보험가입 증명서류를 제출하여야 합니다(첨부자료 참고).
 - 보험증권의 보험가입금액은 300,000,000원으로 합니다.
 - 보험증권의 보험기간은 후견개시심판확정일로부터 2년간이며, 보험기간만료일 이전에 2년
   단위로 다시 보험에 가입하여야합니다.

10. 법정대리권 제한 등에 관한 자료를 취득하고자 하는 경우
  - 사건본인 명의의 주거래 은행 입출금계좌(계좌번호)를 밝히시기 바랍니다(잔고증명서 또는 통장 사본 제출).[1]
  - 현재 사건본인의 치료비 및 생활비 등으로 소요되는 비용과 그 조달 방법을 구체적으로 소명(영수증 등 첨부)하시기 바랍니다.

11. 후견종료심판

■ 피후견인의 사망을 청구원인으로 한 후견종료심판청구
  - 후견종료심판청구는 피성년후견에게 후견개시의 원인이 소멸된 경우나 다른 유형의 후견이 개시될 경우에 신청하는 것이고(민법 제11조, 제14조, 제14조의3, 민법 제959조의20 제2항 등 참조), 피성년후견인이 사망한 경우에는 피후견인의 재산에 관한 계산보고와 후견감독사건에 (폐쇄)기본증명서를 제출하고, 후견등기관에게 후견종료 등기신청(후견등기에 관한 법률 제29조 참조)을 하면 됩니다. 따라서 이 사건 청구는 청구의 이익이 없으므로 취하하는 것을 검토하시기 바랍니다.

2018. 12. 31.

판사   김 법 관

※ 보정서는 가정법원에 직접 방문하여 종합민원실에 제출하거나 우편으로 제출할 수 있고(보내실 곳 : 서울 서초구 강남대로 000. ○○가정법원 종합민원실), 제출하는 서면에는 사건번호(2018느단000)를 기재하시기 바랍니다.
※ 위 기한 안에 보정하지 아니하면 청구서가 각하될 수 있습니다(가사소송법 제12조, 민사소송법 제254조 제1항, 제2항).
※ 법원에 가사소송, 가사비송, 가사신청사건 등을 접수할 경우에는 통상 주민등록등초본, 가족관계증명서 등을 필수서류로 제출하여야 합니다. 법원으로부터 가족관계증명서 등 서류를 제출하라는 보정명령을 받은 경우, 시·군·구청 및 읍·면·동 주민센터에 보정명령을 제출하면 상대방의 서류를 교부받을 수 있습니다. 단, 가족관계등록법에 의한 기본증명서, 가족관계증명서, 혼인관계증명서 및 입양관계증명서 등은 **상세증명서**를 제출하여 주시기 바랍니다. (주민등록법 제29조 제2항 제2호, 동법 시행령 제47조 제5항, 가족관계의등록등에관한법률 제14조 제1항 제2호, 가족관계의등록등에관한규칙 제19조 제1항 및 제3항 제2호 참조)

※ **문의사항 연락처 : ○○가정법원   가사20단독(비송)   법원주사   권◇◇**
  직통전화 : 02-0000-0000(후견이외.1층)/9999(후견.8층)
  팩   스 :   e-mail :

---

1) 피후견인의 예금을 주거래은행 계좌 하나로 통합하고, 위 계좌에 월 이체한도를 제한하기 위함이다.

[참고자료 12] 이해관계인에 대한 의견조회

○ ○ 가 정 법 원
의 견 제 출 요 청

수 신 : 김 ○ ○ 귀하

사   건   2018느단0000 성년후견 개시
청 구 인   김△△
사 건 본 인   김□□

위 사건의 심리상 필요하여 다음 사항을 조회하니 14일 이내에 회보하여 주시기 바랍니다.

다 음

1. 위 사건은 청구인(사건본인의 아들)이 사건본인 김□□에 대하여 성년후견을 개시하고, 성년후견인으로 청구인을 선임하여 줄 것을 이 법원에 청구한 사건입니다.
2. 다음의 사항에 대하여 의견을 밝혀 주시기 바랍니다.
   가. 사건본인에 대하여 성년후견을 개시하는 것에 대한 의견
      (동의하는지 여부 및 이유 등)
   나. 사건본인의 성년후견인으로 김청구를 선임하는 것에 대한 의견
      (동의하는지 여부, 반대한다면 추천할 후견인후보자 및 이유 등)

2018. 8. 8.

법원주사   이 참 여

※ 위 의견조회에 대한 회보서에는 작성자의 인감날인 및 인감증명서를 첨부하여 주시기 바랍니다.
※ 위 의견조회에 대한 회보서에는 반드시 사건번호와 당사자를 기재하여 주시기 바랍니다.
※ 보내실 곳 : (137-889) 서울 서초구 강남대로 000 ○○가정법원

※ 문의사항 연락처 : ○○가정법원   가사**20단독(비송)**   법원주사   이참여
  직통전화 : 2000-0000

[참고자료 13] 감정촉탁서

○ ○ 가 정 법 원
감 정 촉 탁

◇◇병원장 귀하

아래 사건에 관하여 다음 피감정인의 정신상태에 관한 감정을 귀 병원에 촉탁하오니 그 감정결과를 서면으로 제출하여 주시기 바랍니다.

사　　건	2018느단0000　성년후견개시
청 구 인	정□□ (청구인 연락처 : 010-0000-0000)
	주소
피 감 정 인	최△△ (주민등록번호)
(사건본인)	주소
	등록기준지
감 정 의	귀원이 지정하는 정신감정의
감정할 사항	별지와 같음
참 고 사 항	친족간에 이해관계의 대립(유, 무),
	청구의 목적(재산관리, 신상보호)

◇ 주 의 사 항 ◇
1. 감정시 주민등록증 등의 신분증으로 피감정인의 동일성을 반드시 확인하시기 바랍니다.
2. 감정촉탁회보에는 병원장의 서명 또는 기명날인을 하여 주시기 바랍니다.
3. 감정의사 및 감정할 일시가 정해지면 이 법원과 청구인 및 사건본인에게 이를 통보하여 주시기 바랍니다.
4. 감정료는 사건본인 1인당 380,000원으로서 법원에 예납되어 있습니다. 이는 감정 후 감정인의 청구에 따라 법원에서 직접 지급하므로, 감정서 송부시 감정료 청구서와 계좌번호, 청구인의 주민등록번호(또는 고유번호, 사업자등록번호 등)를 송부하여 주시기 바랍니다.
5. 감정서 회보시 사건번호와 당사자 표시를 하여 주시고, 이 법원으로부터 받은 진료기록을 반환하여 주시기 바랍니다.

2018. 4. 4.

판사　　김 법 관

※ 회신하실 곳 : (00000) 서울 서초구 강남대로 000

※ 문의사항 연락처 : ○○가정법원　　가사20단독(비송)　　법원주사보 권참여
　직통전화 02-2055-0000

[참고자료 14] 후견감정서

<h1 style="text-align:center">후 견 감 정 서</h1>

1. 사건의 표시	○○가정법원 2018느단0000 성년후견개시
2. 감정 대상 (사건 본인)	성명 : 장□□ 성별 : □ 남 ■ 여 생년월일 : 1932년 00월 00일 생 (만 86세) 주소 : 서울 도봉구 덕릉로 000, 111호 (창동)
3. 감정 경과	감정기간 : 2018년 12월 1일 ~ 2018년 12월 13일 감정장소 : 국립정신건강센터 감정방법 : ■ 진료기록 감정 ■ 외래 감정 □ 입원 감정
4. 감정 경위	■ 치매 등 인지기능 저하 질환으로 인한 감정 요청 □ 중증 정신질환으로 인한 감정 요청 □ 발달장애로 인한 감정 요청 □ 기타 질환으로 인한 감정 요청(상병명 :)
5. 현증상과 병력	2010년 원발성 뇌종양으로 수술 후 점차 인지저하 시작됨. 뇌 MRI에서 뇌종양으로 인한 뇌손상 및 미만성 뇌위축 소견 보였음. 　2017년 실시한 간이인지검사(MMSE) 12점, 전반적퇴화척도(GDS) 5점 수준의 중등도 치매로 평가된 바 있음. 　2017년 9월경 뇌종양이 재발해 5차 항암치료를 받은 후부터 인지기능이 급격히 저하되고 전반적 신체상태가 악화됨. 혼자 화장실에 가지 못하고 대소변을 가리지 못해 현재 기저귀를 사용하고 있다고 하며, 화장실에서 뒤처리를 깔끔하게 처리하지 못해 다른 사람의 도움이 필요하다고 보고됨. 침대에서 몸을 일으킬 때에도 부축이 필요하고 다리에 힘이 없어 일어서지 못하고 세수나 양치질, 머리감기나 목욕 등 위생관리나 착·탈의 등도 스스로 할 수 없고 보호자의 도움이 필요하다고 보고됨. 이와 같이 신체기능의 약화와 인지기능의 저하가 복합되면서 일상적인 판단, 간단한 도구나 기술을 적용해야 하는 상대적으로 복잡한 일상적 활동은 물론 기초적인 행동도 독립적으로 수행할 수 없는 상태라고 보고됨. 　2018-11-30 국립정신건강센터에 외래방문한 후견인에 대하여 치매심층평가를 시행하였고, 그 결과를 요약하면 다음과 같다. 　1) 시간·장소 지남력, 시각 주의력, 언어 이해 및 표현력, 단어 명명능력, 시공간 구성능력, 기억력, 전두엽/관리 기능 등 전반적인 인지기능의 현저한 손상이 시사된다(K-MMSE 11/30점). 이해력 부족, 뇌종양 등 의학적 질환으로 인한 신체기능 저하가 일부 영향을 미쳤을 수 있지만 이를 고려하더라도 뚜렷한 인지기능 저하가 시사된다.

	2) 우울, 망상, 환각, 분노, 충동성, 불안, 수면 장애, 식습관 변화 등이 현저하다고 보고되고, 보호자의 간병 부담이 증가한 상태라 치료적 개입이 필요하다. 3) 독립적인 사회적 활동 참여나 간단한 관습적 수준의 일상적 판단은 물론 기초적인 자조 행동도 독립적인 수행이 어려워 안전한 일상생활을 영위해 나가기 위해서는 보호자의 상당한 도움과 보살핌이 필요하다고 판단된다(CDR=4/5점, GDS=6/7점 '중증의 인지 장애').
6. 기왕증	고혈압
7. 신체상태 평가	1. 이학적 검사(Physical Examination) ■ 특기사항 없음 □ 특기사항 있음 □ 미 시행 이학적 검사 상 특기사항 : 2. 임상 검사(Laboratory Examination) ■ 특기사항 없음 □ 특기사항 있음 □ 미 시행 임상 검사 상 특기사항 : 3. 영상의학 검사(X-ray, CT, MRI 등) ■ 특기사항 없음 □ 특기사항 있음 □ 미 시행
8. 일상생활 평가	1. 적절한 음식 섭취 □ 혼자서 가능 ■ 간헐적 도움 필요 □ 많은 도움 필요 □ 전적인 도움 필요 □ 평가불가 2. 대소변 관리, 세면, 목욕, 청소 등의 청결유지 □ 혼자서 가능 □ 간헐적 도움 필요 ■ 많은 도움 필요 □ 전적인 도움 필요 □ 평가불가 3. 적절한 대화 기술 및 협조적인 대인관계 □ 혼자서 가능 □ 간헐적 도움 필요 □ 많은 도움 필요 ■ 전적인 도움 필요 □ 평가불가 4. 규칙적인 통원·약물 복용 □ 혼자서 가능 □ 간헐적 도움 필요 □ 많은 도움 필요 ■ 전적인 도움 필요 □ 해당사항 없음 □ 평가불가 5. 소지품 및 금전관리나 적절한 구매 행위 □ 혼자서 가능 □ 간헐적 도움 필요 □ 많은 도움 필요 ■ 전적인 도움 필요 □ 평가불가 6. 대중교통이나 일반 공공시설의 이용 □ 혼자서 가능 □ 간헐적 도움 필요 □ 많은 도움 필요 ■ 전적인 도움 필요 □ 평가불가 7. 일상생활 개호 요구도

	□ 필요 없음 □ 부분개호 ■ 전일개호 □ 평가불가
9. 정신상태 평가	1. 지남력 시간 : □ 유지 ■ 손상 □ 평가불가 장소 : □ 유지 ■ 손상 □ 평가불가 사람 : ■ 유지 □ 손상 □ 평가불가 2. 기억력 단기기억 등록 : □ 유지 ■ 손상 □ 평가불가 단기기억 회상 : □ 유지 ■ 손상 □ 평가불가 장기기억 : □ 유지 ■ 손상 □ 평가불가 3. 언어 및 의사소통 능력 □ 의미있는 상호작용 가능 ■ 일상대화 가능 □ 언어소통 불가 □ 평가불가 읽기 : ■ 가능 □ 불가능 □ 평가불가 쓰기 : □ 가능 ■ 불가능 □ 평가불가 4. 계산능력 □ 계산능력 장애가 없거나 그 장애 정도가 경미 □ 계산능력 장애가 있으나 일상적인 장보기나 물품구매는 가능 ■ 계산능력 장애로 인해 일상적인 장보기나 물품구매도 불가능 □ 평가불가 기타 소견 및 세부사항 : 5. 이해 및 판단력 □ 이해 및 판단력 장애가 없거나 그 장애 정도가 경미 □ 중등도의 이해 및 판단력 장애 ■ 심각한 수준의 이해 및 판단력 장애 □ 평가불가 기타 소견 및 세부 사항 : 6. 정신상태(MSE) 가) 사고장애(망상, 와해된 사고 등) □ 없음 □ 경도 □ 중등도 □ 고도 ■ 평가불가 나) 지각장애(환각 등) □ 없음 □ 경도 □ 중등도 □ 고도 ■ 평가불가 다) 기분증상(조증, 우울증 등) □ 없음 □ 경도 □ 중등도 □ 고도 ■ 평가불가 라) 행동증상 □ 없음 □ 경도 □ 중등도 □ 고도 ■ 평가불가 마) 병식 □ 완전히 있음 □ 상당히 있음 □ 약간 있음 □ 없음 ■ 평가불가

	바) 기타 추가할 소견 : ☐ 없음 사) 정신장애로 인한 기능저하 수준(GAF) :
10. 심리평가⁺- 선택	1. 인지기능 수준 및 자기 관리능력 평가 ☐ 지능지수(IQ) : ☐ 사회지수(SQ) : ☐ MQ(Rey-Kim 기억지수, 치매 감정인 경우 제외) : ☐ EIQ(관리기능 지수, 치매 감정인 경우 제외) : 2. 치매 평가 ■ MMSE : 11/30 ■ CDR : 4/5 ■ GDS : 6/7 ☐ IADL ☐ ADL ☐ K-DRS ■ SNSB-D ☐ NPI 3. 발달장애 평가 ☐ 자폐지수(AQ) ☐ 발달지수(DQ) ☐ 발달장애 총괄평가(GAS) 4. 기타 심리학적 평가 :
11. 진단명(ICD-10)	F02.8 치매(뇌종양, 뇌수술 및 항암치료과정 등으로 인한 뇌손상에 의한)
12. 종합설명*	현재 간이정신상태검사(MMSE) 11/30, 임상치매평가척도(CDR) 4/5, 전반적퇴화척도(GDS) 6/7 수준의 중증치매 상태로 기본적, 도구적 일상생활 전반에 걸쳐 보호자의 많은 도움이 필요한 상태임
13. 감정요청 사항에 대한 결과	☐ 자기 의사결정이 가능하며 독립적인 생활과 경제활동이 가능 ☐ 정신적 제약으로 사무를 처리할 능력이 부족 ■ 정신적 제약으로 사무를 처리할 능력이 지속적으로 결여 ☐ 정보 부재 및 기타 사유로 인해 판단 유보
14. 회복가능성	☐ 회복가능 ☐ 고정 ■ 악화가능 ☐ 예측불가 ☐ 평가불가

위와 같이 감정합니다.

2018. 12. 24.
소속 : 국립정신건강센터

주소 : 서울 광진구 용마산로 127

☎ : 02-0000-0000   FAX : 02-0000-0001

의사면허번호 : 00000   감정의사 : 김□□ (서명 또는 날인)

[참고자료 15-1] 가사조사보고서(다툼 없는 경우)

○ ○ 가정법원

후 견 조 사 보 고 서

판사 김 법 관 귀하

2018. 3. 26.
조 사 관 노 조 사

사 건 명			2018느단0000 성년후견개시			
접 수 연 월 일			2018. 1. 23.	수 명 연 월 일		2018. 2. 1.

청구인	성명	강○○	성별	연령	생 년 월 일	학력	대졸
			남	43	1974. 4. 4.	직업	회사원
	주소	서울 도봉구 덕릉로 000, 111호 (창동)				관 계	사건본인의 남동생
	송달장소	상동				연락처	010-000-0000

사건본인	성명	강□□	성별	연령	생 년 월 일	학력	초졸
			남	48	1966. 2. 1.	경력	무직
	주소	서울 노원구 ○○길 12 (월계동)				장애	편집성 정신분열병
	거소	상동				연락처	–

후보후견인	성명	
	주소	청구인과 동일함
	송달장소	

조 사 사 항	1. 기본조사 및 자료수집 2. 기타 조사관이 필요하다고 판단되는 사항

조 사 사 항

1. 조 사 경 과	조사일시	조사대상	조사장소 및 방법
	2018. 2. 6. 2:00	청구인	조사관실 소환 면접조사
	2018. 2. 7. 2:00	사건본인 가출	조사불능
	2018. 3. 14. 2:00	사건본인 가출	조사불능
	2018. 3. 17. 2:00	사건본인	사건본인 거소 출장조사

2. 청구인의 주장 및 소명자료

(1) 청구 취지
사건본인에 대한 성년후견을 개시하고, 성년후견인으로 청구인(사건본인의 남동생, 강○○)을 선임한다.

(2) 청구 원인 및 계기
① 사건본인은 정신분열증을 앓고 있는데, 수시로 집을 나가 무분별하게 휴대전화 및 인터넷을 개통하고 노트북을 사오곤 하여 현재까지 약 2,000만 원가량의 금전적 손실을 일으켰음.

② 그 동안 사건본인이 금전적인 사고를 일으키면 가족들이 뒷감당을 해왔는데, 연로하신 부모님은 경제적인 여력이 없고, 청구인을 비롯한 나머지 형제들도 지속적으로 금전적인 도움을 줄 여건이 되지 않음.

③ 추후 사건본인이 더 큰 금전적인 문제를 일으킬 경우를 대비해 가족들과 상의하여 청구인이 사건본인의 후견인이 되기로 하고 2016. 8월경 성년후견개시 심판청구를 했었는데, 당시 후견감정이 이뤄지지 못해 기각되었음.

3. 사건본인 관련 사항

(1) 사건본인의 생활내력
① 사건본인은 부산에서 생선장사를 하던 부모 사이에서 2남 2녀 중 장남으로 출생했음.

② 사건본인은 순하고 착한 심성을 소유했고 머리도 좋아 학업수준도 좋았는데, 중학교 시절 또래 비행청소년들의 협박에 의해 강제 납치되어 1년 이상 가출상태로 지냄으로써 출석일수 부족으로 중학교 2학년 때 학교를 중퇴했음.

③ 사건본인은 20대 초반 무렵 정신분열증이 발병했는데, 당시 비현실적인 이야기들을 하는 것을 비롯해 집 안팎에 온갖 쓰레기들을 모아서 쌓아놓는 기이한 행동을 했었고, 점차 증상이 악화되어 갔음.

④ 또한 수시로 가출하여 짧게는 며칠씩, 길게는 두세 달씩 집을 나가있곤 했었고, 집을 나가서 신문 구독, 휴대전화 개통, 노트북 구입 등 금전적 손실을 일으키는 행위들을 지속하여 그 뒷수습을 가족들이 해야 했음.

⑤ 2014년경 범죄자들에게 약취유인을 당해 대포통장을 만들어 수억 원의 빚을 떠안게 될 뻔한 위기를 겪기도 했었음. 이 일을 계기로 처음으로 정신건강의학과 병원에서 진료를 받았고 현재까지 약물치료를 받고 있지만 입원치료를 받은 적은 없음.

(2) 사건본인의 심신상태

① 청구인의 진술에 의하면, 현재 사건본인은 일상적인 대화도 길게 안 될 정도로 정신분열증 증세가 심하다고 함. 항상 씻지 않아 지저분한 상태로 지내고 있고, 방 안에는 쓰레기들을 주어와 쌓아 두었고, 방 안 커튼을 칼로 자르는 이상행동을 하며, 때로는 집 밖에 죽어 있는 동물이나 살아있는 애완동물까지 데려오곤 한다고 함. 사건본인은 자신의 뜻대로 되지 않으면 가족들에게 수시로 욕설을 하고, 때로는 과도를 든 채 위협행동을 하거나 때리는 등 폭력행위를 하기도 한다고 함.

② 출장조사를 통해서 확인한바, 사건본인은 제법 추워진 날씨에도 짧은 런닝셔츠만을 입은 채로 낮잠을 자고 있었는데, 오랫동안 씻지 않았는지 위생상태가 매우 불량했음. 낯선 타인(조사관)과의 첫 대면에서 경계적인 태도로 반복적으로 신분을 확인했음. 이후 면담 과정에서는 비교적 협조적인 태도를 보였지만 맥락과 상관없이 엉뚱한 소리를 하곤 하여 의사소통이 원활하지 않았음. 사건본인은 병식이 전혀 없었고, 편집증적인 내용을 주로 하는 비현실적인 사고["정육점 하는 애가 총을 겨누고 서류를 훔쳐 갔는데 가족이 (정육점 하는 애와) 한 패다.", "텔레파시로 누군가가 내 손가락에 당구 마트를 만들었다.", "가족이 나에게 사기를 친다."]를 보였음. 본 조사관에게는 그렇지 않았지만 부모를 향해 공격적인 어투로 "가족은 아니고 모르는 사람들이다. 정신이상자들이다."라며 욕설을 하기도 했음. 다만 가족 중 유일하게 청구인에 대해서는 신뢰를 드러냈음.

(3) 사건본인의 감호상태

① 현재 사건본인은 부모의 집에서 함께 살고 있고, 혼자서 식사를 준비하지 못하고 부모가 차려준 음식을 챙겨먹는 것은 가능하다고 함. 그 외 청구인이 일주일에 2~3번 사건본인의 거소에 들러 사건본인을 보살피며 한 달에 3~5만 원가량 용돈을 지급함.

② 요즘에도 사건본인은 수시로 집을 나가곤 하는데, 길게는 열흘씩 나가 있기도 함. 이에 사건본인의 휴대전화에 위치확인 애플리케이션을 깔아두었지만 사건본인이 휴대전화를 가지고 나가지 않으면 위치 확인마저 안 됨.

③ 한편, 출장조사를 통해 사건본인의 거소를 확인한바 청구인의 진술대로 커튼이 가위로 잘려 있었음. 방 안 전체에 발 디딜 틈이 없을 정도로 온갖 잡동사니들이 쌓여져 있었고, 잡동사니들 사이사이에 쓰레기들이 끼어 있었음.

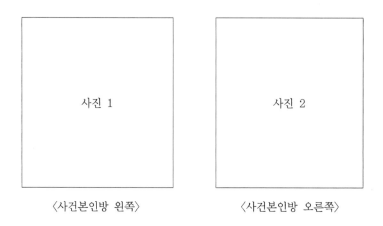

사진 1	사진 2
〈사건본인방 왼쪽〉	〈사건본인방 오른쪽〉

(4) 사건본인의 재산상황

　① 부동산 : 없음.

　② 금융자산 : 없음.

　③ 차량 : 없음.

　④ 부채 : 없음.

　⑤ 기타 수입 : 정신장애 3급으로 사회보장급여 월 4만 원씩 수령.

(5) 사건본인 및 가족의 태도

　① 사건본인은 처음에는 후견개시에 대해 거부적인 태도를 보였지만 "범죄자들로부터 피해받으면 (법이) 도와 주냐? 그럼 (후견개시에) 하겠다(동의하겠다). 가족 중 한 명이 (법적보호자가) 되어야 한다면 강○○(청구인)이죠."라며 청구인이 자신의 후견인이 되는 것에 동의했음.

　② 청구인에 의하면, 사건본인의 부모는 적극적으로 후견개시를 원하고 있음. 부모는 연로하여 사건본인을 통제하기 어려워하고, 평소 사건본인이 문제를 일으키면 청구인이 적극적으로 해결해 왔기에 사건본인의 후견인으로 청구인이 지정되길 원함. 그 외 사건본인의 형제들 모두 청구인이 사건본인의 후견인이 되는 것에 동의함.

4. 후견인 후보자의 적정성

(1) 생활내력

　① 청구인은 서울 노원구에서 2남 2녀 중 셋째로 출생했음. ◇◇대학교 경영학과를 졸업했고, 이후 여러 회사에서 회사원으로 생활하고 있음. 2005년경 간호사인 배우자와 결혼하여 슬하

에 1남 1녀를 두고 있음.

　② 청구인은 부모님으로부터 가장 신뢰받는 자식으로서 그 동안 집안의 대소사를 늘 도맡아 왔으며, 부모님을 대신해 사건본인의 실질적인 보호자 역할을 해왔음. 그 외 사건본인의 누나는 시부모를 모시고 있고, 여동생은 아직 미혼이라 사건본인을 챙길 여유가 없음.

　③ 청구인이 사건본인의 이야기를 가장 잘 들어주기 때문에 사건본인은 가족 중 청구인을 가장 잘 따름. 그럼에도 불구하고 설득을 통해 사건본인을 자발적으로 병원에 데려가는 것은 청구인의 역량을 넘어서는 것이어서 그 동안 후견개시를 위한 감정서 발급이나 감정을 받지 못하였음.

(2) 심신 및 범죄경력

　① 신체건강 : 양호.

　② 심리상태 : 양호.

　③ 수사 및 범죄경력 : 해당사항 없음.

　④ 신용불량상태 : 해당사항 없음.

(3) 재산상황

　① 부동산 : 서울 도봉구 덕릉로 000, 111호 (창동), 시세 약 1억 5,000만 원

　② 금융자산

　　가. 예금 : 약 2,000만 원

　　나. 보험 : 2개

　③ 부채 : 부동산담보대출 약 3,000만 원

　④ 자동차 : 승용차 1대

　⑤ 월수입 : 본인 급여 월 300만 원, 배우자 월 급여 250만 원. 그 중 200만 원을 생활비로 사용하고 있음.

(4) 후견에 대한 계획 및 태도

　① 사건본인은 보유한 재산이 전혀 없고, 사회보장급여로 월 4만 원가량 수령하고 있기 때문에 재산관리를 할 만한 것은 없음. 다만 사건본인이 금전적인 사고를 일으켰을 때 취소권을 행사할 수 있기를 원함.

　② 현재 병원에서 처방을 받아 사건본인이 약물을 복용하게 하고 있음. 평소 사건본인은 가족들에게 욕설을 하는 것 외에는 타인에게 피해를 주지 않기 때문에 그 동안 정신병원에 입원시키진 않았음. 하지만, 후견개시 이후 본격적으로 치료를 받게 할 생각은 있음.

〈이하 여백〉

5. 조사관의견

(1) 사건본인은 2014년경 정신분열증 진단을 받았지만 청구인의 진술을 통한 과거력을 살펴봤을 때 사건본인은 최소 20년 이상 정신병적 상태가 지속되어온 만성 정신분열증을 앓아왔고, 현재도 여전히 정신병적 증상이 지속되고 있는 것으로 출장조사를 통해 확인되었음. 사건본인은 정신병적 증상으로 인해 책임 있고 분별 있는 판단력과 행동력을 전제로 하는 금전관리 및 자기관리 능력이 부족할 뿐만 아니라 사고장애로 인해 의사소통이 원활하지 않은 경우가 있었으며, 청결을 유지하거나 스스로 식사를 챙기는 등 일생생활에 필요한 기본적인 자조능력도 매우 약해져 있었음. 그러나 사건본인이 자신의 의사와 선호를 표현하는 등 일상적인 의사소통능력을 보유하고 있다는 점과 그 동안 사건본인이 약물치료조차 제대로 받지 않았기에 추후 적절한 치료를 통해 증상이 완화될 가능성도 배제할 수 없다는 점 등에서 성년후견보다는 한정후견을 개시하는 것이 더 적절할 것으로 사료됨.

(2) 사건본인이 세상과 타인에 대한 피해사고와 불신감이 주된 증상인 편집성 정신분열증 상태에 있음에도 불구하고, 가족 중 유일하게 청구인에 대한 신뢰감을 보이며 자신의 법적 보호자로서 청구인이 지정되는 것에 동의하고 있고, 그 동안 청구인이 연로한 부모를 대신해 사건본인의 실질적인 보호자 역할을 해왔으며, 사건본인의 가족들 모두 청구인이 사건본인의 후견인으로 지정되는 것에 동의하고 있어 청구인을 사건본인의 후견인으로 선임하는데 어려움은 없을 것으로 보임.

다만 사건본인이 약물을 제대로 복용하지 않아 정신병적 증상이 조절되지 않는 상태에서 반복적으로 가출을 하여 위험상황에 노출되고 있음에도 불구하고 청구인은 사건본인의 정신병적 상태의 심각성과 입원의 필요성을 제대로 인식하지 못하고 있어 추후 신상보호자의 역할을 제대로 해낼 수 있을 지 우려됨. 이에 공동후견인으로 사회복지사 등을 선임하는 것이 필요할 것인데, 청구인이 제3자가 후견인으로 선임되는 것에 거부감을 갖고 있어 전문가후견인이 공동후견인 역할을 하기에는 어려움이 예상됨. 따라서 전문가 후견법인을 후견감독인으로 지정하여 사건본인의 신상보호 역할을 보완하는 것이 적절할 것으로 사료됨. 끝.

[참고자료 15-2] 가사조사보고서(다툼 있는 경우)

○○ 가 정 법 원
후 견 조 사 보 고 서

판사 김 법 관 귀하

2018. 12. 25.

조 사 관 윤 조 사

사 건 명	2018느단00000 성년후견개시		
접 수 연 월 일	2018. 7. 6.	수 명 연 월 일	2018. 8. 22.

청구인	성명	조◇◇	성별	연령	주 민 등 록 번 호	학력	대졸
			여	44	740326-200000	직업	회사원
	주소	서울시 도봉구 덕릉로 000, 111호 (창동)				관계	사건본인의 딸
	송달장소	상동				연락처	010-2000-0000

사건본인	성명	조□□	성별	연령	주 민 등 록 번 호	학력	대졸
			남	77	410922-1000000	경력	건물임대업
	주소	서울시 노원구 ○○길 222 (월계동)				장애	장애1급
	거소	상계백병원				연락처	–

참가인	성명	박○○	성별	연령	주 민 등 록 번 호	학력	고졸
			여	70	480720-2000000	직업	주부
	주소	서울시 노원구 ○○길 222 (월계동)				관계	사건본인의 배우자
	송달장소	상동				연락처	010-1000-0000

후보후견인	성명	조△△	성별	연령	주 민 등 록 번 호	학력	중졸
			남	74	441101-1000000	직업	무직
	주소	서울시 성북구 ○○로 333				관계	사건본인의 남동생
	송달장소	상동				연락처	010-3000-0000

조 사 사 항	1. 기본조사 및 자료수집 2. 기타 조사관이 필요하다고 판단되는 사항

조 사 사 항

1. 조사 경과	조사일시	조사대상	조사장소 및 방법
	2018. 9. 29. 10:00	청구인	조사관실 소환 면접조사
	2018. 10. 1. 10:00	참가인	조사관실 소환 면접조사
	2018. 10. 1. 14:00	후보후견인	조사관실 소환 면접조사
	2018. 11. 20. 14:00	사건본인	사건본인 거소지(출장조사)

2. 청구인의 주장 및 소명자료

(1) 청구 취지

사건본인에 대하여 성년후견을 개시하고, 후견인 후보자를 성년후견인으로 선임한다는 심판을 구함.

(2) 청구 원인

사건본인은 2017. 1. 20. 대뇌동맥 지주막하출혈로 인한 후유증으로 인지기능에 장애가 있음. 사건본인은 일상생활 사무처리능력이 전혀 없고 향후에도 호전 가능성이 없음.

(3) 청구 계기

① 사건본인은 현재 장기간 집중 치료를 받아야 하는 상태인데, 참가인은 사건본인에게 제대로 된 치료나 개호를 제공하는 것에는 관심이 없고, 사건본인 소유의 부동산을 팔 계획을 하거나 사건본인의 예금 통장을 해지하고 예금을 전액 인출하려고만 하고 있음.

② 참가인이 사건본인의 부동산을 처분하고 도망갈 경우 사건본인이 재산 없이 방치될 가능성이 높음. 사건본인에게 적극적인 치료를 제공하고 신상과 재산을 보호하기 위해서는 후견인이 선임되어야 함.

3. 사건본인 관련 사항

(1) 사건본인의 생활내력

① 전남 강진이 고향이며 3남 1녀 중 장남임. 초등학교 때부터 신문배달을 하며 돈을 알뜰하게 모아 23세에 주택을 마련하였음. 후견인 후보자의 소개로 전처를 만나 슬하에 청구인을 비롯한 2남 2녀를 두었고 부동산임대업을 하면서 가끔 후견인 후보자를 만나 사업자금을 빌리는 관계를 유지했음. 이후 사건본인은 전처와 성격차이로 이혼하였고 청구인을 비롯한 자녀들은 사건본인이 양육하였음.

② 사건본인은 돈 한 푼 없이 상경해 성공한 자수성가형으로서 책임감이 강한 사람임. 사건본인은 부동산 투자와 임대업에 재능을 발휘하여 비교적 젊은 나이에 자리를 잡음. 사건본인은 다정다감한 성향은 아니었으나 주변 사람들과 어울리기 좋아했고 무뚝뚝했지만 마음이 약한 성향이었음.

③ 사건본인은 2017년 1월 20일 참가인과 산책을 나갔다가 등산로에서 쓰러졌고, 상계백병원 응급실로 이송되었음. 사고 발생 후 수술까지 시간이 지연되어 수술결과가 나빴음.

(2) 사건본인의 심신상태

① 사건본인은 사지마비로 거동이 불가능하며 근육 강직이 심한 상태임. 자가 호흡은 가능하나 가래 제거를 주기적으로 해야 하고 위장관 삽입으로 유동식 식사를 하고 있음.

② 눈을 뜰 수 있으나 외부 자극에 대한 반응이 불규칙하여 어떤 때는 지시를 알아듣고 어떤 때는 지시를 알아듣지 못한다고 함. 출장 조사시 언어적 의사소통은 불가능하였고 단순한 지시에 대해 불규칙하게 반응하는 수준의 상태였음.

(3) 사건본인의 감호상태

① 사건본인은 상계백병원 4인실에서 개인 간병인의 도움을 받으며 입원 치료 중이고 매일 재활치료를 받고 있음. 참가인의 진술에 의하면, 참가인은 시간 날 때마다 병원에 방문하여 사건본인의 상태를 확인한다고 함.

② 사건본인의 병원비 : 참가인의 진술에 의할 때, 병원에서 수술비(간병비 포함)로 1,000만 원 이상 지출되었고, 기타 치료비 등으로 합계 3,500만 원이 지출되었다고 함. 참가인은 사건본인의 신한은행 계좌(당시 잔액 3,500만 원)에서 출금하여 병원비로 지출하였다고 함.

(4) 사건본인의 재산상황
  ① 부동산
    · 서울시 강남구 삼성로 0000, 토지.
      - 토지(약 55평)만 사건본인 소유임. 건물은 참가인 단독 소유.
    · 전남 강진 소재 토지, 약 20,000평.
  ② 금융자산
    · 국민은행 : 연금 37만 원
  ③ 차량 : 참가인이 폐차하였음.
  ④ 부채 : 파악 못함.

4. 후견인 후보자(조△△)의 적정성

(1) 생활내력

후견인 후보자는 3남 1녀 중 둘째로 사건본인의 바로 아래 동생이며 결혼하여 슬하에 자녀 둘을 두고 있음. 학교 졸업 후 공무원으로 근무하다가 1995년경 퇴사하고 연금으로 생활하고 있음.

(2) 심신 및 범죄경력

① 신체건강 : 고지혈증, 혈압, 당뇨가 있으나 큰 문제는 없음.

② 심리상태 : 양호

③ 수사 및 범죄경력 : 해당사항 없음.

④ 신용불량상태 : 해당사항 없음.

(3) 재산상황

① 부동산

· 서울특별시 마포구 아현동 ▽▽아파트 123동 456호

· 전남 강진 소재 토지

② 금융자산 : 2억 원.

③ 부채 : 부동산담보대출 1억 원.

(4) 후견에 대한 계획 및 태도

① 신상보호에 대한 계획 : 사건본인의 상태에 대하여 의료진과 상의 후에 결정할 것임.

② 재산관리에 대한 계획 : 사건본인이 안정적으로 치료받을 수 있도록 현재 참가인 단독 소유로 되어 있는 건물(성년빌딩)을 사건본인이나 자녀들 명의로 돌려놓을 것임. 성년빌딩에서 나오는 임대수익으로 사건본인 개호비용에 지출하도록 할 것임.

5. 참가인(박○○, 사건본인 배우자)에 관한 사항

(1) 생활내력 (참가인의 진술에 의함)

① 충남 당진 출생으로 1남 5녀 중 막내임. 전남편과 결혼하여 슬하에 딸 2명(현재 45, 47세)을 두고 있음. 전남편이 사업이 실패하여 매일 술로 생활하였고, 음주하면 가족을 폭행하는 버릇이 있어 이혼하였음. 이후 지인 소개로 사건본인을 만났고 사건본인은 술을 마시지 않고 온순한 성격이어서 결혼하였음. 참가인은 20여 년 동안 식당 주방에서 일을 하였으나 사건본인과 결혼 한 후부터는 일을 그만 두었다고 함.

② 참가인은 사건본인과 함께 현재의 재산을 일궈왔다고 주장함. 사건본인과 재혼 후에 함께 힘을 모아 성년빌딩을 마련한 것이라고 함. 사건본인이 친구에게 사기를 당하여 경제적으로 어려움을 겪고 있을 때 참가인이 모아 둔 돈으로 재기할 수 있었고, 성년빌딩을 살 때에도 참가인이 많은 부분 그 대금을 부담하였다고 함. 따라서 성년빌딩은 온전히 참가인이 소유하는 것이 옳고, 지금도 성년빌딩의 담보대출을 참가인이 갚고 있다고 함. 참가인은 현재 사건본인의 병원

비, 간병비, 보험 등의 지출을 일일이 기록하고 있다고 함.

(2) 심신 및 범죄경력

① 신체건강 : 양호함.

② 심리상태 : 양호함.

③ 수사 및 범죄경력 : 해당사항 없음.

④ 신용불량상태 : 해당사항 없음.

(3) 재산상황

① 부동산

· 서울시 노원구 ○○길 222 (월계동)

· 서울시 강남구 삼성로 0000 지상 5층 건물, 임대수익 월 800만 원, 임대차계약을 원활히 하기 위해 참가인 단독 명의로 등기이전 했고, 임대수익은 사건본인과의 생활비 등으로 지출하였고 참가인이 관리했음(참가인의 진술에 의함).

② 금융자산 : 없음.

③ 부채 : 부동산담보대출 2억 5,000만 원.

(4) 참가인의 후견에 대한 계획 및 태도

① 사건본인의 신상 및 재산 모두 참가인이 후견인으로 선임되어 관리하는 것이 적절하다고 생각함. 부동산의 대출금 및 이자 상환, 세금납부 등 해결해야 하는 문제가 모두 사건본인과 참가인이 연결되어 있기 때문임. 사건본인의 간병비와 병원비 등 청구서에 나타나지 않는 부분도 참가인이 알아서 처리하고 있음.

② 후견인이 다른 사람으로 선정된다면 후견인으로부터 비용을 지급받아 지출해야 하는데, 그와 같은 상황에 동의할 수 없음. 참가인은 사건본인과 떨어질 수 있는 상황이 아니기 때문에 끝까지 사건본인을 돌볼 것임.

〈이하 여백〉

5. 조사관의견

(1) 사건본인은 일상생활의 사무처리 능력이 전혀 없고 호전가능성이 희박한 상태이므로, 성년후견이 개시되어야 할 것으로 사료됨.

(2) 사건본인의 신상보호사무에 관한 후견인은 참가인 단독으로 선임되고, 재산관리사무에 관한 후견인은 전문가후견인이 선임되는 것이 적절한 것으로 생각됨.
   ① 청구인과 참가인은 사건본인의 재산에 관하여 서로를 믿지 못하고 견제하고 있는 상황임. 따라서 사건본인의 재산에 관한 객관적이고 공정한 보호 및 관리를 위해 전문가후견인의 개입이 필요한 것으로 생각됨.
   ② 다만 사건본인의 재산관리 후견인으로 전문가후견인이 선임될 경우 참가인이 전문가후견인을 견제하거나 비협조적인 태도를 보일 가능성이 있음. 전문가후견인은 참가인과 가족들 사이에서 참가인 소유로 되어 있는 건물(성년빌딩)의 소유권 회복 문제를 비롯한 사건본인의 재산 관리에 관하여 공정하고 객관적인 태도를 유지할 필요가 있음.
   ③ 참가인이 현재 사건본인의 신상은 적절히 보호하고 있는 것으로 보이고, 청구인 등 가족들도 이에 대해서는 크게 문제 삼고 있지 않으므로, 신상보호에 관한 사무는 참가인에게 계속 맡겨도 될 것으로 보임.

(3) 후견인 후보자 조△△는 사건본인의 상황에 공감하고 최선을 다해 후견활동을 할 것으로는 보이지만, 후견계획과 관련된 구체적인 계획을 갖고 있지 않았고, 공정하고 객관적인 입장에서 사무를 처리하기에는 한계가 있을 것으로 보이므로 후견인으로 선임하기에는 적절하지 않음. 끝.

[참고자료 16] 심문기일소환장

○ ○ 가 정 법 원

심 문 기 일 소 환 장

사 　 건 　 2018느단0000
청 구 인 　 김□□
사건본인 　 김△△

　위 사건의 심문기일이 다음과 같이 지정되었으니 출석하시기 바랍니다.
　사건본인이 의사를 밝힐 수 없거나 의식불명 또는 기타 특별한 사유로 법정에 출석할 수 없을
때에는 그 사유를 밝힌 서면을 사건번호, 사건명 및 당사자를 기재하여 제출하여 주시기 바랍니다.
　만일 정당한 사유 없이 출석하지 아니하는 때에는 결정으로 500,000원 이하의 과태료를 부과
하고 구인할 수 있습니다

일 　 시 ：　2018. 12. 31.
장 　 소 ：　제 506호 법정

2018. 12. 15.

법원사무관 　 박○○ 　 ㊞

◇유 의 사 항◇

1. 출석할 때에는 신분증을 가져오시고, 이 사건에 관하여 제출하는 서면에는 사건번호를
　 기재하시기 바랍니다.
2. 소송대리인이 선임되어 있더라도 이 소환장을 받은 사람은 반드시 출석할 의무가 있습니다.
3. 소송대리인은 소송촉진 및 실체관계 확인을 위하여 가능한 한 당사자 본인과 함께 출석
　 하여 주시기 바랍니다.
4. 대법원 홈페이지(www.scourt.go.kr)를 이용하시면 재판기일 등 각종 정보를 편리하게 열
　 람할 수 있습니다. 〔소송절차⇒나의 사건검색〕

※ 문의사항 연락처 : ○○가정법원 　 법원사무관 박○○
　 직통전화 : (02)1111-2222
　 팩 　 스 : (02)1111-2223 　 e-mail : 　 @scourt.go.kr

가사소송법 7①,45조의3①②, 66

[참고자료 17-1] 특별대리인 선임심판

○ ○ 가 정 법 원
심   판

사   건   2018느단0000 특별대리인선임
청 구 인   성○○ (750000-2000000)
              주소 서울 강남구 도곡로00길 11, 202동 303호 (대치동, 가사아파트)
사 건 본 인   전□□ (400000-1000000)
              주소 서울 송파구 올림픽로00길 44, 505동 606호 (신천동, 비송아파트)
              등록기준지 충남 연기군 성년면 후견길 77

주   문

1. 사건본인이 청구인에게 별지 목록 기재 부동산을 증여함에 있어, 사건본인의 특별대리인으로
   이◇◇[580000-1000000, 서울 양천구 등촌로 99 (목동)]을 선임한다.
2. 청구인은 특별대리인 이◇◇이 제1항 기재 행위를 대리함에 있어, ○○가정법원 2018느단
   0000 성년후견개시 사건의 2018. 7. 7.자 심판에 따라 가정법원의 허가를 받아야 한다.

이   유

이 사건 청구는 이유 있으므로, 주문과 같이 심판한다.

2018. 12. 31.

판사 김 법 관

(별지)   부 동 산 목 록

1동의 건물의 표시
  서울 송파구 신천동 99 비송아파트 505동
  [도로명주소] 서울 송파구 올림픽로00길 44

전유부분의 건물의 표시
    건물의 번호 : 제6층 제606호
    건물 내역 : 철근콘크리트구조 59.94㎡

대지권의 표시
    대지권의 목적인 토지의 표시 : 서울 송파구 신천동 99 대 4834.6㎡
    대지권의 종류 : 소유권대지권
    대지권 비율 : 4834.6분의 17.884. 끝.

[참고자료 17-2] 이해상반행위 허가심판

○ ○ 가 정 법 원
심   판

사   건   2018느단0001 피성년후견인 소유 부동산의 증여에 대한 허가
청 구 인   성○○ (750000-2000000)
(성년후견인)   주소 서울 강남구 도곡로00길 11, 202동 303호 (대치동, 가사아파트)
사 건 본 인   전□□ (400000-1000000)
(피성년후견인)   주소 서울 송파구 올림픽로00길 44, 505동 606호 (신천동, 비송 아파트)
              등록기준지 충남 연기군 성년면 후견길 77

주   문

1. 특별대리인 이◇◇[580000-1000000, 서울 양천구 등촌로 99 (목동)]이 사건본인(피성년후
   견인)을 대리하여 청구인(성년후견인)에게 별지 목록 기재 부동산을 증여하는 행위를 하는 것
   을 허가한다.
2. 청구인(성년후견인)은 제1항의 이행결과와 청구인(성년후견인)이 제1항 기재 수증재산에 상응
   하는 부양을 하고 있다는 점에 관하여 2019. 3. 31.까지 이 법원에 보고하여야 한다.

이   유

이 사건 청구는 이유 있으므로, 주문과 같이 심판한다.

2018. 12. 31.

판사 김 법 관

(별지)   부 동 산 목 록

1동의 건물의 표시

　서울 송파구 신천동 99 비송아파트 505동

　[도로명주소] 서울 송파구 올림픽로00길 44

전유부분의 건물의 표시

　　건물의 번호 : 제6층 제606호

　　건물 내역 : 철근콘크리트구조 59.94㎡

대지권의 표시

　　대지권의 목적인 토지의 표시 : 서울 송파구 신천동 99 대 4834.6㎡

　　대지권의 종류 : 소유권대지권

　　대지권 비율 : 4834.6분의 17.884. 끝.

[참고자료 18] 후견감독 절차 안내문

 후견감독 절차 안내문   ○○가정법원 가사00단독

I. 앞으로 모든 서류는 <u>2018후감0000</u> 사건번호로 제출하여야 합니다.
○ 후견인선임심판이 확정되어 후견인으로서 업무가 시작되었고 직권으로 후견감독사건이 개
  시되었습니다.

II. 재산목록보고서를 심판문의 주문에 기재된 기한까지 제출하여 주시기 바랍니다.
○ 후견인은 피후견인의 재산을 조사하여 재산목록보고서를 위 기한까지 한번만 제출하면 됩
  니다. 재산목록보고서를 작성할 때 후견개시사건 심판문에 기재된 기준일의 잔고 및 재산
  을 기재하여 주시기 바랍니다.
○ 재산목록 보고서를 제출할 때 성년후견의 경우 피후견인에 대한 정부3.0안심상속서비스조
  회(또는 상속인금융조회서비스)결과를 함께 제출하여야합니다.
○ 피후견인의 토지소유현황(구청), 3년간의 세목별과세증명서(구청)를 제출하여 주시기 바랍
  니다. 재산목록보고서에 기재한 재산의 증빙자료를 제출하여야합니다.

III. 후견사무보고서는 매년(또는 격년 등) 심판문의 주문에 기재된 날짜까지 제출하여 주시기
  바랍니다.
○ 후견사무보고서의 작성기준일은 심판문 주문에 기재되어 있습니다.
  – 후견사무보고서는 후견인이 일정기간 동안 수행한 재산관리 내역과 신상보호 내용을 법
    원에 보고하는 서류입니다. 보통은 1년에 1회이지만 후견 특성에 따라 제출 횟수나 주기
    가 변동될 수 있습니다.
○ 피후견인의 재산에 관한 증빙자료를 제출하여야 합니다.
  – 법원은 법률에 의하여 후견인의 후견사무에 대한 감독 권한과 책임을 부여받았고, 이에
    따라 피후견인의 신상 및 재산에 관한 후견사무결과를 확인하여야 합니다. 따라서 후견인
    은 피후견인의 신상변동 및 사무집행 내용을 소명할 증빙자료를 첨부하여 법원에 후견사
    무보고서를 제출하여야 합니다.
  – 부동산등기부등본, 자동차등록원부, 임대차계약서사본, 보험계약현황 또는 보험금납입내
    역 등(이미 전년도 보고서에 제출하였던 것이라 하더라고 다시 발급하여 제출하여야 함)을 제
    출하여야 합니다.
  – 피후견인의 채무에 관한 증명, 피후견인 명의로 진행하는 소송이 있는 경우 소송관계
    서류도 제출하여야 합니다.
○ 후견사무보고서의 작성은 기준일 기준의 잔고 및 재산을 기재하며, 수입내역 및 지출내
  역을 정리하여 제출하여야 합니다.

- 수입내역 및 지출내역의 경우 양식에 맞추어 작성이 어렵다면 별도의 종이에 작성하여 제출하여도 됩니다. 다만 1년간의 지출장부를 그대로 복사하여 제출하여서는 안 되고 1년간의 수입, 지출내역을 항목별로 정리하여 제출하여 주시기 바랍니다.
- 수입내역 및 지출내역에 대한 증빙자료를 제출하여야 합니다. 수입내역은 통장거래내역서, 지출내역은 각 영수증, 통장거래내역서를 제출하고, 통장의 거래내역서의 경우 해당란에 밑줄로 표시하고 설명을 기재하여 주십시오.
○ 다음 사항에 대하여는 별도의 서면으로 설명하고 증빙자료를 제출하여 주십시오.
- 피후견인이 새롭게 부담하는 채무가 발생한 경우
- 피후견인 명의로 진행하는 소송이 발생한 경우(일반 민사소송 이외에도 상속포기, 상속한정승인, 후견관련 각종 허가심판 등을 모두 제출하여야 함)
- 피후견인 명의로 새로운 재산을 취득한 경우
- 피후견인의 재산을 처분한 경우
- 후견인이 피후견인을 위해 비용을 지출한 경우

Ⅳ. 기타 참고사항
○ 주소가 변경된 경우 주소변경신고서를 제출하여야 합니다.
- 후견인의 주소, 전화번호가 변경되면 즉시 법원에 서면으로 알려 주셔야 합니다.
- 피후견인이 실제로 거주하는 병원을 옮긴 경우, 피후견인의 주소가 변경된 경우 후견사무보고서를 제출할 때 변경되었음을 기재하여 제출하여야 합니다(주민등록초본, 입원확인서 등 첨부).
○ 피후견인 명의의 계좌 사용이 불편해도 후견인의 계좌로 옮겨서 사용하여서는 안됩니다.
- 그러한 경우 후견인의 계좌 및 재산에 대하여 조사가 이루어질 수 있습니다. 피후견인의 재산은 반드시 피후견인의 명의로 관리되어야 합니다. 법원의 허가 없이 피후견인의 재산을 후견인 또는 제3자의 명의로 바꾸는 행위는 업무상 배임죄 또는 횡령죄로 처벌받을 수 있습니다.
- 피후견인의 재산은 피후견인을 위해 지출되어야 하는 것이 원칙입니다. 피후견인의 재산으로 후견인 또는 친족을 위한 비용으로 지출할 경우 타당한 사유가 있어야 하고 그 지출 범위도 적정하여야 하며, 그에 대한 소명자료가 있어야 합니다.
○ 피후견인, 후견인이 사망한 경우
- 피후견인이 사망한 경우 기본증명서(폐쇄)를 제출하고, 후견종료에 따른 계산보고서를 제출하여야 하며, 피후견인이 사망하였어도 후견등기가 자동으로 없어지는 것은 아니고 후견인이 직접 후견종료의 등기신청을 후견등기담당자(가정법원 8층 후견센터 02-2055-0000)에게 별도로 신청하여야 합니다. (3개월 이내에 종료등기를 하여야 하며 기간 도과 시에는 과태료가 부과됩니다.)
- 후견인이 사망한 경우 새로운 후견인선임을 위한 심판청구를 하여야 합니다.
○ 피후견인이 거주하고 있거나, 거주할 것으로 예상되는 부동산을 처분하려고 하는 경우에는 법원으로부터 별도의 허가재판을 받아야 합니다.

[참고자료 19] 전문가후견인 후보자에 대한 의견청취서

○ ○ 가 정 법 원
의 견 청 취 서

사단법인 □□□ 귀하

사 건 : 2018느단0000 성년후견개시
청 구 인 : 공△△
사 건 본 인 : 남○○

2018. 9. 1. 접수된 성년후견개시 심판청구 사건과 관련하여 귀하께서 성년후견인으로 선임되는 것에 관하여 의견을 청취하고자 합니다.
아래의 의견(□안에 ✓표시를 하시고, 기타 의견이 있는 경우 기재하여 주시기 바랍니다.)을 기재하여 제출하여 주시기 바랍니다.

※보내실 곳 : (137-889) 서울 서초구 강남대로 193 (양재동 25-3)

※ 문의사항 연락처 : ○○가정법원 가사20단독(비송) 법원주사 민◇◇
직통전화 : 02-0000-0000
팩 스 : 02-0000-0001   e-mail :

2018. 9. 21.

법원주사   민 ◇ ◇

의 견

사 건 : 2018느단0000 성년후견개시

1. 성년후견인 선임에 관한 의견	□ 수락하겠음
	□ 수락이 어려움
	□ 기타 :
2. 성년후견인으로서 보수에 관한 의견	□ 법원에서 정하는 보수를 희망함
	□ 보수를 포기함
	□ 기타 :

201 . . .

진술인   (서명 또는 날인)

[참고자료 20] 재산목록보고서

전산양식 C2604 **재산목록보고서**

기본 후견감독사건 사건번호	2018후감1234567

기 본 사 항
피후견인과 후견인의 기본 신상 정보를 기재합니다.

작성기준일	2018. 11. 30.	후 견 종 류	☑성년후견 ☐한정후견 ☐특정후견 ☐임의후견 ☐미성년후견

피 후 견 인

성 명	김○○	주민등록번호	691212-1000000
주 소	우편번호 (08880) 서울 구로구 개봉로00길 000, 111동 222호 (개봉동, 후견아파트)	연 락 처 ☎	02-000-0000

위 피후견인 외에 다른 피후견인이 있습니까?	☑ 없음 ☐있음	• 있음에 √표한 경우 아래 항목을 작성합니다.

성 명		주민등록번호	
주 소	우편번호 (-)	연 락 처 ☎ - -

후 견 인

성 명	박△△	주민등록번호	741010-2000000
주 소	우편번호 (08880) 서울 구로구 개봉로00길 000, 111동 222호 (개봉동, 후견아파트)	연 락 처 ☎	010-0000-0000
피후견인과 관 계	처	주소변경여부	☑ 변경사항 없음 ☐ 변경사항 있음

※주소변경이 있을시 변경된 주소가 명시된 주민등록등본을 제출해야 합니다.

위 후견인 외에 다른 후견인이 있습니까?	☑ 없음 ☐있음	• 있음에 √표한 경우 아래 항목을 작성합니다.

성 명		주민등록번호		연 락 처 ☎
주 소	우편번호 (-)			피후견인과 관 계

후견 감독인이 있습니까?	☑ 없음 ☐있음	• 있음에 √표한 경우 아래 항목을 작성합니다.

성 명		주민등록번호		연 락 처 ☎
주 소	우편번호 (-)			피후견인과 관 계

재 산 목 록
피후견인의 보유자산에 대해 구체적인 내용을 기재하는 란입니다.
재산목록 요약표에 해당 재산이 「☐ 있음」에 √표 한 경우 아래 해당 항목에서 자세히 작성합니다.

※ 재산목록 요약표와 소명 자료 또는 진술서의 기재내용이 서로 불일치한 경우에는 허위 진술 혹은 불성실한 보고로 간주되어 불이익 처분을 받을 수 있습니다.

재산목록 요약표   단위 : 원

적극재산	해당 유무	건수	항목소계	적극재산	해당 유무	건수	항목소계
1. 부 동 산	☑있음 ☐없음	3	654,000,000	7. 차 량	☑있음 ☐없음	1	6,000,000
2. 예 · 적 금	☑있음 ☐없음	3	123,000,000	8. 유 체 동 산 (귀금속, 골동품, 예술품 등)	☐있음 ☑없음		
3. 보 험	☑있음 ☐없음	2	134,000,000	9. 기 타 재 산 권 (회원권, 저작권, 상표권 등)	☐있음 ☑없음		
4. 증 권 등	☑있음 ☐없음	1	50,000,000	10. 대 여 금	☐있음 ☑없음		
5. 보증금반환채권	☐있음 ☑없음			11. 기 타 채 권	☐있음 ☑없음		
6. 현 금	☐있음 ☑없음			① 적극재산 합계			967,000,000
소극재산	해당 유무	건수	항목소계	소극재산	해당 유무	건수	항목소계
12. 담 보 대 출	☑있음 ☐없음	1	100,000,000	14. 기 타 채 무	☐있음 ☑없음		
13. 보증금 반환채무	☑있음 ☐없음	6	280,000,000	② 소극재산 합계			380,000,000

재 산 총 액	①-②	587,000,000원

건수	부동산 종류	소재지	시가	
부1	☑토지 ☑건물	서울 중구 인현동 00-0 토지 및 지상건물	520,000,000	☐ 공시지가 ☑ 실거래가
부2	☑토지 ☑건물	서울 구로구 개봉동 후견아파트, 111동 222호 (공유자 지분 1/2)	100,000,000	☐ 공시지가 ☑ 실거래가
부3	☑토지 ☐건물	전북 완주군 경천면 ◇◇리 00	34,000,000	☑ 공시지가 ☐ 실거래가
부4	☐토지 ☐건물			☐ 공시지가 ☐ 실거래가
부5	☐토지 ☐건물			☐ 공시지가 ☐ 실거래가
부6	☐토지 ☐건물			☐ 공시지가 ☐ 실거래가
부7	☐토지 ☐건물			☐ 공시지가 ☐ 실거래가

(세로 제목: 부 동 산)

※ 작성란 부족시 건수 연속 기재하여 별지목록으로 작성하여 첨부합니다.

1. 부동산 총액 654,000,000원

건수	금융기관명	계좌번호	잔고
1	농협	353-0000-0000-00	51,000,000
2	하나은행	153-0000000-00000	35,000,000
3	우리은행	1002-000-000000	37,000,000
4			
5			
6			
7			

(세로 제목: 예 · 적 금)

※ 작성란 부족시 건수 연속 기재하여 별지목록으로 작성하여 첨부합니다.

2. 예금 총액 123,000,000원

	건수	보험회사명	보험증권번호	월 납입액	납입금종액 (월납입금×납입횟수)
보 험	보1	삼성생명보험 주식회사	123456789	월 300,000원×80회	24,000,000
	보2	교보생명보험 주식회사	987654321		110,000,000
	보3				
	보4				
	보5				
	보6				
	보7				

※ 작성란 부족시 건수 연속 기재하여 별지목록으로 작성하여 첨부합니다.

3. 보 험 종 액   134,000,000원

※ 평가기준일(2018. 11. 30.)

	건수	보유주식명	보유량	주당평가액	평가종액 (1주 평가액×보유량)
증 권 등	주1	△△△주식회사	10,000주	5,000원	50,000,000원
	주2				
	주3				
	주4				
	주5				

	건수	펀드명	계좌번호	평가종액
	펀1			
	펀2			
	펀3			
	펀4			
	펀5			

※ 작성란 부족시 건수 연속 기재하여 별지목록으로 작성하여 첨부합니다.

4. 증 권 등 종 액   50,000,000원

자 산 항 목	내 용			
보 증 금 반 환 채 권	소 재 지		보 증 금	임 대 기 간
현 금				

	건 수	차 종	년 식	등 록 번 호	시 가
차 량	차1	그랜저	2010	00너0000	6,000,000
	차2				

• 골동품, 예술품, 귀금속, 악기 등 고가의 유체동산 내역을 작성합니다.

	유 체 동 산 명	시 가	유 체 동 산 명	시 가
유 체 동 산	유1		유4	
	유2		유5	
	유3		유6	

▽피후견인의 회원권, 저작권, 특허권 등에 관해 작성합니다.

	재 산 권 명	가 액 (산정가능한 경우)
기타 재산권		

	대 여 일	채 무 자	채 권 액	채 권 회 수 예 정 일
대여금				

	채 권 발 생 일	채 무 자 명	채 권 액	채 권 회 수 예 정 일
기 타 채 권				

(좌측 세로 표제: 그 외 적 극 재 산)

5. 그외 적극재산총액	6,000,000원

● 소극재산의 해당 건수를 표기한 후 구체적 내용을 작성합니다

<table>
<tr><td rowspan="19">소 극 재 산</td><td colspan="2" rowspan="6">담 보 대 출</td><td>건 수</td><td>금 융 기 관</td><td>대 출 금</td><td colspan="2">상 태</td></tr>
<tr><td>1</td><td>신한은행</td><td>100,000,000원</td><td>☑정상</td><td>□가압류나 압류 등</td></tr>
<tr><td></td><td></td><td></td><td>□정상</td><td>□가압류나 압류 등</td></tr>
<tr><td></td><td></td><td></td><td>□정상</td><td>□가압류나 압류 등</td></tr>
<tr><td></td><td></td><td></td><td>□정상</td><td>□가압류나 압류 등</td></tr>
<tr><td></td><td></td><td></td><td>□정상</td><td>□가압류나 압류 등</td></tr>
<tr><td colspan="2" rowspan="4">보 증 금 반 환 채 무</td><td>건 수</td><td>채 권 자</td><td>반 환 채 무 액</td><td colspan="2">채 무 반 환 예 정 일</td></tr>
<tr><td>6</td><td>[별지 1] 기재와 같음</td><td>280,000,000</td><td colspan="2"></td></tr>
<tr><td></td><td></td><td></td><td colspan="2"></td></tr>
<tr><td></td><td></td><td></td><td colspan="2"></td></tr>
<tr><td rowspan="9">기 타 채 무</td><td rowspan="3">신용대출</td><td>대 출 일</td><td>금 융 기 관</td><td>대 출 금</td><td colspan="2">대 출 만 기 예 정 일</td></tr>
<tr><td></td><td></td><td></td><td colspan="2"></td></tr>
<tr><td></td><td></td><td></td><td colspan="2"></td></tr>
<tr><td rowspan="3">보험대출(약관)</td><td>대 출 일</td><td>보 험 기 관/
보 험 증 권 번 호</td><td>대 출 금 액</td><td colspan="2">대 출 금 상 환 예 정 일</td></tr>
<tr><td></td><td>/</td><td></td><td colspan="2"></td></tr>
<tr><td></td><td>/</td><td></td><td colspan="2"></td></tr>
<tr><td rowspan="3">차용금</td><td>차 용 일</td><td>채 권 자</td><td>차 용 금 액</td><td colspan="2">차 용 금 상 환 예 정 일</td></tr>
<tr><td></td><td></td><td></td><td colspan="2"></td></tr>
<tr><td></td><td></td><td></td><td colspan="2"></td></tr>
<tr><td colspan="2" rowspan="3">기타</td><td colspan="3">내 용</td><td colspan="2">금 액</td></tr>
<tr><td colspan="3"></td><td colspan="2"></td></tr>
<tr><td colspan="3"></td><td colspan="2"></td></tr>
</table>

※ 작성란 부족시건수 연속 기재하여 별지목록으로 작성하여 첨부합니다.

6. 소극재산 종액   380,000,000원

재 산 종 액   (1+2+3+4+5)-6= 587,000,000원

| 수 입 내 역 | 피후견인의 예상수입에 대해 구체적인 내용을 기재하는 란입니다.
▽건수 란에는 위 재산목록에 작성했던 건수 중 소득이 발생하는 해당 건수를 작성합니다..
※ 공동소유일 경우 실제 피후견인의 지분에 따른 수입분만 기재합니다. |

	부동산건수		월 소 득 액×12개월 =1년 임대소득	
임대소득	[별지2] 기재와 같음	월 (	)원 × 12개월 = (	)원
		월 (	)원 × 12개월 = (	)원
		월 (	)원 × 12개월 = (	)원
		월 (	)원 × 12개월 = (	)원
		월 (	)원 × 12개월 = (	)원
	① 임대소득 합계	102,000,000원		
	수 급 명 칭		월 수 급 액×12개월 =1년 수급총액	
연 금 및 사 회 보 장 수 급 권		월 (	)원 × 12개월 = (	)원
		월 (	)원 × 12개월 = (	)원
		월 (	)원 × 12개월 = (	)원
		월 (	)원 × 12개월 = (	)원
		월 (	)원 × 12개월 = (	)원
	② 수 급 합 계			
	보 험 사 명	보 험 증 권 번 호	수 령 금 총 액	
보험금수령액			년	
			년	
	③보험금 수령액 합계			
	건 명		이 자 수 익	
이 자 소 득				
	④이자소득 합계			
수 입 항 목	소 득 금 액			
자 영 수 입	⑤			
근 로 소 득	⑥			
개인연금소득	⑦			
기 타 수 입	⑧			
수 입 총 액	①+②+③+④+⑤+⑥+⑦+⑧ = 102,000,000원			

| 지 출 내 역 | 피후견인의 예상지출에 대해 구체적인 내용을 기재하는 란입니다. |

거소상태에 √표 하고 해당 항목에서 자세히 작성합니다.

※ 지출계획은 후견인이나 가족을 제외한 <u>피후견인만을 대상으로</u> 합니다. 피후견인의 재산으로 후견인 및 동거 가족의 생활비 등을 지출하는 경우, 그에 대한 지출계획은 증빙서류를 첨부하여 별지로 작성합니다.

	거 소 상 태		항　　목	지 출 계 획
지 출 계 획	□ 자택	정기지출 항 목	주 거 비 (임대료, 관리비 등)	월(　　　　)원 ×12개월=(　　　　　　)원
			의 료 비 (치료비, 약제비, 의료용품 구입비 등)	월(　　　　)원 ×12개월=(　　　　　　)원
			식　비	월(　　　　)원 ×12개월=(　　　　　　)원
			공 과 금	월(　　　　)원 ×12개월=(　　　　　　)원
			피 복 비	월(　　　　)원 ×12개월=(　　　　　　)원
			용　돈	월(　　　　)원 ×12개월=(　　　　　　)원
			기　타	월(　　　　)원 ×12개월=(　　　　　　)원
		비정기지출 항 목		
	☑ 시설 (예: 요양(병)원, 사회 복지시설, 정신병원, 일반 및 재활병원 등)	정기지출 항 목	입 원 비	월 2,740,000원 ×12개월 = 32,880,000원
			간 병 비	주급 850,000원 × 52주 = 44,200,000원 + 명절비 600,000원 = 44,800,000원
			의 료 비 (물리 또는 재활 치료비, 의료용품 구입비 등)	월 400,000원 × 12개월 = 4,800,000원
			대 출 이 자	월 400,000원 × 12개월 = 4,800,000원
			건물 공과금 및 용역	월 3,000,000원 × 12개월 = 36,000,000원
			기　타	월(　　　　)원 ×12개월=(　　　　　　)원
		비정기지출 항 목		

총지출예산	123,280,000원

후 견 인 의 전 체 의 견	재산목록 작성 기준일 현재 재산목록은 위와 같습니다. 피후견인은 현재 근로소득을 상실하여 임대소득 밖에 없는데, 병원비와 간병비, 건물 관리비 등 부담으로 향후 재산감소가 예상됩니다. 후견인은 가정주부인바 대학생 자녀 1명과 미성년 자녀 1명의 학비와 가정의 생활비를 충당하기 위하여 피후견인의 재산에 대한 운영이 필요합니다.

후견인은 위와 같이 피후견인의 재산목록을 작성하여 보고합니다.

2018년 12월 31일

후견인　박△△ (서명 또는 날인)

※ 감독법원에 최종 재산목록보고서를 제출할 때 후견인은 재산목록보고서에 기재한 적극재산, 소극재산, 수입 및 지출내역의 현황을 확인할 수 있도록 재산의 해당 유무와 건수를 표기한 후, 재산내역에 해당되는 각 증빙 서류(아래 예시 첨부서류 참조)를 첨부합니다.

공 통 사 항				첨 부 서 류			
1. 상속인금융거래조회서비스 또는 정부 3.0 안심상속 원스톱서비스 (특정후견제외, 재산이 없는 경우도 해당)				☑ 조회결과지 제출			

적 극 재 산	해당유무	건수	첨 부 서 류	적 극 재 산	해당유무	건 수	첨 부 서 류
2. 부 동 산	☑있음 ☐없음	2	부동산 등기사항증명서 (토지, 건물)	7. 차 량	☑있음 ☐없음	1	차량등록증 사본
3. 예·적 금	☑있음 ☐없음	3	작성기준일(후견심판확정일) 당일 잔고가 명시된 예금 잔액(잔고)확인서	8. 현금 및 유체동산 (귀금속, 골동품, 예술품 등)	☐있음 ☑없음		사진
4. 보 험	☑있음 ☐없음	2	보험증권 사본, 보험사 발급 보험가입확인서, 보험료 납입 증명서	9. 기타 재산권 (회원권, 저작권, 상표권 등)	☐있음 ☑없음		관련 증빙서류
5. 증 권 등	☑있음 ☐없음	1	증권사 발행 잔고증명서	10. 대여금	☐있음 ☑없음		대여금증서, 영수증 등 사본
6. 보증금반환채권	☐있음 ☑없음		부동산 임대차 계약서 사본	11. 기 타 채 권	☐있음 ☑없음		채권계약서 사본

소 극 재 산	해당유무	건수	첨 부 서 류	소 극 재 산	해당유무	건 수	첨 부 서 류
12. 담 보 대 출	☑있음 ☐없음	1	대출기관이 발급한 대출내역 확인서	15. 보험대출	☐있음 ☑없음		보험대출(약관) 확인서
13. 보증금 반환채무	☑있음 ☐없음	6	임대차계약서 사본	16. 차용금	☐있음 ☑없음		차용증 등 증빙서류 사본
14. 신용대출	☐있음 ☑없음		신용대출내역확인서	17. 기타	☐예정 ☑완료		관련 증빙서류

수 입 내 역	해당유무	건수	첨 부 서 류	수 입 내 역	해당유무	건 수	첨 부 서 류
18. 임대소득	☑있음 ☐없음	6	부동산 임대차 계약서 사본	21. 근로소득	☐있음 ☐없음		근로소득원천 징수영수증
19. 연금 및 사회보장 수급권	☐있음 ☑없음		연금수령내역 (국민연금, 기초노령연금, 기초생활보장급여 등이 입금되는 통장의 거래내역 사본 등)	22. 보험료수입	☐있음 ☑없음		보험금 수령확인서
20. 자영수입	☐있음 ☑없음		전년도 종합소득세 확정신고서	23. 기타수입 (예금이자, 저작권료 등)	☐있음 ☑없음		관련 증빙서류

기 타 항 목		
※상속재산	☑완료	국세청 제출 상속세신고서(상속세과세표준신고서 및 자진납부계산서와 부표 포함)
	☐예정	※ 성년(한정)후견의 경우, 피후견인이 상속인으로 개시된 상속이 있는 경우 작성합니다. ※ 미성년후견의 경우, 피후견인의 부모가 사망하여 상속이 개시된 경우 작성합니다.

[별지 1]

보증금반환채무

대상부동산: 서울 중구 인현동 00-0 토지 및 지상건물

	구분	임차인	보증금(원)	월세(원)	상 태	
1	1층	최▽▽	25,000,000	1,000,000	☑정상	□가압류나 압류 등
2	1층	강□□	25,000,000	800,000	☑정상	□가압류나 압류 등
3	1층	△△△ ㈜	30,000,000	1,200,000	☑정상	□가압류나 압류 등
4	2층	㈜ ○○○	50,000,000	1,500,000	☑정상	□가압류나 압류 등
5	2층	권◇◇	50,000,000	1,500,000	☑정상	□가압류나 압류 등
6	지하	박◎◎	100,000,000	2,500,000	□정상	☑가압류나 압류 등
합계			280,000,000	8,500,000		

[별지 2]

임대소득

대상부동산: 서울 중구 인현동 00-0 토지 및 지상건물

	구분	임차인	임대소득(원)
1	1층	최▽▽	월 1,000,000 × 12 = 12,000,000
2	1층	강□□	월 800,000 × 12 = 9,600,000
3	1층	△△△ ㈜	월 1,200,000 × 12 = 14,400,000
4	2층	㈜ ○○○	월 1,500,000 × 12 = 18,000,000
5	2층	강◇◇	월 1,500,000 × 12 = 18,000,000
6	지하	박◎◎	월 2,500,000 × 12 = 30,000,000
합계			102,000,000

[참고자료 21] 상속인 금융거래조회서비스 안내문과 신청서

상속인 금융거래조회서비스 안내문

☐ 상속인 금융거래조회 서비스는 상속인이 피상속인의 금융재산 및 채무를 확인하기 위하여 금융회사를 일일이 방문하여야 하는 번거로움을 덜어드리고자 금융감독원이 각 금융협회 및 금융회사의 협조를 얻어 제공하는 서비스입니다. 동 서비스는 조회신청일 기준으로 피상속인 명의의 모든 금융채권(명칭여하를 불문하고 각종예금, 보험계약, 예탁증권, 공제 등), 채무(명칭여하를 불문하고 대출, 신용카드이용대금, 지급보증 등 우발채무 및 특수채권 등) 및 피상속인 명의의 국민주, 미반환주식, 대여금고 및 보호예수물, 보관어음 등의 정보가 있는 금융회사를 알려드립니다. 다만 조회가 불가능한 일부 금융회사가 있으므로 이 경우 별도로 해당 금융회사에 직접 조회하셔야 합니다. (각 금융협회 홈페이지나 담당자를 통해 조회 불가능한 회사 확인 가능)

☐ 상속인 금융거래조회 절차는 다음과 같습니다.

신청서 접수 (접수처 : 금융감독원, 전 은행(수출입은행, 외은지점제외) 삼성생명고객프라자, 동양증권, 우체국)	
⇩	
각 금융협회에 피상속인 등의 금융거래조회 요청	(금융감독원 ⇒ 금융협회)
⇩	
각 금융협회에서 소속 금융회사에 조회 요청	(금융협회 ⇒ 금융회사)
⇩	
금융회사에서 조회결과를 소속 금융협회에 통지	(금융회사 ⇒ 금융협회)
⇩	
금융협회에서 조회결과를 취합하여 신청인에게 통보 및 홈페이지에 게재	(금융협회 ⇒ 신청인)

☐ 상속인이 미성년자인 경우 14세이상은 본인이나 법정대리인(또는 후견인)이 신청할 수 있으며, 14세미만은 법정대리인(또는 후견인)만 신청이 가능합니다.

☐ 상속인 금융거래조회는 금융회사의 계좌존재 유무(예금의 경우 금액 수준)와 채무금액을 통지하므로 잔액, 거래내역 등 상세한 내역은 해당 금융회사를 방문하여 별도의 절차를 거쳐 자세한 거래내역을 확인하셔야 합니다. '13.9.2일 접수분부터 신청서 및 접수증에 기재된 상속인에 한해 접수증, 신분증만으로 신청일로부터 3개월 내에는 해당 금융회사에서 거래정보를 제공받을 수 있습니다. 대리인의 경우 접수증, 신분증 외에 금융사가 요구하는 위임관련 서류를 지참해야 합니다. 이외 필요서류 등은 방문 전에 반드시 확인하시기 바랍니다. 예금 등의 상속(명의변경 및 지급 등)시에는 금융회사가 정한 절차에 의해 필요서류를 받을 수 있습니다.

※ 대부업체는「대부업 신용정보 컨소시엄」(일명 '대부업CB*')에 가입한 대부업체만 대상임

    * CB(Credit Bureau) : 개인의 신용정보를 수집하고 신용도를 평가하는 기관

☐ 조회결과는 각 금융협회에서 문자메시지 등을 이용하여 신청인에게 통보하고 각 금융협회 홈페이지에 조회결과를 게시합니다. 다만 접수일로부터 3개월간만 홈페이지에서 조회 가능하며 조회결과는 서면으로 통보되지 않습니다(각 금융협회별로 조회결과를 개별적으로 통보하므로 통보시기가 금융협회별로 다름)

※ 접수일로부터 6일 경과후 3개월까지 금융감독원 홈페이지(http://www.fss.or.kr)에서 각 금융협회에서 제공하는 상속인 금융거래조회 결과를 일괄조회 할 수 있습니다. 다만 조회결과에 대한 자세한 문의는 각 금융협회 또는 해당 금융회사로 하셔야 합니다.

◦ 각 금융협회 홈페이지 및 전화번호

협회명	홈페이지주소	전화번호	조회가능금융기관	예상소요기간
전국은행연합회	www.kfb.or.kr	02-6715-1703	은행, 수협, 농축협	7 ~ 10일
생명보험협회	www.klia.or.kr	02-2262-6565	생명보험	6 ~ 10일
손해보험협회	www.knia.or.kr	02-3702-8629	손해보험	3 ~ 7일
금융투자협회	www.kofia.or.kr	02-2003-9424	금융투자회사	7 ~ 10일
한국종합금융협회	www.ibak.or.kr	02-720-0570~2	종합금융회사	10 ~ 15일
여신금융협회	www.crefia.or.kr	02-2011-0700	카드, 리스, 할부금융	15 ~ 20일
저축은행중앙회	www.fsb.or.kr	02-397-8672	저축은행	15 ~ 20일
신협중앙회	www.cu.co.kr	042-720-1335	신용협동조합	10 ~ 15일
새마을금고중앙회	www.kfcc.co.kr	02-3459-9082	새마을금고	10 ~ 15일
산림조합중앙회	www.nfcf.or.kr	042-620-0341	산림조합	10 ~ 15일
한국예탁원	www.ksd.or.kr	02-3774-3545	증 권	10 ~ 15일
우체국	www.epostbank.go.kr	061-338-2539	우 체 국	7 ~ 10일
대부업협회	http://www.clfa.or.kr/	02-3487-5800	대부업체	7 ~ 14일

☐ 금융회사는 조회신청사실을 통보받게 되면 통상 해당계좌에 대하여 임의로 거래정지 조치를 취하여 해당 계좌의 입·출금(자동이체포함) 등이 제한될 수 있으며, 이후의 예금지급은 원칙적으로 상속인 전원의 청구에 의하여 해당 금융기관에서만 지급이 가능합니다.

☐ 카드사 채무가 있을 경우 사망자 등이 채무면제유예(DCDS)서비스에 가입되어 있는지 해당 카드사에 반드시 확인하시기 바랍니다. 채무면제서비스 가입시 보장조건에 따라 신용카드 채무를 면제 또는 유예받을 수 있습니다.

☐ 접수증에 기재된 접수번호는 각 금융협회 홈페이지에서 조회결과를 확인할 때 신청인 본인 여부의 확인을 위하여 필요하므로 반드시 기억하시기 바랍니다.

※ 극히 드문 일이나 금융회사의 전산오류 등으로 조회결과가 사실과 다를 수도 있음을 유념하시기 바랍니다.

상속인 금융거래조회 신청서

금융감독원이 상속인 금융거래 조회서비스 처리를 위해서는 신청인 및 사망자 등의 주민
등록번호를 포함한 개인(신용)정보의 수집·이용, 금융회사 제공을 통한 사실관계 확인이
필요합니다. 이를 원하지 않을 경우 상속인 금융거래 조회서비스 제공이 불가능합니다.

접수번호	□□□□ - □□ - □□□□□	신청사유	□사망 □실종 □금치산(피성년후견) □피한정후견

신청인(상속인·금치산자의 후견인 또는 성년후견인, 한정후견인) 정보

상속인 (성년후견인 포함)	성명		주민등록 번호		피상속인과 관계	
	주소				휴대폰번호	
					e-mail	
대리인	성명		생년월일		※ 대리신청의 경우만 작성	
	주소				휴대폰번호	
					e-mail	

사망자 등(실종자·금치산자 또는 피성년후견, 피한정후견인 포함) 정보

사망자 등	성명		주민등록 번호		사망일(선고일)	
					휴대폰번호	

조회대상기관	□ 전 체 □ 예금보험공사 □ 은행* □ 우체국 □ 생명보험 □ 손해보험 □ 금융투자회사 □ 여신전문금융회사 □ 저축은행 □ 새마을금고 □ 산림조합 □ 신용협동조합 □ 한국 예탁원 □ 종합금융회사 □ 대부업체 * 한국신용정보원, 신용보증기금·기술신용보증기금, 한국주택금융공사, 한국장학재단, 미소금융중앙 재단, 한국자산관리공사, 나이스평가정보, 코리아크레딧뷰로, 한국기업데이터, 한국무역보험공사, 신용보증재단(신용보증재단중앙회), 중소기업중앙회 포함
구비서류	사망자 주민번호 기재된 □ 사망진단서 또는 □ 기본증명서(사망일 기재) 사망자 기준 □ 가족관계증명서(3개월내 발급, 주민번호 기재) 또는 □ 가족관계증명 서 열람(지자체) □ 신청인(대리인) 신분증 □ 제적등본(2008년 이전 사망자 또는 필요시) □ 대리시 상속인위임장 및 본인서명사실확인서 또는 인감증명서

위 신청인(상속인 또는 대리인)은 휴대폰 인증 등을 통해 금융감독원 홈페이지에서 통
합조회서비스를 제공받고, 접수시 제출한 구비서류의 내용을 개별 금융회사가 상속인
확인시 활용할 것을 요구하며 이에 동의하며, 위와 같이 사망자 등의 금융거래(CB사의
비금융·상거래채무정보 포함), 신용정보관리규약에 규정한 공공정보 및 상조회사 가입여
부 제공을 신청합니다.

년   월   일

신청인(상속인 또는 대리인) :   (서명 또는 날인)

※ 조회완료시 각 금융협회에서 문자메시지 등을 이용하여 신청인에게 통보하고 각 금융협회 홈페이지에 조회결과를 게시합니다. 접수 후 3개월까지 금융감독원 홈페이지 (http://www.fss.or.kr) 또는 금융민원센터(http://www.fcsc.kr)에서 일괄조회 할 수 있습니다.

※ 금융감독원 홈페이지 또는 금융민원센터에서 일괄조회를 하기 위해서는 휴대폰 번호, 전자우편 주소 중 한 가지는 반드시 기재하셔야 합니다.

※ 상속인의 위임을 받아 대리인이 신청하는 경우 조회결과는 대리인에게 통지됩니다.

※ **상조회사**는 선수금을 **은행**에 예치(또는 지급보증)하여 보전하고 있는 업체만 조회대상이며, 상조회사 가입사실은 신청서상의 피상속인의 **성명, 생년월일, 휴대폰번호** 3개 정보가 상조회사 가입시 제출한 정보와 **모두 일치**하는 경우에만 확인할 수 있습니다.

※ 상속인 금융거래 조회서비스 신청을 하시게 되면 **조회대상자가 사망자인 경우** 금융회사에서 "**금융계좌의 지급정지**" 조치를 취할 수 있으니 유념하시기 바랍니다.

※ 자세한 내용은 '상속인 금융거래조회서비스 안내문'을 읽어보시기 바랍니다.

※ 신청서 접수 후 발급된 접수증(전산출력)을 분실하지 않도록 주의하시기 바랍니다.

[참고자료 22] 후견사무보고서

전산양식 C2605 후견사무보고서

 ○○○○ 법원

기본 후견감독사건 사건번호	2018후감1234567

기 본 사 항
피후견인과 후견인의 기본 신상 정보를 기재합니다.

보 고 대 상 기 간	2017. 12. 1. ~ 2018. 11. 30.	후 견 종 류	☑성년후견 □한정후견 □특정후견 □임의후견 □미성년후견

피 후 견 인

성 명	김○○	주민등록번호	691212-1000000
주 소	우편번호 (08880) 서울 구로구 개봉로00길 000, 111동 222호 (개봉동, 후견아파트)	연 락 처 ☎	02-000-0000

거 소	서울 금천구 소재 희망요양병원	주소변경여부	☑ 변경사항 없음 □ 변경사항 있음

위 피후견인 외에 다른 피후견인이 있습니까? ☑ 없음 □ 있음 • 있음에 √표한 경우 아래 항목을 작성합니다.

성 명		주민등록번호	
주 소	우편번호 (-)	연 락 처 ☎	- -

후 견 인

성 명	박△△	주민등록번호	741010-2000000
주 소	우편번호 (08880) 서울 구로구 개봉로00길 000, 111동 222호 (개봉동, 후견아파트)	연 락 처 ☎	010-0000-0000
피후견인과 관 계	처	주소변경여부	☑ 변경사항 없음 □ 변경사항 있음

※주소변경이 있을시 변경된 주소가 명시된 주민등록등본을 제출해야 합니다.

위 후견인 외에 다른 후견인이 있습니까? □ 없음 ☑ 있음 • 있음에 √표한 경우 아래 항목을 작성합니다.

성 명	서◇◇	주민등록번호	540101-2000000	연 락 처 ☎	010-0000-9999
주 소	우편번호 (01648) 서울 도봉구 덕릉로 000, 101호 (창동)		피후견인과 관 계	전문가후견인 (사회복지사)	

후견 감독인이 있습니까? ☑ 없음 □ 있음 • 있음에 √표한 경우 아래 항목을 작성합니다.

성 명		주민등록번호		연 락 처 ☎	
주 소	우편번호 (-)		피후견인과 관 계		

신 상 보 호
피후견인의 신상보호에 대해 구체적인 내용을 기재하는 란입니다.
해당되는 □에 √표 하고, (   )나 빈 공란에는 구체적인 내용을 작성합니다.

	□ 거소 변경 없음 ☑ 거소 변경 있음 • 1년 동안의 피후견인의 실제 거소지 변경 사항을 아래의 란에 작성합니다.		
거소변경상황		**변경 시기**	**변경 주소**
	거소 1	2017. 6. 1.	2017. 12. 31. 보고시에는 개봉동 소재 자택에 거주였는데, 2017. 6. 1.에 금천구에 있는 희망요양병원에 입원하였습니다.
	거소 2		
	거소 3		

대면접촉 빈 도	☑ 매일 □ 주 ( )회 □ 월 ( )회 □ 연 ( )회				
기타접촉 빈 도	□ 전화, 서신, 이메일 등 □ 매일 □주 ( )회 □월 ( )회 □연 ( )회				
	☑기타(다른 식구들) □ 매일 ☑주 (1~2)회 □월 ( )회 □연 ( )회				
생 활 형 태	거 주 형 태	☑ 주택,아파트 □ 요양원 ☑ 요양병원 □ 일반 병원 및 재활병원 □ 정신병원 □ 사회복지시설 □ 기타 ( )			
	소 유 형 태	☑ 자가 □ 전세 □ 월세 □ 무상			
	● 피후견인이 거주하는 주택의 소유자 또는 계약자는 누구입니까? 성명(피후견인) 관계(본인)				
	동 거 인	성 명	피후견인과 관 계	연 령	직 업	월 수 입
		박△△	처(후견인)	44세	주부	0원
		김○○	딸	21세	대학생	0원
		김▽▽	아들	17세	고등학생	0원
				세		원

건 강 상 태	● 해당 □에 √표하고 아래 칸에 구체적인 상황을 작성합니다.	
	진 단 명	☑ 변화없음 □ 변화있음
		(뇌병변)장애, (1)급
	정신적 상태	☑ 변화 없음 □ 상태 호전 □ 상태 악화
		눈만 뜨고 있을 뿐, 의식저하 상태는 변화가 없습니다.
	신체적 상태	□ 변화 없음 □ 상태 호전 ☑ 상태 악화
		뇌에 물이 차서 두 차례 수술을 하였습니다. 천식과 욕창 관리를 하고 있습니다.

제공된 후견서비스	서비스 항목	서 비 스 내 용
	☑ 생활유지	* 자택요양 상태 및 생활유지방법, 시설요양 상태 등 (2017. 5월까지 자택에 있다가 뇌수술 후 2017. 6. 1.에 금천구에 있는 희망요양병원에 입원하였습니다)
	☑ 간호형태	* 공동간병인, 개인간병인, 그 외 간병하는 사람 및 시간 등 (개인간병인이 24시간 간병하고 있습니다)
	☑ 의 료	* 신체적, 정신적 의료적 치료, 검진, 진료 등 제공된 서비스 (2017. 5.경 □□대학병원에서 추가 뇌수술을 하였고, 이후 요양병원에서 제공하는 검진과 진료 서비스를 받고 있습니다)
	□ 재 활	* 재활서비스 유무 및 시간, 방법, 치료목적 등
	□ 교 육	* 피후견인에게 도움이 되는 교육서비스
	□ 시설입퇴소	
	□ 기 타	

신 상 에 관 한 특이사항 및 의견	후견지속여부	☑ 지속 □ 종료	
		사유	피후견인의 상태가 계속 악화되고 있고 호전가능성이 낮다고 하기 때문입니다.
	후 견 범 위 변 경 여 부	☑ 변경 없음 □ 변경 있음	
		변 경 내 용	
	향 후 보 호 계 획	수술을 시행한 □□대학병원에 정기 검사를 받고 있고, 요양병원의 주치의와 피후견인의 건강상태에 대하여 지속적으로 면담하고 있습니다. 현재로서는 개선을 위한 의료행위 제공은 의미가 없다고 하지만, 피후견인의 건강상태를 최상으로 유지하기 위하여 필요한 모든 조치를 할 계획입니다.	

재 산 목 록

피후견인의 보유자산에 대해 구체적인 내용을 기재하는 란입니다.
재산목록 요약표에 해당 재산이 「□ 있음」 √표 한 경우에 아래 해당 항목에서 자세히 작성합니다.

※ 재산목록 요약표와 소명자료 또는 진술서의 기재내용이 서로 불일치한 경우에는 허위 진술 혹은 불성실한 보고로 간주되어 불이익 처분을 받을 수 있습니다.

재 산 목 록 요 약 표

적극재산항목	해당유무		건 수	항목소계	(단위: 원)
1. 부 동 산	☑있음	□없음	2		354,000,000
2. 예 · 적 금	☑있음	□없음	2		33,000,000
3. 보 험	☑있음	□없음	1		24,000,000
4. 증 권 등	☑있음	□없음	2		100,000,000
5. 보증금반환채권	□있음	☑없음			
6. 현 금	□있음	☑없음			
7. 차 량	□있음	☑없음			
8. 유 체 동 산 (귀금속, 골동품, 예술품 등)	□있음	☑없음			
9. 기 타 재 산 권 (회원권, 저작권, 상표권 등)	□있음	☑없음			
10. 대 여 금	□있음	☑없음			
11. 기 타 채 권	□있음	☑없음			
① 적극재산 합계					511,000,000
소극재산 항목	해당유무		건 수	항목소계	(단위: 원)
12. 담 보 대 출	☑있음	□없음	1		150,000,000
13. 보증금반환채무	☑있음	□없음	1		50,000,000
14. 기 타 채 무	☑있음	□없음			100,000,000
② 소극재산 합계					300,000,000

재 산 총 액

①-② = 211,000,000원

건수	부동산 종류		소재지	시가		
부1	☑토지	☑건물	서울 구로구 개봉동 후견아파트, 111동 222호	320,000,000	□ 공시지가	☑ 실거래가
부2	☑토지	□건물	전북 완주군 경천면 ◇◇리 00	34,000,000	☑ 공시지가	□ 실거래가
부3	□토지	□건물			☑ 공시지가	□ 실거래가
부4	□토지	□건물			□ 공시지가	□ 실거래가
부5	□토지	□건물			□ 공시지가	□ 실거래가
부6	□토지	□건물			□ 공시지가	□ 실거래가
부7	□토지	□건물			□ 공시지가	□ 실거래가

부
동
산

※작성란 부족시 건수 연속 기재하여 별지목록으로 작성하여 첨부합니다.

1. 부동산 총액   354,000,000원

건수	금융기관명	계좌번호	잔고
1	농협	353-0000-0000-00	12,000,000
2	하나은행	153-0000000-00000	21,000,000
3			
4			
5			
6			
7			

예
·
적
금

※작성란 부족시 건수 연속 기재하여 별지목록으로 작성하여 첨부합니다.

2. 예금총액   33,000,000원

	건수	보험회사명	보험증권번호	월 납입액	납입금 종액 (월납입금 x 납입횟수)
보 험	보1	교보생명보험 주식회사	123456789	월 300,000원×80회	24,000,000
	보2				
	보3				
	보4				
	보5				
	보6				
	보7				

※ 작성란 부족시 건수 연속 기재하여 별지목록으로 작성하여 첨부합니다.

3. 보 험 총 액   24,000,000원

※ 평가기준일 (2018년 11월 30일)

	건수	보유주식명	보유량	주당평가액	평가 종액 (1주 평가액×보유량)
증 권 등	주1	△△△주식회사	10,000주	5,000원	50,000,000원
	주2				
	주3				
	주4				

	건수	펀드명	계좌번호	평가종액
	펀1	▽▽투자2호	012-345-6789	50,000,000원
	펀2			
	펀3			
	펀4			

※ 작성란 부족시 건수 연속 기재하여 별지목록으로 작성하여 첨부합니다.

4. 증권 등 총액   100,000,000원

자 산 항 목		내 용			
그 외 적 극 재 산	보 증 금 반 환 채 권	소 재 지		보 증 금	임 대 기 간
	현 금				
	차 량	건 수	차 종	년 식	등 록 번 호	시 가
		차1				
		차2				
	유 체 동 산	▽ 골동품, 예술품, 귀금속, 악기 등 고가의 유체동산 내역을 작성합니다.			
		유체동산명	시 가	유체동산명	시 가
		유1		유4	
		유2		유5	
		유3		유6	
	기타 재산권	▽ 피후견인의 회원권, 저작권, 특허권 등에 관해 작성합니다.			
		재 산 권 명		가 액 (산정가능한 경우)	
	대여금	대 여 일	채 무 자 명	채 권 액	채권회수예정일
	기 타 채 권	채 권 발 생 일	채 무 자 명	채 권 액	채권회수예정일

5.그외 적극재산 총액	0원

• 소극재산의 해당 건수를 표기한 후 구체적 내용을 작성합니다.

		건 수	금 융 기 관	대 출 금	상 태
소 극 재 산	**담 보 대 출**	1	IBK기업은행	150,000,000	☑정상 □가압류나 압류 등
					□정상 □가압류나 압류 등
					□정상 □가압류나 압류 등
					□정상 □가압류나 압류 등
					□정상 □가압류나 압류 등

		건 수	채 권 자	반 환 채 무 액	채 무 반 환 예 정 일
	보 증 금 반 환 채 무	1	최▽▽	50,000,000	2019. 5. 5.

			대 출 일	금 융 기 관	대 출 금	대 출 만 기 예 정 일
	기 타 채 무	**신 용 대 출**				

			대 출 일	보 험 기 관/보 험 증 권 번 호	대 출 금 액	대 출 금 상 환 예 정 일
		보험대출(약관)		/		
				/		
				/		

			차 용 일	채 권 자	차 용 금 액	차 용 금 상 환 예 정 일
		차 용 금	2015. 5. 5.	권◇◇	100,000,000	2020. 5. 5.

			내 용	금 액
		기 타		

※ 작성란 부족시 건수 연속 기재하여 별지목록으로 작성하여 첨부합니다.

6. 소극재산 총액   300,000,000원

재 산 총 액   (1+2+3+4+5)-6 = 211,000,000원

수 입 내 역	피후견인의 예상수입에 대해 구체적인 내용을 기재하는 란입니다. ▽건수 란에는 위 재산목록에 작성했던 건수 중 소득이 발생하는 해당 건수를 작성합니다. ※ 공동소유일 경우 실제 피후견인의 지분에 따른 수입분만 기재합니다.		
임 대 소 득	부 동 산 건 명	월 소 득 액×12개월 =1년 임대소득	
	전북 완주군 토지	월 200,000원 × 12개월 = 2,400,000원	
		월 ( )원 × 12개월 = ( )원	
		월 ( )원 × 12개월 = ( )원	
		월 ( )원 × 12개월 = ( )원	
		월 ( )원 × 12개월 = ( )원	
	① 임대소득 합계	2,400,000원	
연 금 및 사 회 보 장 수 급 권	수 급 명 칭	월 수 급 액×12개월 =1년 수급총액	
	장애수당	월 50,000원 × 12개월 = 600,000원	
		월 ( )원 × 12개월 = ( )원	
		월 ( )원 × 12개월 = ( )원	
		월 ( )원 × 12개월 = ( )원	
		월 ( )원 × 12개월 = ( )원	
	② 수 급 합 계	600,000원	
보 험 금 수 령 액	보 험 사 명	보 험 증 권 번 호	수 령 금 총 액
			☐일시금 ☐분할지급
			☐일시금 ☐분할지급
			☐일시금 ☐분할지급
	③보험금 수령액 합계		
이 자 소 득	건 명	이 자 수 익	
	농협	53,000원	
	하나은행	97,000원	
	④ 이자소득합계	150,000원	
수 입 항 목	소 득 금 액		
자 영 수 입	⑤		
근 로 소 득	⑥		
개인연금소득	⑦		
기 타 수 입	⑧ 자동차매각대금 6,000,000원		
수 입 총 액	①+②+③+④+⑤+⑥+⑦+⑧ = 9,150,000원		

지 출 내 역　　　　피후견인의 지출내역에 대해 구체적인 내용을 기재하는 란입니다.

거소상태에 √표 하고 해당 항목에서 자세히 작성합니다.

※ 지출내역은 후견인이나 가족을 제외한 <u>피후견인만을 대상으로</u> 합니다. 피후견인의 재산으로 후견인 및 동거 가족의 생활비 등을 지출한 경우, 그에 대한 지출내역은 증빙서류를 첨부하여 별지로 작성합니다.

거 소 상 태	항 목		지 출 내 역
☑ 자택 (2016. 12. 1. ~ 2017. 5. 31.)	정기지출 항 목	주 거 비 (임대료, 관리비 등)	월 300,000원 × 6개월(2017.12.~2018.5.) = 1,800,000원
		의 료 비 (치료비, 약제비, 의료용품 구입비 등)	월 350,000원 × 6개월(2018.6.~2018.11.) = 2,100,000원
		식 비	월( )원 ×12개월=( )원
		공 과 금	월 1,200,000원 × 6개월 = 7,200,000원
		피 복 비	월( )원 ×12개월=( )원
		용 돈	월( )원 ×12개월=( )원
		대출금 이자	월 200,000원 ×12개월 = 2,400,000원,
	비정기지출 항 목	재 산 세	1,200,000원 × 2회 = 2,400,000원
		뇌 수 술 비	8,000,000원
☑ 시설 (2018. 6. 1. ~ 2018. 11. 30.) (예: 요양(병)원, 사회 복지시설, 정신병원, 일반 및 재활병원 등)	정기지출 항 목	입 원 비	월 600,000원 × 6개월 = 3,600,000원
		간 병 비	월 2,000,000원 × 6개월 = 12,000,000원
		의 료 비 (물리 또는 재활 치료비, 의료용품 구입비 등)	월 250,000원 × 6개월 = 1,500,000원
		식 비	월( )원 ×12개월=( )원
		공 과 금	월( )원 ×12개월=( )원
		기 타	월( )원 ×12개월=( )원
	비정기지출 항 목		
지 출 총 액			41,000,000원

(좌측 세로 병합 셀) 지 출 내 역

	☐ 부동산	☑ 예·적금	☐ 보험	☐ 증권 등	☐ 보증금반환채권	
	☐ 현금	☑ 차량	☐ 유체동산	☐ 기타 재산권	☐ 대여금	
	☑ 담보대출	☐ 보증금반환채무	☐ 기타 채무	☐ 변동 없음		

재산변동상황

※ 변동항목이 있는 경우 해당 항목 ☐에 표 √하고, 변동상황을 아래의 칸에 작성합니다.

· ○○가정법원 2018느단0000호 권한초과행위허가심판을 통하여 피후견인 소유의 개봉동아파트를 담보로 50,000,000원을 추가로 차용하여 피후견인의 치료비와 요양비로 사용하였습니다.

· 피후견인이 시설에 입소하게 됨으로써 차량이 더 이상 필요하지 않게 되어 위 심판을 통하여 6,000,000원에 매각하였습니다.

· 피후견인의 수입이 없고 후견인 등 가족의 수입이 없는 상황이어서 피후견인의 예금 등을 치료비로 사용하여서 예금 잔고가 줄어들게 되었습니다.

향후지출및 관리계획

· 피후견인의 건강상태가 계속 악화되고 있고, 추가 뇌수술이 예정되어 있어 수술비와 치료비가 증가할 것으로 예상됩니다.

· 요양병원비와 간병비, 치료비 등의 재원을 마련하기 위하여 피후견인 보유 증권과 펀드를 적당한 때에 매각하여 피후견인의 치료비 등으로 사용하고자 합니다. 이를 위해서 향후 다시 법원에 허가청구를 할 예정입니다.

재산보고관련 특이사항및 의견

· 피후견인의 친구인 권◇◇에 대한 채무 100,000,000원은, 위 채권자가 피후견인 명의의 차용증을 제시하였기 때문에 채무로 기재하기는 하였으나, 금융자료나 이자 지급 흔적이 전혀 없는 등 발생 원인이나 변제 여부 등에 관하여 의문이 있어서 채무부존재확인소송 제기를 검토하고 있습니다.

· ○○가정법원 2018느단0000호 권한초과행위허가심판에 따른 차용금 및 자동차매각대금의 보관 및 사용 내역은 별도로 보고하였으므로 이번 보고에서는 생략합니다.

· 피후견인의 아버지 망 김△△가 2018. 10. 15.경 사망하여 상속이 개시되었으나, 현재 정확한 상속재산을 파악하지 못한 상태이므로, 조속히 상속재산을 파악하고 피후견인의 형제 등 상속인들과 사이에 상속재산분할협의를 마친 후 다시 그 결과를 보고하도록 하겠습니다.

후견인의 전체의견

피후견인은 의식저하상태가 계속되고 있고 뇌에 물이 차는 증상으로 2018. 5월경 수술을 하였으며, 의료진은 추가 수술이 필요할 수도 있다는 의견을 밝히고 있어, 향후 치료비 등은 늘어날 것으로 예상됩니다. 그럼에도 불구하고 현재 피후견인과 후견인은 특별한 수입이 없이 피후견인의 재산을 매각하거나 대출을 받아 피후견인의 치료비와 요양비를 마련하고 있고, 대학생과 미성년인 자녀 2명의 양육비와 생활비를 마련하는 것도 어려움을 겪고 있습니다. 지금까지 자녀들의 교육비와 양육비는 후견인이 모아둔 예금과 친정의 도움으로 부담하였으나 어려움이 많습니다. 피후견인의 치료비와 개호비, 자녀들의 양육비 등을 안정적으로 마련할 수 있도록, 피후견인의 재산을 적절히 활용할 수 있는 방안을 마련하여야 할 것으로 생각됩니다.

후견인은 위와 같이 피후견인의 신상 및 재산 상황을 작성하여 보고합니다.

2018년 12월 31일

후견인   박△△ (서명 또는 날인)

※ 감독법원에 최종 후견사무보고서를 제출할 때 후견인은 후견사무보고서에 기재한 적극재산, 소극재산, 수입 및 지출내역의 현황과 변동상황을 확인할 수 있도록 재산의 해당 유무와 건수를 표기한 후, 재산내역에 해당되는 각 증빙서류(아래 예시 첨부서류 참조)를 첨부합니다.

※ 후견사무보고서는 통상 1년에 1회 제출하지만, 후견특성에 따라 제출 횟수가 변동 될 수 있습니다.

적극재산	해당유무	건수	첨부서류	적극재산	해당유무	건수	첨부서류
2. 부 동 산	☑있음 ☐없음	2	부동산 등기사항증명서 (토지, 건물)	7. 차 량	☐있음 ☑없음		차량등록증 사본
3. 예 · 적 금	☑있음 ☐없음	2	보고대상기간의 피후견인 계좌 입·출금 내역서	8. 현금 및 유체동산 (귀금속, 골동품, 예술품 등)	☐있음 ☑없음		사진
4. 보 험	☑있음 ☐없음	1	보험증권 사본, 보험사 발급 보험가입확인서, 보험료 납입 증명서	9. 기타 재산권 (회원권, 저작권, 상표권 등)	☐있음 ☑없음		관련 증빙서류
5. 증 권 등	☑있음 ☐없음	2	증권사 발행 잔고증명서, 주식 및 펀드 거래내역서	10. 대여금	☐있음 ☑없음		대여금증서, 영수증 등 사본
6. 보증금반환채권	☐있음 ☑없음		부동산 임대차 계약서 사본	11. 기 타 채 권	☐있음 ☑없음		채권계약서 사본
소극재산	해당유무	건수	첨부서류	소극재산	해당유무	건수	첨부서류
12. 담 보 대 출	☑있음 ☐없음	1	대출기관이 발급한 대출내역 확인서	15. 보험대출	☐있음 ☑없음		보험대출(약관) 확인서
13. 보증금 반환채무	☑있음 ☐없음	1	임대차계약서 사본	16. 차용금	☑있음 ☐없음	1	차용증 등 증빙서류 사본
14. 신용대출	☐있음 ☑없음		신용대출내역확인서	17. 기타	☐예정 ☑완료		관련 증빙서류
수입내역	해당유무	건수	첨부서류	수입내역	해당유무	건수	첨부서류
18. 임대소득	☑있음 ☐없음	1	부동산 임대차 계약서 사본	21. 근로소득	☐있음 ☑없음		근로소득원천 징수영수증
19. 연금 및 사회보장 수급권	☑있음 ☐없음	1	연금수령내역 (국민연금, 기초노령연금, 기초생활보장급여 등이 입금되는 통장의 거래내역 사본 등)	22. 보험료수입	☐있음 ☑없음		보험금 수령확인서
20. 자영수입	☐있음 ☑없음		전년도 종합소득세 확정신고서	23. 기타수입 (예금이자, 저작권료 등)	☑있음 ☐없음	1	관련 증빙서류

기 타 항 목		
※상속재산	☐완료	국세청 제출 상속세신고서(상속세과세표준신고서 및 자진납부계산서와 부표 포함)
	☑예정	※ 성년(한정)후견의 경우, 피후견인이 상속인으로 개시된 상속이 있는 경우 작성합니다. ※ 미성년후견의 경우, 피후견인의 부모가 사망하여 상속이 개시된 경우 작성합니다.
		피후견인의 아버지인 망 김△△가 2018. 10. 15.경 사망하여 상속이 개시되었으나, 현재 정확한 상속재산을 파악하지 못한 상태이므로, 조속히 상속재산을 파악하고 피후견인의 형제 등 상속인들과 사이에 상속재산분할협의를 마친 후 다시 그 결과를 보고하도록 하겠습니다.

[참고자료 23] 후견종료등기신청서

종료등기신청				

접	20 년 월 일	처	접 수	기 입	교 합	각종통지
수	제 호	리 인				

사건본인의 표시	성 명		주민등록번호	성별
	진 □ □		671111-1000000	남
	등록기준지		서울 종로구 종로1길 0000	
	주 소		서울 동대문구 용두동 0000	

등기의 목적	성년후견 종료등기
등기원인과 그 연월일	2018. 10. 31. 피후견인의 사망

등 기 할 사 항	

종료할 등기사항과 그 원인연월일	후견등기 사건번호: ○○가정법원 2018느단0000 성년후견개시 　　　　　　 [등기] ○○가정법원 2018년 10월 18일 접수 000호 후견개시 연 월 일 : 2018년 10월 14일
기타	

첨 부 서 면	
1. 사건본인의 후견등기부 1통 1. 사건본인의 말소자 등본 1통 1. 사건본인의 기본증명서 1통 1. 후견인의 인감증명서 1통 1. 위임장(대리인이 신청할 경우) 1통	<기 타>

2018년 11월 10일

신청인 성   명   사회복지법인 □□□□ (대표자: 변◇◇) (인)
        법인등록번호   110132-0000000
        주   소   서울 강동구 천호대로100길 000
        (전 화 번 호)   02-000-0000

대리인 성   명   (서명 또는 인)
        주   소
        (전 화 번 호)

○○가정법원   귀중

-신청서 작성요령-
1. 하나의 신청서로 2개 이상의 등기를 신청하는 경우에는 각각의 등기신청에 대하여 일련번호를 기재하여야 합니다.
2. 해당란이 부족할 때에는 별지를 이용합니다.
3. 해당 등기신청과 관계없는 사항에 대하여는 "해당 없음"으로 기재하거나 삭제하고, 필요한 사항은 추가 기재합니다.

[참고자료 24] 후견감독사무보고서

C2606	후견감독사무보고서	○○○○법원

기본 후견감독사건 사건번호	2018후감1234567

기 본 사 항

감 독 대 상 기 간	2017. 12. 1. ~ 2018. 11. 30.	후 견 종 류	☐성년후견 ☑한정후견 ☐특정후견 ☐임의후견 ☐미성년후견

피 후 견 인

성 명	박△△		주민등록번호	741010-2000000
주 소	우편번호 (08880) 서울 구로구 개봉로00길 000, 111동 222호 (개봉동, 후견아파트)		연락처 ☎	

후 견 인

성 명	김○○	주민등록번호	691212-1000000
주 소	우편번호 (08880) 서울 구로구 개봉로00길 000, 111동 222호 (개봉동, 후견아파트)	연 락 처 ☎ 010-0000-0000	
피후견인과 관 계	남편	주소변경여부	☑ 변경사항 없음 ☐ 변경사항 있음

복 수 후 견 인

성 명		주민등록번호	
주 소	우편번호 (-)	연 락 처 ☎	
피후견인과 관 계		주소변경여부	☐ 변경사항 없음 ☐ 변경사항 있음

후 견 감 독 인

성 명	사단법인 ◇◇◇ (대표자 황□□)	법인등록번호	110000-000011
주 소	우편번호 (01648) 서울 도봉구 덕릉로 000, 102호 (창동, 후견빌딩)	연 락 처 ☎ 02-000-0000	
피후견인과 관 계	제3자(전문가 후견감독인)	후 견 인 과 관 계	제3자(전문가 후견감독인)

감 독 경 과

감 독 일 시	감 독 대 상	감 독 장 소 및 방 법
2017. 12. 22. 2018. 2. 5. 2018. 3. 5. 2018. 7. 5. 2018. 10. 21. 2018. 11. 30.	한정후견인 김○○ 피한정후견인 박△△ 피한정후견인 아들 김▽▽	장소: 피한정후견인 거소 및 후견 감독인의 사무실 방법: 월 1회 후견인 면담(피후견인 의 재산에 관한 통장, 금융조회, 부 동산등기부등본 등 확인) 연 2회 피후견인 병원 방문(후견인 동행 1회, 비동행 1회)

감 독 내 용

	감 독 항 목	그렇다	보통	아니다
신 상 보 호	■ 후견인이 피후견인의 거주상황을 잘 파악하고 있다.	○		
	■ 후견인이 피후견인과 정기적인 접촉을 하고 있다.	○		
	■ 후견인이 피후견인의 신체 및 정신 건강상태를 잘 파악하고 있다.	○		
	■ 후견인이 피후견인의 건강에 대한 적절한 조치를 하고 있다.	○		
	■ 후견인이 간호, 주거확보, 의료, 재활 등의 후견 서비스를 제공하였다.	○		
	■ 후견인이 피후견인의 보호계획을 적절하게 세우고 있다.	○		
	■ 피후견인에 대한 후견인의 방치는 관찰되지 않았다.	○		
	■ 피후견인에 대한 후견인의 학대는 관찰되지 않았다.	○		
재 산 관 리	■ 후견인이 피후견인의 재산상황을 잘 파악하고 있다.	○		
	■ 피후견인의 정기수입에 대해 잘 파악하고 있다.	○		
	■ 피후견인의 정기지출에 대해 잘 파악하고 있다.	○		
	■ 피후견인의 수입누락이 관찰되지 않았다.		○	
	■ 지출항목이 적절하다.		○	
	■ 후견인의 개인 지출이 관찰되지 않았다.		○	
	■ 후견인의 재산 횡령이 관찰되지 않았다.	○		
일 반	■ 후견인이 정해진 기한 내에 보고서를 제출하였다.	○		
	■ 후견인이 피후견인의 후견사무를 계속하기를 원하고 있다.	○		
	■ 후견인이 후견활동에 적극적이다.	○		
	■ 후견인이 감독에 협조적이다.		○	
	■ 피후견인 및 관계인의 불만이 관찰되지 않았다.	○		
	■ 후견인 변경의견이 관찰되지 않았다.	○		

※ 후견인 변경의견이 관찰된 경우 아래 내용을 작성합니다.

■ 변경 의사	□ 후견인 □ 피후견인 □ 관계인
■ 변경 사유	

※ 후견인의 신상보호, 재산관리, 일반사무 활동에 대한 감독의견을 다음과 같이 작성합니다.

감 독 내 용

신 상 보 호

① 한정후견인은 피한정후견인을 요양원 등 시설이 아닌 자택에서 직접 간호, 요양하고 있음. 욕창방지, 배뇨장 애간호, 석션(suction) 사용법 등을 잘 알고 있으며, 적절하게 사건본인을 개호하고 있음. 피한정후견인은 정기적 으로 병원 진료를 받고 있고, 집 주위 및 공원 산책, 여행 등을 통하여 사건본인의 개호에 만전을 기하고 있음
② 한정후견인은 2018. 1. 1.부터 다니던 직장을 그만두고 피한정후견인의 간호에만 전념하고 있고, 간호 등에 관한 전문적인 지식과 기술을 습득하고 있음
③ 피한정후견인의 자녀 2명은 현재 고등학교에 재학 중이고, 피한정후견인의 친정 부모가 근처에 살면서 피후 견인의 식사, 자녀들의 양육 등을 돕고 있음
④ 한정후견인은 앞으로도 가능한 자택에서 피한정후견인을 돌볼 계획인데, 지금까지의 후견활동이나 의지에 비 추어 보면 적절한 것으로 보임

재 산 관 리

① 피한정후견인의 적극재산은 부동산 1건, 예금 2건이고, 소극재산은 위 부동산에 대한 담보대출 1건, 임대차보 증금반환채무 5건이 있음
② 피한정후견인이 거주하는 자택은 한정후견인 소유이고, 피한정후견인 소유의 건물(대치동 00-0 지상 4층 건 물)을 임대하여(임차인 5명), 월 임차료로 월 12,000,000원 정도의 수입이 있음
③ 한정후견인이 다니던 회사를 그만두고 피한정후견인의 간호에만 전념함으로써, 한정후견인과 피한정후견인은 위 임차료 수입만으로 생활하고 있음
④ 다만 한정후견인은 계약 갱신 등 건물관리사무의 편의라는 이유로 위 임차료를 한정후견인 명의의 계좌로 입금받고 있고, 한정후견인 가족의 생활비로 사용하고 있음
⑤ 향후 위 임차료는 피한정후견인 명의의 계좌로 입금받을 것과 그 지출의 적정성에 관한 소명자료를 갖출 것 을 권고, 지도하였음

종 합 의 견

한정후견인은 피한정후견인의 남편으로서 피한정후견인의 신상을 잘 돌보고 있고, 전체적으로 보면 재산관리도 적절하게 이루어지고 있음
다만 한정후견인의 수입이 없다는 점과 피한정후견인 소유 부동산으로부터 나오는 임차료를 한정후견인의 계좌 로 입금받고 있다는 점이 문제인데, 지출의 흐름과 내용 등을 보면 한정후견인의 악의적인 횡령 등은 발견되지 않았으므로, 후견사무의 투명성과 객관성 유지를 위하여 피한정후견인 명의의 계좌를 이용할 것과 지출의 적정 성에 관한 소명자료 등을 잘 갖출 것을 지도하였음
한정후견감독인은 향후로도 피한정후견인의 거소를 방문하여 후견인의 신상보호사무의 적정성에 관하여 정기적 으로 살피고, 재산관리사무에 관한 보고를 받음으로써 피후견인의 보호에 만전을 기할 예정임

위와 같이 후견감독사무보고서를 제출합니다.

2018. 12. 21.

후 견 감 독 인   사단법인 ◇◇◇ (대표자 황□□) (서명 또는 날인)

[참고자료 25]　직권사건개시서

○　○　가 정 법 원

직권사건개시서

가사○○단독

사 건 본 인　　　　　오□□ (390000-2000000)

　　　　　　　　　　주소　서울 도봉구 덕릉로 000, 102호 (창동)

　　　　　　　　　　등록기준지　서울 노원구 ○○길 12 (월계동)

관 련 사 건　　　　　2018느단1234

사건본인에 관하여 다음의 사건 절차를 개시할 필요가 있다고 인정되므로, 직권으로 그 절차를 개시한다.

다　　　음

1. 사건명 : 미성년(또는 성년, 한정, 특정, 임의)후견감독(기본)
2. 개시 근거규정 : 가사소송법 제2조 제1항 제2호 가목 22)[또는 24)의6], 민법 제○조

2018. 2. 18.

판　사　　김 법 관

[참고자료 26]　재산목록검토보고서

○○가정법원 재산목록후견감독보고서							
판사 김법관 귀하				2018. 10. 29. 후견감독담당관 황△△			
사건명	2018후감0000 성년후견감독(기본)						
심판확정일	2018. 9. 30.	작성기준일	2018. 8. 31.	재산목록 보고서제출일	2017. 11. 28.		
피후견인	□□□	후견인	◇◇◇	후견감독인	-		

	감독항목		그렇다	보통	아니다
재산목록	■ 후견인은 상속인금융거래조회서비스 결과 출력물을 제출하였다.		O		
	■ 후견인은 재산목록 작성기준일에 맞춰 보고서를 작성하였다.		O		
	■ 후견인은 피후견인의 재산목록을 빠짐없이 작성하였다.		O		
	■ 후견인은 재산목록에 적합한 증빙서류를 첨부하였다.		O		
	■ 후견인이 작성한 지출계획 항목은 적절하다.			O	
일반	■ 후견인은 후견인 교육에 참석하였다.		O		
	■ 후견인은 정해진 기간 내에 보고서를 제출하였다.		O		
관리	■ 관리재산 유무	□있음	■없음		
	■ 사회보장급여 여부	■있음(국민연금, 장애연금)	□없음		
	■ 개시사건 재산목록 대비 재산목록보고의 중대한 변동	□있음	■없음		

종합의견

① 피후견인은 2016. 6.경 뇌간의 뇌내출혈로 인한 식물인간 상태가 되었는데, 피후견인에게는 재산이 없지만, 후견인(배우자)은 국민연금 조기수령을 위해 피후견인에 대한 성년후견심판청구를 했음

② 피후견인의 적극재산은 530만 원[예금 30만 원과 보험 1건(현재 체납된 세금으로 인해 압류된 상태)]에 불과한데 비해, 소극재산(체납된 지방세)은 1,770만 원임. 다행히 체납된 세금은 서울시로부터 손실 처리를 받기로 되어 있어 추후 소극재산이 감소할 것으로 예상됨

③ 피후견인은 장애연금으로 월 23만 원가량 수령하고 있고, 2020. 2.경부터 국민연금 월 35만 원을 수령하게 되었지만, 그 이상의 개호비용이 들어가고 있어 모자라는 비용은 자녀들이 지원해주고 있음

④ 후견인은 가족들의 공동생활비를 정기지출항목으로 보고한 것 외에는, 재산목록보고서를 적정하게 작성하여 제출했음

⑤ 후견인이 후견사무 업무를 성실히 하고 있는 점, 피후견인에게 관리할 만한 재산이 없다는 점 등에서 정기 감독을 2년 주기로 해도 무방할 것으로 사료됨

관리의견	■ 정기감독　　　□ 조기감독
차기후견감독예정일	2019. 9. 30.

위와 같이 재산목록 감독보고서를 제출합니다. 끝.

[참고자료 27] 친족후견인 교육안내

○ ○ 가 정 법 원
친족후견인 교육안내

○○가정법원은 성년후견 등 사건에서 친족후견인으로 선임된 분들을 대상으로 하여 다음과 같이 친족후견인 교육을 실시합니다. **친족후견인 교육의 이수 여부**는 성년후견 등 사건에서 친족후견인의 선임 및 변경 시 참고자료가 되므로 반드시 교육을 받으시기 바랍니다. 특별한 사정이 없는 한 원칙적으로 1회만 이수하시면 됩니다.

- ■ 일　　시: <u>2018. ○. ○. (○요일) ○시</u>
- ■ 장　　소: ○○가정법원 ○○호실
- ■ 대　　상: 성년후견 등 사건에서 친족후견인으로 선임된 자(사건본인의 가족 등도 입실 가능)
- ■ 교육내용: 성년후견과 관련한 후견인의 역할, 권한 범위, 책임, 재산목록보고서 및 후견사무보고서 작성방법 등에 관한 안내
- ■ 유의사항
  - ‣ 교육 종료 후 친족후견인 교육 참석 확인서에 교육 담당자 확인을 받아 해당 법원에 제출
  - ‣ 친족후견인 교육을 받지 않으시면 후견인이 변경될 수도 있음

○○가정법원

[참고자료 28] 후견감독사건 보정명령

○ ○ 가 정 법 원
보 정 명 령

사   건   2018후감0000 기본성년후견감독
피성년후견인   김□□(411111-1000000)
성년후견인   김△△(650101-2000000)

성년후견인은 이 명령의 보정기한까지 다음 사항을 보정하시기 바랍니다.
보정기한: 송달받은 날로부터 30일 이내

다   음

1. 후견인 교육

   후견인은 아래와 같이 후견인교육을 받으시기 바랍니다.
   일시: 2018. 11. 28.(금) 10:00
   장소: ○○가정법원 후견인교육실
   교육 내용: 후견인의 역할, 권한범위, 책임 등에 관한 안내

2. 재산목록

   ■ 재산목록을 제출하지 않은 경우
   - 재산목록을 첨부하는 양식에 맞추어 작성하여 후견감독사건(이 법원 2018후감0000)에 제출하되, 안심상속(후견인) 원스톱 서비스 조회 또는 상속인(후견인) 금융거래조회서비스 조회 결과를 첨부하시기 바랍니다.
   - 후견인은 2018. 12. 30.까지 피후견인의 재산목록을 제출하여야 함에도 불구하고 현재까지 재산목록을 제출하지 않고 있습니다. 이 보정명령을 송달받은 때로부터 30일 이내에 재산목록을 제출하시기 바랍니다[안심상속(후견인) 원스톱 서비스 조회 또는 상속인(후견

인) 금융거래조회서비스 조회 결과를 첨부하여야 합니다]. 재산목록을 제출하지 않으면 조기 후견감독이나 후견인변경 등의 절차가 진행될 수도 있습니다.

■ 재산목록의 내용이나 소명자료가 부실한 경우
- 피후견인 명의의 은행 계좌에 대한 각 잔고증명(기준일: 2018. 11. 30.)을 제출하시기 바랍니다.
- 재산목록보고서에 피후견인의 수입 및 지출계획이 기재되지 않았습니다.
① 피후견인에게 지급되는 연금이 있다면 그 액수를 적고 입금 및 지출내역을 확인할 수 있는 자료를 첨부하시기 바랍니다.
② 지출계획과 관련하여, 피후견인에게 소요되는 각 지출항목의 월 평균 금액을 기재하시기 바랍니다(현재 피후견인의 재산에서 지출되지 않는 경우에도 작성합니다).
- 피후견인의 배우자 사망에 따른 부동산 이외의 상속재산이 있다면 그 내역을 기재하고 보관 및 사용 내역 또는 계획을 확인할 수 있는 자료를 제출하시기 바랍니다.

3. 후견인의 권한 행사에 법원의 허가를 받아야 하는 경우

■ 청구의 필요성 및 타당성에 대한 판단 자료
- 현재 사건본인의 치료비 및 생활비 등으로 소요되는 비용과 그 조달 방법을 구체적으로 소명(영수증 등 첨부)하시기 바랍니다.
- 이 사건 청구에 대한 사건본인의 추정 선순위 상속인들의 동의서를 제출하시기 바랍니다.
  ※ 동의서 또는 의견서에는 작성자의 인감도장을 날인하고, 인감증명서 첨부하여야 합니다.
- 사건본인에게는 현재 임대차보증금반환채권 및 예금채권 등의 현금성 자산이 있음에도 불구하고 이 사건 부동산을 매각하여야 할 구체적인 필요성에 관하여 소명하시기 바랍니다.
- 현재 시점에서 사건본인의 재산을 특정 상속인에게 증여하여야 할 필요성에 관하여 소명하시기 바랍니다.
- 사건본인의 재산상황이나 매각을 구하는 부동산의 각 가액 등에 비추어 보면, 현재 시점에서 사건본인의 부동산 모두를 매각하여야 할 필요가 없어 보이는바, 부동산 모두를 매각하여야 할 구체적인 필요성에 관하여 소명하시기 바랍니다.
- 현재 사건본인의 재산은 현금 4~5000만 원이 전부인 바, 그 대부분을 청구인이 주장하는 건물의 인테리어에 사용할 경우 사건본인의 치료비와 생활비를 어떻게 부담할 것인지를 밝히고, 위 비용 중 사건본인이 부담해야 할 부분을 적정한 수준으로 감액하여 청구하는 방안을 검토하시기 바랍니다.
- 청구인이 제출한 상속재산분할협의서에 의하면 사건본인이 상속할 재산이 전혀 없게 되는

데, 이러한 결과는 사건본인의 복리를 위하여 허용될 수 없으므로, 사건본인에게 법정상속분 내지는 적어도 사건본인의 여생 동안 치료비와 생활비가 충분히 보장될 만한 상당한 재산이 분할될 수 있도록, 새로운 분할협의서를 제출하시기 바랍니다.

■ 권한초과행위 특정

- 매각할 부동산을 법률에 맞게 표시한 별지를 제출하시기 바랍니다(별첨 예시 참조).

- 청구원인(인출하고자 하는 금원 내역)을 구체적으로 밝히고(예: 임대차보증금의 발생 시기, 반환대상, 차용금 발생원인, 시기 등), 그에 부합하는 소명자료(예: 임대차계약서, 차용증, 임대차보증금, 차용금에 관한 각 금융자료, 진료비 영수증, 사건본인을 위한 구체적인 생활비 영수증)를 제출하시기 바랍니다.

- 이체하고자 하는 사건본인 명의의 ○○은행 계좌의 계좌번호를 특정하고, 그 잔고증명서를 제출하시기 바랍니다.

- 해지할 사건본인의 만기적금통장의 은행과 계좌번호를 특정하고 그 잔고증명서를 제출하시기 바랍니다. 위 계좌를 해지한 후에는 사건본인의 은행계좌를 하나로 통합하여 관리하여야 하므로, 이체할 하나의 계좌를 특정하고 그 잔고증명서를 제출하시기 바랍니다.

- 사건본인의 신상보호에 관한 후견인으로서의 권한은 청구인과 공동후견인 황◇◇이 공동으로 행사하게 되어 있으므로, 공동후견인 황◇◇의 이 사건 청구취지 제3항에 대한 동의서를 제출하시기 바랍니다.

■ 권한초과행위 이후 후견사무에 대한 계획

- 이 사건 권한초과행위 이후 사건본인의 신상보호 및 그 비용 부담에 관한 구체적인 계획서를 제출하시기 바랍니다.

- 매각 예정 부동산의 시가와 예상 매각대금, 부동산 매각대금의 보관 및 사용 계획을 구체적으로 밝히고, 그 소명자료를 제출하시기 바랍니다.

- 이 사건 청구로 대출받을 금액의 보관 방법, 지출 계획을 구체적으로 밝히고, 그에 부합하는 소명자료를 제출하시기 바랍니다.

- 이 사건 임대차계약을 통하여 수령할 임대차보증금 및 월세의 보관 및 사용 계획을 구체적으로 밝히고, 그 소명자료를 제출하시기 바랍니다.

■ 권한초과행위가 이해상반행위에 해당되는 경우

- 이 사건 청구는 후견인과 피후견인 사이의 이해상반행위이므로, 민법 제949조의3, 제921조에 의하여 특별대리인 선임을 별개의 청구로 하고, 이 사건 청구취지를 위 심판에서 선임된 특별대리인이 피후견인을 대리하는 것에 대한 허가를 구하는 것으로 변경하시기 바랍니다.

- 이 사건 청구는 피성년후견인과 성년후견인이 포함된 상속인들 사이의 상속재산분할에 관

한 것으로서, 성년후견인과 피성년후견인 사이의 이해상반행위에 해당되므로(민법 제949
조의3, 제921조), 이에 관한 특별대리인 선임신청을 하고, 특별대리인이 피성년후견인을
대리해서 상속재산분할을 하여야 합니다. 따라서 별도의 사건으로 특별대리인(상속인을 제
외한 사람 중에서 선정) 선임 심판을 받은 후, 그 특별대리인이 피성년후견인의 상속재산
분할행위를 대리하는 것의 허가를 구하는 것으로 청구취지를 변경하시기 바랍니다.
- ■ 대리권범위변경 신청을 하였으나, 권한초과행위청구가 적절한 경우 (일시적인 다액의 금원
인출을 위해 인출제한 금액의 상한 자체에 대한 변경청구를 한 경우)
- 심판으로 후견인의 법정대리권을 제한한 취지에 비추어, 청구취지와 같은 법정대리권의 일
반적인 변경은 허용될 수 없으므로, 필요한 업무에 관하여 구체적인 권한초과행위를 구하
는 것으로 청구취지를 변경하고, 그 필요성에 관한 소명자료를 제출하시기 바랍니다.
- ■ 후견감독인이 선임되어 있는 경우
- 이 사건 청구에 관한 성년후견감독인의 의견서를 받아 제출하시기 바랍니다.

4. 후견감독사건

- 후견사무보고서를 제출하시기 바랍니다.
  ※ 후견사무보고서에는 해당 항목에 기재한 피후견인의 부동산, 예금, 보험 등의 재산내역
     에 관하여 대상기간 중 변동이 있었는지 여부를 확인할 수 있는 소명자료(예: 부동산등
     기부등본, 공시지가확인서, 은행계좌의 잔고확인서, 보험계약에 관한 확인서)와 대상기간
     동안의 수입 및 지출내역을 확인할 수 있는 소명자료(예: 은행계좌의 입출금거래내역확
     인서, 영수증 등)를 첨부하여 주시기 바랍니다.
- 후견인은 이 법원 2018후감0000 사건에 관하여 2018. 7. 7. 열린 심문기일에서, 2018.
  9. 30.까지 피후견인의 재산을 회복시켜 놓겠다는 취지의 진술을 하였는바, 그에 대한 이
  행결과를 보고하시기 바랍니다.
- 2018느단0000 권한초과행위허가심판에 대한 이행결과보고서와 그에 대한 소명자료(2018.
  7. 31. ~ 2018. 10. 31.의 피후견인 명의의 통장 입출금거래내역 사본 등)를 제출하시기
  바랍니다.
- 2017. 11. 1. ~ 2018. 10. 31.의 피후견인에 대한 지출내역을 소명하고, 그에 부합하는
  소명자료(진료비 영수증, 계산서 등 병원비로 지출되었다는 점에 관한 객관적인 자료)를
  제출하시기 바랍니다.
- 피후견인 명의의 통장으로 2018. 1. 1. ○○보험으로부터 50,000,000원, 2018. 2. 1.
  △△생명으로부터 150,000,000원 합계 200,000,000원이 피후견인에 대한 보험금명목으

로 입금된 사실이 있습니다. 이에 대한 사용처를 소명자료(병원비 내역서, 간병비 내역서 등)를 첨부하여 소명하시기 바랍니다.

- 후견인은 2018. 4. 25. 피후견인의 동의 없이 피후견인의 재산에서 후견인의 남동생 최□ □에게 5,000,000원을 대여하였는바, 이에 대한 차용증 작성 여부, 원금 및 이자 회수 계획 등을 밝히고, 소명자료를 제출하시기 바랍니다.

- 피후견인 소유의 이 사건 아파트에 관하여 2018. 4. 25. 증여를 원인으로 하여 피후견인의 막내딸 조◇◇ 명의의 소유권이전등기가 마쳐졌는바, 위 증여가 피후견인의 의사에 의한 것이라는 점, 이에 대하여 법원의 허가를 받지 않은 이유, 그에 관한 피후견인의 선순위 추정상속인 모두의 동의 여부 등에 관하여 소명하시기 바랍니다.

- 피후견인이 수령하거나 수령할 예정인 보험금이 있는지(있다면 그 액수와 보관 및 사용 내역) 밝히고, 이에 관하여 소송을 진행하고 있거나 진행할 예정인지에 관하여 소명하시기 바랍니다.

- 피후견인의 부 장▽▽의 상속재산에 관한 상속재산분할협의서를 제출하고, 상속절차비용에 관한 소명자료(각 세금 부과내역서, 변호사 비용)를 제출하시기 바랍니다.

2018. 12. 12.

판사   김법관

※ 보정서는 가정법원에 직접 방문하여 종합민원실에 제출하거나 우편으로 제출할 수 있고(보내실 곳 : 서울시 서초구 강남대로 000. ○○가정법원 종합민원실). 제출하는 서면에는 사건번호(2018후감0000)를 기재하시기 바랍니다.
※ 위 기한 안에 보정하지 아니하면 후견인의 직무집행이 정지되거나 후견인이 변경될 수 있습니다(민법 제954조, 가사소송규칙 제38조의6).

※ 문의사항 연락처 : ○○가정법원   가사20단독(비송)   후견감독담당관 서◇◇
    직통전화 : 02-0000-0000(후견이외.1층)/9999(후견.8층)
    팩   스 :   e-mail :

[참고자료 29] 후견감독조사보고서

○○가 정 법 원
후 견 감 독 조 사 보 고 서

판 사 김 법 관 귀 하　　　　　　　　　　　2018. 3. 20.

　　　　　　　　　　　　　　　　　조 사 관 박 조 사 (인)

사 건 명	2016느단500000 성년후견감독(기본)					
심 판 확 정 일	2016. 2. 13.	직권개시일	2016. 2. 13.	수명년월일	2018. 1. 13.	
감 독 대 상 기 간	2017. 2. 13. ~ 2018. 2. 12.	관 련 사 건		· 2016느단300000 성년후견개시 · 2017느단123456 피성년후견인 이 거주하는 건물 또는 대지 에 대한 매도 등에 대한 허가		

피 후 견 인	성명	조△△	성별	나이	생년월일	피후견인 상태	
			여	82	1935. 9. 1.	중증 치매	
	주소	서울 도봉구 덕릉로 000, 102호 (창동)					
	거소	상동			연락처	-	

후 견 인	성명	김◇◇	성별	나이	생년월일	직업	자영업
			남	42	1976. 1. 1.	피후견인과의 관계	자
	주소	서울 노원구 ○○길 12 (월계동)					
	송달장소	상동			연락처	010-000-0000	

조 사 사 항	1. 재산목록의 제출 여부 및 작성 내용의 적정성 2. 후견사무보고서의 제출 여부 및 작성 내용의 적정성 3. 후견인의 후견업무 수행에 위법하거나 부적절한 점이 있는지 여부 4. 기타 이 사건에서 필요한 조치(후견인 직무집행정지 사전처분 등)

감독경과	조 사 사 항		
	감 독 일 시	감 독 대 상	감 독 장 소 및 방 법
	2018. 1. 20. 14:00 2018. 3. 10. 14:00	기본사건 파악 및 개요정리 후견인	조사실 기록검토 조사실 소환 면접조사

감 독 항 목

	감 독 항 목	그렇다	보통	아니다
신 상 보 호	■ 후견인이 피후견인의 거주상황을 잘 파악하고 있다.	○		
	■ 후견인이 피후견인과 정기적인 접촉을 하고 있다.	○		
	■ 후견인이 피후견인의 신체 및 정신 건강상태를 잘 파악하고 있다.	○		
	■ 후견인이 피후견인의 건강에 대해 적절한 조치를 하고 있다.	○		
	■ 후견인이 간호, 주거확보, 의료, 재활 등 적절한 서비스를 제공하였다.	○		
	■ 후견인이 피후견인의 보호계획을 적절하게 세우고 있다.	○		
	■ 피후견인에 대한 후견인의 방치는 관찰되지 않았다.	○		
	■ 피후견인에 대한 후견인의 학대는 관찰되지 않았다.	○		
재 산 관 리	■ 후견인이 피후견인의 재산 상황을 잘 파악하고 있다.	○		
	■ 피후견인의 정기수입에 대해 잘 파악하고 있다.	○		
	■ 피후견인의 정기지출에 대해 잘 파악하고 있다.	○		
	■ 피후견인의 수입누락이 관찰되지 않았다.			○
	■ 지출항목이 적절하다.			○
	■ 후견인의 개인 지출이 관찰되지 않았다.			○
	■ 후견인의 재산 횡령이 관찰되지 않았다.			○
일 반	■ 후견인이 정해진 기한 내에 보고서를 제출하였다.		○	
	■ 후견인이 피후견인의 후견사무를 계속하기를 원하고 있다.	○		
	■ 후견인이 후견활동에 적극적이다.	○		
	■ 후견인이 감독에 협조적이다.		○	
	■ 피후견인 및 관계인의 불만이 관찰되지 않았다.		○	
	■ 후견인 변경의견이 관찰되지 않았다.	○		
	□ 후견인 변경의견이 관찰됨.			
	□ 변경 의사 □ 후견인 □ 피후견인 □ 관계인			
	□ 변경 사유			

■ 위 후견인의 신상보호, 재산관리, 일반사무 활동과 관련하여 다음 장에 요약 보고함.
□ 위와 같이 후견인의 신상보호, 재산관리, 일반사무 활동에 특이사항이 없음을 보고함. 끝.
■ 위와 같이 후견인의 신상보호, 재산관리, 일반사무 활동에 특이사항이 관찰되어 다음의 감독의견을 작성함.

감 독 의 견

신 상 보 호

■ 현재 피후견인은 중증 치매 상태임. 와상상태에서 후견인의 거소에서 요양보호사 2명의 개호를 받고 있음.

■ 피후견인이 거동이 어려우므로 후견인의 배우자(며느리)가 주기적으로 ▽▽병원에서 치매약을 처방받아 오고 있음.

■ 피후견인은 약 1주일 전 폐렴증세로 응급실로 이송되어, 현재 ▽▽병원 중환자실에 입원해 있음. 후견인은 매일 피후견인을 면회하고 있음.

재 산 관 리

■ 후견인이 2017. 2. 10. 제출한 후견사무보고서에 따르면 피후견인의 적극재산으로 부동산 1건과 예금 2억 1,500만 원이 있었는데, 2018. 2. 13. 제출한 후견사무보고서에는 피후견인의 적극재산으로 예금 1억 500만 원이 전부였음(후견인은 그 외 현금으로 2억 원이 더 있다고 주장하지만 현재까지 그에 대한 소명자료를 제출하지 못하였음).

■ 후견감독 대상 기간 중인 2017. 5. 6. 후견인은 감독법원으로부터 사건본인의 부동산 매도에 대한 허가심판(2017느단123456호)을 받아, 피후견인 소유 부동산을 2억 5,000만 원에 매도했다고 함. 당시 후견인은 위 부동산을 매각하여 자신의 돈을 보태 공동 명의의 보다 큰 거주지를 마련하겠다고 했지만, 실제로는 후견인 단독 명의로 주택을 매입하였음.

■ 후견인의 주장대로 피후견인의 개호비용으로 연 1억 원 가량이 지출된다고 하더라도(후견인이 자신의 명의로 부동산을 구입하면서 부동산 수수료 및 취득세, 인테리어 비용 지출한 약 7,000만 원은 피후견인을 위한 지출이 아니므로 제외), 연금으로 연 7,200만 원을 수령하는 것을 고려하면, 재산 감소액은 연간 약 2,800만 원 정도가 되어야 적당함.

■ 결과적으로 피후견인의 재산은 최소 4억 3,700만 원 가량 남아있어야 하는데, 현재 1억 500만 원이 전부인 것으로 확인되고 있어, 재산누락액이 3억 3,200만 원 정도로 추산됨. 피후견인 주장대로 현금 2억 원이 있어 이를 포함하더라도 1억 3,200만 원의 재산누락이 있음.

■ 이에 후견인에게 지출과 수입에 대한 소명자료를 제출하고, 피후견인의 누락된 재산을 원상회복할 것을 강력히 권고하였지만, 후견인은 피후견인의 재산이 추후 다른 친족들에게 상속될 것인데, 피후견인을 개호하는 입장에서 그와 같은 결과는 억울하다며 법원의 권고를 수용할 수 없다고 함.

종 합 의 견

■ 후견인은 피후견인을 모시는 등 신상보호자의 역할을 한다는 이유로 피후견인의 재산을 후견인의 재산과 분리하여 관리하여야 한다는 생각 없이 피후견인의 재산을 임의로 사용한 후 과도하게 부풀려서 보고하고 있음. 또한 피후견인의 부동산 매각 후 공동 명의로 부동산을 매입할 것을 확약하고 법원의 허가를 받았음에도 불구하고 자신의 단독명의로 부동산을 매입했고, 부동산 매각 및 매입 비용(최소 7,000만 원 이상)을 전부 피후견인의 재산에서 충당했음. 명확한 소명자료 없이 감소된 피후견인의 재산액은 최소 1억 3,200만 원에서 최대 3억 3,200만 원가량으로 추정됨.

■ 이에 후견인에게 피후견인과 관련된 수입 및 지출 내용을 명확히 소명할 것을 권고하였는데, 후견

인은 은행에 예치할 경우 예금 보장이 5,000만 원밖에 안 된다고 주장하면서 피후견인의 재산을 현금으로 집 안에 보관할 것이라는 주장을 하고 있음. 또한 후견인은 법원의 감독에 대하여 심한 반감을 보이고 있고 시종일관 적대적이고 비협조적인 태도로 일관했음.

■ 1차적으로 경고문을 발송하고, 추후 보정서류가 접수되면 재산심층감독을 실시하여 사실을 확정한 후, 심문기일소환, 후견인변경 또는 고발조치 등 적절한 처분이 이어져야 한다는 의견임. 끝.

처 분 의 견	☐ 현행유지 ■ 경고 ■ 후견인 변경 ■ 고발조치 ■ 재산심층감독
관 리 의 견	☐ 정상관리(1년) ☐ 관리대상(6개월) ■ 특별관리(3개월)
차 기 후 견 감 독 예 정 일	재산심층감독 이후 결정
후견인 제출 예정 서류 목록	·2017느단123456 피성년후견인이 거주하는 건물 또는 대지에 대한 매도 등에 대한 허가 청구의 이행결과와 매매대금 보관 및 사용 내역, 부동산 매입 및 등기 내역 ·피후견인의 은행계좌의 잔고확인서 ·피후견인과 관련된 수입 및 지출 내용을 소명할 수 있는 은행계좌의 입출금거래내역확인서, 영수증 등 일체의 자료

위와 같이 후견감독 조사보고서를 제출합니다. 끝.

[참고자료 30] 후견감독집행조사보고서

○ ○ 가 정 법 원
후 견 감 독 집 행 조 사 보 고 서

판사 김법관 귀하 　　　　　　　　　　　　2018. 12. 12.
　　　　　　　　　　　　　　　　　　후 견 감 독 담 당 관 전조사

사　　건　　명	2016후감0000 임의후견감독인의 선임				
피 후 견 인	김□□	후 견 인	송◇◇	후 견 감 독 인	조▽▽
심 판 확 정 일	2016. 7. 31.		후 견 감 독 기 간	2016. 7. 31. ~ 2018. 10. 31.	
후 견 감 독 일 시	2018. 11. 1. ~ 2018. 11. 31.		후견감독사무보고서 제 출 일 자	2018. 11. 5.	
감 독 집 행 일 시	2018. 11. 23. 15:00		감 독 집 행 방 법	후견감독인 유선 집행조사	

후 견 감 독 집 행 조 사 항 목		그렇다	보통	아니다
감독상황	■ 후견감독인은 후견인의 후견활동을 정기적으로 확인하고 있다.		○	
	■ 후견감독인은 피후견인의 재산 상태를 잘 파악하고 있다.		○	
	■ 후견감독인은 피후견인의 신상 상황을 잘 파악하고 있다.		○	
	■ 후견감독인은 후견인의 상태(건강, 비리행위 등)를 잘 파악하고 있다.		○	
감독일반사무	■ 후견감독인은 정해진 기한 내에 후견감독사무보고서를 제출하였다.		○	
	■ 후견감독인은 후견감독사무를 계속하기를 원하고 있다.	○		
	■ 후견감독인은 법원의 집행조사에 협조적이다.		○	
	■ 후견감독인(후견인, 피후견인, 관계인)의 불만이 보고되지 않았다.	○		
	■ 후견감독인(후견인, 피후견인, 관계인)의 변경의견이 보고되지 않았다.	○		

후 견 감 독 집 행 조 사 의 견

■ 임의후견인은 피후견인의 신상보호 및 재산관리자로서의 역할을 적절히 수행하고 있었으나, 후견계약 공정증서에 명시되어 있는 '임의후견업무 개시시점 이후 매 6개월마다 피후견인의 신상보호 및 재산관리 등에 관해 임의후견감독인에게 보고해야 한다.'라는 조항을 숙지하지 못하고 있었음. 그에 따라 법원의 후견감독 전까지는 임의후견감독인에게 후견업무에 관해 보고하지 않고 있었음.

■ 임의후견감독인은 임의후견인과의 친분으로 피후견인의 임의후견감독인으로 선임되는 것에 동의했었지만, 정작 후견계약의 내용이나 임의후견감독인의 역할에 대해 제대로 인지하지 못하고 있었음. 이에 법원의 후견감독에 비협조적인 태도를 보여 결국 심문기일이 열리기도 했음.

■ 임의후견감독인은 심문기일을 통해 법원의 후견감독 절차에 협조하기로 하고, 임의후견인에 대한 후견감독 후 후감독사무보고서를 제출하는 등 역할을 적절히 수행했음. 이에 **현행유지 및 정상관리**의견임. 끝.

처 분 의 견	■ 현행유지　　□ 경고　　□ 후견인 변경　　□ 고발조치
관 리 의 견	■ 정상관리
차기후견감독예정일	2019. 7. 31.

[참고자료 31] 심층 후견감독조사명령

○ ○ 가 정 법 원

후 견 감 독 심 층 조 사 명 령

사   건   2018후감1234 성년후견감독 (관련사건: 2018느단4321 성년후견개시)

피 후 견 인   김○○

후 견 인   박△△

    위 사건에 관하여 조사관은 아래와 같은 사항에 관하여 심층감독이 이루어질 수 있도록 필요한 제반 조치를 취하고, 그 결과를 수집하여 후견감독조사보고서를 재판부에 제출할 것을 명한다.

의뢰 사항

1. 심층감독조사 내용
   ■ 피후견인의 재산관리 상황(후견감독재산조사보고서 제출)
   □ 피후견인의 신상보호 상황(후견감독신상조사보고서 제출)
   ■ 기타사항 : 이 법원 2018느단00 권한초과행위 이행보고의 적정성도 함께 조사할 것

2. 심층감독조사자 : 전문후견감독위원(또는 후견감독보조인, 조사관 등)

3. 기간 : 2019. 1. 11.까지

2018. 11. 11.

판 사   김 법 관   ㊞

[참고자료 32] 서면경고문

○ ○ 가 정 법 원
경 고 문

사　　　　건　　　　2018후감123456 성년후견감독(기본)

성년후견인　　　　안○○

피성년후견인　　　　제▽▽

　성년후견인의 역할은 피후견인의 신상과 재산을 보호하는 데 있습니다. 특히 피성년후견인 명의의 재산과 관련해서는, 성년후견인이 마음대로 처분하거나 그 명의를 바꾸는 것은 허용되지 아니합니다. 원칙적으로 피성년후견인의 재산은 그 명의 그대로 보존하면서 관리하는 것이 성년후견인의 기본 임무이고, 법원의 허가 없이 업무상의 편의나 생활비 마련 등의 목적으로 미리 그 명의를 성년후견인이나 가족의 명의로 바꾸는 것은 허용되지 않습니다.

　따라서 피성년후견인의 재산을 소비하였거나 피성년후견인의 재산을 사용하여 성년후견인 또는 제3자 명의의 재산을 취득한 경우 피후견인 명의의 재산으로 원상회복시켜 놓을 것을 권고합니다. 정당한 사유 없이 원상회복을 하지 않거나 원상회복 후 위와 같은 행위를 반복한 것이 드러날 경우, 성년후견인 변경사유가 됨은 물론, 성년후견인이 형법상 업무상횡령죄 또는 업무상배임죄 등으로 처벌받을 수 있습니다.

2018. 12. 12.

판사　김 법 관　㊞

[참고자료 33] 재산 심층감독조사보고서

○○가 정 법 원
재 산 심 층 후 견 감 독 조 사 보 고 서

판사 김법관 귀하

2018. 6. 11.
조 사 관 박□ □

사건명				2017후감123456 한정후견감독(기본)			
심판확정일	2017. 3. 21.	직권개시일		2017. 3. 21.		수명년월일	2018. 4. 11.
감독대상기간	2017. 3. 21. ~ 2018. 3. 20.		관련사건		2017느단0000 한정후견개시		
사건본인	성명	성△△	성별	나이	생년월일	피후견인 상태	
			여	73	1944. 11. 11.	조현병, 치매	
	주소	서울 강동구 둔촌동 000 ◇◇정신병원					
	거소	상동			연락처		-
후견인	성명	조○○	성별	나이	생년월일	직업	회사원
			남	44	1973. 6. 19.	피후견인과의 관계	아들
	주소	서울 강북구 번동 000 후견아파트 111동 222호					
	송달장소	상동			연락처		010-0000-0000
진행경과	전문후견감독위원		서▽▽			연락처	010-1000-0000
	후견감독재산조사 의뢰일			2018. 5. 1.			
	후견감독재산조사보고서 제출일			2018. 6. 1.			
진행결과	☐ 위 제출 보고서와 같이 후견인의 재산관리에 특이사항이 없음을 보고함 ■ 위 제출 보고서에서 후견인의 재산관리에 특이사항이 관찰되어 다음의 감독의견을 작성함. 끝. ■ 감독의견 ① 후견인은 피후견인의 재산이 재산목록보고 대비 220,000,000원이 감소한 것으로 보고하고 있으나, 후견인이 보고한 지출이 적정하다고 할지라도 120,000,000원의 차이가 있습니다. ② C 임야의 매각경위와 매각대금 여부, B 건물의 임대차보증금 증액분 100,000,000원의 행방에 관한 후견인의 주장이 석연치 않고, 후견인 또는 피후견인의 가족의 생활비로 피후견인의 재산을 사용하는 등 지출내역도 부적절하거나 과다계상된 것으로 보입니다. 후견인의 추가적인 소명자료를 받아볼 필요가 있습니다. ③ 보정명령을 통하여 추가소명자료를 받아본 뒤 재산에 관한 심층후견감독을 추가로 실시하고, 그 결과에 따라 경고, 후견인의 권한을 제한하거나 고발 등의 후속조치를 고려할 수 있을 것으로 보입니다.						
처분의견	☐ 현행유지 ■ 경고 ■ 후견인 권한 제한 ☐ 후견인 변경 ■ 고발조치 ☐ 후견감독인 선임						
관리의견	☐ 정상관리(1년) ☐ 관리대상(6개월) ■ 특별관리(3개월)						
차기후견감독예정일	2018년 9월 30일						

첨부: 전문후견감독위원 제출 전문후견감독조사보고서

전 문 후 견 감 독 조 사 보 고 서		감독일	2018. 5. 17.
		작성일	2019. 6. 1.
		작성자	전문후견감독위원 서▽▽
개시사건번호	후견감독사건번호	후견인	피후견인
2017느단0000	2017후감0000	조○○	성△△

1. 피후견인의 재산현황

구분 재산항목	청구 시 보고내역 2016. 12. 20.	재산목록보고내역 2017. 4. 20.	후견사무보고내역 2018. 3. 20.	감독결과 변동상황/특이사항
적극재산				
부동산	1,000,000,000	1,200,000,000	1,150,000,000	50,000,000 감소 (C 임야 2018. 7. 증여)
A 아파트	500,000,000	600,000,000	600,000,000	
B 건물	450,000,000	550,000,000	550,000,000	
C 임야	50,000,000	50,000,000	0	
제예금	30,000,000	120,000,000	50,000,000	70,000,000 감소
D 은행	30,000,000	30,000,000	30,000,000	
E 은행	0	90,000,000	20,000,000	
보험	30,000,000	30,000,000	30,000,000	유지
F 생명	5,000,000	3,000,000	3,000,000	
G 보험	25,000,000	25,000,000	25,000,000	
증권	30,000,000	30,000,000	30,000,000	유지
H 증권	30,000,000	30,000,000	30,000,000	
기타	20,000,000	20,000,000	20,000,000	유지
차량	8,000,000	8,000,000	8,000,000	
기타채권	12,000,000	12,000,000	12,000,000	
적극재산합계(가)	1,110,000,000	1,400,000,000	128,000,000	120,000,000 감소
소극재산				
대출	300,000,000	300,000,000	300,000,000	유지
임대차보증금	100,000,000	100,000,000	200,000,000	100,000,000 증가
소극재산합계(나)	400,000,000	400,000,000	500,000,000	100,000,000 증가
순재산합계(가-나)	710,000,000	1,000,000,000(A)	780,000,000(B)	
수입			16,000,000(C)	

지출	116,000,000(D)	
정상 보고금액(A+C-D)	900,000,000(E)	
차액(B-E)	-120,000,000	

2. 보정사항

① 정상보고금액과의 차액 120,000,000원의 사용 및 보관에 대하여 소명하고 그 입증자료를 제출하시기 바랍니다.
② C 임야가 종중 소유라는 점에 관한 입증자료를 제출하고, 위 임야가 피후견인의 막내딸 명의로 이전등기가 된 경위를 소명하시기 바랍니다.
③ B 건물의 임대차보증금 증액분 100,000,000원의 보관 및 사용 내역에 관한 금융자료 등 입증자료를 제출하시기 바랍니다.
④ 후견인이 제출한 지출내역 중 피후견인을 위해 사용된 부분과 후견인 및 가족을 위하여 사용된 부분을 구분하고, 이에 관한 추가 입증자료를 제출하시기 바랍니다.

해당 항목	보정 서류
①	정상보고금액과의 차액인 120,000,000원의 사용 및 보관에 관한 소명자료
②	C 임야가 종중 소유라는 점에 관한 입증자료
③	B 건물의 임대차보증금 증액분 100,000,000원의 보관 및 사용 내역에 관한 금융자료 등 입증자료
④	후견인이 제출한 지출내역 중 피후견인을 위해 사용된 부분과 후견인 및 가족을 위하여 사용된 부분을 구분하고, 이에 관한 추가 입증자료

3. 종합의견

① 후견인은 피후견인의 재산이 재산목록보고 대비 220,000,000원이 감소한 것으로 보고하고 있으나, 후견인이 보고한 지출이 적정하다고 할지라도 120,000,000원의 차이가 있습니다. 이에 대한 후견인의 소명이 필요합니다.
② C 임야의 경우 피후견인의 소유가 아니라 원래 종중 소유이므로 종중 명의로 소유권이전을 하여 매각대금을 받은 것이 없다고 주장하나, 등기부등본에 의하면 피후견인의 막내딸 명의로 등기가 이전된 것으로 보이므로, 후견인의 주장을 입증할 서류를 제출받거나, 위 부동산의 반환 등의 조치가 필요한 것으로 보입니다.
③ 임대차계약서의 기재에 의하면 B 건물의 임차인에 대한 임대차보증금을 100,000,000원

증액함으로써 임대차보증금반환채무가 100,000,000원 증가한 것으로 확인되는데, 위와 같이 수령한 임대차보증금 증액분에 대한 금융자료가 전혀 없습니다. 후견인은 이를 현금으로 보유하면서 피후견인의 치료비 등으로 사용하였다고 주장하므로, 이에 대한 확인 후 경고나 반환 등의 조치가 필요합니다.

④ 후견인이 제출한 지출내역에는 후견인 또는 가족의 생활비로 사용한 내역이 있고, 피후견인의 치료 현황이나 거소 등에 비추어 전체적으로 과다계상된 것으로 보입니다. 피후견인의 재산규모에 비추어 볼 때 이러한 지출패턴이 계속되어서는 안 될 것으로 보입니다.

위와 같이 후견인의 재산 관리 상황을 심층 감독하여 보고함.

2018. 6. 1.

전문후견감독위원 서▽▽ (인)

[참고자료 34] 신상 심층감독조사보고서

<table>
<tr><td colspan="8" align="center">○○가 정 법 원
신 상 심 층 후 견 감 독 조 사 보 고 서</td></tr>
<tr><td colspan="4">판사 김법관 귀하</td><td colspan="4">2018. 7. 11.
조 사 관 노 □ □</td></tr>
<tr><td align="center">사 건 명</td><td colspan="7" align="center">2017후감123456789 성년후견감독(기본)</td></tr>
<tr><td align="center">심판확정일</td><td align="center">2017. 1. 23.</td><td align="center">직권개시일</td><td colspan="2" align="center">2017. 1. 23.</td><td align="center">수명년월일</td><td colspan="2" align="center">2018. 5. 11.</td></tr>
<tr><td align="center">심층후견감독
신상조사의뢰일</td><td colspan="2" align="center">2018. 6. 1. ~ 2018. 6. 30.</td><td colspan="2" align="center">관련사건</td><td colspan="3" align="center">2016느단0000 성년후견개시</td></tr>
<tr><td rowspan="4" align="center">사
건
본
인</td><td rowspan="2" align="center">성 명</td><td rowspan="2" align="center">정△△</td><td align="center">성 별</td><td align="center">나 이</td><td align="center">생 년 월 일</td><td colspan="2" align="center">피후견인 상태</td></tr>
<tr><td align="center">남</td><td align="center">43</td><td align="center">1964. 11. 11.</td><td colspan="2" align="center">정신지체, 상세불명의 비기질적 정신병</td></tr>
<tr><td align="center">주소</td><td colspan="6" align="center">서울 마포구 독막로 000 ◇◇요양원</td></tr>
<tr><td align="center">거소</td><td colspan="3" align="center">상동</td><td align="center">연 락 처</td><td colspan="2" align="center">-</td></tr>
<tr><td rowspan="5" align="center">후
견
인</td><td rowspan="3" align="center">성 명</td><td rowspan="3" align="center">차○○</td><td align="center">성 별</td><td align="center">나 이</td><td align="center">생 년 월 일</td><td align="center">직 업</td><td align="center">주부</td></tr>
<tr><td rowspan="2" align="center">여</td><td rowspan="2" align="center">77</td><td rowspan="2" align="center">1941. 6. 19.</td><td align="center">피후견인과
의 관계</td><td rowspan="2" align="center">모</td></tr>
<tr></tr>
<tr><td align="center">주소</td><td colspan="5" align="center">서울 서초구 서초중앙로 000 (서초동)</td></tr>
<tr><td align="center">송달장
소</td><td colspan="3" align="center">상동</td><td align="center">연 락 처</td><td colspan="2" align="center">02-000-0000</td></tr>
<tr><td rowspan="3" align="center">진행경과</td><td colspan="3" align="center">후견감독보조인   고▽▽</td><td align="center">연 락 처</td><td colspan="2" align="center">010-0000-0000</td></tr>
<tr><td colspan="5" align="center">후견감독신상조사 의뢰일</td><td colspan="2" align="center">2018. 6. 1.</td></tr>
<tr><td colspan="5" align="center">후견감독신상조사보고서 제출일</td><td colspan="2" align="center">2018. 7. 7.</td></tr>
<tr><td rowspan="2" align="center">진행결과</td><td colspan="7">□ 위 제출 보고서와 같이 후견인의 신상보호 활동에 특이사항이 없음을 보고함
■ 위 제출 보고서에서 후견인의 신상보호 활동에 특이사항이 관찰되어 다음의 감독의견을 작성함</td></tr>
<tr><td colspan="7">■ 감독의견
① 후견인은 고령으로 피후견인 외에 장애인 자녀가 또 있음. 오랜 기간 동안의 장애인 자녀들 양육에서 오는 피로감, 심적 고통으로 피후견인에 대한 후견사무 수행을 힘들어하고 있음.
② 현재 피후견인은 중증장애인요양시설인 ◇◇요양원에 25년간 머무르고 있는데, 피후견인의 부(父) 사망으로 인한 상속문제를 해결하기 위하여 후견개시를 신청하였을 뿐, 실제로 피후견인은 방치에 가까운 상태임.
③ 후견감독보조인의 보고에 따르더라도 피후견인이 머무르는 곳은 지나치게 열악하고, 후견인은 애정을 갈급하고 있는 상태로서 조속히 피후견인의 신상에 관한 개선조치가 필요함. 끝.</td></tr>
<tr><td align="center">차기후견감독예정일</td><td colspan="7">2018년 10월 31일</td></tr>
</table>

첨부: 후견감독보조인 제출 후견감독신상조사보고서

후견감독신상조사보고서

<table>
<tr><td rowspan="3">의뢰사건</td><td>의뢰기관</td><td colspan="2">서울가정법원</td><td></td><td></td></tr>
<tr><td>사건번호</td><td>2018후감123456</td><td>담당자</td><td colspan="2">노□□</td></tr>
<tr><td>후견감독보조인</td><td>고▽▽</td><td>연락처</td><td colspan="2">010-0000-0000</td></tr>
<tr><td rowspan="4">감독대상</td><td></td><td>이름</td><td>관계</td><td colspan="2">연락처</td></tr>
<tr><td>피후견인</td><td>정△△</td><td>본인</td><td colspan="2"></td></tr>
<tr><td>후견인</td><td>차○○</td><td>모</td><td colspan="2">02-000-0000</td></tr>
<tr><td>관계인</td><td></td><td></td><td colspan="2"></td></tr>
<tr><td>감독기간</td><td></td><td>2018. 6. 14. - 6. 20.</td><td>총 출장횟수</td><td colspan="2">2</td></tr>
<tr><td>감독목표</td><td colspan="5">1. 피후견인의 심신상태
2. 피후견인의 거주시설 및 보호 환경
3. 후견인의 후견사무수행상황
4. 기타 피후견인의 신상보호에 필요한 사항</td></tr>
</table>

<table>
<tr><td rowspan="3">감독일정</td><td></td><td>감독일시</td><td>소요시간</td><td>감독대상</td><td>장소</td></tr>
<tr><td>1회기</td><td>2018. 6. 14.</td><td>90분</td><td>피후견인
생활시설팀장</td><td>◇◇요양원</td></tr>
<tr><td>2회기</td><td>2018. 6. 20.</td><td>120분</td><td>피후견인
생활지도교사</td><td>◇◇요양원</td></tr>
</table>

감 독 내 용

<table>
<tr><td rowspan="2">감독진행</td><td>1회기</td><td>1. 후견인인 피후견인의 모 차○○와 통화하여, 피후견인의 현재 상태와 후견활동에 관하여 질문
2. ◇◇요양원의 피후견인 담당자에게 전화하여 방문취지를 설명하고 방문하려고 하였으나, 위 시설의 팀장은 후견감독보조인이 피후견인을 시설 외부에서 면접할 것을 요청함
3. 후견감독보조인은 피후견인의 거주상황을 면밀히 확인하기 위하여 시설을 직접 방문하였으나, 생활지도교사와 피후견인은 당시 외출을 한 상태로서 만나지 못하였음
4. 피후견인 거주 시설의 팀장과 면담함</td></tr>
<tr><td>2회기</td><td>1. 다시 ◇◇요양원을 찾아가서 피후견인과 생활지도교사를 면담함
2. 피후견인의 거주 공간과 환경을 살펴봄
3. 피후견인 등 재원생들에게 실시하고 있는 프로그램을 확인함</td></tr>
</table>

감 독 항 목	그렇다	보통	아니다	파악 안됨
■ 후견인이 피후견인의 거주상황을 잘 파악하고 있다.		○		
■ 후견인이 피후견인과 정기적인 접촉을 하고 있다.			○	
■ 후견인이 피후견인의 신체 및 정신 건강상태를 잘 파악하고 있다.			○	
■ 후견인이 피후견인의 건강에 대한 적절한 조처를 하고 있다.			○	
■ 후견인이 간호, 주거확보, 의료, 재활 등 후견 서비스를 제공하였다.			○	
■ 후견인이 피후견인의 보호계획을 적절하게 세우고 있다.			○	
■ 피후견인에 대한 후견인의 방치는 관찰되지 않았다.			○	
■ 피후견인에 대한 후견인의 학대는 관찰되지 않았다.	○			
■ 후견인이 정해진 기한 내에 보고서를 제출하였다.		○		
■ 후견인이 피후견인의 후견사무를 계속하기를 원하고 있다.		○		
■ 후견인이 후견활동에 적극적이다.			○	
■ 후견인이 감독에 협조적이다.			○	
■ 피후견인 및 관계인의 불만이 관찰되지 않았다.		○		
■ 후견인 변경의견이 관찰되지 않았다.	○			

※ 후견인 변경의견이 관찰된 경우 아래 내용을 작성합니다.

■ 변경 의사	□ 후견인 □ 피후견인 □ 관계인
■ 변경 사유	

※ 후견인의 신상보호(주), 재산관리(부), 일반사무 활동에 대한 감독의견을 다음과 같이 작성합니다.

신 상 보 호

1. 후견인에게는 4명의 자녀가 있는데, 두 명이 지적장애인임. 후견인은 이혼한 큰딸과 손녀, 미혼인 셋째 아들과 살고 있음
2. 피후견인은 1급 지적장애인으로서 현재 거주하고 있는 시설에서 25년간 생활하고 있음
3. 후견인과 그 가족들은 연간 1~2회 정도 피후견인을 찾아갈 뿐 정기적인 방문이나 연락은 이루어지지 않고 있다고 함
4. 피후견인이 머무르는 방은 3평 남짓으로 좁은 방에 이불장이나 옷장 하나 없이 5명의 장애우가 함께 지내고 있었음
5. 함께 생활하는 5명 중 누구 한 명이 화장실에 갈 경우 다른 4명도 깰 정도로 열악한 환경이었고, 규칙적인 생활이 이루어지지 않아 방을 같이 쓰는 장애우들 사이에 불편함이 있는 것으로 보였음
5. 제공되는 식사 역시 피후견인들의 균형 잡힌 영양 상태를 유지하기에는 현격히 부족한 상태였음
6. 후견감독보조인이 따로 알아본 바에 의하면 피후견인이 머무르는 시설은 내부적으로 다툼이 있어 시설 이용자들에게 혜택이 돌아가지 않는 상황이라고 함
7. 피후견인은 생활시설에서 생활하는 사람들에게 나타나는 이른바 '시설병'을 앓고 있는 것으로 보였고 건강도 좋아 보이지 않았음
8. 피후견인은 외로움을 호소하면서 처음 보는 후견감독보조인에게 팔짱을 끼며 헤어지지 않으려고 함
9. 중증장애인 시설이기는 하지만 잔존능력을 개발할 수 있는 프로그램 없이 낮시간에는 방안에서 잠을 잔다든지 무의미하게 시간을 보내고 있음

재 산 관 리

후견인의 보고에 의하면, 피후견인에게 재산은 전혀 없고 시설비용은 피후견인의 수급비로 충당되고 있다고 함
피후견인의 망부(亡父)에 대한 재산상속절차는 완료되었으며, 피후견인은 상속을 받지 않는 것으로 하였다고 함

종 합 의 견

1. 후견인은 고령이고 피후견인 외에 장애인 자녀가 1명 더 있어서, 장기간 동안의 장애인 자녀들 양육에서 오는 피로감, 심적 고통 등으로 피후견인의 후견사무를 힘들어하고 있음
2. 피후견인의 재산에 관한 사항을 정확하게 파악할 수 없었으나 피후견인의 망부(亡父)에 대한 재산상속절차는 완료되었으며, 피후견인은 상속을 받지 않는 것으로 하였다고 함
3. 후견인은 피후견인이 거주하는 요양원에 연 1~2회 정도 방문할 뿐, 피후견인의 건강이나 선호 등을 파악하지 못하고 있는 것으로 보임
4. 피후견인이 머무르고 있는 요양원은 시설과 음식이 열악하고 장애인들이 행복하게 지낼 수 있는 프로그램이 마련되어 있지 않음
5. 피후견인은 가족과 사람을 그리워하고 있고 영양상태도 그다지 좋아 보이지 않았음
6. 피후견인의 거소를 조속한 시일 내에 보다 환경이 좋은 요양원 등으로 옮기고, 후견인으로 하여금 신상보호사무를 보다 적극적으로 수행하도록 할 필요가 있음

위와 같이 후견감독신상조사보고서를 제출합니다.

2018. 7. 7.

후견감독보조인 고 ▽ ▽ (서명 또는 날인)

[참고자료 35]　상담 안내와 신청서

후견인을 위한 ○○가정법원　후견사무 지원 서비스 안내문

　오늘도 후견활동에 여념 없는 귀하를 응원합니다.

　○○가정법원은 2013. 7. 1. 새로운 후견제도가 시행되면서 법률에 따라 후견인의 후견사무를 감독하고 있습니다. 그 동안 우리 법원은 후견감독을 시행하면서 후견인이 피후견인의 신상 보호와 재산관리 활동을 낯설어 하고 후견사무보고를 복잡하게 느끼는 등 고충이 있다는 의견을 접했습니다. 또한 후견인이 피후견인의 신상을 보호하는 기간이 길어질수록 후견인의 심리정서적인 어려움도 가중되고 있다는 것을 알게 되었습니다.

　이에 우리법원은 2017. 5. 22.부터 후견인의 후견사무와 심리정서 안정을 지원하는 제도를 아래와 같이 시행하게 되었습니다. 후견인 여러분의 많은 이용 부탁드립니다.

1. 후견인 상담창구

> ■ 상담내용
>   재산목록보고서 및 후견사무보고서 작성 지원, 권한초과 행위 등 후견사무 지원
> ■ 이용대상: 후견인 교육을 이수한 후견인
> ■ 이용방법: 후견인의 상담창구 방문
> ■ **운영시간: 매주 월. 수. 금요일 오후 1시~5시**
> ■ 장　　소: ○○가정법원　후견센터 (가정동 802호)
> ■ 문　　의: ① 후견인 상담창구 02-0000-0009
>   ② 담당재판부 02-0000-0000(20단독), 0001(21단독), 0003(24단독)

2. 후견인을 위한 '찾아가는 심리상담 지원 서비스'

> ■ 상담목표: 후견인의 정서적 안정, 신상보호 의지 회복
> ■ 이용대상: 친족후견인, 미성년후견인, 미성년 사건본인 등
> ■ 이용방법: 별지 '신청서' 작성 후 등기우편 접수(또는 내방 접수)
>   (우편주소: 137-889 서울시 서초구 강남대로 000(양재동 11) ○○가정법원)
> ■ 상담방법: 가정법원 위촉 심리상담위원의 자택 방문
> ■ 상담회기: 기본 3회기
> ■ 문　　의: 02-0000-0000
> ※ 별지: ○○가정법원 '찾아가는 심리상담 지원 서비스' 신청서

○○가정법원 '찾아가는 심리상담 지원 서비스' 신청서

사건번호	☞ 사건번호는 기본감독사건을 기재해 주세요. (예: 2018후감12345)					

피후견인 (사건본인)	성명	생년월일	관계	주소	연락처
			본인		

후견인	성명	생년월일	관계	주소	연락처

상담희망자	☞ 상담이 필요한 사람이 누구인지 기재해 주세요.			
	성명	생년월일	피후견인과 관계	현재 거주지
	학력	직업		연락처

상담을 신청하는 이유
☞ 적정한 심리상담위원 연결을 위해서 신청 이유와 상담을 받았으면 하는 내용을 간략히 기재해 주세요.

특이사항
☞ 기타 심리상담위원이 상담진행을 위해 알아야할 사항이 있으면 간략히 기재해 주세요.

○○가정법원의 '찾아가는 심리상담 지원 서비스' 이용절차를 준수할 것을 약속하며 심리상담 지원 서비스를 신청합니다.

20 .   .   .

(인) 또는 서명

○○가정법원장 귀중

※ '찾아가는 심리상담 지원 서비스'는 후견업무 관련 절차 및 법률 상담을 제공하지 않음에 유의하여 주십시오.

[참고자료 36] 찾아가는 심리상담 지원서비스 상담결과보고서

찾아가는 심리상담 지원 서비스 상담결과보고서

의뢰사건	의뢰기관	○○가정법원		
	사건번호	2015느단0000 성년후견감독	담당자	판사 김법관

상담자	상담기관		연락처	
	상담위원	양◇◇	연락처	010-0000-0000

내담자		이름	비고(피후견인과의 관계 등)
	후견인	강▽▽	남편
	피후견인		

상담기간	2018. 12. 2. ~ 2018. 12. 17.	**총 상담횟수**	총 3 회
상담목표	자신의 감정과 욕구를 표현하여 정서적인 안정감 회복		

상담일정		날짜	소요시간	형태	장소
	1회기	2018. 12. 2.	60분	방문	내담자 거소지
	2회기	2018. 12. 14.	60분	방문	내담자 거소지
	3회기	2018. 12. 17.	60분	방문	내담자 거소지
상담 진행		상담내용			
	1회기	"아내에게 미안하고 죄책감이 들어요." "내가 웃어도 되나..." · 피후견인이 병석에 누운 지 6년이 되어 가는데 2년 정도는 눈물로, 2년 정도는 아무렇지도 않게 지내다가 2개월 전부터 다시 눈물이 자꾸 나온다. · 피후견인이 멀리 있는 병원이라도 좀 신속하게 입원을 시켰으면 어땠을까 하는 후회, 안타까움, 죄책감이 있다. · 처음에는 3개월 피후견인 옆에 있다가 어지럽고 힘들어 일(대리운전)을 다시 시작했는데 너무나 죄책감이 들었다. · 친구들과 어울리는 것을 하지 못했고, 요즘은 걷기 운동을 하고 있다. 그러나 좋아하던 축구는 나 혼자 즐기는 것 같아 하지 못한다. · "내가 이렇게 운동하고 그러는 게 정상인가요?", "운동하는 사람들과 웃고 떠들 때 죄책감이 들어요....", '너 지금 웃고 떠들 때냐?'라는 생각도 든다. · 피후견인이 모든 걸 알아서 했는데... 아무 말 못하고 있는걸 보면 가슴이 무너진다며 눈물 흘렸다.			

	2회기	"상담 받고 나서 거짓말 같이 눈물 나는 것이 줄어들었어요... 전에는 주체할 수 없이 눈물이 나서 힘들었는데", "아내가 너무 불쌍해요... 울기도 하고 웃기도 하는데... 아내와 서로 통하지 못하니까... 답답해요" 후견인은 피후견인과의 즐거웠던 기억을 떠올리면서 현재의 상태를 안타까워했다. 평소에 피후견인이 모든 것을 다 알아서 해 왔다. 그러다 갑자기 누워서 꼼짝하지 않고 있는 모습을 보는 것은 말로 표현할 수 없이 괴롭다고 한다. 피후견인을 돌보고 간병하는 일이 가족으로서 당연히 해야 할 일을 하고 있는 것이라고 생각하기 때문에 특별히 가치를 둔다거나 자비를 베푸는 일이라고 생각해 본 일은 없다고 한다. 후견인은 자신의 그러한 감정을 상담자와 이야기 하면서 막혔던 감정의 통로가 열린 듯 자신의 생각과 감정을 표현했다. "지난 주 상담을 받은 후 거짓말처럼 눈물이 멈춰서 신기해요"라는 후견인의 경험은 그동안 그 누구와도 나누지 못했던 억압된 감정을 표현했기 때문으로 보인다.
	3회기	"감정 찾기를 통한 명료화" 후견인은 피후견인이 아프기 시작한 시점부터 지금까지의 에피소드를 통해서 어떤 생각이 들었는지 감정 찾기를 통해서 심리적인 정서흐름을 이해했다. 피후견인에 대한 안쓰러움과 자신의 죄책감이 어디에서 비롯되었는지를 명료화하면서 현재의 자신의 심리상태에 대한 자각이 있었다. 현재 후견인의 감정은 자연스러운 반응이며 이상하지 않다는 '정상화(normalization)'를 통해서 자신의 현재를 수용할 필요가 있다.
종합의견		후견인은 피후견인이 뇌병변 1급 장애 판정을 받은 이후 심리적인 충격과 경제적인 부담으로 매우 힘든 시간을 보냈다고 한다. 물론 경제적인 부담감과 생계를 책임지기 위해 후견인이 일을 하는 것도 힘들지만, 인생에서 가장 친했던 벗이 사라진 슬픔이 후견인에게는 가장 큰 슬픔이었다고 한다. 후견인은 의사소통이 불가능한 병석의 피후견인을 아침, 저녁으로 6년 정도 방문하면서 적절하게 피후견인을 치료하지 못한 것이 마치 자신이 잘못해서 그렇다는 죄책감, 우울감, 무기력감을 경험하고 있는 것으로 보여 진다. 후견인은 자신이 일을 하는 것과 즐거움은 느끼는 것조차 죄책감을 갖고 있었다. 후견인은 3회기의 심리상담 시간을 통하여 현재에 이르기까지 과거를 뒤돌아보며 심리적으로 따뜻한 위로의 시간이 되었고, 마음을 한번 정리하고 돌아보는 시간이 되어 좋았다고 하였다. 상담을 통하여 좋아지기는 하였지만, 후견인은 좀 더 자신이 상담을 통해서 정서적인 안정을 찾고 싶다는 욕구를 표현하기도 했다. 후견인의 부적응적 정서패턴은 일상에서의 활동에 영향을 미치면서 후견활동에까지 영향을 줄 가능성이 보인다. 따라서 지금까지의 부적응적 정서패턴을 교정하기 위한 추가 상담이 필요하다고 사료된다.

2018. 12. 17.

후견감독 심리상담위원 양 ◇ ◇ ㊞

[참고자료 37] 후견감독 조정조치보고서

<table>
<tr><td colspan="8" align="center">○○가 정 법 원
후 견 감 독 조 정 조 치 보 고 서</td></tr>
<tr><td colspan="4">판 사 김 법 관 귀 하</td><td colspan="4">2018. 12. 12.</td></tr>
<tr><td colspan="8" align="right">후 견 감 독 담 당 관 윤○○ (인)</td></tr>
<tr><td colspan="2">사 건 명</td><td colspan="6">2018후감0000 미성년후견감독(기본)</td></tr>
<tr><td colspan="2">심판확정일</td><td>2018. 5. 5.</td><td>직권개시일</td><td>2018. 5. 11.</td><td>수명년월일</td><td colspan="2">2018. 9. 13.</td></tr>
<tr><td colspan="2">조정조치기간</td><td colspan="2">2018. 9. 13.~2018. 12. 4.</td><td>관련사건</td><td colspan="3">2018느단0000 미성년후견개시</td></tr>
<tr><td rowspan="6">피
후
견
인</td><td rowspan="2">성 명</td><td rowspan="2">성△△</td><td>성별</td><td>나이</td><td>생년월일</td><td colspan="2">사건본인 상태</td></tr>
<tr><td>여</td><td>7세</td><td>2011. 5. 5.</td><td colspan="2">유치원 재원</td></tr>
<tr><td colspan="2">주소</td><td colspan="5">서울 강동구 둔촌동 000</td></tr>
<tr><td colspan="2">거소</td><td colspan="3">상동</td><td>연락처</td><td>010-0000-0000</td></tr>
<tr><td rowspan="5">후
견
인</td><td rowspan="2">성 명</td><td rowspan="2">조○○</td><td>성별</td><td>나이</td><td>생 년 월 일</td><td>직 업</td><td></td></tr>
<tr><td>남</td><td>73세</td><td>1945. 1. 1.</td><td>피후견인
과의 관계</td><td>외조부</td></tr>
<tr><td colspan="2">주소</td><td colspan="5">서울 강동구 둔촌동 000</td></tr>
<tr><td colspan="2">거소</td><td colspan="3">상동</td><td>연락처</td><td>-</td></tr>
<tr><td colspan="2">조정조치사항</td><td colspan="6">1. 상담목표: 사건본인의 상황에 적절한 심리적 조정조치 (심리검사, 심리
상담 등 조사관이 필요하다고 판단하는 제반조치)
2. 상담대상: 사건본인</td></tr>
<tr><td rowspan="3">조정조치경과</td><td colspan="2">후견감독 심리상담위원</td><td colspan="2">서▽▽</td><td>연락처</td><td colspan="2">010-1000-0001</td></tr>
<tr><td colspan="4">상 담 의 뢰 일</td><td colspan="3">2018. 9. 20.</td></tr>
<tr><td colspan="4">상 담 결 과 회 신 일</td><td colspan="3">2018. 12. 2.</td></tr>
<tr><td colspan="8" align="center">조 사 사 항</td></tr>
<tr><td rowspan="2">진행경과</td><td colspan="3">일시</td><td colspan="2">대상</td><td colspan="2">장소 및 방법</td></tr>
<tr><td colspan="3">2018. 12. 3.</td><td colspan="2">상담위원</td><td colspan="2">유선 조사</td></tr>
</table>

감 독 의 견

상담의뢰 경위

심문기일에서의 법관의 안내에 따라 후견인이 자발적으로 찾아가는 심리상담 신청을 함으로써 시작됨. 피후견인의 사회성 저하, 높은 불안 수준, 심리적 외로움, 친모에 대한 왜곡한 지각, 혼자 중얼거리는 행동 등의 문제로 인해 심리적 개입을 시작함.

상담 목표

① 피후견인의 중얼거리는 행동 완화
② 부모에 대한 왜곡된 인지 수정
③ 정서적 안정
④ 후견인의 양육방법 교육

상담 결과

찾아가는 심리상담 6회, 조정조치 10회를 통해 피후견인의 중얼거리는 행동(조현병으로 오인 당한 행동)은 상당 부분 소멸됨. 사회성도 좋아지면서 친구들과 어울리고 언어표현이 증가하기 시작함. 본인이 하기 싫은 일에 대해서는 퇴행현상이 나타나기도 함. 이에 대해 후견인의 양육방식이 맞지 않아 갈등은 존재하고 있음. 피후견인의 경우 현재 상담위원을 통해 엄마상을 전이시켜 자신을 사랑하는 사람에 대한 존재를 확인하고 있는 것으로 보임. 아직 자존감이 충분히 형성되지 못해 얼굴 없는 사람을 그리거나 과도한 인정욕구 등이 나타나지만 상담 전의 문제들이 많이 해결되고 자신에 대한 상을 어렴풋이나마 긍정적으로 받아들이고 있음.

종 합 의 견

피후견인이 아직 퇴행현상을 나타내고 있음. 이는 피후견인의 유아기(0~3세경)에 충분한 양육을 받지 못한 사정을 감안하면, 퇴행현상은 충분히 치료적으로 좋은 영향을 미치고 있는 것으로 보임. 하지만 양육자인 후견인이 좀 더 온전히 피후견인을 이해하고 수용하는 역할이 필요하며, 이러한 역할을 할 수 있을 때 유치원이나 학교생활에 적응을 더 잘할 수 있을 것으로 사료됨. 피후견인 유아기의 어려움이 성장 과정상의 부정적인 영향을 최소화시키기 위해서는 후견인의 양육교육이 추가로 더 필요하며 상담위원과의 성공적인 분리경험을 하는 것이 필요할 것으로 보임. 이에 추가로 5회기 정도 조정조치명령을 통한 상담이 필요할 것으로 보이며, 초등학교 입학 이후 차기 후견감독 시 피후견인의 심리적 점검을 위해 조정조치명령(동일한 상담위원)이 필요할 것으로 보임.

처 분 의 견	■ 현행유지 □ 경고 □ 후견인 변경 □ 고발조치 □ 후견감독인 선임
	□ (신상)심층후견감독 □ (재산)심층후견감독 ■ 조정조치명령(5회기)
관 리 의 견	■ 정상관리(1년) □ 관리대상(6개월) □ 특별관리(3개월)

차기후견감독예정일	2019. 5. 5.
후견인 제출 예정 서류 목록	(추가 제출 예정 서류가 있으면 기재)

위와 같이 후견감독 조정조치보고서를 제출합니다. 끝.

[참고자료 38] 임의후견계약서(법무부 제공)

증서   년 제   호

공 정 증 서 [1]

첨용인지액   원정

210mm×297mm(보존용지(1종) 70g/㎡)

증서　　　년 제　　호

후견계약 공정증서2)

　본 공증인은 당사자들의 촉탁에 따라 다음의 법률행위에 관한 진술의 취지를 청취하여 이 증서를 작성한다.3)

제1조(목적) 위임인(본인, 이하 갑이라 함)은 질병, 장애, 노령, 그 밖의 사유로 인한 정신적 제약으로 사무를 처리할 능력이 부족하게 될 상황에 대비하여4) 갑의 재산관리 및 신상보호에 관한 사무를 수임인(임의후견인, 이하 을이라 함)에게 위탁하고, 을은 이를 승낙한다.5)

제2조(등기) 을은 본 후견계약 체결 후 지체 없이 본 후견계약에 관한 등기를 신청하여야 한다.6)

제3조(효력 발생 등) ① 본 계약은 가정법원이7) 임의후견감독인을 선임한 때부터 효력이 발생한다.8)

② 본 계약 체결 후 갑이 사무를 처리할 능력이 부족한 상황에 있다고 인정될 때에는 을은 가정법원에9) 임의후견감독인의 선임을 청구하여야 한다.10)

③ 본 계약에서 정한 것 이외에는 민법에 따른다.11)

제4조(후견사무의 범위) 갑은 을에게 별지12) 제1항 기재와 같이 재산관리 및 신상보호에 관한 사무를 위탁하고, 그 사무의 처리에 관한 대리권을 수여하며, 을이 별지 제2항 기재 사무를 처리 및 대리하는 경우, 서면으로 임의후견감독인의 동의를 받아야 한다.13)

제5조(본인의사 존중의무) 을은 후견사무를 처리에 함에 있어서 갑의 의사를 존중하여야 한다.14)

제6조(비용의 부담) 을이 본 건 후견사무를 처리하는데 필요한 비용은 갑이

210mm×297mm(보존용지(1종) 70g/㎡)

부담하며, 을은 자신이 관리하는 갑의 재산에서 그 비용을 지출할 수 있다.

제7조(보수) ① 갑은 을에게 본 계약 효력 발생 시부터 종료 시까지15) 월 00원을 지급한다.16)

② 본 계약 효력 발생 후17) 보수산정의 기초가 된 사정이 현저하게 바뀜으로써 갑과 을 사이의 형평을 크게 침해할 특별한 사정이 생긴 때에는 을은 임의후견 감독인의 서면 동의를 받아 보수를 변경할 수 있다18)

제8조(보고) 을은 임의후견감독인의 청구가 있는 경우에는 후견사무 또는 본인의 재산상황을 신속하게 보고하여야 한다.19)

제9조(계약의 철회 및 해제) ① 임의후견감독인의 선임 전에는 갑과 을은 언제든지 공증인의 인증을 받은 서면으로 본 계약의 의사표시를 철회할 수 있다.20)

② 임의후견감독인의 선임 이후에는 갑 또는 을은 정당한 사유가 있는 때에만 가정법원의 허가를 받아 후견계약을 종료할 수 있다.21)

③ 을은 갑의 사망이나 그 밖의 사유22)로 후견계약이 종료되었음을 알았을 때에는 이를 안 날부터 3개월 이내에 종료등기를 신청하여야 한다. 다만, 촉탁에 의하여 등기가 이루어지는 경우에는 그러하지 아니하다.23)

210mm×297mm(보존용지(1종) 70g/㎡)

(별지)　　　　　　　　대리권등목록24)
1. 재산관리 및 신상보호에 관한 사무의 범위25)26)
가. 신상보호에 관한 사무 전부
나. 일상생활에 필요한 생활비의 송금, 생활에 필요한 재산의 취득, 물품의 구입, 　　임료나 연금 기타 사회보험급여 등의 신청 및 수령, 임료나 공공요금 등 정기 　　적인 지출을 요하는 비용의 지출
다. 본 계약의 사무 처리에 필요한 경우 주민등록등초본, 가족관계증명서 등 각종 　　증명서 신청
라. 기초생활수급자 신청 등 각종 행정절차 신청
마. 우편물 기타 통신의 수령·개봉·열람
바. 본 계약 효력 발생 전 갑이 계속하여 영위해 온 영업에 관한 행위
사. 갑에 대한 신상보호의 목적을 달성하기 위하여 필요하거나 재산의 멸실·훼손 　　염려 등 그 밖의 불가피한 사유가 있을 경우 ① 부동산 또는 중요한 재산에 관한 　　권리의 득실변경을 목적으로 하는 행위, ② 금전의 차용
아. 재산관리를 위하여 필요한 소송행위
2. 임의후견감독인에게 서면으로 동의를 받아야 하는 사무의 범위
가. 갑이 현재 거주하는 건물 또는 그 대지에 관하여 매도, 임대, 전세권 설정, 　　저당권 설정, 임대차의 해지, 전세권의 소멸, 그 밖에 이에 준하는 행위27)
나. 치료 등의 목적으로 정신병원이나 그 밖의 다른 장소에 격리하는 것에 　　대한 결정28)
다. 신체를 침해하는 의료행위의 직접적인 결과로 사망하거나 상당한 장애를 　　입을 위험이 있는 행위, 다만, 동의절차로 의료행위가 지체되어 갑의 생명에 　　위험을 초래하거나 심신상의 중대한 장애를 초래할 때에는 사후 동의 가능29)
라. 영업에 관한 행위30)
마. 금전을 빌리는 행위31)
바. 의무만을 부담하는 행위32)
사. 부동산 또는 중요한 재산에 관한 권리의 득실변경을 목적으로 하는 행위33)
아. 소송행위34)
자. 상속의 승인, 한정승인 또는 포기 및 상속재산의 분할에 관한 협의35)

210mm×297mm(보존용지(1종) 70g/㎡)

관 계 자 의 표 시
관계 : 촉탁인(위임인, 본인)36)
성명 : 000, 성별 : 0, 생년월일 : 0000년 00월 00일
등록기준지 : 000
주소 : 000
직업 : 000,　　　　　주민등록번호 : ******-*******
관계 : 촉탁인(수임인, 임의후견인)37)
성명 : 000
주소 : 000
직업 : 000,　　　　　주민등록번호 : ******-*******

210mm×297mm(보존용지(1종) 70g/㎡)

본 공증인은 위 촉탁인(위임인, 본인) 000이 제시한

주민등록증38)에 의하여 그 사람이 틀림없음을 인정하였다.

본 공증인은 위 촉탁인(수임인, 임의후견인) 000이 제시한

운전면허증에 의하여 그 사람이 틀림없음을 인정하였다.

본 공증인은 이 증서를 참석자들에게 읽어주고, 열람시켰던바 참석자들이 이

증서의 작성내용에 이의가 없다고 승인하고 각자 서명날인하였다.39)

촉탁인(위임인, 본인)　　　서명　　(날인)

촉탁인(수임인, 임의후견인)　　　서명　　(날인)

이 증서는　0000년　00월　00일 이 사무소에서 작성하였다.

같은 날 본 공증인은 위 촉탁인들의 청구에 의하여40) 각 정본 1통씩 교부한 바,

각자 이를 수령하였다.41)

210mm×297mm(보존용지(1종) 70g/㎡)

년 제 호	
	년 월 일
공증사무소 명칭	
소속	
소 재 지 표 시	
공증인	㉑42)43)

210mm×297mm(보존용지(1종) 70g/㎡)

[참고자료 39] 임의후견계약서(성년후견지원본부 제공)

후견계약서 (현재형·장래형)

계약체결일 : 20   년   월   일

위 임 인   성명 :   (-   )
(사건본인)   등록기준지 :
　　　　　 주소 :
　　　　　 직업 :

수 임 인   성명 :
(임의후견인) 주소 :
　　　　　 사무소 :
　　　　　 직업 : 법무사

위 당사자 사이에 아래와 같이 후견계약을 작성한다.

- 아 래 -

제1조(목적) 위임인은 질병, 장애, 노령, 그 밖의 사유로 인한 정신적 제약으로 사무를 처리할 능력이 부족할 상황에 있으므로(또는 「부족하게 될 상황에 대비하여」) 위임인의 재산관리 및 신상보호에 관한 사무(이하 "후견사무"라 한다)를 수임인에게 위탁하고 수임인은 이를 수임한다.

제2조(후견계약의 효력 발생) ① 이 후견계약은 가정법원이 임의후견감독인을 선임한 때부터 효력이 발생한다.

② 위임인이 질병, 장애, 노령, 그 밖의 사유로 인한 정신적인 제약으로 사무를 처리할 능력이 부족한 상황에 이르러 수임인이 후견사무를 수행하는 것이 상당하다고 인정될 때에는 수임인은 가정법원에 임의후견감독인의 선임을 청구하여야 한다.

③ 제2항의 경우에 수임인은 우선적으로 「사단법인 한국성년후견지원본부」를 임의후견감독인 후보자로 추천하기로 하고, 위임인은 이에 대하여 동의한다.

제3조(후견사무의 범위) 위임인은 수임인에게 별지 「대리권등 목록」에 기재한 후견사무를 위임하고 그 사무에 관하여 대리권을 수여한다.

제4조(본인의 복리와 의사존중) ① 수임인은 후견사무를 수행할 때 여러 사정을 고려하여 위임인의 복리에 부합하는 방법으로 사무를 처리하여야 한다.

② 제1항의 경우 수임인은 위임인의 복리에 반하지 아니하면 위임인의 의사를 존중하여

야 한다.

제5조(비용의 부담) ① 수임인이 후견사무를 수행하기 위하여 필요한 비용은 위임인의 부담으로 한다.

② 수임인은 자신이 관리하는 위임인의 재산으로부터 필요한 비용을 지출할 수 있다.

제6조(보수) ① 위임인은 이 계약의 효력이 발생한 후 수임인에게 후견사무의 처리에 대한 보수로 매월 말일 금　　　원을 지급하기로 하고, 수임인은 자신이 관리하는 위임인의 재산으로부터 보수를 지급받을 수 있다.

② 제1항의 보수액이 다음 각 호의 사유로 인하여 상당하지 않게 된 경우에는 위임인과 수임인은 임의후견감독인과 협의하여 이를 변경할 수 있다.

1. 위임인의 생활상황 또는 건강상태의 변화

2. 경제 사정의 변동

3. 그 밖에 제1항의 보수액이 상당하지 않게 된 특별한 사정의 발생

③ 제2항의 경우에 위임인이 의사표시를 할 수 없는 상황에 있는 경우에는 수임인은 임의후견감독인의 서면에 의한 동의를 얻어 이를 변경할 수 있다.

④ 후견사무가 부동산의 처분, 후견사무와 관련된 분쟁의 처리, 소송 및 비송절차의 수행, 그 밖에 통상의 재산관리의 범위를 넘는 경우에는 위임인은 수임인에게 제1항에서 정한 보수와는 별도로 추가보수를 지급하기로 한다.

⑤ 제4항에 따른 추가보수액은 위임인과 수임인이 임의후견감독인과 협의하여 정한다. 다만, 위임인이 의사표시를 할 수 없는 상황에 있는 경우에는 수임인은 임의후견감독인의 서면에 의한 동의를 얻어 이를 정할 수 있다.

제7조(후견계약의 종료) ① 위임인 또는 수임인은 임의후견감독인의 선임 전에는 언제든지 공증인의 인증을 받은 서면으로 이 계약의 의사표시를 철회할 수 있다.

② 위임인 또는 수임인은 임의후견감독인의 선임 이후에는 정당한 사유가 있는 때에만 가정법원의 허가를 받아 이 계약을 종료할 수 있다.

③ 다음 각 호의 어느 하나에 해당하면 이 계약은 당연히 종료한다.

1. 위임인 또는 수임인이 사망한 때

2. 수임인이 민법 제937조의 후견인 결격사유 중 어느 하나에 해당하게 된 때

3. 위임인이 성년후견·한정후견 개시의 심판을 받은 때

④ 임의후견감독인의 선임 이후에 제3항 각 호의 사유가 발생한 경우에는 위임인 또는 수임인은 지체 없이 그 뜻을 임의후견감독인에게 통지하여야 한다.

⑤ 수임인은 위임인의 사망이나 그 밖의 사유로 이 후견계약이 종료되었음을 알았을 때에는 이를 안 날부터 3개월 이내에 후견계약의 종료등기를 신청하여야 한다.

제8조(정보제공의 동의) 위임인은 수임인이 「사단법인 한국성년후견지원본부」에 보고하기 위한 목적으로 이 후견계약의 내용에 관한 정보를 제공하는 것에 관하여 동의한다.

※ 이 밖에도 강행법규에 어긋나지 않는 범위 내에서 당사자의 의사에 따른 조항을 추가할 수 있음.

(별지) 대리권등 목록

1. 재산관리에 관한 사항
가. 부동산의 관리·보존·처분
 (1) 부동산의 처분 및 구입
 (2) 임대차계약의 체결·변경·종료, 보증금의 수령 및 반환
 (3) 전세권, 담보권 설정계약의 체결·변경
 (4) 부동산의 신축·증축·수선에 관한 계약의 체결·종료
나. 예금계좌 및 증권계좌의 개설·변경·해약·입금·이체·인출
다. 보험계약의 체결·변경·종료, 보험금의 수령
라. 정기적 수입 및 지출에 관한 관리
 (1) 정기적 수입(임료, 연금, 사회보장급여 등)의 수령과 이에 관한 제반 절차
 (2) 정기적 지출(임료, 요금, 보험료, 대출원리금 등)과 이에 관한 제반 절차
 (3) 기존 채무의 변제 및 이에 관한 제반 절차
마. 상속의 승인, 한정승인 또는 포기 및 상속재산의 분할에 관한 협의
바. 물품의 구입·판매, 서비스 이용계약의 체결·변경·종료
사. 유체동산, 증서 및 중요문서 등의 보관 및 관리
아. 공법상의 행위(세무신고 등)
자. 근로계약의 체결·변경·종료, 임금의 수령
차. 금전, 유체동산 등의 차용·대여·증여
카. 보증행위

2. 신상보호에 관한 사항
가. 개호 및 복지서비스의 이용
 (1) 개호서비스 이용계약의 체결·변경·종료 및 비용의 지급
 (2) 복지시설·요양시설 입소계약의 체결·변경·종료 및 비용의 지급
나. 의료계약의 체결·변경·종료 및 비용의 지급
다. 공법상의 행위(주민등록, 공적 의료보험, 국민기초생활수급의 신청 및 갱신 등)
라. 의료행위에 대한 동의
마. 거주·이전, 면접교섭, 우편·통신에 관한 결정

3. 그 밖의 사항
 가. 위에서 정한 각 행위와 관련된 분쟁의 처리
 나. 소송행위 및 변호사 등에 대한 소송위임

4. 임의후견감독인의 서면에 의한 동의를 받아야 할 사항
 가. 위임인이 현재 거주하는 건물 또는 그 대지에 관하여 매도, 임대, 전세권 설정, 저당
  권 설정, 임대차의 해지, 전세권의 소멸, 그 밖에 이에 준하는 행위
 나. 치료 등의 목적으로 정신병원이나 그 밖의 다른 장소에 격리하는 것에 대한 결정

다. 신체를 침해하는 의료행위의 직접적인 결과로 사망하거나 상당한 장애를 입을 위험
   이 있는 행위. 다만, 동의절차로 의료행위가 지체되어 위임인의 생명에 위험을 초래하
   거나 심신상의 중대한 장애를 초래할 때에는 사후 동의가 가능함.
라. _____

5. 권한의 행사 및 분장에 관한 사항(임의후견인을 2명 이상 선임한 경우)
□ 대리권목록에서 정한 권한을 후견인들이 (□각자 □공동으로) 행사함.
□ 대리권목록에서 정한 권한을 다음과 같이 후견인별로 분장함.
   가. _____
   나. _____
   다. _____
   라. _____

[참고자료 40] 임의후견등기사항증명서

후견 등기사항증명서(임의후견)

등기고유번호 000230-2017-******

【사건본인】 (사건본인에 관한 사항)		
사항번호	구 분	내 용
1	후견등기기록작성	[성명] 정○○ [성별] 여 [출생연월일] 1926년 1월 1일 [주민등록번호] 260101-2******* [등록기준지] 서울특별시 도봉구 덕릉로0길, 102호 (창동) [등기] □□가정법원 2017년 3월 26일 접수 제326호

등기일련번호 000230-2017-******-001

【임의후견사항】 (후견개시 및 종료에 관한 사항)		
사항번호	등기목적	내 용
1	후견계약	[공증인] □□지방검찰청 소속 공증인 최공증 [증서번호] 공증인가 공증법무법인 작성 2017년 증서 제0호 [증서작성일] 2017년 3월 14일 [등기] □□가정법원 2017년 3월 26일 접수 제326호
(후견인에 관한 사항)		
사항번호	등기목적	내 용
1	임의후견인선임	[성명] 노△△ [주민등록번호] 540000-1000000 [주소] 서울특별시 노원구 월계로 000, 1호 (월계동) [대리권등목록] 2017임의0000 [등기] □□가정법원 2017년 3월 26일 접수 제326호
(후견감독인에 관한 사항)		
사항번호	등기목적	내 용

※ 임의후견감독인이 선임되지 않았습니다.
  후견계약은 민법 제959조의14 제3항에 의하여 임의후견감독인을 선임한 때부터 효력이
  발생합니다.

대리권등목록 2017임의0000

대리권 등 목록

임의후견인의 대리권의 범위

임의후견인은 다음의 사항에 관하여 대리권을 가짐. 다만, 임의후견감독인의 서면에 의한 동의를 받아야 할 사항에 관하여는 임의후견인이 대리행위를 함에 있어 사전에 임의후견감독인의 동의를 받아야 함

1. 재산관리에 관한 사항

가. 부동산의 관리·보존·처분
 (1) 부동산의 처분 및 구입
 (2) 임대차계약의 체결·변경·종료, 보증금의 수령 및 반환
 (3) 전세권, 담보권 설정계약의 체결·변경
 (4) 부동산의 신축·증축·수선에 관한 계약의 체결·종료

나. 예금 등의 관리
 (1) 예금계좌의 개설·변경·해약·입금·이체·인출
 (2) 증권계좌의 개설·변경·해약·입금·이체·인출

다. 보험에 관한 사항
 (1) 보험계약의 체결·변경·종료
 (2) 보험금의 수령

라. 정기적 수입 및 지출에 관한 관리
 (1) 정기적 수입(임료, 연금, 사회보장급여 등)의 수령과 이에 관한 제반 절차
 (2) 정기적 지출(임료, 요금, 보험료, 대출원리금 등)과 이에 관한 제반 절차
 (3) 기존 채무의 변제 및 이에 관한 제반 절차

마. 상속의 승인, 한정승인 또는 포기 및 상속재산의 분할에 관한 협의

바. 물품의 구입·판매, 서비스 이용계약의 체결·변경·종료

사. 유체동산, 증서 및 중요문서 등의 보관 및 관리

아. 공법상의 행위(세무신고 등)

자. 근로계약의 체결·변경·종료, 임금의 수령

차. 금전, 유체동산 등의 차용·대여·증여

카. 보증행위

2. 신상보호에 관한 사항

가. 개호 및 복지서비스의 이용
 (1) 개호서비스 이용계약의 체결·변경·종료 및 비용의 지급
 (2) 복지시설·요양시설 입소계약의 체결·변경·종료 및 비용의 지급

나. 의료계약의 체결·변경·종료 및 비용의 지급

다. 공법상의 행위(주민등록, 공적 의료보험, 국민기초생활수급의 신청 및 갱신 등)

라. 의료행위에 대한 동의

마. 거주·이전, 면접교섭, 우편·통신에 관한 결정

3. 그 밖의 사항

가. 위에서 정한 각 행위와 관련된 분쟁의 처리

나. 소송행위 및 변호사 등에 대한 소송위임

4. 임의후견감독인의 서면에 의한 동의를 받아야 할 사항

가. 위임인이 현재 거주하는 건물 또는 그 대지에 관하여 매도, 임대, 전세권 설정, 저당권 설정, 임대차의 해지, 전세권의 소멸, 그 밖에 이에 준하는 행위

나. 치료 등의 목적으로 정신병원이나 그 밖의 다른 장소에 격리하는 것에 대한 결정

다. 신체를 침해하는 의료행위의 직접적인 결과로 사망하거나 상당한 장애를 입을 위험이 있는 행위. 다만, 동의 절차로 의료행위가 지체되어 위임인의 생명에 위험을 초래하거나 심신상의 중대한 장애를 초래할 때에는 사후 동의가 가능함. 끝.

[참고자료 41] 임의후견감독인 선임청구서

임의후견감독인 선임 청구

청구인   김 ○ ○ (전화: 010-0000-0000)

주민등록번호 : 690000-1000000

주소 : 서울 노원구 월계동 00-00

사건본인과의 관계 : 아들

사건본인   성   명 : 김 □ □ (출생연월일: 1939. 00. 00. / 성별 : 남)

주민등록번호(외국인등록번호) : 391111-1000000

주   소 : 서울 노원구 월계동 00-00

등록기준지(국적) : 경남 합천군 합천읍 △△리 22-33

청 구 취 지

사건본인의 임의후견감독인으로 최▽▽ [주민등록번호: 560000-1000000. 주소: 서울 도봉구 덕릉로 000 (창동)]을 선임한다.

라는 심판을 구합니다.

청 구 원 인

1. 임의후견계약(후견공증) 및 임의후견등기

사건본인은 2017. 11. 24. 청구인과 사이에, 사건본인을 위임자, 청구인을 수임자로 하는 후견계약을 공정증서(공증인가 ◇◇법무법인 작성, 2017년 제0호)로 체결하고, □□가정법원 2017. 11. 30. 접수 제000호로 이를 등기하였습니다.

2. 사건본인의 사무처리능력 부족

그 후 사건본인은 노령 및 치매로 인한 정신적 장애로 인해 사무를 처리할 능력이 부족한 상황에 이르렀습니다.

이에 사건본인의 의사에 따라 청구인이 사건본인의 신상보호, 재산관리에 관한 임의후견인으로서의 사무를 수행하기 위하여, 민법 제959조의15 제1항에 따라 임의후견감독인의 선임을 청구하게 되었습니다.

3. 임의후견감독인 추천

임의후견감독인으로는 다음과 같은 사람을 추천합니다.

임의후견 감독인 후보자	성명	최▽▽
	주소	서울 도봉구 덕릉로 000 (창동)
	주민등록번호	560000-1000000
	직업	변호사
	사건본인과의 관계	제3자

첨 부 서 류

1. 가족관계증명서 및 기본증명서(청구인, 사건본인, 후견감독인후보자)   각 1통
2. 주민등록등본(사건본인)   1통
3. 사건본인의 후견등기사항증명서(말소 및 폐쇄사항 포함)   1통
4. 후견감독인후보자의 후견등기사항증명서(말소 및 폐쇄사항 포함),
   후견등기사항부존재증명서   1통
6. 진단서   1통
7. 청구인 및 후견감독인후보자와 사건본인과의 관계에 관한 제적등본   1통
8. 기타 (증거자료)

2018. 9. 22.

위 청구인 김 ○ ○   (인)

○ ○ 가 정 법 원   귀중

☞ 유의사항

　수입인지 : 사건본인 수 × 5,000원을 붙여야 합니다.
　송 달 료 : 청구인수 × 3,250원 × 10회분을 송달료취급은행에 납부하고 영수증을 첨부하여야 합니다.
　관할법원 : 사건본인(피후견인이 될 사람)의 주소지의 가정법원(지방법원, 지원)입니다.

[참고자료 42] 미성년후견인 선임청구서

미성년후견인 선임 청구

청구인   윤 □ □ (전화 010-0000-0000)
          주민등록번호 450000-2000000
          주소 서울 도봉구 덕릉로 000, 102호 (창동)
          사건본인과의 관계 조모

사건본인   정 ○ ○
          주민등록번호(외국인등록번호) 020000-3000000
          주소 서울 도봉구 덕릉로 000, 102호 (창동)
          등록기준지(국적) 전주시 ▽▽길00, 000

청 구 취 지
사건본인의 미성년후견인으로 윤□□[주민등록번호: 450000-2000000, 주소: 서울
도봉구 덕릉로 000, 102호 (창동)]을 선임한다.
라는 심판을 구합니다.

청 구 원 인
1. 청구인의 아들이자 사건본인의 아버지인 정▽▽은 1999. 12. 31. 조◇◇와 혼
   인하여 그 사이에 사건본인을 두었으나 2003. 12. 31. 협의이혼하였고, 협의이
   혼 당시 사건본인에 대한 친권자로 사건본인의 아버지인 정▽▽이 지정되었습
   니다.
2. 그런데, 사건본인의 아버지 정▽▽는 사건본인을 양육하던 중 2018. 5. 5. 사망
   하였습니다.
3. 사건본인의 어머니인 조◇◇는 이혼 이후 한 번도 사건본인을 찾아오지 않았
   고 양육비를 보내지도 않았으며, 청구인은 조◇◇의 현재 살고 있는 곳이나 연
   락처를 알지 못합니다. 조◇◇는 정▽▽의 사망으로부터 6개월이 지나도록 자
   신을 친권자로 지정하여 달라는 청구를 하지 않았습니다.
4. 청구인은 사건본인의 친할머니로서 어릴 때부터 사건본인을 실제로 양육하여
   왔고, 사건본인도 청구인이 미성년후견인으로 선임되기를 바라고 있습니다.

5. 따라서 사건본인의 복리를 위하여 청구인을 사건본인의 미성년후견인으로 선임하여 주실 것을 청구합니다.

6. 미성년후견인으로는 청구인을 추천합니다.

미성년후견인 후보자	성명	윤 □ □
	주소	서울 도봉구 덕릉로 000, 102호 (창동)
	주민등록번호	450000-2000000
	직업	없음
	사건본인과의 관계	친할머니

첨 부 서 류

1. 가족관계증명서(청구인, 사건본인, 후견인후보자)   각 1통
2. 주민등록등본 (사건본인)   1통
3. 기본증명서(청구인, 단독친권자)   각 1통
4. 기타(소명자료)

2018. 12. 12.

위 청구인 윤 □ □   (인)

○○가정법원 귀중

☞ 유의사항
수입인지 : 사건본인 수 × 5,000원을 붙여야 합니다.
송 달 료 : 청구인수 × 3,250원 × 8회분을 송달료취급은행에 납부하고 영수증을 첨부하여야 합니다.
관할법원 : 사건본인(미성년자)의 주소지의 가정법원(지방법원, 지원)입니다.

[참고자료 43] 미성년후견 사전현황설명서

미성년후견인선임 사전현황설명서	
1. 사건본인에 관한 사항	
사건본인의 나이, 성별	만 16세, 남자
종전 친권자가 양육한 기간	15년
종전 친권자의 사망원인	자살
현재 사건본인을 누가 양육하고 있는지	친할머니, 고모
청구인이 양육하고 있다면 언제부터인지?	같이 살게 된 것은 종전 친권자가 사망하기 2개월 전부터이지만, 실제로는 어릴 때부터 청구인이 양육해 왔음
사건본인의 생존 부 또는 모의 미성년후견선임에 대한 동의 여부 (동의서 첨부)	사건본인의 모 조◇◇는 연락두절이고 어디에 사는지 몰라서 동의 여부를 알 수 없음
미성년후견인선임에 대한 사건본인의 동의 여부 (사건본인이 만 13세 이상인 경우에 한함)	동의
2. 미성년후견인선임을 청구하게 된 동기와 목적(구체적으로 기재)	

사건본인의 부모는 사건본인이 만 1살이 갓 지났을 때 이혼하였습니다. 이후 사건본인의 아버지가 친권자로 지정되어 계속 양육하여 오고 있었는데, 두 달 전 우울증을 앓다가 자살하였습니다. 사건본인은 부모 이혼 후에 어머니를 만난 적이 없습니다. 청구인은 사건본인의 친할머니로서 실제로 어릴 때부터 사건본인을 양육하여 왔습니다. 따라서 사건본인이 성년이 될 때까지 청구인이 미성년후견인으로서 사건본인을 보살피고자 합니다. 시급하게 처리하여야 할 일은 사건본인의 아버지에 대한 상속포기신청입니다.

3. 사건본인의 현재 양육환경 및 장래 양육 계획(구체적으로 기재)

사건본인은 아버지와 전주에서 함께 생활하였는데, 아버지 사망 후에는 서울에 있는 고모집에서 청구인과 고모부, 사촌 2명과 함께 지내고 있습니다. 사건본인은 기숙사가 있는 특성화고등학교를 다니고 있어서 학기 중 주중에는 학교에서 생활하고 주말과 방학에만 고모집에서 생활할 예정입니다. 아버지가 남겨 둔 재산은 없지만 청구인에게 모아 둔 재산이 조금 있고 사건본인의 삼촌과 고모들이 조금씩 도와주고 있어서 사건본인을 양육하는데 큰 문제는 없습니다. 심리적으로나 정서적으로 어려움을 겪지 않을지 그것이 걱정입니다.

재 산 목 록

▣ 사건본인의 재산내역

1. 부동산(등기사항전부증명서 첨부) 없음

2. 예금 150만 원

3. 보험 없음

4. 주식, 펀드 없음

5. 자동차 없음 없음

6. 현금, 귀금속 없음

7. 채권 없음

8. 기타 자산 없음

9. 채무 없음

10. 순재산 합계 150만 원

▣ 종전 친권자로부터 상속받을 재산내역

1. 부동산 없음

2. 예금 없음

3. 보험(장래 받을 사망보상금 등이 있으면 구체적으로 기재) 없음

4. 주식, 펀드 없음

5. 자동차 없음

6. 현금, 귀금속 없음

7. 채권 없음

8. 기타 자산 없음

9. 채무 은행 및 대부업체로부터 6,000만 원 가량의 빚이 있음

[참고자료 44] 친권자지정청구서

친권자지정 청구

청구인   문 □ □ (전화 010-0000-0000)

           주민등록번호 780000-1000000

           주소 서울 도봉구 덕릉로 000, 102호 (창동)

           사건본인과의 관계 친부

사건본인   문 ◇ ◇ (010-0000-0002)

           주민등록번호 050000-4000000

           주소 서울 도봉구 덕릉로 000, 102호 (창동)

           등록기준지(국적) 경주시 ▽▽길00, 000

청 구 취 지

사건본인의 친권자로 청구인을 지정한다.

라는 심판을 구합니다.

청 구 원 인

1. 청구인은 2003. 12. 31. 망 박▽▽와 혼인하여 그 사이에 사건본인을 두었으나 2007. 12. 31. 협의이혼하였고, 협의이혼 당시 사건본인에 대한 친권자로 사건본인의 어머니인 망 박▽▽이 지정되었습니다.

2. 그런데 박▽▽이 사건본인을 양육하던 중 2018. 5. 5. 사망하였습니다.

3. 따라서 사건본인의 복리를 위하여 사건본인의 아버지인 청구인을 사건본인의 친권자로 지정하여 줄 것을 청구합니다.

첨 부 서 류

1. 기본증명서, 가족관계증명서(청구인, 사건본인, 단독친권자)   각 1통
2. 주민등록등본 (청구인, 사건본인)   각 1통
3. 단독친권자의 부모(사건본인의 외조부모)의 동의서   1통

4. 기타(소명자료)

2018. 8. 8.

위 청구인 문 □ □ (인)

○○가정법원 귀중

☞ 유의사항

　수입인지 : 사건본인 수 × 5,000원을 붙여야 합니다.

　송 달 료 : 청구인수 × 3,250원 × 8회분을 송달료취급은행에 납부하고 영수증을
　첨부하여야 합니다.

　관할법원 : 사건본인(미성년자)의 주소지의 가정법원(지방법원, 지원)입니다.

[참고자료 45] 친권상실청구서

친권상실 청구

청 구 인 ○○지방검찰청 △△지청 검사

△△시 ○○읍 100 (○○지방검찰청 △△지청)

상 대 방 김 □ □

주민등록번호 780000-1000000

주소 △△시 ▽▽길00, 000

송달장소 △△시 ○○읍 00 (△△교도소)

등록기준지 △△시 ▽▽길00, 000

사건본인 김 ◇ ◇

주민등록번호 050000-4000000

주소 △△시 ▽▽면 ○○리 00

등록기준지 △△시 ▽▽길00, 000

청 구 취 지

1. 상대방은 사건본인에 대한 친권을 상실한다.
2. 심판비용은 상대방이 부담한다.

라는 심판을 구합니다.

청 구 이 유

1. 상대방은 강○○와 혼인하여 슬하에 사건본인을 자녀로 두었습니다.
2. 상대방은 2013년경 강○○와 이혼하면서 사건본인의 친권자로 지정되었고, 이에 따라 사건본인을 양육하여 왔습니다.
3. 상대방은 2017. 1. 1. 사건본인을 간음하였다는 범죄사실로 2017. 4. 4. 성폭력

범죄의처벌등에관한특례법위반(친족관계에의한강간)죄 등으로 구속기소되어 ○
○지방법원 △△지원 2017. 9. 9. 선고 2017고합00 판결로 징역 8년, 성폭력
치료프로그램 120시간 이수, 5년간 보호관찰 명령을 선고받았으며, 이에 대한
항소 및 상고가 기각되어 위 판결은 그대로 확정되었습니다.

4. 상대방이 사건본인에게 한 행위는 친권을 남용하여 사건본인의 복리를 현저히
해한 경우에 해당한다고 할 것이므로, 민법 제924조 제1항에 따라 상대방의
사건본인에 대한 친권을 상실시킬 것을 청구합니다.

첨 부 서 류

1. 청구인의 가족관계증명서, 주민등록등본　　　　　　　　　　　각 1통
2. 상대방의 가족관계증명서, 주민등록등본　　　　　　　　　　　각 1통
3. 사건본인의 기본증명서, 가족관계증명서, 주민등록등본　　　　각 1통
4. 기타(소명자료)　　　　　　　　　　　　　　　　　　　　　　1통
5. 청구서 부본　　　　　　　　　　　　　　　　　　　　　　　　1통

2017. 0. 0.

위 청구인　　○○지방검찰청 △△지청 검사　(인)

○○가정법원　귀중

☞ 유의사항
1. **관할법원은 상대방의 주소지** 가정(지방, 지원)법원입니다.
2. 청구서에는 사건본인의 수를 기준으로 1명 당 수입인지 10,000원을 붙여야 합니다. 다만, 부모 쌍방에 대한 청구는 그 2배의 수입인지를 붙여야 합니다.
3. 송달료는 당사자수 ×3,550원(우편료) ×12회분을 송달료취급은행에 납부하고 납부서를 첨부하여야 합니다.
4. ☎ 란에는 연락 가능한 **휴대전화번호(전화번호)**를 꼭 기재하시기 바랍니다.

[참고자료 46]　미성년후견사건 보정명령

○ ○ 가 정 법 원

보 정 명 령

사　　　　건　　　2018느단0000　미성년후견인 선임
청 구 인　　　강△△(411111-1000000)
사 건 본 인　　　조□□(051101-3000000)

청구인은 이 명령의 보정기한까지 다음 사항을 보정하시기 바랍니다.
보정기한: 송달받은 날로부터 30일 이내

다 　 음

1. 기본서류 누락

　- 사건본인, 청구인, 사건본인의 망모 윤○○(751111-2000000), 부 김◇◇
　　(740101-1000000)의 기본증명서, 가족관계증명서, 주민등록초본을 제출
　　하시기 바랍니다.

　　※ 이 서면을 동사무소에 제시하면 발급 받으실 수 있습니다(주민등록법 제29조 제2항 제2호, 가
　　　족관계의 등록 등에 관한 법률 제14조 제1항 2호).
　- 사전현황설명서를 작성하여 제출하시기 바랍니다(별첨 양식 첨부).
　- 사건본인의 재산목록(상속재산 포함)을 작성하여 제출하시기 바랍니다
　　(별첨 양식 첨부).

2. 친권자가 존재하는 경우

　- 사건본인에게는 친권자인 부모가 생존하고 있는바, 미성년후견이 개시되
　　려면 미성년자에게 친권자가 없거나 친권상실선고심판을 받거나 기타
　　심신상실, 장기부재, 행방불명, 수형으로 인한 장기간 복역, 그 밖에 사

실상 친권을 행사할 수 없는 경우이어야 하므로, 청구인은 친권자에게
그러한 사유가 있다는 점을 소명하시기 바랍니다.

- 현재 사건본인의 단독친권자인 사건본인의 모(母) 황○○은 법원이 보낸
  우편물을 송달받고 있는 등 소재가 불명이라고 할 수 없으므로, 민법 제
  927조의2가 정한 미성년후견인 선임 요건을 충족하지 못합니다. 이러한
  경우 모 황○○에 대한 친권상실 등의 선고를 신청하면서 그 절차에서
  미성년후견인으로 선임되어야 할 것으로 보이므로, 청구취지를 변경하는
  것을 검토하시기 바랍니다.

- 사건본인의 부(父) 조□□와 모(母) 이○○는 2016. 12. 31. 이혼하면서
  친권자를 부모 공동으로 지정하였으므로, 이러한 경우 부모 일방이 사망
  하더라도 나머지 생존 부모가 단독친권자가 되므로 미성년후견이 개시
  되지 않습니다. 따라서 생존한 모(母) 이○○의 이 사건 청구는 청구이
  익이 없으므로, 취하를 검토하시기 바랍니다.

- 사건본인의 부(父) 문□□와 모(母) 조○○는 2012. 00. 00. 이혼하면서
  친권자를 모 조○○로 지정하였고, 단독친권자인 모 조○○가 사망하였
  으나 사망시기가 개정 민법 시행(2013. 7. 1.) 이전이므로, 이러한 경우
  모 조○○의 사망으로 생존한 부 문□□의 친권이 당연히 부활하게 되
  어 미성년후견이 개시되지 않습니다. 따라서 생존한 부 문□□가 친권상
  실선고심판을 받거나 기타 심신상실, 장기부재, 행방불명, 수형으로 인
  한 장기간 복역, 그 밖에 사실상 친권을 행사할 수 없는 경우가 아닌
  한, 이 사건 청구는 청구이익이 없으므로, 취하를 검토하시기 바랍니다.

3. 관계인들의 의견 청취

■ 친권자 지정청구의 경우
- 사망한 사건본인의 모(母) 노○○(681111-2000000)의 (폐쇄)기본증명서,
  가족관계증명서를 제출하고, 사건본인의 외조부모 또는 이모, 외삼촌 중

2인의 이 사건 청구에 대한 동의서 또는 의견서를 제출하시기 바랍니다.

※ 동의서에는 작성일자·성명기재·인감도장 날인 후, 인감증명서를 첨부하여야 합니다. 만일 동의서 또는 의견서를 제출할 수 없는 경우 그 사유를 밝히고, 해당 친족의 송달가능주소 및 주민등록등본을 제출하시기 바랍니다. 주민등록등본 제출을 위해서는 이 서면을 동사무소에 제시하면 발급 받으실 수 있습니다(주민등록법 제29조 제2항 제2호, 가족관계의 등록 등에 관한 법률 제14조 제1항 2호).

■ 미성년후견인 선임청구의 경우
 - 위 보정에서 '사망한 사건본인의 부 또는 모' 대신 '친권자로 지정되지 않은 생존하는 부 또는 모'의 동의서 또는 의견조회를 위한 주민등록등본

■ 사건본인[1]의 의견
 - 사건본인의 자필동의서를 제출하시기 바랍니다.

※ 동의서에는 청구인이 미성년후견인으로 선임되는 것에 동의하는지 여부와 작성일자, 성명을 **자필로 기재**하고, 인감도장 또는 지장을 날인한 후 인감증명서를 첨부하시기 바랍니다(인감도장이 없는 경우 학생증 등을 첨부하시면 됩니다).

4. 후견인후보자의 결격사유

■ 결격사유에 관한 기본 보정
 - 후견인후보자 송○○가 다음 중 어느 하나에 해당하는지 여부를 밝히고, 그에 관한 자료를 제출하시기 바랍니다.
 □ 회생절차개시결정 또는 파산선고를 받은 자
 □ 자격정지 이상의 형의 선고를 받고 그 형기 중에 있는 사람
 □ 피후견인을 상대로 소송을 하였거나 하고 있는 자 또는 그 배우자와 직계혈족(단, 피후견인의 직계비속 제외)
 □ 해당사항 없음

※ 첨부된 별지 양식의 해당사항에 V표시한 후 관련자료와 함께 제출하시면 됩니다.

---

1) 보통 만 13세 이상의 경우에만 동의서를 제출받고 있다.

5. 보호시설에 있는 미성년자의 경우

- 사건본인은 고아인 미성년자로서 국가나 지방자치단체가 설치·운영하는 보호시설에 있는바, 이에 대해서는 그 보호시설의 장이 당연히 후견인이 되고 가정법원의 허가는 필요하지 않으므로(보호시설에 있는 미성년자의 후견직무에 관한 법률 제3조 제1항, 제2항 참조), 이 사건은 청구이익이 없으므로 신청취하 등 적절한 조치를 취하는 것을 검토하시기 바랍니다.

- 사건본인은 고아 아닌 미성년자로서 국가나 지방자치단체 외의 자가 설치·운영하는 보호시설에 있으므로, 법원에서 미성년후견인을 선임하는 것이 아니고, 관할 지방자치단체의 장이 후견인을 지정하고, 이에 대해서 보호시설의 소재지를 관할하는 법원의 허가가 필요한 것이므로(보호시설에 있는 미성년자의 후견직무에 관한 법률 제3조 제3항 같은 법 시행령 제3조 제2항), 먼저 관할 지방자치단체로부터 사건본인에 대한 후견인 지정을 받은 후, 청구취지를 "사건본인에 대하여 미성년후견인을 선임한다."에서 "서울특별시 ○○구청장이 사건본인의 미성년후견인으로 청구인을 지정함을 허가한다."로 변경하는 것을 검토하시기 바랍니다.

2018. 12. 12.

판사   김 법 관

※ 보정서는 가정법원에 직접 방문하여 종합민원실에 제출하거나 우편으로 제출할 수 있고(보내실 곳 : 서울시 서초구 강남대로 193. ○○가정법원 종합민원실), 제출하는 서면에는 사건번호(2018느단 000)를 기재하시기 바랍니다.
※ 위 기한 안에 보정하지 아니하면 청구서가 각하될 수 있습니다(가사소송법 제12조, 민사소송법 제 254조 제1항, 제2항).
※ 법원에 가사소송, 가사비송, 가사신청사건 등을 접수할 경우에는 통상 주민등록등초본, 가족관계증명서 등을 필수서류로 제출하여야 합니다. 법원으로부터 가족관계증명서 등 서류를 제출하라는 보정명령을 받은 경우, 시·군·구청 및 읍·면·동 주민센터에 보정명령을 제출하면 상대방의 서

류를 교부받을 수 있습니다. 단, 가족관계등록법에 의한 기본증명서, 가족관계증명서, 혼인관계증명서 및 입양관계증명서 등은 **상세증명서**를 제출하여 주시기 바랍니다. (주민등록법 제29조 제2항 제2호, 동법 시행령 제47조 제5항, 가족관계의등록등에관한법률 제14조 제1항 제2호, 가족관계의 등록등에관한규칙 제19조 제1항 및 제3항 제2호 참조)

※ **문의사항 연락처 :** ○○가정법원　가사20단독(비송)　법원주사　황◇◇	
직통전화 : 02-0000-0000(후견이외,1층)/9999(후견,8층)	
팩　스 :	e-mail :

[참고자료 47] 미성년후견종료 및 친권자지정 청구서

미성년후견 종료 및 친권자지정 청구

청구인   윤 □ □ (전화 010-0000-0000)
            주민등록번호 780000-2000000
            주소 서울 도봉구 덕릉로 000, 102호 (창동)
            사건본인과의 관계 친모

사건본인   고 ◇ ◇ (전화 없음)
            주민등록번호 050000-4000000
            주소 서울 도봉구 덕릉로 000, 102호 (창동)
            등록기준지(국적) 전주시 ▽▽길00, 000

후 견 인   고 ○ ○ (전화 010-0001-0002)
            주민등록번호 450000-2000000
            주소 전주시 ▽▽길00, 000

청 구 취 지

1. 사건본인에 대한 미성년후견을 종료한다.
2. 청구인(주민등록번호: 780000-2000000, 주소: 서울 도봉구 덕릉로 000, 102호)
   을 사건본인의 친권자로 지정한다.
라는 심판을 구합니다.

청 구 원 인

1. 청구인은 1999. 12. 31. 망 고▽▽와 혼인하여 그 사이에 사건본인을 두었으나
   2007. 12. 31. 협의이혼하였고, 협의이혼 당시 사건본인에 대한 친권자로 사건
   본인의 아버지인 망 고▽▽이 지정되었습니다.
2. 그런데 고▽▽이 사건본인을 양육하던 중 2015. 5. 5. 사망하였습니다.
3. 고▽▽ 사망 후 청구인은 친권자로 지정받고자 하였으나, 사건본인의 양육환경
   과 청구인의 직장문제 등으로 인하여 친권자로 지정받지 못하고, 2016. 1. 1.

이 법원 2015느단0000호 사건의 심판에 의하여 사건본인의 조모(망 고▽▽의 모)인 고○○가 미성년후견인으로 선임되었습니다.

3. 그런데 이후 청구인은 직장문제를 해결하고 사건본인과 함께 거주할 양육환경을 마련하였을 뿐 아니라, 사건본인 역시 청구인과 함께 생활하면서 서울에 있는 학교에 진학하기를 원하고 있습니다. 한편 미성년후견인인 고○○는 치매와 위암이 발병하여 후견사무를 제대로 수행하지 못하게 되었습니다.

4. 따라서 사건본인의 복리를 위하여 미성년후견을 종료하고 청구인을 친권자로 지정하여 줄 것을 청구합니다.

첨 부 서 류

1. 가족관계증명서, 기본증명서, (청구인, 사건본인)   각 1통
2. 주민등록등본(청구인, 사건본인)   각 1통
3. 기타(소명자료)

2018. 7. 7.

위 청구인 윤 □ □   (인)

○○가정법원 귀중

☞ 유의사항
   수입인지 : 사건본인 수 × 5,000원을 붙여야 합니다.
   송 달 료 : 청구인수 × 3,250원 × 8회분을 송달료취급은행에 납부하고 영수증을
   첨부하여야 합니다.
   관할법원 : 사건본인(미성년자)의 주소지의 가정법원(지방법원, 지원)입니다.

참고문헌

[단행본]

구상엽, 장애인을 위한 성년후견제도, 경인문화사(2015)

김용담(편집대표), 주석 민법 채권각칙(8)(제4판), 한국사법행정학회(2016)

김주수·김상용, 주석 민법 친족(4)(제5판), 한국사법행정학회(2016)

_____ , 친족·상속법(제14판), 법문사(2017)

김준호, 민법강의(제22판), 법문사(2016)

김홍엽, 민사소송법(제6판), 박영사(2016)

김효석, 친권과 미성년후견의 실무, 도서출판 벽송(2015)

_____ , 후견종료와 후속 업무(피후견인의 사망을 중심으로), 사단법인 한국성년후견
　　　　지원본부(2017)

김효석(집필대표), 성년후견 심판실무, 사단법인 한국성년후견지원본부(2015)

백태승, 민법총칙(제7판), 집현재(2016)

법무부 민법개정자료발간팀, 2013년 개정민법자료집 하(下), 법무부(2012)

법원실무제요 가사(Ⅱ), 법원행정처(2010)

법원실무제요 민사소송(Ⅱ), 법원행정처(2017)

법원행정처, 성년후견제도 해설, 법원행정처(2013)

_____ , 후견사건 처리 실무, 법원행정처(2015)

사법정책연구원, 성년후견제도의 운영에 관한 연구, 사법정책연구원(2017)

서울가정법원 후견감독 실무편람, 서울가정법원(2016)

서울대학교 산학협력단(이동진·김수정), 임의후견제도 발전방안에 관한 연구, 법원행
　　　　정처(2017)

송덕수, 채권법각론(제2판), 박영사(2016)

신영호, 가족법강의(제2판), 세창출판사(2013)

윤진수(편집대표), 주해친족법(제2권), 박영사(2015)

윤진수·현소혜, 2013년 개정 민법 해설, 법무부(2013)

이현곤, 성년후견제도의 이해와 활용, 법률신문사(2015)

정동윤·유병현, 민사소송법(제4판), 법문사(2014)

한봉희·백승흠, 가족법, 삼영사(2013)

社團法人 日本社會福祉士會, 成年後見マニュアル, 中央法規出版(2011)

小林昭彦 外 2人, 新しい成年後見制度(新版), 商社法務(2007)

[논문]

구상엽, "개정 민법상 성년후견제도에 대한 연구", 서울대학교 대학원 박사학위논문
   (2012)

김도훈, "성년후견제도 도입에 따른 민사소송법상 소송능력에 관한 소고", 법학연구
   제22권 제1호(2014)

김민중, "임의후견제도의 개혁", 전북대 법학연구 제127호(2008)

김상용, "부모가 장기간 소재불명인 경우 미성년자녀에 대한 후견개시 여부에 대한
   고찰", 중앙법학 제18집 제4호(2016)

   , "위탁아동의 친권과 후견: 보호의 공백에 처한 아동들", 한국가정법률상담소
   창립 61주년 기념 심포지엄 자료집(2017)

김성우, "성년후견제도의 현황과 과제", 가족법연구 제30권 제3호(2016)

   , "한국 후견제도의 운영과 가정법원의 역할", 법조 제722호(2017)

   , "법인후견의 현황과 과제", 제5회 온율 성년후견세미나 자료집(2017)

김수정, "임의후견에서 본인의 자기결정권과 법원의 감독", 가족법연구 제31권 제2호
   (2017)

김원태, "가사소송에서의 소송능력", 민사소송 제18권 제1호(2015)

김현수, "미성년후견제도의 개정방향에 관한 소고", 가족법연구 제28권 제1호(2014)

김형석, "민법 개정안에 따른 성년후견법제", 가족법연구 제24권 제2호(2010)

   , "성년후견·한정후견의 개시심판과 특정후견의 심판", 법학 제55권 제1호
   (2014)

   , "피성년후견인과 피한정후견인의 소송능력", 가족법연구 제27권 제1호
   (2013)

   , "피후견인의 신상결정과 그 대행", 가족법연구 제28권 제2호(2014)

김효석, "후견인의 재산조사와 재산목록 작성 실무", 한국성년후견지원본부 후견인클

럼 정기세미나 자료집(2016)

문상혁, "성년후견제도와 정신보건법상 환자의 동의권에 관한 연구", 의료법학 제16
　　권 제1호(2015)

박은수, "법인후견의 실무상 애로점과 개선책", 제5회 온율 성년후견세미나 자료집
　　(2017)

박인환, "개정민법상 임의후견제도의 쟁점과 과제", 가족법연구 제26권 제2호(2012)

_____ , "새로운 성년후견제도에 있어서 신상보호", 가족법연구 제25권 제2호(2011)

_____ , "새로운 성년후견제 도입을 위한 민법개정안의 검토", 가족법연구 제24권 제
　　1호(2010)

_____ , "성년후견제도 시행 4년의 평가와 과제", 한·독 성년후견 전문가대회 자료
　　집(2017)

_____ , "의사결정지원을 위한 성년후견제도의 평가와 모색", 비교사법 제22권 2호
　　(2015)

_____ , "한국의 의사결정능력 장애인 권익보호의 새로운 흐름(대체의사결정에서 의
　　사결정지원으로의 모색)", 정신장애인의 사회통합을 위한 국제포럼 자료집
　　(2017)

배인구, "재산관리능력이 부족한 사람들을 위한 신탁제도", 한국가정법률상담소 심포
　　지엄 주제발표자료(2017)

백승흠, "성년견제도에서의 정신능력의 판단에 관한 소고", 재산법연구 제28권 제4호
　　(2012)

신권철, "노인 돌봄과 학대의 법적 쟁점과 과제", 저스티스 제146-1호(2015)

_____ , "정신질환자 자격제한 법령의 문제점과 개선방안", 인권과 정의 제433호
　　(2013)

엄덕수, "임의후견의 법리와 그 실무상 문제점", 법무연구 제4권(2014)

이영규, "성년후견제도의 현황과 과제", 일감법학 제33호(2016)

이용규, "임의후견제도의 활성화방안", 한양법학 제25권 제3집(2014)

정선주, "행위능력제도의 변화에 따른 소송능력의 재검토", 민사소송 제18권 제1호
　　(2015)

정현수, "미성년후견제도의 개선을 위한 몇 가지 제언", 동북아법연구 제10권 제3호
　　(2017)

제철웅, "고령자-장애인을 위한 집합특별수요신탁제도의 입법 제안", 특별수요신탁
　　제도 도입을 위한 국제포럼 자료집(2018)

_____ , "성년후견법의 시행준비작업상의 몇 가지 이론적, 실천적 문제", 가족법연구 제27권 제1호(2013)

_____ , "성년후견인의 민법 제755조의 책임: 그 정당성에 대한 비판적 검토", 법조 제670호(2012)

_____ , "요보호성인의 인권존중의 관점에서 본 새로운 성년후견제도", 민사법학 제56호(2011)

제철웅 외 2인, "공공후견인의 직무 분석과 그 시사점", 비교사법 제23권 제2호(2016)

제철웅 외 3인, "후견법인의 역할과 기능에 관한 입법적 제안: 후견제도 운영 주체로 설정할 필요성을 중심으로", 가족법연구 제30권 제1호(2016)

최수정, "고령사회에서 성년후견제도와 신탁", 법조 제702호(2015)

최현숙, "미성년후견제도에 관한 연구", 법학연구 제57권(2015)

최현오, "성년후견제도의 실무", 서울가정법원 전문가후견인 등 후보자 간담회 자료집(2017)

최흥섭, "새로운 성년후견제도의 도입에 따른 국제사법 규정의 개정 문제와 적용 문제", 법학연구 제16집 제3호(2013)

황승태, "성년후견에 관한 가사소송규칙 검토", 가정법원 50주년 기념논문집(2014)

Anette Loer, Rolle der Betreuungsgericht und betreuungsgerightlichen Praxis, 한·독 성년후견 전문가대회 자료집(2017)

색 인

저자약력

서울대학교 법과대학 졸업
사법연수원 수료(31기)
서울중앙지방법원 예비판사
미국 GeorgeWashington University 로스쿨 방문과정
서울북부지방법원, 부산지방법원, 수원지방법원 안양지원, 서울가정법원 판사
서울가정법원 부장판사
現 법무법인 율촌 변호사

성년후견실무

초판발행	2018년 4월 10일
중판발행	2025년 2월 10일
지은이	김성우
펴낸이	안종만
편 집	김선민
기획/마케팅	조성호
표지디자인	조아라
제 작	우인도·고철민
펴낸곳	(주) 박영사
	서울특별시 금천구 가산디지털2로 53, 210호(가산동, 한라시그마밸리)
	등록 1959. 3. 11. 제300-1959-1호(倫)
전 화	02)733-6771
f a x	02)736-4818
e-mail	pys@pybook.co.kr
homepage	www.pybook.co.kr
ISBN	979-11-303-3195-9 93360

정 가   35,000원